臺灣史研究名家論集

（二編）

尹章義　王見川　吳學明

李乾朗　周翔鶴　林文龍

邱榮裕　徐曉望　康　豹

陳小沖　陳孔立　黃卓權

黃美英　楊彥杰　蔡相輝

蘭臺出版社

均屬於「臺灣史研究」的「學科帶頭人」、「首席學者」一類的人物。

　　臨末，作為學者和讀者，我要對出版《臺灣史研究名家論集》的蘭臺出版社與籌劃總主編卓克華教授表達敬意。為了學術進步自甘賠累，蘭臺出版社嘉惠學林、功德無量也。

汪毅夫

2017 年 7 月 15 日記於北京

《臺灣史研究名家論集》——編後記

　　《臺灣史研究名家論集》〈二編〉就將編校完成，出刊在即，蘭臺出版社編輯沈彥伶小姐，來電囑咐寫篇序，身為整套論集叢書主編，自是不容推辭。當初構想在每編即將出版時，寫篇序，不過（楊）彥杰兄在福州一次聚會中，勸我不必如此麻煩，原因是我在《初編》中已寫過序，將此套書編集成書經過、構想、體制，及對現今研究臺灣史的概況、隱憂都已有完整交待，可作為總序，不必在每編書前再寫篇序，倒不如在書後寫篇〈編後記〉，講講甘苦談，說說些有趣的事兒，這建議非常好，正合我意，欣然同意！

　　當初以為我這主編只要與眾位師長、好友、同道約個稿，眾志成城，共襄盛舉就好了，沒想到事非經過不知難，看似簡單不過的事兒，卻曲折不少。簡言之，有三難，邀稿難，交稿難，成書更難。此話怎說？且聽我一一道來：

　　一、邀稿難：這套論集是個人想在退休前精選兩岸臺灣史名學者約40-50 位左右，將其畢生治學論文，擇精編輯，刊印成書，流傳後世，以顯現我們這一代學人的治學成績。等到真的成形，付諸實踐，頭一關便遇到選擇的標準，選誰？反過來說即是不選誰？雖然我個人對「名家」的標準指的是有「名望」，有「資望」，尤其是有「重望」者，心中雖有些譜，但真的擬定名單時，心中卻忐忑不安，擔心得罪人。一開始考慮兩岸學者比例，以三分之二、三分之一為原則，即每編 15 位學者中，臺灣學者 10 人，大陸學者 5 人，大陸學者倒好處理，以南方學者為主，又集中在廈門大學。較困難的是北方有那些學者是研究臺灣史的？水平如何？不過，幸好有廈大諸師友的推薦過濾，尚不構成困擾。較麻煩的反倒是臺灣本地學者，列入不列入都是麻煩，不列入必定會得罪人，但列入的不一定會答應，一則我個人位卑言輕，不足以擔此重任，二則有些學者謙虛客套，一再推辭，合約無法簽定，三則或已答應交給某出版社出版，不便再交給蘭臺出版社，四則老輩學人已逝，後人難尋，難以

簽約。最遺憾是有些作者欣然同意，更有意趁此機會作一彙編整理，卻不料前此諸多論文已賣斷給某出版社，經商詢該出版社，三番兩次均不答應割愛，徒呼奈何。此邀稿難。

二、交稿難：我原先希望作者只要將舊稿彙整擇精交來即可，以15 萬字為原則，結果發現有些作者字數不足，必須另寫新稿，但更多的作者都是超過字數，結果守約定的學者只交來 15 萬字，因此割愛不少篇章，不免向我訴苦，等出版社決定放寬為 20 萬字時，已來不及編輯作業，成為一大憾事。超過的，一再商討，忍痛割捨才定稿。更有對昔年舊稿感到不滿，重新添補，大費周章，令我又佩服又慚愧。也有幾位作者真的太忙，拖拖拉拉，一再延遲交稿，幸好我記取《初編》經驗，私下有多約幾位作者，以備遞補，遲交的轉成《三編》、《四編》。但最麻煩的是有一、二位作者遲遲不簽合約，搞得出版社不敢出版，以免惹上著作權法的法律問題。

三、成書難：由於不少是多年前的舊稿，作者雖交稿前來，不是電子檔，出版社必須找人重新打字，不免延擱時間。而大部份舊稿，因是多年前舊作，參考書目，註釋格式，均已改變，都必須全部重新改正，許多作者都是有年紀的人，我輩習慣又要親自校對，此時已皆老眼昏花，又要翻檢原書，耗費時日，延遲交稿，所在皆是。而蘭臺出版社是一家負責任且嚴謹的公司，任何學術著作都要三校以上才肯出版，更耗費時間。

不可思議的在《二編》校對過程，有作者因年老不慎跌倒，顱內出血；或身體有恙，屋漏偏逢連夜雨，居然又逢車禍；或有住家附近興建大廈，整日吵雜，無法專心校對，又堅持一定要親自校對……等等，各種現象都有，凡此都造成二編書延遲耽擱（原本預計九月底出版），而本論集又是以套書形式出版，只要有一本耽誤，便影響全套書出版。

邀稿難，交稿難，成書更難，這是我個人主編《臺灣史研究名家論集》最大的切身感受，不過忝在我個人自願擔負此一學術工程的重大責任，這一切曲折、波折都是小事，尤其看到即將成書的樣稿，那心中的

喜樂是無法言宣的，謝謝眾位賜稿的師友作者，也謝謝鼎力支持，不計盈虧的蘭臺出版社負責人盧瑞琴女士。

卓克華

106 年 12 月 12 日 於三書樓

吳學明

臺灣史研究名家論集

（二編）

蘭臺出版社

　　〈臺灣義民爺信仰的擴散與流變〉旨在討論先民來臺後，本土民間信仰神祇建構的個案。枋寮義民廟的初貌，是地方菁英為安頓參與乾隆末年林爽文事件粵籍義民的骨骸，並於塚前建亭供奉「聖旨牌」和程峻牌位。由於新竹地區特殊的族群關係，以及地方菁英的規畫經營，成為十五大庄輪值祀典，含蓋桃園和新竹地區。隨著義民爺信徒的再移民，擴展至全臺，全臺有 22 座以枋寮義民爺為主神的分香廟；成為廟宇從祀神或以神壇方式運作者不計其數，是臺灣本土發展出來的民間信仰。初期祭祀範圍僅限於六張犁庄，後來發展成十五大聯庄輪值祀典，成為北臺灣客家族群的信仰中心。枋寮義民信仰單一聯庄的形成，與該聯庄的開墾歷史、開墾人群與聯庄認同意識等有密切的關係。再移民仰賴義民爺克服原住民的抗拒，水土不服與疾病等苦難，乩童扮演相當重要的角色，進而發展成分香廟。枋寮義民廟一直維持不立神像只供奉牌位，且牌位有其一定的形制。但在各分香廟產生流變，部分分香廟奉有金身，從複數信仰朝單一神明發展。維持牌位奉祀的分香廟，牌位的文字產生分殊化的現象，牌位的形制、文字、顏色多有差異，甚至出現人名。此外，有些分香廟設有乩童，為信眾辦事解厄；有些分香廟以特定時間做為義民爺的聖誕日，於義民爺聖誕日舉行盛大祭典；有些分香廟原本沒有墳塚，後來效彷祖廟，也在廟後立墳塚。凡此，見證分香廟的演變，與祖廟有很大的差異。分香廟與祖廟奉祀義民爺的本質不變，但在形式上產生變異，各有其特色；分香廟間同中有異，呈現多元化的現象。然而「義民聯誼會」的運作，是否使原來已走向在地化的義民爺信仰，限縮各自獨立發展的機會，值得觀察。

　　〈臺灣基督長老教會的初代信徒（1865-1945）〉一文，主要在分析早期臺灣基督長老教會初代信徒的性質與適應。對臺灣人民而言，基督宗教的信仰，與臺灣傳統民間信仰截然不同，早期的初代信徒進入教會後，需與原有的社會關係斷裂。他們多因遭遇現世生活困頓、接受醫療與照顧心懷感念、畏懼死後處罰、被英國傳教士僱用以及為靠洋勢而入教。他們普遍家境貧困，較少接受教育，品行明顯違反當時一般社會價

值，未受到社會關注。此外，他們入教前多依賴求神問卜解決現實生活的困境，因遭遇挫折對原有神明失望，轉而追求新神祇的庇護而入長老教會。大部分初代信徒，初時對教義並無深刻認識，多以崇祀民間信仰神祇的方式與心態敬拜上帝。入教旨在解決現實的困境，因此如果新的神祇無法解決困境，又重回舊的神明世界。然而初代信徒入教後，常受到來自家庭、家族和鄉里的壓力，甚至迫害。家人、族人的反對，多著因於實際利益的衝突，其關鍵在於家產的繼承和家族顏面的考慮。因此主動退出教會的初代信徒不少，部分因違反十誡而被禁聖餐，甚至被逐出教會；但不少初代信徒，因而成為虔誠的基督徒。他們入教前多屬社會邊緣人，但入教後其子弟往往社會地位提升，經濟能力也大為改善。

〈臺灣基督長老教會在臺傳教初期的一個文化面相——「靠番仔勢」〉一文，重點在於洋教傳入後，「靠番仔勢」觀念的形成與實際。「番仔勢」可靠的思維，起於 1868 年安平砲擊事件，與英國用船砲迫使清廷屈服有關。其形成一方面是臺灣民眾無法分辨外國商人與傳教士的差別；更重要的是有些傳教士，因強烈「傳福音」的使命感，或借助國家的船砲，排除傳教障礙；或仗恃其國家力量，藐視清廷地方官府；遇到民教衝突之際，不問是非曲直袒護教民。讓人產生入洋教就可「靠番仔勢」思維的漫延，產生寄望入洋教，得到「番仔勢」的保護，「靠番仔勢」入教的現象因而產生。結果加深民教的衝突，為「靠番仔勢」進入教會的信徒，有的成為虔誠的基督徒。「靠番仔勢」入教的現象，對教會擴展的影響利弊互見。

〈臺灣基督長老教會的三自運動（1865-1945）〉一文，主要討論臺灣基督長老教會本土化的歷程。自治、自養、自傳是長老教會本土化的基礎。長老教會傳入臺灣之初，由於洋教士對本地氣候、語言難以克服，並為節省傳教經費，因此一開始就僱用本地信徒參與傳教工作；為扶植本土教會健全發展，鼓勵信徒奉獻以期自養。長老教會傳入臺灣三十年後，南部教會開始組織大會，封立本土牧師，確立教會自傳自治的方針。二十世紀二０年代，眾多本土教會精英，積極鼓舞教會自立自養，累積

相當的成果。1937 年以後日本與英、美關係惡化，洋教士與日本的關係也日益緊張，至 1940 年「教士會」紛紛將其財產移交給本地教會，最後被迫全面撤離臺灣。洋教士的撤離，迫使本土教會完全走向自立的道路。二次大戰結束，洋教士陸續返臺，但教會權力結構丕變，教士會已無法再支配本土教會。臺灣基督長老教會三自的發展，與民族主義的刺激無太大關連；由於教士會的倡導與協助，以及本土教會精英的自覺與努力，逐漸成為本土化的教會。

〈終戰前在臺基督教派關係之研究〉一文，重點在討論在臺基督宗教不同教派間的關係。清末臺灣開港後，有天主教的道明會(Dominican)和基督新教的長老會（Presbyterian）傳入。日治時期其他基督教派紛紛傳入，與臺灣民眾關係較密切的則為真耶穌教會和聖教會。較早傳入的道明會與長老會，常為「牽羊」競爭信徒而互相批評。日治後傳入的真耶穌教會，對長老教會產生巨大的衝擊。聖教會與長老會關係較為密切，但也吸納很多長老會的信徒。基督宗教各教派在臺灣傳教，出現互相「牽羊」的現象，根本原因在於早期信徒對教義認識有限，難以分辨各教派間教義的異同；加上羊群有限，從其他教派的信徒中找羊群，是建立教會的捷徑。「牽羊」造成各教派之間關係緊張，相互批評，甚至引發激烈的衝突。

本書所蒐錄的論文，涵蓋臺灣漢人社會的建立與發展、基督宗教史的議題，乍看之下似乎跨度巨大，但若以異文化互動的角度切入，實可發現內在的共通性。一是異文化的漢人如何移居臺灣，與原住民互動，進而落地生根在臺灣建立安身立命的家園；一是基督宗教作為異文化，如何在臺灣傳佈發展，建構在地的教會系統，成為本土的教會。兩者，都圍繞著一個重要的研究命題：「異文化如何在新天地適應的問題」。

本書各篇皆為舊作，有的甚至是三十多年前碩士班期間的習作，重新出版之際，理當全面改寫，納入新看法加以修改，以嶄新的面貌就教於同道與師友。只因俗事纏身身體也無力承荷，遂以舊貌見世。感謝克華兄的邀約與督促，成了這些舊章彙集成冊的動力。在出版期間得內人

余艷芬女史協助繕打和校對工作，學生孫維濃也細心協助校對，蘭臺出版社負責的編輯沈彥伶小姐的包容與協助，讓本書得以順利出版，衷心感謝他們的幫助。

　　巧媳婦難為無米之炊，歷史研究以史料為本。本書中無論是金廣福相關的研究、義民信仰的討論，或是長老教會的觀察，多得力於留存民間的史料。承蒙臺南長榮中學蘇進安前校長、張明容老師的協助，得以盡覽教會史料館的珍貴史料，欣慰的是有些珍貴史料經我大量引用後，引起教會「歷史委員會」的重視，已加以出版，方便後人研究使用。然而，最令人惋惜的是姜重烈先生提供的「新竹北埔姜家史料」，本人借回影印之際，在姜重烈先生的指示下，移交給陳運棟校長。曾請教陳校長此批史料的下落，他表示已歸還姜家，不知這批史料在何人手上。至今無人知曉這筆史料的下落。本人時時禱祝這筆史料能得到妥善的照護，有日能重現加以整理出版，對臺灣史研究定有更大的助益。

　　　　　　　　　　　吳學明　謹誌於　2017 年 9 月 24 日

金廣福墾隘的組成及其資金[*]

摘要

歷來學者對隘的研究，或著重於隘制的探討，或著重於隘內公務的處理，較少關注隘與土地開墾的關係。漢移民集資設隘的目的為何？號稱全臺最大的墾隘如何組成？其資金的來源與隘務經費的開銷情形，值得深加探究。

金廣福墾隘的組成，是官方基於竹塹城安全考慮下的產物，地方政府企圖透過土地拓墾，引進民間力量以達到「防番」的目的，民間則經由國家力量的支持取得耕地；引起原住民的強烈抵抗，建構安全措施成為土地拓墾的一環。金廣福墾隘的資金，是在城閩人商業資金，與在鄉粵人農墾資金的結合。閩籍股東的目的在取得租權以生利；粵籍股東則在於取得耕地以安身立命。

墾隘以「防番」為藉口，建構隘防，故其主要的支出在於隘費丁糧的需求。金廣福墾隘龐大的支出，引起閩籍股東質疑經費開銷浮濫，導致經費不足，因而累次加派。原本投資意願不高的閩籍股東，拒絕再行加派，造成爭執；粵籍股東的股權亦逐漸向少數巨戶集中。金廣福墾區受限於自然環境，開墾不易，雖然「隘設墾隨」，成為粵東移民安身立命的地方，但也呈現「田少隘多」的現象。

關鍵字：金廣福墾隘、閩粵股東、隘線、隘費、丁糧、加派

---

[*] 原刊登於《史聯雜誌》第 4 期（1984／1）。

一、前言

金廣福墾隘自開創至今一百八十餘年，其開拓史實在臺灣史上值得重視的原因有二：一、「土牛紅線」雖曾為漢「番」的疆界，然隨著漢移民不斷，土地日闢，耕地漸侵入土牛界外，非設隘防守無法防止原住民的反抗。[1]設隘成為北臺灣開闢青山的方法。[2]因此，對隘的研究有助於北臺灣開墾的瞭解。二、近年來臺灣史研究方興未艾，歷來學者對隘的研究時有論述，或著重於隘制的探討；[3]或著重於隘界內公務的處理。[4]其對隘的研究均有貢獻，但隘與土地開墾的關係則乏人探討，尤其是開墾新竹東南，號稱全臺最大的金廣福大隘。[5]金廣福墾隘的營運中心金廣福公館，又被訂為國家級古蹟，對金廣福墾隘有深入探討的必要。

時賢已分別運用檔案、方志等資料對隘加以討論，今欲對金廣福大隘進行個別研究，則有賴民間珍藏之合約契字、賬冊、底簿等史料。筆者幸能得到開闢大隘粵籍墾戶首姜秀鑾裔孫姜重烈、姜惠英等之協助，發掘大批新竹北埔姜氏家族的珍貴史料，其中有諸多關於金廣福墾隘之諭示、稟稿、墾照、契字、丈單、案底、帳冊等文件。[6]本文即以這批未刊史料為主，配合時賢研究成果，就金廣福大墾隘的組成、資金等問題加以探討，期能對臺灣的墾隘有更進一步的瞭解與認識。

二、金廣福墾隘的組成

歷來有關金廣福墾隘的文獻甚多，同治 10 年陳培桂《淡水廳志》

---

[1] 陳培桂，《淡水廳志》卷二隘寮（臺北：臺灣銀行經濟研究室編印臺灣文獻叢刊，本文簡稱「臺銀文叢」，第 172 種，1963 年），頁 50。

[2] 戴炎輝，〈隘制及隘租〉，收入氏著《清代臺灣的鄉治》（臺北：聯經出版事業公司，1979 年），頁 563。

[3] 王世慶，〈臺灣隘制考〉，《臺灣文獻》，第 7 卷第 3-4 期合刊本（1956 年）。

[4] 戴炎輝，〈隘制及隘租〉。

[5] 陳培桂，《淡水廳志》卷二建置志隘寮，頁 48。

[6] 有關「新竹北埔姜家史料」的發掘，參考拙著〈北埔姜家史料的發掘與金廣福史實的重建〉，《臺灣風物》，第 35 卷第 3 期（1985/9），頁 121-147。

對金廣福墾隘的隘丁數記載甚為詳細，但對其組成則未加說明。[7]日治初所編之《樹杞林志》有較周詳的記載：

> 於道光十四年，墾戶金廣福閩粵二十四大股湊本墾成。溯先年金廣福者，乃塹城閩粵合夥開店之號。昔因生番出至城外巡司埔殺人，淡防廳丞未如之何。乃給示諭責成粵人姜秀鑾、閩人周邦正，倡首邀股，即將金廣福閩粵字號充為墾戶，題奏請鑄鐵印，鑾、正二人料理，以示開疆重大之權，官又每年加給四百圓金添補隘費。[8]

明治 38 年（1905）波越重之的《新竹廳志》，對金廣福墾隘有以下之記載：

> 至（道光）十四年冬，淡水同知李嗣鄴以南庄番地的經營已開端緒，開始指向東南廂山地的拓殖事業，乃諭粵人姜秀鑾、閩人周邦正二人鳩資著手經畫……是以閩粵兩籍各釀資一萬二千六百圓。道光十年姜周二人糾開拓團體，稱金廣福。[9]

大正 9 年（1920）連橫《臺灣通史》〈姜周列傳〉對金廣福的組成與資金則說：

> 當是時，竹塹開墾漸入番境，東南一帶，羣山起伏，草莽林菁，雖設隘數處以防番害、而力寡難周，番每出而擾之。……道光六年，始設石碎崙隘，頗足恃；然僅守一隅，墾戶猶未艾也。十四年冬，淡水同知李嗣鄴以南庄墾務既啟其端，而東南山地未拓，諭秀鑾、邦正為之，遂集閩粵之人，各募資本一萬二千六百圓，治農畝設隘寮，名曰金廣福。[10]

以上對金廣福墾隘的組成雖有所說明，但仍無法對金廣福墾隘有較完整的認識，何況上述說法尚有衝突之處。若欲瞭解金廣福墾隘的組成

7　陳培桂，《淡水廳志》卷二建置志隘寮，頁 48-50。

8　林百川等，《樹杞林志》志餘記地（臺北：臺銀文叢第 63 種，1960 年），頁 126。

9　波越重之，《新竹廳志》〈番社〉（新竹：新竹廳，明治 38 年），頁 163。

10　連橫，《臺灣通史》〈姜周列傳〉（臺北：幼獅文化事業公司，1977 年），頁 658-659。

過程，勢必對金廣福墾隘鄰封地區的開發有所瞭解，蓋大隘地區的開發乃鄰封地區開發的延伸。

康熙 36 年（1697 年）郁永和由臺灣府城北上往北投採礦時，竹塹（今新竹）尚且是「求一勺水不可得，得見一人輒喜」之荒涼景態。[11]康熙 54 年冬（1715 年）北路參將阮蔡文北巡經本地時，竹塹埔已成「鹿場半被流民開，藝麻之餘兼藝黍」之粗放式農業區。[12]乾隆初期漢人墾地已遍及今之新竹市、新豐、竹北、湖口各鄉鎮及新埔東部。[13]乾隆末期以後，粵籍墾民已湧向關西、芎林、竹東等地開墾。[14]至道光年代墾業已不能如過去順利，尤其是竹塹城東南廂橫崗之外（今北埔、峨眉、寶山三鄉，即今所謂大隘地區），尚有原住民三十餘社居住其間，其中以北埔方面之朱姓，中興庄方面之錢姓，社寮坑一帶之夏姓，福興庄地方之錢打撈社及蔴布樹排地方的大撈社等五處之原住民，計二百多名「番丁」。[15]漢移民鋤犁、斧斤莫入，面對原住民的抗拒，歷來設有石碎崙、金山面、樹杞林、九芎林等隘。

以距城較近之金山面而言，原住民的反抗，使漢墾民裹足不前，遲至乾隆末年，方有墾民冒險前往開墾。[16]然因未設隘，民不敢深入開墾，以致被原住民趕散荒廢。[17]嘉慶二十年郭勃、陳環、蘇春組成「郭陳蘇墾號」，開墾隙仔內之雙溪口界外禁地荒埔，越佔六、七里之外。[18]因而設金山面、雙溪、大崎等隘，備丁六十名，分鎮各隘，巡禦防堵，民免受害，耕民相安，墾務更向內層推進。[19]原設之員山仔已成廢隘，原土牛界亦已為墾民所超越，嘉慶 22 年至道光 5 年間發生爭控案，前後多年以致隘務廢弛、墾務不振、「番害」屢興。

11　戴炎輝，〈清代新竹城郊金山面地方之墾隘〉，收入氏著《清代臺灣的鄉治》，頁 805。
12　黃叔璥，《臺灣使槎錄》（臺北：臺銀文叢第 4 種，1960 年），頁 135。
13　盛清沂，〈新竹桃園苗栗三縣地區開闢史（下）〉《臺灣文獻》第 32 卷第 1 期，頁 170。
14　林百川，《樹杞林志》志餘記地，頁 126。
15　張谷誠，《新竹叢志》（新竹：新中國報新竹分社內發行，1952 年），頁 76-77。
16　戴炎輝，〈清代新竹城郊金山面地方之墾隘〉，頁 805。
17　《淡水新竹檔案》，中央研究院傅斯年圖書館藏微捲，編號 17301-26。
18　《淡水新竹檔案》，中央研究院傅斯年圖書館藏微捲，編號 1730-1。
19　《淡水新竹檔案》，中央研究院傅斯年圖書館藏微捲，編號 1730-64。

　　三重埔、土地公坑、香山、鹽水港等處沿山，亦時有生番出草之警，即是廳城咫尺之巡司埔亦受番害，巡檢以下遭番馘首而去，同知李慎彝基於塹城安全之考慮，乃於道光六年設石碎崙官隘（於今新竹市柴橋里），募丁四十名。[20]並將荳仔埔隘移至三重埔，以與雙溪、金山面、石碎崙相呼應，以防番出擾。[21]隘成為保護漢人拓墾，必要的安全措施。

　　乾隆末年九芎林一帶已陸續開墾，且成為往內山拓墾的中繼站。九芎林地區的墾民，南向石壁潭、樹杞林發展，設隘防番，並於樹杞林隘設隘丁十五名、與員山仔隘東西相為崎角。[22]九芎林隘與員山仔隘相隔甚遠，番害疊聞，但漢墾民潮仍然不斷。以九芎林中心的墾民，隨者該地的墾盡不斷南進與番爭地。因此，新竹東南山區金廣福的拓墾，與九芎林墾民南進有極密切的關係。

　　道光 13 年 9 月以林垂裕具名，向竹塹社屯番取得九芎林南方土地開墾，其墾批摘要如下：

竹塹社屯番　衡萬仔那　潘瑞崔　廖阿財　眾番等承上祖遺下，因員山南重埔山林埔地一帶離社甚遠，生番地界，生番出沒之所。眾番等乏資墾闢，招得漢佃林垂裕股內等，前來出首給墾。東至尖山為界，西至二重埔坑壢陳家毗連為界，南至青山橫崗為界，北至九芎林埔橫崗龍為界，四至界址分明。裕股內等設隘把守，招佃墾闢，即日業佃言定，五年開荒為限。至限滿成業，裕股內等將界內抽回兩股交還業主掌管，永為己業，其給墾界，開成田園埔地，照甲均納大租口糧，當日業佃言定，裕股內等備出花紅酒席銀六大員正，即日色現交與業主親收足訖。[23]

　　可見林垂裕所承墾之南重埔，在九芎林以南，是漢人新開闢的處女

20　陳培桂，《淡水廳志》，頁 50。

21　郭芝亭，〈記金廣福大隘〉《新竹文獻委員會新竹文獻會通訊》第 13 號（1954／4），頁 1。

22　陳培桂，《淡水廳志》，頁 48。

23　道光 13 年 9 月竹塹社屯番瑞崔等給林垂裕等墾批字。原件由新竹縣北埔鄉姜重烈、姜惠英等珍藏，以下簡稱「新竹北埔姜家史料」。

地，林垂裕等雖取得墾批，但只是取得開墾埔地的合法權。其開墾的方式由道光 13 年 10 月林垂裕等仝立的開墾合約，可見其端倪，茲摘錄如下：

> 立合約字林垂裕、劉阿若、范阿臺、鄧廷芳、范阿祿、羅昆山（原件將羅塗出而代以姜珠福、即姜秀鑾胞弟）、林慶猛、林慶忍、林民安，隘丁首范振德、范阿庚等。緣本年向竹塹社墾戶廖財官兄弟給出員山南重埔青林山埔一帶，東至（四至與前錄原墾批同）……四至界址悉載明墾內。原議五年開荒為限，俟五年限滿之日，將墾成水田或旱園山埔，悉照墾約作十二股均分，除墾戶廖財官兄弟抽回二份，其餘眾佃十人，各得一份，依闖造化，各管各業，不得橫行強佔。五年限內，應宜建寮募丁，保安耕種，鑿圳築埤，墾成田園，一切隘丁口糧，建庄設隘需用銀錢谷石，委係照十股勻派，各宜踴躍，不得推諉觀望，如若應派公費，有敢刁抗不出者。眾夥將其人名字註銷，另招妥人入份，理宜同氣同聲，相友相助。俟開成鬮分之日，某人得某處田園，悉照墾約註明，另立約據。此係眾股允愿妥議，並無反悔。今欲有憑，特立合約字一樣十紙，各執一紙永照。
> 批明：墾戶廖財官給出墾約一紙，並奉前憲薛告示一紙，當眾交與林慶忍收執，倘眾人有要用處，執墾人即應交出，不得刁難隱匿等情。批照。
> 批明：墾約內山林埔地，無論耕佃以及眾夥友等，不准在墾內開窖堆，以致干碍圳路，若先有窖葬者，不在禁內。批照。
> 再批明：所有一切隘糧需費，俱係作九股勻攤，其隘丁首一股，面議免派費用，其隘中事務，隘丁首應理五年限，滿限後方與隘丁首無干。批照。
> 再批：羅昆山分下將名字註銷，將股份招姜珠福承等（頂之誤）再照。
> 再批明：羅昆山三字改姜珠福三字。批照。
> 再批明：范阿祿一份，林民安一份俱退與姜阿顧、張石生（姜阿顧即姜秀鑾長子殿邦、張石生即張貽青）二人承頂，凡所費依照約內九份均派，不得推諉，但范祿一份俟草地墾成之日，阿顧、

石生二人要備出銀一七點五元付與鄧廷芳、劉子若、范阿臺三人，轉交于范祿二人，取回限欠字約。批照。[24]

可見開墾資金之難湊及防番之不易。因為經營防番不易，使姜秀鑾之家族得有良機加入九芎林南重埔一帶的開墾事業，對爾後姜家的發展有極大的影響，也使新竹東南山區的拓墾有了新的契機。南重埔的隘務雖責成於隘丁首負責募丁防番，並給一股以為酬勞，但要在生番出沒頻繁之處「起造隘寮、招募隘丁、把守該地方、鳩派隘糧、及築開圳招佃、墾闢田園、建造庄屋、設立庄規」，誠非一般性格之人所能勝任。加上股夥無能董辦諸事，乃請得時為九芎林庄總理姜秀鑾前來助辦，並酬與股權。[25]至此姜家取得九芎林南重埔開墾之主導權，時漢人在南重埔地方的拓墾已相當積極，然番害不止，乃呈請將莒仔埔隘移至三重埔。移隘的經過可由道光 14 年 11 月淡水分府李嗣鄴給舉人林秋華、總理姜秀鑾之曉諭看出，並可得知金廣福大隘組成之蛛絲馬跡、茲摘錄如下：

曉諭事。本年十月二十四日據九芎林舉人林秋華，總理姜秀鑾，墾戶劉世城，庄正何阿求，佃戶詹承玉等呈稱……因道光七年正月間，蔡林二家慘遭生番黑夜焚殺，經蒙前憲李詣勘深憐，加諭在原奉丈餘界外，莒仔埔、柯仔林兩處建設望寮，募丁七名早晚防守，就將該處田園按甲租聲勻派，以資隘糧。莫料道光十二年八月間，其該處田園慘被洪水沖割，迄今田少糧稀，恐相廢弛，茲華等籌念其南勢三重埔、四重埔原係九芎林一帶屯田。因此牛隻無處牧芻，是以當年邀齊眾佃按田勻派銀元，向得塹社通事衛金生、土目潘文起等，給出南勢三四重埔為牧牛草地。不料此七月十五日突出兇番侵擾，趕去羣佃耕牛，得蒙諭飭拘黨嚴究在案。華等忖思該埔上有樹杞林之隘，下有員山仔之隘，獨此空曠荒野之地，生番得以潛踪闖出，茲將莒仔埔額隘加設五名，移鎮三重埔、四重埔南勢扼要之區，並將埔墩低坪之地，引泉灌溉開闢些田，以作隘丁口糧。則南勢一帶，零星民戶以及埔牧牛隻，

---

[24]　道光 13 年 10 月林垂裕等立合約字，「新竹北埔姜家史料」。
[25]　道光 13 年 12 月林垂裕等立邀姜秀鑾助辦份約字，「新竹北埔姜家史料」。

　　　　自能番害少息，得保無虞。華等不敢擅行，理合披情，相率僉懇，
　　　　愛民若赤，恩准給示立案，踴躍奉行，俾得番害消弭，羣黎得安，
　　　　功垂萬代，沾叩等情。據此除批示外，合行出示曉諭，為此示仰
　　　　諸色人民及隘丁等知悉。自示之後，即將豆仔埔額隘加設五名，
　　　　遷移三重埔，四重埔等處駐守，以禦生番出入，護衛田廬庄人，
　　　　得保無虞，庶幾防範周密。[26]

　　經此將荳仔埔隘南移至三、四重埔，並加設隘丁五名，使沿山空曠
荒野，生番潛踪闖出之死角消除。此時員山舊隘亦內移至金山面、大崎、
雙溪，官方另設石碎崙官隘，與原有之樹杞林，加苓湖、南隘等隘連成
一半圓之隘線，對東南山區形成包圍圈，以防禦廳城所在之塹城。沿山
的防務，本可固若金湯。然荳仔埔隘移隘之後，兇番仍又逸出滋擾，戕
殺南門外巡司埔居民陳姓九名，屍親奔赴上憲呈控。[27]至此沿山的防番隘
線，唯有突破原有的型態，建立大規模的隘線並深入「生番」境內，將
盤踞東南山區的生番驅逐，以徹底解決多年攘攘不息的番害。當時九芎
林總理姜秀鑾，常奉憲差遣，協力捕盜，[28]具防番經驗，當時姜家在南重
埔墾務又居於主導地位，其性格又符合蠻荒地區開墾領袖的要件。[29]因
此，李嗣鄴乃於道光 14 年 12 月示諭姜秀鑾，在塹南橫崗頂建隘募丁防
番，遂而有金廣福大隘的組成。[30]故金廣福所墾之「南興庄」當指九芎
林之南，而非郭芝亭〈記金廣福大隘〉一文所謂「金廣福之事業，以興
墾東南廂為目的，故其初開墾之地，總稱『南興庄』」。[31]

　　其次，值得討論的是參與者的問題，前引《樹杞林志》等三書所載，
金廣福墾隘的組成，均只述及姜秀鑾、周邦正。然而明治三十六年《臨
時臺灣舊慣第一回報告書》上卷曾蒐錄一份姜秀鑾、林德修合約字，唯

[26] 道光 14 年 11 月淡水分府李嗣鄴給舉人林秋華、總理姜秀鑾曉諭，「新竹北埔姜家史料」。
[27] 姜殿邦，節略底稿──金廣福隘務原委情形，咸豐 3 年 6 月 29 日，「新竹北埔姜家史料」。
[28] 道光 22 年 6 月姜殿邦抄稿，「新竹北埔姜家史料」。
[29] 李國祁，〈清代臺灣社會的轉型〉，67 年冬令自強活動，臺灣史蹟源流研究會講義，頁 8。
[30] 道光 16 年 8 月淡水分府婁分府曉諭，間引自伊能嘉矩《臺灣蕃政志》（臺北：臺灣總督府
　　民政部殖產局，1904 年，民國 62 年臺北古亭書屋複刻版），頁 506-507。
[31] 郭芝亭，〈記金廣福大隘〉《新竹文獻委員會新竹文獻會通訊》第 13 號（1954／4），頁 3。

缺年月及首尾文字，引起諸家對這份合約的興趣，並相繼推斷其訂約年代。[32]但依據資料顯示，此分合約訂定時間應在道光 15 年 2 月至道光 15 年底之間。[33]此外筆者又於北埔姜家發現道光 15 年 2 月姜秀鑾與林德修的另一分合約字，雖然部分與前述有重疊之處，然而是金廣福重要文件之一，將其原文引錄如下：

姜秀鑾同立合約人姜秀鑾林德修今因城南一帶、山高地窄，雜色林木茂密，生番猖獗，從前隘寮建設未周，其地又皆崎嶇旱瘠，墾種維艱，是以隘糧無資，日久荒廢，生番疊出，擾害庄民，上年十二月間　廳憲李念切民瘼，先給銀壹千元，著姜秀鑾建隘樓拾伍座，雇募隘丁壹佰陸拾名，分駐巡防，又議興建公館圍墻肆處，以為佃人棲止之所，所需隘糧，除石碎崙官隘肆拾名，官月給銀壹佰餘元，並移撥各處隘谷數百石外，不敷尚多。茲蒙廳憲諭飭姜秀鑾林德修勸捐定股整本，招佃開墾就地取糧，但開闢伊始租稅俱無，隘丁按月支食，急難緩待。若不設法籌備，竊恐旋舉旋廢。經鑾修等以遵諭籌議等事，僉請蒙批，據稟年額隘糧經費不敷，公議向各股戶鳩捐番銀壹萬餘元，以資支用，仍就一帶山地招佃開墾，田園收取租利，並就本山採取鱗、籐、什木、柴炭、栳項稍資補貼，以免費盡隘廢等語，事屬可行，惟鱗、籐、栳料例禁私售，仍應賣給軍工匠首，以杜私販出洋，候給示諭遵照辦理。該總理等即將捐戶銀數花名分晰造冊，並存交何人另稟聲明，以憑立案等因在案。鑾修爰集城鄉紳耆妥議，就股戶中勸捐先定貳拾股，約計本銀萬餘元，以為收售山利生息之資，備支應用。並舉姜秀鑾與林德修貳人為總墾首，合串戶名金廣福。凡有呈稟事件

32　（一）明治 36 年《臨時臺灣舊慣第一回報告書》推定為道光 14 年成立（該書頁 217）。（二）伊能嘉矩《臺灣蕃政志》採道光 15 年之說（該書頁 502）。（三）郭芝亭〈記金廣福大隘〉認為是姜、林所擬之草約，未經批准而作廢，對其年代未加說明（新竹文獻會通訊第 13 號第 4 頁）。（四）戴炎輝〈清代新竹城郊金山面地方之墾隘〉認為「金廣福既成立於道光 14 年，設隘合約必係訂於當時」（《清代臺灣的鄉治》，頁 805）。

33　由姜、林該份合約及道光 16 年婁分府曉諭，以及道光 15 年 2 月份姜林合約相對照可知該約當訂於道光 15 年 2 月之後；《臨時臺灣舊慣第一回報告書》又有「上年 12 月間，廳憲李，念切民瘼……本年 2 月間，蒙諭飭，捐本生息，招佃墾耕……」之記載。

及贌佃給墾之事，俱應通同蓋以公戳，並鑾修貳人戳記。其內外一切事宜，在山中鑾為辦理，逐件知會在城登記簿籍稽考；其在外者修當力任設立公所，派人分辦，他如掌收本銀生息及收售山利，並收租給隘，出納前銀等項，俱各依公所議，訂簿籍。調撥股夥中秉正謹慎之人，分司其事，不得推諉，所招之佃不問何籍惟用妥人，贌墾田園俱應立定年限，屆期交還，至所招各夥，務宜體念公事公辦，踴躍齊心，共成其事。每股應津本銀定期交清，不得推諉，將來墾成田園之日，丈明甲數，照股均分，按甲供納大租，以給隘糧，所有應行規條，開列簿籍，各宜遵守。今欲有憑，同立合約壹樣貳紙，各執壹紙為炤。

一議：招夥貳拾股鑾管在庄拾股，修管在城拾股，其每股中招有數夥合本者，俱各照樣另立大小股合約，蓋以公記，編號立簿分執各炤。

道光 15 年 2 月　同立合約人　九芎林庄總理姜秀鑾（戳）
西門總理林德修（戳）[34]

由這份契約中可知：

一、姜秀鑾設隘防番之初，所需隘費丁糧主要來自官方的支助，然而隘丁甚眾隘糧不敷甚多，乃著姜秀鑾、林德修勸捐定股以補隘費丁糧之不足，因而有金廣福墾號的出現。

二、林德修介入實由於姜秀鑾個人財力有限，獨力難成，乃另諭飭姜秀鑾、林德修勸捐定股，共議在庄在城各招十股，鳩資萬元，並舉姜、林為總墾首，合串戶名金廣福，以在城、在鄉股戶之財力，共同解決隘防費用不足之困境。

三、由「竹北一保九芎林庄總理姜秀鑾戳記」，「西門總理林德修戳記」兩顆戳記顯示姜、林僅經眾推為總墾首，尚未經官給戳，在法律上尚未取得墾首的資格，故所用之戳章仍舊有之庄街總理戳記。

四、預定招募股份為二十股，每股五佰圓，合計萬圓，各股可另招小股合本。

至此金廣福大隘的組成經過已甚為清楚，但前引《樹杞林志》等諸

34　道光 15 年 2 月姜秀鑾、林德修合約字，「新竹北埔姜家史料」。

書所載籌組金廣福之人，均書姜周，而不書姜林，林的地位何時由周所取代？取代的原因又如何？郭芝亭〈記金廣福大隘〉認為姜林所擬的是草約，後未經批准而作廢。此種說法實有待商榷。前錄姜林合約曾載「鑾、修等以遵諭籌事，僉請蒙批」，且姜林籌組金廣福乃官方所促成，因此未蒙批准作廢之說，似嫌牽強。惜無有力資料以說明其演變，據《淡水廳築城案卷》所載林德修生於清乾隆 39 年，父林大燃，祖林陞暨，道光 2 年例捐監生，道光 6 年夏 4 月、三灣黃祈英（即黃斗乃）之亂，曾協助總督孫爾準拏輯匪犯黃斗乃、黃武二等，蒙孫督賞與六品頂戴並給牌剳（未蒙詳情咨部）。同年與竹塹進士鄭用錫及諸生員，捐生，眾舖戶籲請建城，並與周邦正、蘇國珍共任南城董事，經手分建南段城垣，自捐番銀五佰圓，又勸捐番銀四千二百圓。[35]林德修後來出任塹城西門總理，可見他在塹城的影響力。所以當姜秀鑾資金不足之際，官方諭令姜、林分勸城鄉閩粵二籍集股捐資，林德修即被推為閩籍代表，向在城閩籍股戶招募股底銀，並與姜秀鑾訂立大隘規約。此外，《金廣福給墾號簿》第 148 號文件載錄道光 26 年金廣福將十二寮坑埔地送給林德修做功勞山，由林際唐接受外。[36]此外未再發現與林德修有關的資料，由此或可推斷林際唐為林德修之後人，且林德修已亡故。為酬庸林德修生前對金廣福的貢獻而給與功勞山。考諸林德修出生於乾隆 39 年，至道光 15 年，已 62 歲，有可能林德修不久即逝世，才改由周邦正擔任閩籍墾戶首。如此，則林德修去世之年代，當在道光 16 年 4 月之前。[37]

　　接替林德修為墾戶首的周邦正，生於乾隆 46 年（1781 年），曾祖廷貴為捐納監生，祖父綱齋兄弟四人中有兩名科舉中人，一秀才（奕韜），一舉人（奕新）。[38]可見周邦正來自擁有科舉功名的士紳家庭，傳統士紳家族為維持其社會領導地位，財富的維持相當重要，所以歷時較久的權力家族均重視生財之道，子弟或在科舉中發展，或挾其地位與資

---

[35]　《淡水廳築城案卷》（臺北：臺銀文叢第 171 種，1963 年），頁 1、96。

[36]　《金廣福給墾號簿》第 148 號，「新竹北埔姜家史料」。

[37]　道光 16 年 4 月金廣福收捐約字，所載閩籍墾戶首為周邦正而非林德修，「新竹北埔姜家史料」。

[38]　不著撰人，《周氏族譜》，光緒四年，手稿本，無頁碼。保存於新竹市周家。

金從商或從事墾闢活動。[39]周邦正應屬後者,他在道光初年由福建省安溪縣來臺,道光 4 年例捐納監生。[40]道光 6 年同籲請塹城建築城垣,並與林德修等任南城董事,在場督工,並自捐番銀五佰元,[41]來臺十餘年間一方面在塹城經商,[42]一方面在大甲從事水利設施投資,[43]人稱周百萬。[44]後來替代林德修為金廣福墾隘閩籍墾戶首,負責辦理塹城衙門公事,且掌管總戳記。[45]周邦正卒於道光 27 年,享年 67 歲,對金廣福墾隘貢獻極大。

對金廣福墾隘貢獻最大,篳路藍縷,親率隘丁墾民以啟山林,出錢出力的是姜秀鑾。姜秀鑾曾祖姜朝鳳於乾隆 2 年(1724 年)由廣東省惠州府遷來淡水紅毛港(今新竹縣新豐鄉),從事開墾,鳳共育七子,卒後子勝捷、勝賢、勝略、勝智等四房遷居九芎林(今芎林鄉)。勝智於乾隆四、五十年間與劉承豪合力開墾新竹下山至九芎林一帶,被稱為開闢九芎林之始祖。但屬長房之秀鑾(勝捷孫)此時家道並不富裕,依道光 12 年 3 月姜秀鑾與弟珠福(或稱首福、秀福)分爨鬮書所載「承父所遺僅有屋前之田,屋後之山竹菓等項」。[46]但因姜秀鑾膽識過人,得官府賞識,於道光 6 年出任九芎林庄總理,奉官差遣。姜秀鑾從商開張豐源號;又參與土地開墾,至分家時已家產巨萬。[47]道光 13 年姜秀鑾參加南重埔的墾務,負責設隘防番的工作,其資產以及防番開墾經驗為官方所重視。道光十四年冬受命建隘募丁,負責沿山一帶的防務,而於道光 15 年 1 月沿山諸隘議貼隘糧的合約字,即以姜秀鑾出首訂定。[48]後雖

[39] 蔡淵絜,〈清代臺灣的社會領導階層 1684-1895〉,臺灣師範大學歷史研究所碩士論文,1980 年,頁 201-212。

[40] 《淡新檔案選錄行政篇初集》(臺北:臺銀文叢第 295 種,1971 年),頁 414,編號 12202-1。

[41] 《淡水廳築城案卷》,頁 96。

[42] 訪周邦正裔孫周春照先生得知,(新竹市)。

[43] 《淡新檔案選錄行政篇初集》,頁 414,編號 12202-1。

[44] 郭芝亭,〈記金廣福大隘〉《新竹文獻委員會新竹文獻會通訊》第 13 號(1954/4),頁 2。

[45] 北埔公學校編,《鄉土誌》(新竹北埔:北埔公學校,昭和 9 年),參考書類。

[46] 道光 12 年 3 月姜秀鑾、姜首福分家鬮書,「新竹北埔姜家史料」。

[47] 道光 12 年 3 月姜秀鑾、姜首福分家鬮書;道光 13 年 12 月林垂裕等立邀姜秀鑾助辦份約字,「新竹北埔姜家史料」。

[48] 道光 15 年 1 月陳大彬貼金廣福大隘隘糧合約字,「新竹北埔姜家史料」。

因資金不足，隘丁糧餉不敷，閩粵捐資隨之而行，直至金廣福受命解散，姜家一直掌握金廣福墾隘的領導權，嚴然為一地方政府。[49]

　　關於「金廣福」三字的含意。據吳子光〈一肚皮集〉「金廣福大隘記」認為「臺商俗例，爭取得金意義，凡會計簿多以金字蒙頭」。[50]可見「金」代表吉祥的意思，「廣」即廣東，粵人的意思，「福」即福建，閩人的意思。部分學者認為「金」意味著官方保護補助。[51]就資料顯示，沿山地區的墾號，如金惠成、金全和、金和成、金錫茂、金萬成、金廣成等均冠以「金」字。[52]

　　再以《金廣福給墾號簿》亦可發現以「金」字為名之墾號，如道光16年2月向金廣福給墾雙溪（今寶山鄉雙溪）之金德成係李聯芳、許泉記合夥之墾號[53]；道光17年2月向金廣福給墾新城仔（今寶山鄉新城）之金協成係何阿宗、曾寶昌、邱元亮合組之墾號；[54]道光17年4月向金廣福給墾雙溪鱅寮坑之金福泉，係許泉記、李錫金合組之墾號；同年之給墾雙溪飯店崎之金德發系許泉記、李連城之墾號；[55]道光20年12月給墾大沙溪尾（今名不詳）之金永德係林永陞，王金德之墾號。其中金德成、金福泉、金德發均為塹城聞名商戶李陵茂家與許泉記所擁有之公號。據《金廣福給墾號簿》第14號資料，李陵茂與許泉記均為金廣福閩籍股夥。若金廣福的「金」字含有官方的意思，則李、許之公號不可能再以「金」字為名。咸豐年間向金廣福墾隘抱隘，向更內層移隘達開墾目的之墾號如金聯成、金聯昌、金永安、金福和、金協和、金福源等，

---

[49] 《淡新檔案選錄行政編初集》，頁569-572，12231-1、4、5，三份檔案。如12231-1即載「緣大隘北埔等莊，地方遼闊，公事繁劇，向來各莊大小公務，原由墾首金廣福兼理」，後簽舉何廷輝為北埔庄總理，稟文中無家署名，故正堂方批曰：「應否添設總理之處，俟諭飭金廣福墾戶姜紹基等查明，稟覆核辦」。可見金廣福所扮演的角色。

[50] 吳子光，〈一肚皮集〉，收入《吳子光全集》（臺北：臺灣史蹟研究中心印行，1979年），無頁碼。

[51] 北埔公學校編，《鄉土誌》，頁1；陳其南，〈清代臺灣漢人社會的建立及其結構〉，1975年臺灣大學考古人類學研究所碩士論文，頁38。

[52] 《淡水新竹檔案》，編號17333-3。

[53] 《金廣福給墾號簿》，第2號，新竹北埔姜家史料」。

[54] 《金廣福給墾號簿》，第12號，新竹北埔姜家史料」。

[55] 《金廣福給墾號簿》，第39號，新竹北埔姜家史料」。

均以「金」字為首，且皆為粵籍合股組成，其中金協和、金福源均有姜家股份。可見在臺灣無論閩粵，合股醵資以「金」字為名者相當普遍，不應視為官方之意。

在姜家的事業中，尚有「金廣茂」，亦可做為佐證。同治年間姜榮華同張貽青、蕭立榮、胡國璽、梁榮昌，劉仕連（劉承豪後人）等，在北埔庄公館右畔築店字合股津本發隘，篆號「金廣茂」店號，開張生理。[56]後來股夥陸續退出，成為姜家獨有之產業。金廣茂成立時間晚於金廣福，若金廣福之「金」字有官方含意，則後組成無官股之店號不當有「金」字出現。要之，「金廣福」實純粹為合股經營之墾號。

三、金廣福墾隘資金的來源

清領臺灣後土地拓墾，墾戶扮演主導的角色。墾戶有的提供農具、種子，並從事陂塘堤圳的修築，地方的安全防衛也是他們負責，拓墾過程所需經費甚鉅。因此，開墾資金的籌湊，成為臺灣開墾史上重要課題之一。透過二人或二人以上認股出錢，以解決資金問題的方式相當普遍，合資經營成為臺灣開墾的主要型態。[57]金廣福墾隘在沿山諸隘中最大，且獨具特色。基於地方安全的需要，官方提供協助，包括官方直接的補貼並促成因金廣福設置而受益的諸隘貼供隘糧。但這些資金仍不足以供給隘費丁糧，因此金廣福資金的來源，仍有賴於股紳的捐派、埔底銀和隘糧大租的收入。以下分就官給、議貼隘糧、閩粵捐派、給墾埔底銀、隘糧大租等項，探討金廣福經費取得的情形。

（一）、官給與議貼隘糧

議貼隘糧可視為官給的一種。道光 14 年冬，李嗣鄴諭令姜秀鑾在

---

[56]　光緒 6 年 2 月劉仁魁立收清生理店字股底字；光緒 11 年 1 月金協順立抽生理股份字，「新竹北埔姜家史料」。

[57]　安藤靜，〈北部臺灣に於ける共有に關する舊慣〉，《臺灣慣習記事》第 4 卷第 6 號（明治 37 年/7 月），頁 25。

塹南橫崗設隘並撥銀千元助之，後又撥石碎崙官隘 40 名，官月給一百餘元，並移撥各處隘糧數百名。[58]移撥青草湖、加冬湖、南隘、中隘、坪頂埔、珊珠湖、老崎庄、四重埔、員山仔、尖山隘、內灣、小銅鑼圈等處隘糧，皆由金廣福收管。[59]甚至原本撥補屯租的黃泥塘墾地（今桃園市龍潭區高塘里）亦因金廣福墾隘屢稟「隘多糧缺」而經撥補給金廣福墾隘為隘糧。[60]

官給及貼隘乃官方協助金廣福的具體方法，然由於官方全盤政策的運用，往往視實際需要而調整。李嗣鄴所撥之石碎崙官隘，至婁雲將其糧額撥充義渡，按月仍由官給。曹謹暫停撥給，到黃開基因府道來文關切，兼之隘務攸關，諭咸菜甕墾戶衛榮宗等，按年應納公項屯租谷 93 石撥補金廣福墾隘自行督收。[61]由於衛榮宗歷年積欠，[62]且廢隘害民，經羅、彭二姓出首控告，以致衛榮宗被批革，[63]改由姜殿邦擔任咸菜甕庄墾戶。[64]但是咸菜甕庄所收屯租，不足以供隘丁工食鉛藥，及修隘公館食用等項開支，雖經眾議加納，[65]對金廣福墾隘而言，乃無實惠。

道光 29 年淡水同知黃開基乃復為籌撥充公租田四百餘石，每年撥給印串一百張，給令金廣福墾隘自行催收，並資貼銀二百元，以三年為度，以資防守。[66]然而扣除例佃貧戶，只實收三百零石，糧仍不敷。[67]

議貼隘糧的情形，由道光 15 年 1 月塩水港墾首吳振利、鄭振記與金廣福所訂合約可得知，其原文如下：

> 吳振利立合約字金廣福，緣振利振記承買塩水港等處田園，原帶隆恩屯社口糧租鄭振記明白，上年因南隘丁糧不足，官為封收，

58　道光 15 年 2 月姜秀鑾、林德修合約字，「新竹北埔姜家史料」。

59　道光 20 年 10 月淡水范分府曉諭，間引自《臺灣蕃政志》，頁 508。

60　咸豐 4 年 9 月金廣福與張龍三、彭廷亮合約字，「新竹北埔姜家史料」。

61　咸豐 4 年 8 月南興庄墾戶金廣福與咸菜甕墾戶衛榮宗合約字，「新竹北埔姜家史料」。

62　咸豐 5 年 2 月衛榮宗退辦墾戶字，「新竹北埔姜家史料」。

63　咸豐 6 年 6 月咸菜甕墾戶姜殿邦同佃羅登壽等合約字，「新竹北埔姜家史料」。

64　咸豐 5 年 2 月衛榮宗退辦墾戶字，「新竹北埔姜家史料」。

65　咸豐 6 年 7 月咸菜甕庄墾戶姜殿邦與佃戶鄭吉忍等合約字，「新竹北埔姜家史料」。

66　道光 29 年 10 月淡水黃分府諭，「新竹北埔姜家史料」。

67　同治 13 年姜榮華（秀鑾孫，殿邦子）稟稿，「新竹北埔姜家史料」。

前憲李諭著振利等貼納隘糧，三年為滿，今已逾限。金廣福奉憲設隘，建造伊始，丁糧尚復不敷，公議振利每年貼納金廣福隘費銀十五元，振記每年貼納金廣福隘費銀二十一元，仍俱約三年為滿。此係公事，甘願貼納三年，以後俱應免貼，金廣福亦不得執以為例。恐口無憑，全立合約字一樣三紙分執為照。

批明：隘糧三年後或裁減或應納或不應納，可向溫家酌議，再照。[68]

　　筆者蒐得此類合約數件，內容大同小異，均規定貼納時間，唯限滿後的規定略有不同，或如前引言明「貼納三年，以後俱應免貼，金廣福亦不得執以為例」，或如道光十五年正月，陳大彬與姜秀鑾合約規定「至三年後新墾田園既成，隘租有出，將撥銀仍行秉公酌議」。[69]可見撥貼隘糧的目的，實因金廣福始創，墾務未成，資金難籌，乃透過官方的力量，使沿山業戶分攤防番經費，待金廣福墾成，再酌商撤回貼納隘糧。到道光 29 年臨時議定貼納成為固定，其詳情可由道光 29 年 10 月金廣福與各原貼墾戶合約看出，其約文如下：

立合約字人新墾戶金廣福全人和庄業戶章泰順，緣順有承頂員山人和庄田業早已經丈配納屯租社租，及設隘丁防堵生番無虞。因道光十五年間金廣福奉憲諭飭，在塹城一帶設隘分駐巡防，以固地方，就地取糧。為創始糧費不敷，將各口隘丁糧暫撥歸收，至三年後新墾田園既成，隘租有出，將撥貼之丁費秉公酌議等因，前經合約定限各據，奈金廣福抽的租稅抵需隘糧不足，三年後尚亦照數支出。至道光二十一年已墾六載，田業既成，未經酌議，金廣福為糧費乏需，列各稟官，蒙飭糧書再行經丈，內有溢額田甲未伸屯租。茲蒙傳諭，就溢額屯租抽貼金廣福隘糧，公全酌議，以道光廿九年為始，泰順份下承管田業，每年應抽貼金廣福隘丁粟四石八斗，分作早晚兩季，對佃完納，以時斗直行無增，其廿一至廿八年未完糧銀，順份下亦酌納清楚，從前議定安妥無異。今欲有憑，全立合約字貳紙一樣，各執壹紙為照。[70]

[68]　道光 15 年 1 月金廣福、吳振利、鄭振記合約字，「新竹北埔姜家史料」。

[69]　道光 15 年 1 月陳大彬貼金廣福大隘隘糧合約字，「新竹北埔姜家史料」。

[70]　道光 29 年 10 月章泰順與金廣福合約字，「新竹北埔姜家史料」。

　　雖然沿山墾戶貼納隘糧，由道光 15 年的議貼，演變成道光 29 年的固定貼納，但其間官方扮演極重要地位。原本議定三年限滿後並未依議酌減，以致貼納墾戶紛紛抗納，道光 20 年金廣福即稟稱「日久生玩，各處貼納隘糧，意欲負隅不理」，懇請出示諭令著「各處前經撥歸金廣福管隘糧，永遠貼納，俾內面隘寮可以永固，隘丁不致星散等情。」居於防番的考慮，乃出示曉諭曰：「爾等前經撥歸金廣福管收隘糧谷石，每年仍需向南興庄總墾戶金廣福如數貼納，以資給發隘丁口糧」。[71] 後來金廣福屢稟貼糧墾戶抗納，藉缺糧退辦隘務，使官方屢對沿山墾戶施壓，[72] 至同治 13 年金廣福仍實際收得諸隘貼納糧租谷，計 566.5 石。茲將各處貼納情形表列如表 1。

表 1　同治 13 年沿山墾戶貼納金廣福隘糧表（單位：石）

墾戶名	地名	隘糧谷數	墾戶名	地名	隘糧谷數
陳大彬	二重埔	20	鄭用哺	荳仔埔	10
陳大彬	南重埔	20	金同和	南　隘	84
林智記	員山仔	16	鄭振祖	寶斗仁	68
林清波	員山仔	3.2	金協成	鹿　窟	10
林允然	員山仔	2.4	金三協	豎　林	65
林輝二	員山仔	2.4	鄭長源	中　隘	70
江淵源	員山仔	4	饒應恒	珊珠湖	50
陳　振	員山仔	8	何維善（利記）	崎　林	42
林綸記	員山仔	9.6	何福記　何信記	青草湖	13.5
陳泉記	員山仔	9.6		茄苳胡	45
章泰順	員山仔	4.8	合計		566.5

資料來源：同治 13 年姜榮華稟稿附件，「新竹北埔姜家史料」。

---

[71]　道光 20 年 10 月淡水范分府曉諭，閒引自伊能嘉矩，《臺灣蕃政志》，頁 508。
[72]　道光 29 年 5 月淡水史分府曉諭；姜殿邦公告稿，年代不詳，「新竹北埔姜家史料」。

（二）、閩粵捐派

　　史載金廣福之股數、捐銀數，諸家說法不一。《樹杞林志》載道光十四年，墾戶金廣福閩粵 24 大股津本墾成。[73]伊能嘉矩《臺灣文化志》認為閩粵各捐資 12,600 圓，糾結 24 股，稱金廣福。[74]此外尚有 20 股、30 股之說。

　　20 股之說載錄於道光 15 年 2 月姜秀鑾、林德修合約字中；道光 16 年 4 月金廣福立收捐約字中也有 30 股之說。其文獻引錄如下：

> 姜秀鑾立收捐約字，南興庄總墾戶金廣福、墾戶首周邦正等，緣塹南一帶，山林迫近城垣，其地崎旱瘠、栽種維艱，生番肆出，庄民被害，前廳憲李念切民瘼，給發銀元，諭在橫崗頂建隘防番，就地取糧。奈現時隘費無徵，雖蒙撥石碎崙官隘併各處民隘銀谷移貼，然不敷者尚多。復蒙諭飭勸捐，以備支用，當即遵行籌議，定作三十大份，每份該捐銀一千元，共計三萬元，編金廣福字號、開張生理，招墾埔地，以資隘費。業經將情稟明在案，但捐銀之數多寡既已不同，而股份之歸彼此亦難預定。爰公議立約分執，茲有褒忠嘗捐銀三百元，經已如數登記在帳。俟終來生理收成，埔地開峻，丈明甲數之日，自當就本的利，將墾成田園及遺存林地一概照份品搭均分，將租按配各納以昭公平。所慮者糧費浩大，入不供出，難垂永久，此去三萬捐銀開用明白外，若有欠缺之處，應就各戶原捐之數，按額勻派攤加捐應用，不得有違。如是有違，立將該戶所捐銀元遞照有給無墾，違限拋荒之例，盡行抹銷，以便捐補足用，庶不致貽誤公事，至異日墾成，無許該戶擅執約字較爭份業。此係公同議定，各宜遵行，自無後悔，今欲有憑，全立收捐約字付執為照。
> 批明加捐之銀，若交清應再立收單執憑，如無收單執憑，此約即為廢紙，又照。[75]

73　林百川，《樹杞林志》，頁 127。
74　伊能嘉矩，《臺灣文化志》下卷（東京：東京刀江書店，1928 年），頁 337。
75　道光 16 年 4 月金廣福收捐約字，「新竹北埔姜家史料」。

　　此約顯示出：道光 15 年 2 月姜林合約規定各捐戶可由數小股合資湊股，以合夥名義捐股，但係分別繳股底銀與金廣福，由金廣福開與收捐約字，以取信於小額捐戶，然眾小股合湊一大股的情形確實存在，如金允藏為八小股湊成，金廣勝亦為數小股湊股之公號。[76]其所籌資金由道光 15 年 2 月姜林合約的 20 股、萬餘元，合串戶名金廣福，改為 30 股 3 萬元，編金廣福字號。反應出金廣福所需經費龐雜難定，以及資金籌募不易，為維持金廣福事業不墜，在經費欠缺之時，須依各原捐之數按額均攤，否則抹銷股底以便捐補足用。

　　這份約字訂立於道光 16 年 4 月初，由於約文缺費原捐按額均攤的規定，在同年 4 月 14 日再派「加三銀」（即原捐百元加派 30 元），後又有「加二八銀」（即原捐百元加派 28 元），[77]道光 20 年又加派捐，[78]此外又有「加四」之說。[79]道光 16 年 2 月姜秀鑾、周邦正及閩粵捐戶合約指出，粵籍實際捐銀為 15,000 圓，閩籍實捐銀 12,600 圓，為維持閩粵捐數平均，粵籍多出之 2,400 圓已於加派時勻回，即閩粵各捐銀 12,600 圓，合計 25,200 圓，以每股千圓計，共 25.2 股，且閩粵各半。[80]以後的文獻多稱 25.2 股。[81]

　　至於閩粵捐派的情形，可將閩粵分開討論，首論閩籍捐銀，由《金廣福給墾號簿》第 13 號所載加三分管田業數，得知閩籍原捐墾戶，並推算可能原捐股底銀數，茲表列如表 2。

[76] 道光 15 年 2 月姜秀鑾、林德修合約字，「新竹北埔姜家史料」。

[77] 道光 16 年 4 月金廣福加捐約字，「新竹北埔姜家史料」；筆者於北埔姜家訪得一紙，內載加三及加二八之資料，年代不詳。

[78] 道光 20 年 2 月金廣福給徐玖昌信乙紙，茲摘錄如次：「前來啟者議將金廣福總數乙年（案：道光 15 年）至庚年（即道光 20 年）止清算對除外，尚不敷銀 7489 元，每百元加出銀 29.63 元，其埔地照以 25.2 股對半均分」，「新竹北埔姜家史料」。

[79] 道光 21 年 3 月姜秀鑾、周邦正等合約字，「新竹北埔姜家史料」。

[80] 道光 16 年 12 月姜秀鑾、周邦正同各捐戶合約字，「新竹北埔姜家史料」。

[81] 道光 20 年 2 月金廣福給徐玖昌信乙紙，「新竹北埔姜家史料」。

表2　金廣福墾隘閩籍捐戶原捐銀數表（單位：元）

捐戶名	（A） 加三銀分管田數	（B） 可能加三銀數	（C） 可能原捐銀數	備註
陳舒和	0.8	80	260	契載加三銀 80 元
吳金桔	1	100	330	契載加三銀 100 元
林恒陞	6	600	2000	
周邦正	2	200	660	
鄭咸亨	3.3	330	1100	
金鎰號	0.5	40	130	
鄭恒利	3.3	330	1100	
涂阿慶	0.64	64	210	
振益號	1	100	330	
許泉記	1	100	330	
王天宮	0.94	94	310	
陳阿生	0.3	30	100	
德隆號	0.35	35	110	
萬泉號	0.31	31	100	
鄭和順	0.95	95	310	
羅德春	0.45	45	150	
隘泰號	0.33	33	110	
陵茂號	3	300	1000	
鄭承福	0.33	33	110	
許萬生	0.32	32	110	
鄭亭記	0.66	66	220	
黃源利	0.5	50	165	
鄭貞利	0.5	50	165	
新瑞芳	0.36	36	120	
王益發	0.24	24	80	
童泉隆	0.17	17	50	
童高秀	0.17	17	50	
蘇泉吉	0.17	17	50	
集源號	0.17	17	50	
鄭振興	0.17	17	50	
林瑞源	0.34	34	110	

周鼎瑞	0.66	66	220
林同興	0.65	65	210
吳有量	0.17	17	50
楊庭金	0.15	15	50
蔡致記	1.4	140	450
林印卿	0.35	35	280
林惠香	0.35	35	280
金逢泰	0.4	40	130
瑞吉號	1.0	100	330
陳昆榮	0.15	15	50
源順號	0.24	24	80
林德和	0.75	75	250
林德悠	0.75	75	250
陳柳官	0.1	10	30
振裕號	0.1	10	30
合計	38	3800	

說明：

　A、捐戶名及加三分管田業依《金廣福給墾號簿》第 14 號得知。

　B、道光 17 年金廣福給金桔號分管字載「今有閩籍生字號金桔第一闥，遵行將捐之銀交收明白……今有金桔加派出佛銀一百元……經眾議定，每百元分一甲，照以銀數算給分金桔遵議加派之銀算該得一甲。」契字所述年月，所分得甲數與金廣福給墾號簿所載相同。又陳舒和所分田數契簿亦相同。道光 16 年 2 月姜周合約亦有「經眾議定，每百元給分一甲」之記載。

　C、道光 20 年 12 月姜周及各捐戶各約載：「祗因該地建寨需費浩大，糧不敷給，復著就兩籍股戶勸捐三銀，資給隘糧，於道光 16 年冬議將就近平坦埔地，先行踏丈，立約給付分管抵還加三銀元。」

　　　由表2與其它資料對比得知閩籍捐戶大都為塹城之舖戶，[82]這些舖戶除在城經商外，部分亦從事土地拓墾，如金逢泰、林同興、鄭長源、陳大彬等曾合夥承頂土地，開闢田園。[83]就投資額而言，以林恒陞最高

---

[82]　據新竹縣采訪冊及淡水廳築城案卷得知李陵茂、鄭恒利、林恒陞（即林恒茂）、振益號、德隆號、羅德春、鎰泰號、金吉號（即吳金桔）、新瑞芳、童泉陞（即童陞）、童高秀、蘇泉吉（及蘇陞）、集源號、林瑞源、林同興（即林碧）、金逢泰、瑞吉、振裕號（即郭振裕）等均為塹城舖號；萬泉號為大甲舖號。

[83]　由道光 15 年 1 月金廣福與陳大彬、金逢泰、林同興等墾戶貼隘糧合約及道光 15 年 6 月金

（2,000元），鄭恒利、鄭咸亭兩人次之（1,100元），李陵茂再次之（1,000元），超過五百元以上者五人；以陳柳官、振裕號最低（33元）；若以每戶平均捐數計，每戶平均捐銀273.9元。唯他們大抵非在地地主，如陳大彬為南城總理，自不可能親自參與墾闢工作，故這些鋪戶不是耕地的渴求者，他們捐資合組金廣福的目的一者配合官方政策，一則是商業投資。但因叠派不休，且僅分得埔地數甲，相較於他處投資可獲租谷兩千多石，田園數千畝。[84]可見，金廣福墾隘的投資，獲利不大，竹塹城商人的投資意願不高。

　　次論粵籍捐戶，筆者計蒐列三個不同時期的粵籍捐戶，雖然部分資料不完全，但仍可看出其演變的情形，茲將蒐得金廣福所發出之收捐約字及加捐約字所載捐銀數額整理如表 3。

表 3　道光 16 年粵籍捐戶及捐額表（單位：元）

捐資者	項目				備考
	原捐		加三銀		
	時間	銀數	時間	銀數	
褒忠嘗	道光十六年四月	300	道光十八年十月	90	
范阿魁	道光十六年四月	150	道光十六年四月	45	
范清賢	道光十六年四月	200	道光十六年四月	60	
林饒成	道光十六年四月	50	道光十六年四月	15	
魏和義	道光十六年四月	50	道光十六年四月	15	
范丙龍	道光十六年四月	100	道光十六年四月	30	
田乾興	道光十六年四月	100	道光十六年四月	30	
徐文華	道光十六年四月	50	道光十六年四月	15	
江陳康	道光十六年四月	100	道光十六年四月	30	
徐玖昌	道光十六年四月	50	道光十六年四月	15	
林慶恩	道光十六年四月	100	道光十六年四月	30	
魏林旺	道光十六年四月	50	道光十六年四月	15	
彭三貴	道光十六年四月	1200	道光十六年四月	363	

廣福與鄭長源合約字可知，「新竹北埔姜家史料」。

[84] 李敦仁，《銀江李氏家乘》「附錄分家鬮書」（新竹：李陵茂親族會編印，民國 41 年），頁 90-92；鄭毓巨，《浯江鄭氏家乘》（新竹：鄭氏家乘編輯會，大正 2 年），頁 78B、82A。

彭阿桶	道光十六年四月	100	道光十六年四月	—	
王魁壽	道光十六年四月	150	道光十六年四月	45	
王鑾福	道光十六年四月	25	道光十六年四月	7.5	
何朝振	道光十六年四月	200	道光十六年四月	60	
謝益振	道光十六年四月	100	道光十六年四月	—	
何本乾	道光十六年四月	100	道光十六年四月	30	
蘇春義	道光十六年四月	500	道光十六年四月	150	
蘇春義	道光十六年四月	25	道光十六年四月	7.5	
何仁臺	道光十六年四月	100	道光十六年四月	30	
姜秀鑾	道光十六年七月	1450	道光十六年七月	435	
		5250		1518	

資料來源：各捐戶之收捐約字及加捐約字，「新竹北埔姜家史料」。

　　表3所列資料，是依據所蒐得契字整理而成，無法全面觀察在鄉粵籍人士投資金廣福墾隘的面相，新竹北埔姜家史料中《金廣福給墾號簿》，逐筆載錄粵籍分管埔地面積，依每加銀百元，分管一甲埔地計算，推估粵籍各投資戶可能的「加三銀」數和原捐金額。茲將粵籍投資戶分管埔地和捐納金額表列如表4。

表4　金廣福墾隘粵籍墾戶分管加三田業表（單位：甲、元）

捐戶名	加三分管埔地	可能加三銀數	可能原捐銀數	備考
姜秀鑾	7.3	730	2430	
平嘉惠	5	500	1660	
興業和	5	500	1660	
義振安	5.1	510	1700	
瑞四和	5	500	1660	
劉雲從	1.6	160	530	
劉傳茂 劉榮茂	2.2	220	730	
張貽青	3	300	1000	
彭源興	2	200	660	
蕭立榮	1	100	330	
彭源盛	2	200	660	
何合旺	3.9	390	1300	

林賢德	5	500	1660	
金允藏	4.8	480	1600	
金廣勝	3.2	320	1060	
彭阿桶	0.41	30	100	
劉家勝	5	500	1660	即劉龍光、劉世城、劉金生
合計	61.51	6140	20400	

資料來源：《金廣福給墾號簿》第 16-31 號、66 號，「新竹北埔姜家史料」。

　　姜家史料中另有「光緒 10 年 12 月金廣福分管加二八山林田業簿－福字號」，載錄光緒 10 年分管加二八銀各粵籍捐戶應得山林田業，可依所分配之埔地面積，推估各投資戶之股底銀數。

表 5　光緒十年金廣福墾隘粵籍墾戶股底銀數表（單位：元）

捐戶	股底銀數	備考	捐戶	股底銀數	備考
姜秀鑾	3200		彭源盛	500	
彭世和	200		瑞四和	200	
官與清	200		官志交	300	
劉子謙	500	即劉世城	彭殿華	250	
彭林康	50		彭錦志	250	
詹上珍	200		義民嘗	300	
蕭立榮	200		彭三貴	200	
劉雲從	300		彭阿桶	100	
黎德福	400		蘇太安	250	
林其回	100		張貽青	1000	
詹俊秀	100		詹博九	600	
黃四如 張金清	600		黃德福	300	
合計			10300		

資料來源：光緒 10 年 12 月金廣福分管加二八山林田業簿（福字號），「新竹北埔姜家史料」。

　　前列三表，均依可靠之資料製成，唯一遺憾是表 3 所蒐之捐戶契字不全，無法得其全貌，但已反應出某些特色。就以上三表相關連之處，說明如下：

　　一、表 4 中無表 3 所列捐戶，究其原因是表 3 之捐戶部分為表 4 所

列捐戶之小股，分管土地時，金廣福僅分與大股，再由大股分與股內小股。[85]

二、表 4 所載部分加派之銀數，並非依原捐股底銀而來，而是粵籍多捐出 2,400 元勻回做為加捐銀之故，粵籍股底銀與閩籍相同均為 12,600 元。

三、光緒十年粵籍股底銀數降至 10,300，其原因可能是持有股權之後人不重視其股權，或原捐戶因不勘加派而未再配合出加二八銀，以致股底銀由 12,600 元降為 10,300 元。此說仍有待更進一步的探討。

四、由表 3 所載捐銀金額不高，可知粵籍捐資者以取得可耕地為目的，然金廣福墾隘因需費甚大，累派不休，小農難以支理，因而將股份退賣，或不願意再繼續加派。[86]故表 4 眾小股組成的金廣勝，平嘉惠至光緒年間已不復出現，可見股權由小墾戶漸向大墾戶集中，姜秀鑾、彭源盛、劉子謙、張貽青、詹博九等五家就佔去粵籍墾權的二分之一強。

綜觀前述閩粵捐股得以順利，得力於官方政策的運用，然閩粵捐戶投資動機不同，閩籍在城商人旨在投資，為商業資金找出路；在鄉粵籍捐戶初捐時旨在取得可耕地以安身立命，故多為小康之農家。因多為小康之家，財力較弱，難以配合不斷加派，而將原捐股底轉賣或不願意再行加派；部分閩籍捐戶也由於投資利潤不大，急於抽退股底或停止捐派，甚至到咸豐、同治年間閩籍捐戶漸將股權拋售。[87]因而粵籍較大股東，尤其是姜秀鑾家族逐漸掌握金廣福墾隘的地權。但金廣福墾隘籌組初期，其資金主要來自在城閩籍商業資金與在鄉粵籍農墾資金結合而成的。

---

[85] 道光 28 年 4 月張石生（貽青）、劉雲從、胡錦清（即永鎰豐）合約字曾載「今有合夥津資承買南興庄金廣福股夥金廣勝股內范阿望、范阿魁分下應分加三水田一處。」據《金廣福給墾號簿》所載金允藏釀千元，分由八小股組成，分別為陳秀振、黃永龍（各捐 200 元），何俊享（捐 150 元），陳振蘭、田阿秋、田乾興、范丙龍（各捐百元），徐文華（捐 50 元）。「新竹北埔姜家史料」。

[86] 道光 28 年 3 月范阿魁退賣股份水田山埔契字曾載「諭著閩粵兩籍股戶勸捐銀員，------數年以來疊派不休，難以支理，情願將股份、水田退賣」，「新竹北埔姜家史料」。

[87] 同治 12 年 11 月鄭吉利（即鄭恒利）杜賣盡根水田山林埔地契字；光緒 15 年 4 月林恒陞即林恒茂杜賣盡根水田契字。「新竹北埔姜家史料」。

（三）、埔底（地）銀

墾戶將已取得之山林埔地給出，以收取埔底銀，與出資捐股同為墾戶籌得資金的方式。惟其性質與捐股不同，捐股是一種投資行為，開墾成功，擁有股權者可依其股權分得一定的土地，若開墾不順，需用資金，捐股者須配合加派，否則前功盡棄。給埔底銀取得未墾荒埔，可視為一種買賣，以一定的金額取得定額的埔地開墾，拓墾組織墾務的成敗與承給者無關，唯承給者需在規定時間內將承給之埔地墾成田園，以供租稅，否則墾戶可將埔地收回。

《金廣福給墾號簿》及金廣福給出墾批約字均載者，以道光 19 年 10 月給溫成美的墾批最早，茲摘錄如下：

> 立給墾批字總墾戶金廣福、墾戶首姜秀鑾、周邦正，情因墊南……
> 嗣因隘費丁糧兩無所出，復著遵諭招佃開墾，就地取糧以資發
> 給，今有佃人溫成美前來給出富興庄左片林地一所。即日全踏界
> 址……四至界址沿踏明白，給付與溫成美自備工本前去開闢築埤
> 鑿圳，墾成田園永為己業。其溪水源務須上流下接均勻，定汴通
> 流灌溉，各不攔截，其地訂限五年開墾，凡有栽種山園，面議定
> 供貼隘糧銀二十五元，近年每至秋收之日完納交清，如屆期五年
> 之後，墾成田園照以眾例，聽墾戶丈量，按甲供納，給出丈單。
> 每田一甲供納大租粟□碩、每園一甲輸租□碩，每至早季挑運倉
> 口交納，給出完畢。年清年款，不得拖欠升合，以致隘務無徵。
> 自給以後，該佃趕墾成田業，勿得遲延。如屆期拋荒未墾，延悞
> 隘糧，將此墾批撤回註銷，不得異悔。[88]

金廣福初創之際，即將外面尖山、南隘、加苓湖、寶斗仁、石碎崙、青草湖、金山面、大崎、上下員山、二重埔等處各隘移入內山，在橫崗頂建造隘寮四十座。[89]因移隘取得的可墾埔地，金廣福即與各地原墾戶商議立約，將未墾山林埔地招佃開墾以供隘費，其約文節錄如下：

88　道光 19 年 10 月金廣福給溫成美墾批字，「新竹北埔姜家史料」。
89　道光 13 年 12 月林垂裕等立邀姜秀鑾助辦份約字，「新竹北埔姜家史料」。

錢旺富全立合約人金廣福等，因竹塹社通事錢旺富，承前通事在員山庄開闢田園，恐生番出擾，設有隘丁巡守，年需隘谷一百五十三石，又各佃每甲田貼谷九斗，……蒙諭著富等隘谷割佃歸收，以便分發，以專責成。該富等遵諭，隨全到地踏明界址，堆作墩為界，土墩內已經開成贌佃現耕之田園，歸之塹社通事收租執掌；土墩外所有隨墾隨拋，及未墾未開山林埔地，一概歸與新墾戶金廣福招佃開墾，就地取糧，以資隘費……以後富等將員山仔庄，每年隘谷一五三石，又帶各佃每甲另貼隘糧谷九斗，情愿對佃概歸與墾戶金廣福，給單向佃收管，以為隘糧之資，永遠定例，不得逾限過期，致悞公事。[90]

可見金廣福墾隘設立之前，員山庄墾民曾企圖至界外（土墩外）開墾，因為「番害」的關係開墾不易，故多隨墾隨拋，待金廣福移隘之後，原有界外，隨墾隨拋及未墾未開之山林埔地，全歸金廣福招佃開墾取糧，以資隘費，故金廣福給出土地應始於道光15年。

隨著金廣福陸續將取得土地給出，墾務隨之推展，其埔地係舊隘內移所取得，故在道光十五、六年間金廣福所給出者，其埔地僅限於先時已有漢人足跡之柯仔壢、小茅埔坑、大崎、雙溪、寶斗仁等地，該年（道光15年）埔底銀計收入2,672圓。[91]

道光16年底金廣福已開至赤柯坪附近（今峨眉鄉赤坪村），但因入不供出，兩籍捐戶商議：「將隘附近平坦地先行踏平……照銀給分付管約字明白，自分管之後，以便各自招佃，就緊開闢墾成田業納租，免致隘糧無著」。[92]道光17年二月份依捐派銀數分之山林埔地131.1甲。姜秀鑾、周邦正並取得酬勞田，[93]其餘「尚存山林埔地原出給，以資糧費，誠恐悴時無人成受，商議預先印空白墾單，交付兩籍墾戶首，以便給出。」[94]由於乏糧，迫使金廣福急於給出埔地，故道光17年一年所收埔底銀即高

---

[90]　道光15年乙未月錢旺富、金廣福合約字，「新竹北埔姜家史料」。
[91]　《金廣福給墾號簿》，「新竹北埔姜家史料」。
[92]　道光16年12月姜秀鑾、周邦正同各捐戶合約字，「新竹北埔姜家史料」。
[93]　《金廣福給墾號簿》。「新竹北埔姜家史料」。
[94]　道光17年3月金廣福墾戶首姜秀鑾周邦正合約字，「新竹北埔姜家史料」。

達 4,537 圓，創歷年給墾金額之最高峰。據《金廣福給墾號簿》所載，給墾持續到光緒 12 年劉銘傳清賦裁隘墾隘止。但埔底銀的收入，至道光 27 年後就急速下降，且數度中斷，光緒七年後才又逐漸恢復。總計金廣福墾隘因給出埔地，共收入埔底銀 21,960 元。[95]茲將金廣福墾隘歷年埔底銀收入列表如表 8。

可見埔底銀收入的變動可分成三個階段，第一是自金廣福墾隘組成至道光 27 年急速下降止，共計 14 年，為高峰期。第二是自道光 28 年至光緒 6 年止，共計 33 年，屬低迷期。第三是光緒 7 年至光緒 12 年，共計 7 年，可視為回升期，埔底銀變動原因分析如下：

一、第一個高峰造成的原因是由於金廣福大隘防「番」功能奏效，原住民被逼退入內層山區。因墾民安全得到保障，又有大批可耕山林埔地，因此吸引了大批的墾民與資金。

二、道光 28 年以後，急速下降的原因在於易墾埔地陸續墾盡，山間零星可墾之埔地狹小。金廣福墾隘若要取得荒埔開墾，勢必再向更內層深山推進，故無埔地可供墾民承墾。

三、光緒 7 年以後墾民承墾荒埔案例再度回升的原因，在於舊墾埔地已經四十多年的經營，大部分已墾成熟田。經此數十年內斂積聚，再發之力已形成。因此開墾潮再度興起，有力人士紛紛新組墾號向金廣福墾隘移隘、抱隘，移民潮指向新的漢「番」界外。墾民更向內層推進，此一拓墾潮延續至日治以後。而茶與樟腦的利益，為向內層山區拓墾的誘因。

從閩粵捐派乙節，可看出金廣福墾隘的組成，主要得力於閩粵兩籍人士的捐資，金廣福初創的閩粵兩籍捐資股夥，對金廣福墾隘給出荒埔承墾的動機如何，值得進一步觀察。茲將《金廣福給墾號簿》中所載金廣福閩粵兩籍捐資戶，向金廣福墾隘承墾荒埔開墾的情況統計如表 6。

---

95   《金廣福給墾號簿》。

表6　閩粵原捐股夥承墾荒埔一覽表（單位：元）

閩　　籍				粵　　籍			
時間	佃戶名	埔底銀數	備考	時間	佃戶名	埔底銀數	備考
道光十七年四月	許泉記 李錫金	480	李錫金為李陵茂家	道光十六年二月	官與清 官志文	250	
道光十七年四月	許泉記 李連城	70	李連城屬李陵茂家	道光十七年四月	張貽青	50	
道光十七年五月	林惠香	60		道光十七年九月	彭三貴	300	埔尾彭家
道光十七年九月	周邦正	50	閩籍墾戶首	道光十七年九月	蕭立榮	300	南埔蕭家
道光十八年四月	鄭文哺	50	鄭恒利家	道光十七年九月	蕭立榮	100	南埔蕭家
道光十九年九月	鄭文哺	50	鄭恒利家	道光二十年十二月	姜榮華	100	姜秀鑾孫
道光廿七年十一月	鄭德養 鄭德麟	297	鄭恒利家	道光三十年七月	張貽青	66	
道光廿八年十月	李聯青 李聯陞	200	李陵茂家	道光三十年七月	彭三貴	246	埔尾彭家
道光三十年十月	李十寶 李烏獅 李洛陽	無墾底銀	李陵茂家	同治六年十一月	姜榮華	60	姜秀鑾孫
咸豐二年十一月	鄭恒利	100	鄭恒利家	光緒七年十二月	姜清漢	1000	姜秀鑾曾孫
同治時三年十一月	周國山	40	周邦正孫	光緒十一年六月	吉茂記	2000	姜秀鑾家
合　　計		1397		合計		4472	
總　　計				5869			

資料來源：金廣福給墾號簿，「新竹北埔姜家史料」。

　　根據資料顯示，閩粵股夥向金廣福承墾荒埔者計22件，埔底數計5,869元，佔總埔底銀數26.7%，佔四分之一強。若以道光27年埔底銀

收入遞減為界分成兩期，前期埔底銀收入為 12,327 元，閩粵股夥承給銀數為 2,157 元，佔前期 17.5%。而閩粵承給埔地的股夥主要分別來自五個家族，其中閩籍為李陵茂家（四件），合 750 元；鄭恒利家（4 件），合 1,100 元；周邦正家（2 件），合 90 元；林惠香（1 件），60 元。粵籍分別為姜秀鑾家（4 件），合 3,160 元，大部分承墾時間在後期；張貽青家（1 件），合 116 元；彭三貴家（2 件），合 546 元；蕭立榮家（2 件），合 400 元；官與清（1 件），250 元，其餘股夥均未承給埔地。

由前述現象可知金廣福墾隘的捐資股夥，並未積極投入埔地的承墾，其原因可分兩點說明：

一、就粵籍而言：前述早期捐股大部分為缺乏耕地之小農，由於認股後累派不休，股庶之家尚可支應；小康之家則無法負擔屢次加派銀元，無力再承給埔地開墾，故捐股之後尚能承給埔地者僅限於少數家庭。

二、就閩籍而言：閩籍在城商人除經商外，也從事土地投資，但多從事租權的購買。

他們投資金廣福墾隘一則配合官方的諭示，一則在於尋找資金的投資，但金廣福墾務遲遲未成，投資意願遂低。再者，閩粵畛域的劃分似不可忽視，雖然竹塹地區閩粵族群衝突雖不似臺北地區激烈，且金廣福閩粵合資對閩粵的對立想必有某種程度的消弭作用。然兩者之間芥蒂總是存在，閩籍捐戶多數為不在地地主，他們取得土地後，勢必將土地租出，交與粵籍移民耕種，此現象在當時不一定是閩人所樂見。想必在粵人墾區取得耕地的意願不高，甚至連捐股取得的土地也陸續轉手。因此，再承墾埔地的意願不高，所以捐股之後再向金廣福承墾埔地者只限於少數家族，且金額微小。其總數僅為粵籍三分之一強。

（四）、隘糧大租

金廣福墾隘的組成，「防番」為官方重要的考量，要達到「防番」的目的，則須聘任隘首、僱募隘丁、建銃櫃、築隘寮，使隘丁川流山區，

實力把守。墾戶首為支應隘費丁糧，向佃收取隘糧大租。[96]金廣福於初組成之際，已陸續放出外圍埔地，到道光十七年二月依眾議將新取得自北埔、南埔向西伸延至峨眉之中興庄、赤柯坪等，約計一百餘甲的平坦埔地，交與各捐戶分管，招佃開墾取糧。[97]但金廣福所給出者為荒埔而非熟田，具有墾荒的意味，在臺灣舊慣上墾荒可享有幾年免租權。[98]然金廣福急於隘費丁糧，因此，在墾限內雖言明「開荒無租」，實際上需貼納隘糧銀。由資料顯示墾成前之貼納與墾成後的租額不同，徵收方式亦有差別。就《金廣福給墾號簿》所載，咸豐五年以前給出的埔地，開墾年限為三年或五年。隨著平坦埔地的墾盡，墾地漸入深山貧瘠難墾，墾限延至八年或十年。光緒十一、二年所墾的大坪、新藤坪、九芎坪等新的漢番交界埔地的墾限，則延為十二年。[99]在墾成田園丈明甲數之前，貼納隘糧租銀有兩種徵收方式，一是抽的租，即所謂活租。依《金廣福給墾號簿》所載，此項活租多屬二八抽的，即佃八業二，限於金廣福股夥內分管之土地；另一種為固定租即所謂死租，徵現金而非實物。規定秋收之後繳納或分早晚二季繳納，所貼納金額數量與佃戶所繳納的承墾埔底銀數額有密切的關係。貼納金額與埔底銀，在道光 17 年 3 月（金廣福股夥分管）至道光 26 年 2 月之間（金廣福粵籍墾戶首姜秀鑾逝世）[100]，其比例是隘糧銀為埔底銀的 5%。[101]

　　墾成經丈明甲數之田園按甲納租，為固定租且繳納實物。[102]同治 13 年姜榮華稟稿中說：「每甲隘租原納八石，不敷太多，陞至十四石」。[103]就史實而言，每甲八石之租只維持至道光 29 年，因隘糧不敷，即經官諭

---

[96]　戴炎輝，〈隘制及隘租〉收入《清代臺灣的鄉治》，頁 537。
[97]　《金廣福給墾號簿》，「新竹北埔姜家史料」。
[98]　林百川，《樹杞林志》，頁 97。
[99]　《金廣福給墾號簿》。「新竹北埔姜家史料」。
[100]　姜振驤撰，〈姜義豐に關する沿革の概要〉大正四年手稿本，無頁碼，「新竹北埔姜家史料」。
[101]　依據《金廣福給墾號簿》第 34 號至 128 號文件統計得知。
[102]　金廣福墾隘發出的墾批，有「每田一甲供納大租粟○碩------每至早季挑運倉口交納，給出完單，年清年款，不得拖欠升合」之字樣。
[103]　同治 13 年姜榮華稟稿，「新竹北埔姜家史料」。

示「每甲每年配納隘租十二石以供丁糧」。[104]但十二石的租額至咸豐年間又有改變，咸豐 5 年 11 月鄭恒利杜賣盡根契字明載：「又帶丈單一紙水田五份（應為分之誤），每年應納大租谷柒石足訖」。[105]可見每甲 8 石之隘租，至道光 29 年升為 12 石，到咸豐 5 年之間又升為每甲 14 石。光緒 12 年劉銘傳清賦裁隘，金廣福隘租權消失前，隘糧大租一直維持每甲 14 石。[106]

　　金廣福股夥二八抽的，因山區饒瘠不一，生產量無法估量，故所徵的二八抽的之總數無法推算。固定的隘糧銀數亦不大，若以前述五%計算每年總數約 1,098 圓，但實際上應未達此數目。（參閱表 8）。丈量後之隘租收入，與墾成之田甲數量有密切關係。郭芝亭〈記金廣福大隘〉曾載金廣福「墾闢至道光末年北埔、月眉（今峨眉）兩庄田園已達一千餘甲」。[107]實際上金廣福雖「東至樹杞林起，南抵銅鑼圈止，山面遼闊，四十餘里均屬高崗峻嶺深坑，平坦稀少，所有溝屈闢田無幾，初百餘甲……現丈 247.3 甲。」。[108]其陸丈經過由姜榮華另一份稟稿可得知，道光年間已陸丈者百八十餘甲，咸豐六、七、八等年陸續弓丈加四十餘甲，同治 11、12 年復丈加五十餘甲，連前共二百七十餘甲。[109]光緒 1 年又「稟報承管南興庄金廣福戶下，民耕番業新墾成熟未陸田三百四十餘甲」。[110]由此得知，金廣福歷來陸科田甲及隘糧大租，如表 7。

表 7　金廣福墾隘歷年升科田甲租額一覽表　（單位：石、甲）

年代	陸報田甲數	應科隘租數	附註
初　　墾	百餘甲	800	每甲八石計
道光末年	180	1440	每甲八石計
咸豐八年	220	3080	每甲十四石計

[104] 道光 29 年 10 月淡水黃分府曉諭，「新竹北埔姜家史料」。

[105] 《金廣福給墾號簿》第 172 號，「新竹北埔姜家史料」。

[106] 《金廣福給墾號簿》第 198-201 號文件所載，光緒 10 年 12 月粵籍補分管加二八山林字規定：墾成「照六戈常規丈明甲數，每甲按納大租隘糧谷共八石正永遠定例------」為一例外，乃金廣福股夥所享有的優待。

[107] 郭芝亭，〈記金廣福大隘〉，《新竹文獻會通訊》，第 13 號，頁 4。

[108] 同治 13 年姜榮華稟稿，「新竹北埔姜家史料」。

[109] 同治 13 年姜榮華稟稿（另一份），「新竹北埔姜家史料」。

[110] 《淡水新竹檔案》，編號 13203-1 之 6。

同治十二年	270	3780	每甲十四石計
光緒元年	340	4760	每甲十四石計
光緒十二年	387	5425	每甲十四石計

資料來源：同治 13 年姜榮華稟稿（另一份），「新竹北埔姜家史料」；《淡新檔案》17333-1 之 1 所列金廣福收隘租數推得甲數。

園的數量一直無資料可查，且每甲應納租額亦不詳。據此可以斷定，金廣福隘糧大租的收入必定超過前述數量。

茲依據現有資料將金廣福墾隘歷年收入列表如表 8。

表 8　金廣福墾隘歷年收入一覽表

年代	（A） 埔底銀 （元）	（B） 新墾隘糧 （元）	（C） 閩粵捐資 （元）	（D） 隘糧大租 （石）	（E） 議貼隘糧與其他	備考
道光 14 年 （1834 年）				未墾成	官給千圓	
道光 15 年 （1835 年）				未墾成	充公租八百餘石，由官徵收月給 126 石，年給 1512 元	
道光 16 年 （1836 年）	2672		25200(捐) 10000 （加派）	未墾成	充公租八百餘石，由官徵收月給 126 石，年給 1512 元	
道光 17 年 （1837 年）	4537	67.6		分管田業	充公租減為 380 石	
道光 18 年 （1838 年）	1678	271.6	3832 （加派）	部分墾成數量約百餘甲	充公租減為 380 石	
道光 19 年 （1839 年）	1019	352.4		部分墾成數量約百餘甲	充公租減為 380 石	
道光 20 年 （1840 年）	575	403.4	7600 （加派）	北埔峨眉大部墾成隘糧不詳	充公租減為 380 石	
道光 21 年 （1841 年）	0	392.7	10080 （加派）	北埔峨眉大部墾成隘糧不詳	充公租減為 380 石	
道光 22 年 （1842 年）	0	349.1	0	北埔峨眉大部墾成隘糧不詳	充公租減為 380 石	
道光 23 年 （1843 年）	20	160.6	0	北埔峨眉大部墾成隘糧不詳	充公租裁撤	

道光 24 年（1844 年）	90	84.6	0	北埔峨眉大部墾成隘糧不詳	充公租裁撤	
道光 25 年（1845 年）	280	31.8	0	北埔峨眉大部墾成隘糧不詳	充公租裁撤	
道光 26 年（1846 年）	162	16.6	0	北埔峨眉大部墾成隘糧不詳	充公租裁撤	
道光 27 年（1847 年）	1292	25.4	0	北埔峨眉大部墾成隘糧不詳	充公租裁撤	
道光 28 年（1848 年）	200	83.6	0	北埔峨眉大部墾成隘糧不詳	充公租裁撤	
道光 29 年（1849 年）	0	82.6	0	北埔峨眉大部墾成隘糧不詳	黃分府撥充公租 400 石實收 300 石，另捐銀 200 元(二十九冬至咸豐二年冬止，每季 50 元)	
道光 30 年（1850 年）	679	82.6	0	1500	黃分府撥充公租 400 石實收 300 石，另捐銀 200 元(二十九冬至咸豐二年冬止，每季 50 元)	
咸豐 1 年（1851 年）	12	97.1	0	1500	仝上	
咸豐 2 年（1852 年）	100	86.9	0	1500	充公租 400 石實收 300 石	
咸豐 3 年（1853 年）	0	41.7	0	1500	充公租 400 石實收 300 石	
咸豐 4 年（1854 年）	0	41.7	0	1500	充公租 400 石實收 300 石	
咸豐 5 年（1855 年）	174	41.7	0	1500	充公租 400 石實收 300 石	
咸豐 6 年（1856 年）	0	25.5	0	1500	充公租 400 石實收 300 石	
咸豐 7 年（1857 年）	0	24.9	0	1500	充公租 400 石實收 300 石	
咸豐 8 年（1858 年）	0	24.9	0	3080	充公租 400 石實收 300 石	

年代						
咸豐 9 年（1859 年）	0	12.4	0	3080	充公租 400 石實收 300 石	
咸豐 10 年（1860 年）	0	12.4	0	3080	充公租 400 石實收 300 石	
咸豐 11 年（1861 年）	0	0.5	0	3080	充公租 400 石實收 300 石	
同治 1 年（1862 年）	0	1.3	0	3080	充公租 400 石實收 300 石	
同治 2 年（1863 年）	0	0.8	0	3080	充公租 400 石實收 300 石	
同治 3 年（1864 年）	0	0.8	0	3080	充公租 400 石實收 300 石	
同治 4 年（1865 年）	0	0.8	0	3080	充公租 400 石實收 300 石	
同治 5 年（1866 年）	0	0.8	0	3080	充公租 400 石實收 300 石	
同治 6 年（1867 年）	60	0	0	3080	充公租 400 石實收 300 石	
同治 7 年（1868 年）	0	1	0	3080	充公租 400 石實收 300 石	
同治 8 年（1869 年）	60	4	0	3080	充公租 400 石實收 300 石	
同治 9 年（1870 年）	100	6	0	3080	充公租 400 石實收 300 石	
同治 10 年（1871 年）	0	6	0	3080	充公租 400 石實收 300 石	
同治 11 年（1872 年）	0	6	0	3080	充公租 400 石實收 300 石	
同治 12 年（1873 年）	0	6	0	3780	充公租 400 石實收 300 石	
同治 13 年（1874 年）	40	6	0	3780	前述官撥充公租只剩 300 石	
光緒 1 年（1875 年）	0	8	0	4760	前述官撥充公租只剩 300 石	

光緒 2 年 （1876 年）	0	10	0	4760	前述官撥充公租只 剩 300 石
光緒 3 年 （1877 年）	0	10	0	4760	前述官撥充公租只 剩 300 石
光緒 4 年 （1878 年）	0	9	0	4760	前述官撥充公租只 剩 300 石
光緒 5 年 （1879 年）	0	6	0	4760	前述官撥充公租只 剩 300 石
光緒 6 年 （1880 年）	0	4	0	4760	前述官撥充公租只 剩 300 石
光緒 7 年 （1881 年）	1000	2	0	4760	前述官撥充公租只 剩 300 石
光緒 8 年 （1882 年）	200	2	0	4760	前述官撥充公租只 剩 300 石
光緒 9 年 （1883 年）	1492	12	0	4760	前述官撥充公租只 剩 300 石
光緒 10 年 （1884 年）	0	37	0	4760	前述官撥充公租只 剩 300 石
光緒 11 年 （1885 年）	2160	25	0	5425	前述官撥充公租只 剩 300 石
光緒 12 年 （1886 年）	3336	41	0	5425	前述官撥充公租只 剩 300 石
合　　計	21938	3019.8	四萬餘元		

說明：

A、由《金廣福給墾號簿》統計成。

B、依《金廣福給墾號簿》統計而成，乃墾熟丈明甲數前之隘糧，但金廣福股夥分管之埔地係採二八抽的無法統計出其數目，故表內之數目只限於固定租，二八抽租未計在內。

C、道光十六年四月閩粵捐股之後，又屢次加派，唯加四之說，甚為可疑，蓋加四之說出現於道光二十一年三月之合約，但是道光二十年曾會算，並議加派加三銀，自不可能於是年再加派，亦不可能於會算之前加派，故加四之說，實難斷定，依咸豐三年姜殿邦稟稿節略稿底──「金廣福隘務原委情形」所載「邦父會同閩粵股紳捐資共四萬餘元。」與前列捐派相吻合（除加四外計四六、六三二元），故捐、派銀數合計四萬餘元。

D、同治十三年姜榮華稟稿;《淡水新竹檔案》,編號 17333-1 之 1。

E、依據同治十三年姜榮華稟稿;道光三十年十月淡水黃分府曉諭。
沿山墾戶議貼隘糧,因缺乏各年資料,只有同治十三年之數字,
本表不計在內。此外尚有山工及隘店生理的收入,因乏資料佐證,
故略而不論。

綜觀金廣福資金來源值得注意者為:一、總計金廣福墾隘資金的主
要來源分別為:1.隘糧大租:總計十二萬石以上,每石以一元計,當在
十二萬以上;2.閩粵兩籍捐派:總計在四萬以上;3.各墾戶貼納:總計
在三萬石以上(以同治13年之556石為基數統計);4.埔底銀收入計21,960
元。故維持金廣福於不墜者最主要為歷年向佃徵收之隘糧大租,該項收
入由初期之年八百石增至後期年五千餘石。二、金廣福初創之際,百廢
待舉,尤其「番害」頻繁,防番所需之隘丁糧餉相當可觀,閩粵兩籍股
夥在初期所捐派之四萬餘元,實已發揮其功效,對金廣福早期龐大隘線
的維持自有其貢獻。三、道光22年以後的經費主要靠著隘糧大租收入以
維持;此外尚有每年五、六百石的貼納租谷及三百餘石的充公租(曾中
斷六年)等項收入亦甚可觀。

四、金廣福墾隘資金的運用

戴炎輝將臺灣的隘,依其資金來源之不同,分成官隘、民隘。官隘
又分為全官隘、官四民六隘、屯隘、隘丁團體隘;民隘又有公隘與墾首
隘之分,並將金廣福歸諸民隘。[111]金廣福由官諭墾戶設立,官方捐資開
辦,並撥補沿山舊隘隘糧,似乎可以視為官隘,姜榮華同治13年稟稿中
也指出金廣福屬官隘,有事隘丁聽官差遣。[112]歷來淡水分府實際上也屢
次調遣金廣福墾隘之隘丁應充公務,[113]如此將金廣福墾隘視為官隘似無
不可,然金廣福經費由墾戶自籌,隘費開支由墾戶自理,金廣福墾隘又

---

[111]　戴炎輝,〈隘制及隘租〉收入《清代臺灣的鄉治》,頁546。

[112]　同治13年姜榮華稟稿,「新竹北埔姜家史料」。

[113]　咸豐10年9月甯分府曉諭姜殿邦「諭飭選帶隘丁,隨轅差遣」;咸豐10年1月甯分府曉
諭姜殿邦「飛飭管帶隘丁,來轅差遣」,「新竹北埔姜家史料」。

似為戴炎輝所指的墾戶隘。事實上金廣福大隘性質特殊，不完全是官隘，也不純屬墾戶隘，其組成、維持均與國家力量的運用有關，它是國家防番體係下的產物。但國家並未直接介入金廣福墾務的營運，真正負責金廣福墾隘運作是墾戶首。由墾戶首立請帖聘任隘首，在內山險要處設置隘寮，或在山頂設望樓，僱募隘丁常川巡防，以保護農墾的安全。[114]隘費丁糧是墾戶最主要的開支，歷來由墾戶自理。欲瞭解金廣福墾隘資金的運用，必先瞭解主要開銷項目隘寮數與隘丁數，然而「隘設墾隨，隘為開地之先鋒」。[115]所設隘寮隨土地愈墾愈深而逐年內移，因此隘寮與隘丁數目並非固定不變的。茲將金廣福歷年隘寮隘丁數表列如表9。

表 9　金廣福墾隘隘寮隘丁數目一覽表

時間	隘寮數	隘丁數	資料來源
道光十五年	15	160	A
道光十六年	32	341	A
道光二十年	36	269	B
道光三十年	40	150	C
同治十三年	37	121	D
光緒十二年	37	121	E

資料來源：
A.《臺灣私法物權篇》，頁 483-484；道光 16 年 8 月淡水婁分府曉諭。
B.《臺灣私法物權篇》，頁 485-486；道光 20 年 10 月淡水范分府曉諭。
C.道光 30 年 5 月淡水廳史分府曉諭。
D.同治 13 年姜榮華稟稿。
E.《淡水新竹檔案》，編號 17329-41。

茲進一步探討金廣福墾隘支出的情形。

（一）、隘丁糧餉的支出

隘丁係墾戶或隘首所僱用，受墾戶或隘首約束，常川防番防匪；而

---

[114] 戴炎輝，〈隘制及隘租〉，頁 569。
[115] 戴炎輝，〈隘制及隘租〉收入《清代臺灣的鄉治》，頁 536。

授給隘丁口糧。[116]但並非所有隘丁均以承給口糧作為報酬，宜蘭平原則給予荒埔，授予隘丁自備工本墾田取得地權，以為酬勞。[117]金廣福墾隘則「隘丁按月支食」。[118]考諸道光15年至20年金廣福總結帳單之帳目，且經股夥認可之支出中，有兩條與隘丁口糧有關。一記米價853.34圓，一記隘丁伙食257.4圓。[119]比對金廣福墾隘隘丁數目，上引兩項支出，似乎不可視為該時期隘丁全部的伙食支出總數。然考諸《金廣福給墾號簿》，亦無隘丁分給埔地之事實。[120]蓋金廣福墾隘雖分設四處公館，[121]但山面遼闊，隘丁自不易由金廣福統一供食，故酌給糧餉乃必然之現象。其糧餉數量在同治十三年姜榮華稟稿中指出「隘丁121名，每名年給糧谷33.33石」，[122]比一般隘丁年給谷30石高出少許。[123]咸豐六年九月金廣福、溫克讓、金東和等立募交隘丁給發隘糧字所載，金聯昌向金廣福抱得隘丁48名，金廣福每年應給出丁糧谷1600石，平均每丁每年丁糧亦為33.33石。[124]但金廣福草創之際經費拮据，年給33.33石是否屬於常態？或是隨者「番害」漸泯，而有所調整，已無從考證。但光緒12年劉銘傳裁隘時，健勇營都司鄭有勤赴金廣福、獅潭訪查得知「各墾界內共計碉樓44座，其守隘民係佃戶兼充，或酌給糧食，或免租或虛設懸額。」「守隘番丁每名月給米5斗，豬肉4斤，旱煙4包，年午中秋三節犒賞豬肉2、3斤不等，普度賞宴一日，以此即為薪工，並無錢數可計。」[125]鄭有勤的觀察或可視為配合劉銘傳裁隘，將隘糧歸公的思考。但仍然不可視為金廣福墾隘初組成，番害頻聞時所應有的現象。但已反應出金廣福墾隘的隘丁糧並不是自始至終固定不變。金廣福墾隘初設，

---

[116] 戴炎輝，〈隘制及隘租〉收入《清代臺灣的鄉治》，頁560。
[117] 陳淑均，《噶瑪蘭廳志》卷七，〈記文（上）〉，「籌議噶瑪蘭定制」，臺銀文叢第160種。
[118] 道光15年2月姜秀鑾、林德修合約字，「新竹北埔姜家史料」。
[119] 金廣福大隘道光15年至20年總結賬殘單，「新竹北埔姜家史料」。
[120] 《金廣福給墾號簿》，「新竹北埔姜家史料」。
[121] 依《金廣福給墾號簿》所載，金廣福計有雙溪、中興、柯仔壢、南埔等四處公館。
[122] 同治13年姜榮華稟稿，「新竹北埔姜家史料」。
[123] 陳培桂，《淡水廳志》建置志，頁51。「其隘糧每名亦年給穀30石折銀30元」。
[124] 咸豐6年9月溫克讓、金廣福、金東和等立募交隘丁給發隘糧字，「新竹北埔姜家史料」。
[125] 《淡水新竹檔案》，編號17309-13。

「番害」頻繁，墾民的安全仰賴隘丁的保護，對隘丁的依賴度較高；可是金廣福墾隘初創，地瘠糧少，是否有能力提供大量的糧餉以養隘丁？因此月給 1.5 元，米 5 斗可能是合理的措施，待金廣福的收入漸趨平穩，每丁年給 33.33 石也有可能，到了末期「番害」消弭，自不必花費大量糧餉供養專業隘丁，佃戶兼充防隘應屬合理的措施。因此，金廣福年給隘丁糧餉的數量可能隨著不同拓墾階段、墾區安全的考量而機動調整，並非一層不變。

（二）、隘首銀支出

隘首最重要的職務為督率隘丁，把隘防守。[126]道光 20 年結賬清單並無支付隘首銀的記錄，可見道光 20 年未設隘首統轄隘丁。[127]蓋當時原住民反抗勢力尚強，墾民必須以敲竹筒或木魚之聲能相呼應為距離，互相聯繫，屬集體武裝移民。拓墾初期範圍較小，易於掌握，所以道光 20 年 12 月姜秀鑾與周邦正合約規定，所有金廣福守隘防番要務統歸姜秀鑾辦理。[128]但隨金廣福墾隘墾地擴大，防禦隘線拉長，於道光 26 年具帖請得黃漢槐幫理金廣福隘務一切公事，全年奉束金銀 60 圓正。[129]請帖中雖未言明請黃漢槐充當隘首，但以「通常隘丁按年穀 30 石，1 石折銀 1 元」而言，[130]黃漢槐的束金已兩倍於一般隘丁，加上請貼明白揭示幫理「隘務」，似可以隘首視之。隘首之酬勞除給予隘首銀外，亦有給與埔地作為酬勞的情形。咸豐 2 年 2 月金廣福曾將北埔河底陂頭面埔地一處，給送隘首彭阿壽自備工本前去開墾，永為己業。[131]雖然無法得知是約定內酬勞或額外給賞，但從此可見金廣福大隘所僱隘首酬勞給付方式之一斑。

---

126 戴炎輝，〈隘制及隘租〉，頁 556。
127 金廣福大隘道光 15 年至 20 年總結賬殘單，「新竹北埔姜家史料」。
128 北埔公學校，《鄉土誌》，參考書類。
129 道光 26 年金廣福請帖，「新竹北埔姜家史料」。
130 戴炎輝，〈隘制及隘租〉，頁 567。
131 《金廣福給墾號簿》第 153 號。

（三）、隘寮銃櫃興建支出

隘寮為隘丁居住防「番」之所，或謂「不過一斗室耳，闢其半為棲居、寢食，未嘗出門戶，土人號曰銃櫃」。[132]每一銃櫃興建費用，考諸金廣福大隘道光 15 年至 20 年的總結清單，所列隘寮 12 座用去 554.79 圓，平均每隘費去 46 圓，[133]以同期 36 座隘寮計，則所需費用約 1,656 圓。

（四）、鳥鎗鉛藥的支出

梁成枏在「隘丁行」中，將隘丁所處的內山，形容成「行人不敢經，饞吻饞涎腥；乘機伺利便，跳踉殺隘丁」的恐怖狀況。[134]由於「生番」隨時出草殺人，為了有效的防番，隘丁除了挾弓弩攜利器外，鳥鎗亦為隘丁重要武器之一。故吳子光〈一肚皮集〉云「凡深山必有隘，土人稱隘寮曰銃櫃，亦曰銃庫，總以火攻為長技。」[135]因此，購置鉛藥武器亦為金廣福一項經常性的開銷，在道光 15 年至 20 年共支用鉛藥費 347.7 圓。[136]

（五）、舘內及其它用費

金廣福大隘隨著土地的開闢，內部事務逐漸繁雜，在墾區內分設公舘，並設職辦事。金廣福墾隘總部設在北埔（即今之金廣福公館）。[137]此外，在雙溪、中興、柯仔壢、南埔均設公館，[138]做為金廣福在各地之辦公所在，每年需費約 1,800 元。[139]

---

[132] 吳子光，〈一肚皮集〉。證諸清同治年間劉子謙笃蕉湖隘遺址（在今新竹縣橫山鄉）的田野實查，該隘殘址的面積約 800-100 平方公尺。其大小應不只「一斗室」。

[133] 金廣福大隘道光 15 年至 20 年總結賬殘單，「新竹北埔姜家史料」。

[134] 間引自《新竹文獻委員會新竹文獻會通訊》，第 15 號，頁 21。

[135] 吳子光，〈一肚皮集〉。

[136] 金廣福大隘道光 15 年至 20 年總結賬殘單，「新竹北埔姜家史料」。

[137] 郭芝亭，〈記金廣福大隘〉，《新竹文獻委員會新竹文獻會通訊》，第 13 號，頁 2。

[138] 依《金廣福給墾號簿》所載，金廣福計有雙溪、中興、柯仔壢、南埔等四處公館。

[139] 同治 13 年姜榮華稟稿，「新竹北埔姜家史料」。

　　前述乃金廣福各項支出之概要，此外由道光 15 年至 20 年金廣福總結賬殘單，亦可看出金廣福墾隘營運支出之一斑。該賬單主要分成兩部分，一是經眾會算承認之項目，一是不被承認之項目。茲將經股夥會算認定之支出項目列表如表 10。

表 10　金廣福墾隘經會算承認之項目表（單位：元）

項目	支　出　內　容	銀數	所佔比例	備考
1	一坐回（殘）米價銀	853.34	13.69	註明（殘）者為原件有文字無法確定係何字者。
2	一坐回（殘）隘丁工鉛藥銀	347.3	5.56	
3	一坐回（殘）總簿對結簿差銀	36.33	0.58	
4	一坐回（殘）總簿結差銀	30.4	4.87	
5	一坐回（殘）寮十二座用去算利銀	554.74	8.89	
6	一坐回（殘）隘丁伙食銀	257.4	4.12	
7	一坐回（殘）布差銀	53	0.84	
8	一坐回鑾記、金協和、合勝生理交關在銀算利	964.5	15.46	
9	一坐回借項母利疊結利銀	261.7	4.19	
10	一坐回被欠有著銀	1827.6	29.29	
11	一坐回粵籍開水圳銀	778.31	12.47	
	合　　　　　計	5964.62	100	

資料來源：金廣福大隘道光十五年至二十年總結賬殘單，「新竹北埔姜家史料」。

　　經眾會算因有爭議未獲股夥同意認定之項目計有：

一、姜秀鑾在本捐銀（1,450 元）經扣加三去 435 元，后將本銀抽□一□□□元發加三之算利分管□□。（括弧內為筆者所加）。

二、姜秀鑾用彭康給發隘糧，開銀 8,579 元，無條目賬簿查對，未定奪。

三、姜秀鑾建外隘寮十五座開費用銀 4,074 元，無條目查對，未定奪。

四、陸續出給去數侯丈手給明圖說，然後核對數條。

五、去閩籍公出借字 15 紙銀母利清還借字未交出。

六、粵籍本銀抽回 2,400 元，在本簿並約字依舊執照，並無扣實。[140]

表 10 雖不能反應金廣福支出的全貌，但由其比例可得知開支的大概。其中支出最多之第 10 項，就字義上看，當為借出之銀，其詳情不得而知，但據判斷此項與大隘之實際支出應無關連。其次是第 11 項，水圳費用，該項支出依契約資料顯示，金廣福確曾開圳築坡，但金廣福坡圳開鑿的費用，依分得土地數量加收，每甲先出銀 5 元。[141]後來粵籍圳權由金廣福坐回，此項開支，不當視為一般隘務支出。然此二項支出，合計佔支出額的 41.67%。和隘務有關者分別為第 1.2.5.6.項，合計佔支出額的 32.24%；第 8 項支出應有部分與隘務有關，唯其細目不清楚，無法得知。由第九項母利銀的支出，可知金廣福曾借貸以維持。

未通過會算的支出，以第 2.3.兩項最引人注意，其中第 3 項所述，建隘寮 15 座即開費 4,074 圓，平均每隘寮修築費為 271.6 元，超出附表 10 第 5 項每座去銀 46.2 元甚多，可見該項支出極不合理，故未被承認。第 2.3.兩項合計 12,653 元，為表 10 總數之兩倍強。可見，開隘五年之間金廣福墾隘的開銷，或確有浮濫的現象，以致加派不斷，參與金廣福墾隘的投資，成為一無底洞。閩粵兩籍股夥因而投資意願降低，因而有拒絕再出「加三銀」、「加二八銀」，後粵籍加派銀由姜秀鑾代墊，而閩籍拒絕加派如故。因此，道光 21 年 2 月姜秀鑾稟稿中即指控周邦正不按股加派。其稟曰：

> 去年（道光二十年）二月間，席請閩粵籍兩籍算手公人，撿出歷年訂記金廣福自始至今用費賬簿利算，除前收補外，經借墊番銀六千餘元，皆係兩籍股夥派捐均開，除將粵籍應派一半之銀，經與各股夥坐還勻捐出費用已盡，其閩籍各股應派一半之銀，於今不惟堅抗不交，且將會算賬簿兜留，銀不交，簿不還……。[142]

後經竹塹巡檢汪昱傳諭姜、周，曉以隘務乃為地方公事，兩籍應合作以圖長久，故於道光 21 年 3 月再訂合約。茲該合約摘錄如次：

[140] 金廣福大隘道光 15 年至 20 年總結賬殘單，「新竹北埔姜家史料」。
[141] 道光 17 年金廣福給瑞四和分管約字，「新竹北埔姜家史料」。
[142] 道光 21 年 2 月姜秀鑾稟稿，「新竹北埔姜家史料」。

今又丈明各捐戶加四埔地，經已闔分，應宜就緊開成水田以聚佃
眾，亦可抵加捐微利，傳諭正鑾同閩籍各殷紳等婉勸，務須齊同
妥議，為地方公事起見，欲思久遠之計，必要立一善法以保萬
全……至給發丁糧及各件費用，亦應照粘單內條目，併就發隘生
理取利開明，不得額外多開，若有飛災橫禍，應行欲先傳齊兩籍
各捐戶公議，可行則行，可止則止，不得仍前奢華開銷以致滋事，
以後從省而行，不得苛派無休，以專責成，而事以孔固云。[143]

　　同立這份合約者，除姜、周分別為閩粵籍墾戶首外，瑞芳號、林德
和、林恒陞、鄭恆利、鄭長源、瑞吉號、許泉號、蔡致記、陳大彬、金
吉號等均為閩籍墾戶。從合約內容可見，開銷無度引起閩籍捐戶拒行加
派，造成爭執，經姜秀鑾稟官處理後，竹塹巡檢汪昱居於全竹塹治安之
考慮，除分管加四埔地以抵加捐所費之外，再諭姜、周婉勸閩籍殷紳，
共同為地方公事效力，乃另立章程，保舉妥人公同辦理，並禁止奢侈開
銷，以致滋事，從省開支以免苛派無休。

　　總之，金廣福墾隘諸項支出當以隘丁糧餉最為可觀，年約耗去丁銀
六千餘元。[144]金廣福亦屢次稟官，稱隘糧不足除借墊外，並呈請官方制
止各處抗納，甚或以退辦為手段求得官方支持，使隘丁糧餉有著，隘丁
不致渙散，[145]其餘諸項支出其比重皆不如隘丁糧餉之大。

五、結　論

　　金廣福墾隘的出現，雖肇因於墾民由九芎林南進移民潮；但官方基
於竹塹城安全的考慮而與予協助，是金廣福墾隘得以成功的重要因素。
回顧臺灣的開發，荷治及鄭氏時期，統治者曾扮演主導者的角色。入清
以後對於漢人入墾「番界」，歷來政策不一，較少地方主政者積極主導
拓墾界外的事實。直到同治末年牡丹社日清交涉事件後，國家力量主動

---

[143]　道光 21 年 3 月姜秀鑾周邦正等合約，「新竹北埔姜家史料」。
[144]　道光 29 年 10 月淡水黃分府曉諭，「新竹北埔姜家史料」。
[145]　歷來官府之曉諭及金廣福諸稟文均充分反映出此一現象。

展開「開山撫番」政策。金廣福墾隘的組成與運作，是介於消極到主動的轉變期，得官方實質的支持。金廣福墾隘開墾成功，造就良田千畝，而區內的原住民多數被迫逃入內山。官方藉土地拓墾的誘因，引進民間力量以達到「防番」的目的，民間則藉國家力量取得可墾耕地，自然引起原住民的強烈抵抗。

　　官方的支持是金廣福墾隘拓墾成功的重要因素，但閩粵兩籍股夥的捐股，並依拓墾需要加派，是金廣福墾隘的主要憑藉。兩籍股夥捐股動機不同；閩籍股東多屬新竹城的殷商舖戶，「番害」並未對他們造成立即直接的威脅，部分股東入股視為投資，但多數意願不高，官方的態度才是他們主要的考量。粵籍股東受「番害」的威脅較大，更重要的是對耕地的殷望，因此較積極投資認股，並承給大部分的未墾荒埔，他們出錢出力，投入開墾的第一線，使金廣福墾區成為客家庄。[146]就資金的特色而言；閩籍股東多為在城的殷商舖戶，他們的資金主要是商業資金，目的在地權的投資，成為不在地地主；粵籍股東的資金主要來自鄉村的小農與小商人，他們大多為鄉間累世耕佃耕地追求者，具冒險精神，他們親自參與開荒拓墾。可見支持金廣福墾隘的資金，來自在城閩籍商業資金，和在鄉粵籍農墾資金的結合。

　　隘以「防番」為主要目的，面對原住民保家護土的強烈抵抗，漢移民建構更龐大的隘線。由於金廣福規模龐大，需費大量的隘費丁糧，負責的墾戶首經常為隘費丁糧短缺所苦。在蒐得之古契中，以姜秀鑾或金廣福墾號名義借銀、借谷的契字甚多。[147]姜秀鑾過世後，因隘糧不敷，以致其子殿邦、殿斌兄弟推諉，不願承繼墾戶首的職位，後「聽公勸處」，方由長兄殿邦接辦。[148]在資金有限的情況下，資金要做最有效的應用，否則山地貧瘠，難以自給，拓墾難以奏效。儘管如此，其間引起閩籍股

---

[146]　陳漢光，〈日據時期臺漢漢族祖籍調查〉，《臺灣文獻》23：1（1972 年/3 月），頁 94 資料顯示，北埔、峨嵋、寶山鄉粵籍住民佔 97.3%，閩籍住民佔 2.7%。閩籍住民中有 0.7%為操客家話之汀州人；其餘均分佈於金廣福入墾前即已有漢人蹤跡之寶山鄉。

[147]　「新竹北埔姜家史料」中計有數件，茲列舉兩件。道光 17 年 4 月姜秀鑾、周邦正向王喜泰借出佛銀 7 元正；道光 20 年 5 月姜秀鑾託中向魏和義糴谷 70 石以為隘糧。

[148]　道光 27 年 2 月，姜殿邦、姜殿斌分家鬮書，「新竹北埔姜家史料」。

東質疑經費開銷浮濫，導致經費不足，因而累次加派。原本投資意願不高的閩籍股東，因而拒絕加派，造成爭執；粵籍股東的股權亦逐漸向少數巨戶集中。

平原地區的拓墾，墾戶最重要的工作在於從事陂圳的興修，著力於耕地的水田化，以增加耕地單位面積的生產量，往往墾成田園數千甲，灌溉面積也相當可觀，如彰化之八堡圳。[149]但新竹山區的開墾則不然，無法開墾成大量耕地，水田面積也相當有限，此固然受限於地理環境，資金不足亦為重要因素。北部山區的拓墾，必須有大規模的「防番」設施，隘費丁糧成為龐大的支出，因此金廣福墾隘被名之為「大隘」。平原地區的拓墾資金可用於水田化，而金廣福墾隘的資金大多用在維持隘線。不只金廣福墾隘如此，嘉慶末年開墾新竹合興庄的墾首陳長順，他自備工本三萬餘金，開墾合興庄山場，紮隘禦「番」，各佃所納隘糧不敷支給，經陳長順不斷墊發，才得墾成。[150]可見臺灣內山的開墾，雖然「隘設墾隨」，但也因「隘多田少」，拓墾相當不易。

---

[149] 王崧興：Pa Pao Chun：An 18th Century Irrigation System in Central Taiwan. 中研院民族所集刊，第 33 期（1972 年）。

[150] 《淡水新竹檔案》，編號 17337-7。

徵引書目

王世慶，〈臺灣隘制考〉，《臺灣文獻》（7 卷 3-4 期）（1656／12）。

王崧興，Pa Pao Chun：An 18th Century Irrigation System in Central Taiwan.中研院民族所集刊，第 33 期（1972 年）。

不著編者，《臨時臺灣舊慣第一回報告書》明治 36 年。

不著撰人，《周氏族譜》，光緒 4 年，手稿本，無頁碼。保存於新竹市周家。

北埔公學校編，《鄉土誌》，新竹北埔：北埔公學校，昭和九年。

伊能嘉矩《臺灣蕃政志》，臺北：臺灣總督府民政部殖產局，1904 年，民國 62 年臺北古亭書屋複刻版。

伊能嘉矩，《臺灣文化志》，東京：東京刀江書店，1928 年。

安藤靜，〈北部臺灣に於ける共有に關する舊慣〉，《臺灣慣習記事》第 4 卷第 6 號（明治 37 年 7 月）。

李國祁，〈清代臺灣社會的轉型〉，67 年冬令自強活動，臺灣史蹟源流研究會講義。

李敦仁，《銀江李氏家乘》，新竹：李陵茂親族會編印，民國 41 年。

吳子光，《吳子光全集》，臺北：臺灣史蹟研究中心印行，1979 年。

吳學明，〈北埔姜家史料的發掘與金廣福史實的重建〉，《臺灣風物》，第 35 卷第 3 期（1985/9）。

林百川等，《樹杞林志》，臺北：臺灣銀行經濟研究室編印臺灣文獻叢刊第 63 種，以下簡稱「臺銀文叢」，1960 年。

波越重之，《新竹廳志》，新竹：新竹廳，明治 38 年。

連橫，《臺灣通史》，臺北：幼獅文化事業公司，1977 年。

張谷誠，《新竹叢志》，新竹：新中國報新竹分社內發行，1952 年。

陳培桂，《淡水廳志》，臺北：臺灣銀行經濟研究室編印「臺銀文叢」第 172 種，1963 年。

陳淑均，《噶瑪蘭廳志》，臺北：臺灣銀行經濟研究室編印「臺銀文叢」

第 160 種，1963 年。

陳漢光，〈日據時期臺漢漢族祖籍調查〉，《臺灣文獻》23：1（1972／3）。

陳其南，〈清代臺灣漢人社會的建立及其結構〉，1975 年臺灣大學考古人類學研究所碩士論文。

郭芝亭，〈記金廣福大隘〉《新竹文獻委員會新竹文獻會通訊》第 13 號（1954／4）。

黃叔璥，《臺灣使槎錄》，臺北：臺灣銀行經濟研究室編印「臺銀文叢」第 4 種，1960 年。

盛清沂，〈新竹桃園苗栗三縣地區開闢史（下）〉《臺灣文獻》第 32 卷第 1 期（1981／3）。

臺灣銀行經濟研究室（編），《臺灣私法物權篇》，臺北：臺灣銀行經濟研究室編印「臺銀文叢」第 150 種，1963 年。

臺灣銀行經濟研究室（編），《淡水廳築城案卷》，臺北：臺灣銀行經濟研究室編印「臺銀文叢」第 171 種，1963 年。

臺灣銀行經濟研究室（編），《淡新檔案選錄行政篇初集》，臺北：臺灣銀行經濟研究室編印「臺銀文叢」第 295 種，1971 年。

蔡淵絜，〈清代臺灣的社會領導階層 1684-1895〉，臺灣師範大學歷史研究所碩士論文，1980 年。

鄭毓巨，《浯江鄭氏家乘》，新竹：鄭氏家乘編輯會，大正 2 年。

戴炎輝，《清代臺灣的鄉治》，臺北：聯經出版事業公司，1979 年。

《淡水新竹檔案》，中央研究院傅斯年圖書館藏微捲，編號 17301-1。

《淡水新竹檔案》，中央研究院傅斯年圖書館藏微捲，編號 17301-26。

《淡水新竹檔案》，中央研究院傅斯年圖書館藏微捲，編號 17301-64。

《淡水新竹檔案》，中央研究院傅斯年圖書館藏微捲，編號 17309-13。

《淡水新竹檔案》，中央研究院傅斯年圖書館藏微捲，編號 17329-41。

《淡水新竹檔案》，中央研究院傅斯年圖書館藏微捲，編號 17333-1 之 1。

《淡水新竹檔案》，中央研究院傅斯年圖書館藏微捲，編號 17333-3。

《淡水新竹檔案》，中央研究院傅斯年圖書館藏微捲，編號 17337-7。

《淡水新竹擋案》，中央研究院傅斯年圖書館藏微捲，編號 13203-1 之 6。

道光 12 年 3 月姜秀鑾、姜首福分家鬮書。「新竹北埔姜家史料」。

道光 13 年 9 月竹塹社屯番瑞雀等給林垂裕等墾批字。「新竹北埔姜家史料」。

道光 13 年 10 月林垂裕等立合約字。「新竹北埔姜家史料」。

道光 13 年 12 月林垂裕等立邀姜秀鑾助辦份約字。「新竹北埔姜家史料」。

道光 14 年 11 月淡水分廳李嗣鄴給舉人林秋華總理姜秀鑾曉諭。「新竹北埔姜家史料」。

道光 15 年 1 月陳大彬貼金廣福大隘隘糧合約字。「新竹北埔姜家史料」。

道光 15 年 1 月金廣福吳振利鄭振記合約字。「新竹北埔姜家史料」。

道光 15 年 1 月金廣福陳大彬金逢泰林同興等墾戶貼隘糧合約。「新竹北埔姜家史料」。

道光 15 年乙未月錢旺富金廣福合約字。「新竹北埔姜家史料」。

道光 15 年 2 月姜秀鑾林德修合約字。「新竹北埔姜家史料」。

道光 15 年 6 月金廣福與鄭長源合約字。「新竹北埔姜家史料」。

道光 16 年 4 月金廣福收捐約字。「新竹北埔姜家史料」。

道光 16 年 8 月淡水廳婁分府曉諭。「新竹北埔姜家史料」。

道光 16 年 12 月姜秀鑾周邦正同各捐戶合約字。「新竹北埔姜家史料」。

道光 17 年金廣福給金桔號分管字。「新竹北埔姜家史料」。

道光 17 年金廣福給瑞四和分管約字。「新竹北埔姜家史料」。

道光 17 年 3 月金廣福墾戶首姜秀鑾、周邦正合約字。「新竹北埔姜家史料」。

道光 19 年 10 月金廣福給溫成美墾批字。「新竹北埔姜家史料」。

道光 20 年 2 月金廣福給徐玖昌信乙紙。「新竹北埔姜家史料」。

金廣福大隘道光十五年至二十年總結賬殘單。「新竹北埔姜家史料」。

道光 21 年 2 月姜秀鑾稟稿。「新竹北埔姜家史料」。

道光 21 年 3 月姜秀鑾周邦正等合約字。「新竹北埔姜家史料」。

道光 22 年 6 月姜殿邦抄稿。「新竹北埔姜家史料」。

道光 26 年金廣福請帖。「新竹北埔姜家史料」。

道光 27 年 2 月，姜殿邦姜殿斌分家鬮書。「新竹北埔姜家史料」。

道光 28 年 3 月范阿魁杜退賣股份水田山埔契字。「新竹北埔姜家史料」。

道光 28 年 4 月張石生、劉雲從、胡錦清合約字。「新竹北埔姜家史料」。

道光 29 年 5 月淡水廳史分府曉諭。「新竹北埔姜家史料」。

道光 29 年 10 月淡水廳黃分府曉諭。「新竹北埔姜家史料」。

道光 29 年 10 月章泰順與金廣福合約字。「新竹北埔姜家史料」。

道光 30 年 5 月淡水廳史分府曉諭。「新竹北埔姜家史料」。

道光 30 年 10 月淡水黃分府曉諭。「新竹北埔姜家史料」。

咸豐 3 年 6 月 29 日姜殿邦節略底稿──金廣福隘務原委情形。「新竹北
　　埔姜家史料」。

咸豐 4 年 9 月金廣福與張龍三、彭廷亮合約字。「新竹北埔姜家史料」。

咸豐 4 年 8 月南興庄墾戶金廣福與咸菜甕墾戶衛榮宗合約字。「新竹北
　　埔姜家史料」。

咸豐 5 年 2 月衛榮宗退辦墾戶字。「新竹北埔姜家史料」。

咸豐 6 年 6 月咸菜甕墾戶姜殿邦同佃羅登壽等合約字。「新竹北埔姜家
　　史料」。

咸豐 6 年 7 月咸菜甕庄墾戶姜殿邦與佃戶鄭吉忍等合約字。「新竹北
　　姜家史料」。

咸豐 10 年 1 月甯分府曉諭姜殿邦。「新竹北埔姜家史料」。

咸豐 10 年 9 月甯分府曉諭姜殿邦。「新竹北埔姜家史料」。

同治 12 年 11 月鄭吉利杜賣盡根水田山林埔地契字。「新竹北埔姜家史
　　料」。

同治 13 年姜榮華稟稿。「新竹北埔姜家史料」。

同治 13 年姜榮華稟稿（另件）。「新竹北埔姜家史料」。

光緒 6 年 2 月劉仁魁立收清生理店宇股底字。「新竹北埔姜家史料」。

光緒 10 年 12 月金廣福分管加二八山林田業簿（福字號）。「新竹北埔姜
　　家史料」。

光緒 11 年 1 月金協順立抽生理股份字。「新竹北埔姜家史料」。

光緒 15 年四月林恒陞即林恒茂杜賣盡根水田契字。「新竹北埔姜家史
　　料」。

《金廣福給墾號簿》。「新竹北埔姜家史料」。

姜殿邦公告稿，年代不詳。「新竹北埔姜家史料」。

姜振驤，〈姜義豐に關する沿革の概要〉，大正四年手稿本。「新竹北埔
　　　姜家史料」。

清代新竹姜朝鳳家族移墾研究[*]

摘要

　　新竹姜朝鳳家族,雖然不是全臺性的權力家族,但歷來史書、方志頻因其積極參與拓墾而被重視。姜氏家族自姜仕俊來臺,至日治初期,前後經歷一百七十年左右。其間姜氏家族一直參與第一線之土地拓墾,先是在紅毛港,成為當地墾戶汪仰詹之佃農。乾隆中期搬遷至九芎林地區,姜勝智成為九芎林庄之佃首;姜秀鑾則在九芎林醞積了實力與經驗,凝聚發展之潛力,繼而有全臺第一大隘金廣福墾隘的組成;之後再續往苗栗大湖、卓蘭內山拓墾。姜家子弟,並未因為擁有龐大財富,而減弱其前往開墾第一線尋找墾地之強烈企圖。

　　姜家不斷向新墾地前進,積極運用「防番」武力的資本,藉以建立在官府之地位,使家族獲致發展的機會;但過度重視「防番」武力,忽略子弟在科舉上的表現,成為家族發展的限制。加上姜家人丁稀少,多由年長婦女主持家務,面對配合國家政策轉變的因應,影響家族再攀高峰的機會。

關鍵字:土地拓墾、姜勝智、姜秀鑾、金廣福、權力家族、公共事務

---

[*] 原刊登於中央研究院臺灣史研究所《臺灣史研究》2:2(1995/12)。

一、前言

臺灣史上重要家族之崛起，均有其共通之處，而其為後人所熟知樂道者，則在於其家族之特色。如板橋林家、霧峰林家、新竹鄭家、高雄陳家，甚或稍晚之基隆顏家、鹿港辜家等，各有其家族特色。近年來臺灣家族史研究頗受重視，屢有佳作，如黃富三之研究霧峰林家、許雪姬之研究龍井林家等均是。

新竹姜朝鳳家族，雖然不如前述家族舉臺聞名，但卻有其重要性與獨特色。連橫《臺灣通史》姜氏族人有三人入傳。一是姜朝鳳，附於〈王世傑列傳〉。一是姜秀鑾，列有〈姜周列傳〉專傳。一是姜紹祖，列有〈吳、徐、姜、林列傳〉。[1]其中姜朝鳳、姜秀鑾因土地拓墾入傳；姜紹祖因抗日入傳。姜紹祖所領導之義軍，其先人多屬大隘的拓墾者，其武力基礎與拓墾有關。此外，姜氏族人尚有多人，為地方性志書所樂載，如姜勝智被稱為「拓墾九芎林庄（今新竹縣芎林鄉）始祖」。可見姜家在臺灣史上，是以土地拓墾的成就為後人所重視。

姜家之發展，是以土地拓墾為主軸而形成。他們從事土地拓墾之過程為何？以土地拓墾為主軸的發展方式，對姜家有何影響？又他們如何成為地方上之望族？發展歷程有何影響？均值得再深入探討。姜家之墾業並不因為日本之統治而結束，但其拓墾主流已過，所以本文討論時間以日本領臺為下限。

二、姜氏族人的墾業

在討論姜氏家族墾業之前，首先說明姜家在臺的遷徙狀態。根據《姜氏族譜》等資料顯示，姜朝鳳家族來臺之後曾經過兩次遷徙。他們在乾隆初來到臺灣，於紅毛港樹仔林庄一帶從事農耕，成為翠豐庄墾戶汪仰

---

[1] 連橫，《臺灣通史》卷三十一，列傳三；卷三十二，列傳四；卷三十六，列傳八（臺北；幼獅文化事業公司，1978 年三版）。

詹之佃農。至乾隆四十年左右，姜朝鳳七子中有四房，遷往當時墾潮正盛之九芎林庄一帶發展。其中姜勝智甚且擔任九芎林庄之佃首，成為九芎林庄墾業之主導者，使姜家獲致良好之發展機會。後來姜秀鑾乙房，又以九芎林為基地，向鄰近地區求發展，終至成為開墾大隘地區墾隘之實際負責人，使姜家的發展達到顛峰。隨著大隘地區之開墾完成，姜家乃於咸豐四年，將家族遷往今北埔定居。姜家又領導墾民，以大隘地區為基地，向內層山地發展。本節即以紅毛港、九芎林及北埔為重心，分成三個時段討論姜氏族人墾業之發展，及財富累積之情形。

（一）、紅毛港時期之墾業

連橫《臺灣通史》謂：「姜朝鳳……以乾隆二年，往墾紅毛港附近。」[2] 因此後來之論者，即以姜朝鳳家族於乾隆二年渡臺從事拓墾。但根據《姜氏族譜》顯示，姜朝鳳父親姜仕俊之三兄弟（大伯仕賢、叔仕傑）均渡臺，朝鳳之祖父景輝育有三子，均渡臺謀生。而且景輝之大哥九輝，其四個兒子中亦有三房來臺。[3] 可見姜氏家族在同時期有多人渡臺討生活。而且姜氏家族之來臺，並不是始於姜朝鳳，或許姜朝鳳係與其父親及伯叔同時渡臺。根據族譜記載，姜朝鳳出生於康熙三十二年（1693年），乾隆二年入墾紅毛港時姜朝鳳已年過四十；如果朝鳳之父仕俊先朝鳳渡臺，則其時間當在雍正年間，而仕俊兄弟之來臺當在其前後，甚或同時。總之，姜氏家族之來臺，其時間當在雍正年間或乾隆初年。

姜氏家族在紅毛港墾耕了四十年，在姜朝鳳過世之後有了重大之轉變。根據《姜氏族譜》之記載，姜朝鳳死於乾隆四十三年（1777 年），享年八十五歲。但鑑諸其他資料，可發現仍有諸多疑點。如其七位兒子在乾隆四十年十月所立之鬮書，即明載「父親遺有家業水田壹所，帶瓦

---

[2]　連橫，《臺灣通史》，頁 621。
[3]　姜氏族譜編委員會編，〈始祖世良公派下系統圖〉，《姜氏族譜》（新竹：姜氏族譜編委員會，1970 年），頁 3。

屋參間、茅屋並牛稠七間。」[4]顯見當時姜朝鳳已經死亡；但姜家史料中有乾隆五十三年十月，以姜朝鳳為名義向「竹塹墾戶汪仰詹」給出「樹林荒埔拾甲」之墾單。[5]因此，姜朝鳳過世之年代當存疑義，但以分家鬮書所載推定姜朝鳳死於乾隆四十年之前應較可靠。族譜記錄錯誤為常有之事，以先人名義承墾土地亦非特例。何況乾隆四十年以後，朝鳳諸子中已開始典賣祖業，或為他遷以求發展之故。[6]

朝鳳父子時期之紅毛港，早已為墾民所入墾。根據資料顯示，紅毛港一帶地區，遲至雍正年間，已為竹塹社「番人」賣與汪淇楚，即後來之汪仰詹墾號。[7]因此姜家移民只得向汪家承給土地墾耕，成為汪家之佃農。而姜朝鳳等所承墾之地在紅毛港樹林仔，即今新豐鄉下坑村一帶。

（二）、九芎林時期之墾業

姜家在九芎林地區之墾業可分成兩大部份加以說明，一是佃首姜勝智之拓墾九芎林，一是姜秀鑾之往九芎林南勢地區之開墾。姜朝鳳育有七子，擁有豐沛之勞動力，具發展潛力。但紅毛港地區，可墾土地已為大墾戶所佔有，耕地取得困難。較具進取積極精神，不以佃農為滿足者，前往開墾第一線，尋找發展機會，是極為正常之現象。姜家子弟後來有四房（即勝捷、勝賢、勝略、勝智等），遷往九芎林地區，其遷居時間當在乾隆三、四十年代。[8]當時之九芎林，為漢墾民向內層山區開墾之第一線，墾民全力開墾九芎林，後來並以九芎林為據點向鄰近地區開墾，成為竹塹地區開墾事業之中繼站。[9]

---

[4] 乾隆四十年十月姜阿妙等同立分家鬮書。（新竹北埔姜家史料）。

[5] 乾隆五十三年十月革豐庄墾戶汪仰詹給與姜朝鳳墾單。（新竹北埔姜家史料）。

[6] 乾隆四十六年十月姜勝智立典當田契字；乾隆四十三年十月姜妙立山埔園地契字。（新竹北埔姜家史料）。

[7] 拙著，《金廣福墾隘與新竹東南山區的開發（1835-1895）》（臺北：國立臺灣師範大學歷史研究所，國立臺灣師範大學歷史研究所專刊14，1986年），頁46-48。

[8] 姜氏族譜編委員會編，〈始祖世良公派下系統圖〉，《姜氏族譜》，頁3；姜振驤撰，《北埔姜氏族譜》（手稿本無出版時間與頁碼），契字資料。

[9] 拙著，〈清代頭前溪中上游地區的土地開墾〉，《臺北文獻》直字第108期（1994年/6月），頁73~120；直字第109期（1994年/9月），頁19-67。

　　遷至九芎林之四位兄弟中，以勝智表現最為突出。他在政府設置番屯時出任「九芎林庄佃首」，初負責督收屯租。故福康安奏摺中載稱：「佃首姜勝智，經理九芎林租務，年給辛勞穀六十石，折銀六十元。」[10]九芎林劃歸屯租之田園埔地經丈計一百五十四甲，其中部份已由漢佃墾成田園，部份仍為未墾之荒埔。部分未墾荒埔，後來准姜勝智招佃開墾。此由姜勝智所給出之「招佃墾耕字」可詳細得知，茲引錄如次：

> 立招佃墾耕字，竹塹九芎林庄佃首姜勝智。緣九芎林庄田園，於乾隆五十三年，經蒙泉州府憲徐奉文勘丈歸屯，舉智充當佃首，按年催收屯租完繳，所有該處未墾餘埔，亦蒙丈報准另招佃墾耕在案。但九芎林庄田園乏水，深慮屯租有誤。欲開圳引灌，工本浩大，無項可出，茲將丈報餘埔招佃開築水圳墾耕，俾各田園得以接水灌溉，實屬兩全其美。[11]

　　可知姜勝智原來只是以佃首身分負責催收屯租，進而轉變成為負有招佃開墾以供屯租之責的「墾戶」，並與劉承豪同被譽為「拓墾九芎林之始祖」。由於資料之限制，姜勝智何以被徐夢麟挑選為「九芎林庄佃首」，今已不可考，但可推測姜勝智當為活躍、富領導力，與官府關係良好之地方領導人物。[12]

　　姜勝智除主導九芎林之土地拓墾外，為確保屯租之穩定，他又從事「開圳引灌」之水利工程。姜勝智發出的招佃墾耕字即載：「但九芎林庄田園乏水，深慮屯租有誤。欲開圳引灌，工本浩大，無項可出，茲將丈報餘埔招佃開築水圳墾耕，俾各田園得以接水灌溉，實屬兩全其美。」[13]可見姜勝智除招佃開墾之外，亦積極修築水利工程。根據資料所載姜勝

[10]　臺灣銀行經濟研究室編，《清代臺灣大租調查書》（臺北：臺灣銀行經濟研究室編印，臺臺灣文獻叢刊第 152 種，以下簡稱「臺銀文叢」，1963 年），頁 1050。

[11]　乾隆五十七年正月九芎林庄佃首姜勝智立給招佃墾耕字。（新竹北埔姜家史料）。

[12]　本文初成於中研院臺灣史研究所籌備處舉辦之研討會時，承評論人溫振華指出在歸屯之前姜勝智應已在九芎林地區開墾，任命他為佃首是承認現實。施添福則認為姜勝智出任佃首，可能是乾隆四十年代，姜勝智即與中部之岸裡社建立良好的關係，而且九芎林屯租部分撥歸岸裡社之麻薯舊社，因此被任命為佃首。然姜勝智出任圳首的時間在嘉慶元年，晚於其出任佃首十餘年，其因果關係為何，實難據以推斷。

[13]　乾隆五十七年正月九芎林庄佃首姜勝智立給招佃墾耕字。（新竹北埔姜家史料）。

智所領導修築之灌溉埤圳計有：高梘埤圳（又名五股林圳，乾隆五十四年姜勝智、劉承豪等十六人開濬，灌溉田三十餘甲）、下山埤圳（乾隆五十年二月姜勝智、劉承豪等共同開設，灌溉下山庄田七十五甲）、九芎林圳（道光初年姜勝智開濬，灌溉田四百餘甲）、五塊厝圳（道光初年姜勝智開濬，灌溉田十八甲）。[14]

　　姜勝智以佃首身分，將丈報餘埔招佃開墾，到底開墾了多少土地，已難加考證。姜勝智曾遭竹塹社土目潘文起舉控「混給」，竹塹社收回混給的荒埔，另行招漢佃劉承德開墾。[15]除了竹塹社的競爭之外，姜勝智在九芎林地區之發展，似乎也遭到來自今竹北林家之競爭與挑戰。現存文獻留有「佃首姜勝智、林國寶等混給爭墾，因而互控。」經淡水同知薛志亮於嘉慶十五年，「前來清丈九芎林屯租足額，將姜勝智混給墾批吊銷」的記錄。[16]如此，似可推測姜勝智在九芎林地區的拓墾，竹北林國寶家族是另一競爭者。

　　姜勝智擔任九芎林庄佃首，負責墾務與屯租催收，因而對九芎林的荒埔有部分開墾支配權，但姜家各房是否因此而得到發展機會，值得注意。就姜勝智派下而言，他們在墾區內獲得之土地似乎相當有限。除嘉慶十年姜勝智之子，曾以姜懷岳、懷馥及懷精之名，向佃首姜勝智承給九芎林一帶之埔地外，未見其他給墾之記錄。而且該份資料與姜勝智給與他佃之墾字迥異，其真偽值得注意。[17]

　　二房勝賢之子懷齊，曾於乾隆五十八年向佃首姜勝智給出九芎林埔地開墾。嘉慶十七年（1812），姜懷齊又向竹塹社土目潘文起，給出九

14　黃奇烈，〈芎林鄉文獻採訪錄〉，新竹文獻委員會《新竹文獻會通訊》第 11 期（1954／2），頁 4；波越重之，《新竹廳志》第二編建置（臺北：臺灣日日新報社，1905 年），頁 52。

15　嘉慶十四年四月竹塹社土目潘文起立給墾批字。竹東頭重里林振乾提供。

16　臺灣銀行經濟研究室編，《清代臺灣大租調查書》，頁 399-400。

17　嘉慶十年二月九芎林庄佃首勝智立招墾耕字。（新竹北埔姜家史料）契載嘉慶十年二月姜勝智將九芎林庄旱溪內埔地一所給與懷岳、懷馥、懷精等三人自備工本前去實力開墾。本契與姜勝智所發出的招墾字略有不同，乾隆年間姜勝智給出的墾契為木板印之空白契填入佃人姓名、埔地四至，在時間上亦刻上乾隆二字，年份另填；給與其三子之招佃契則為毛筆書寫，所鈐「九芎林庄佃首姜勝智」戳記，文字雖然相同，但其字體明顯不合。

芎林燥坑內節坑北之埔地。[18]可見姜勝智任佃首期間，姜家各房多少得到發展之機會，惟姜家因而得到多少土地，事已不可考。姜勝智佃首地位，隨著其過世而結束。姜家在九芎林一帶之墾業，因而沈寂。另一波拓墾浪潮，正在醞釀中，帶動此一浪潮者為姜秀鑾。姜秀鑾出生於乾隆四十八年（1783），為勝智長兄勝捷之孫子，其父祖在墾業上，並無特殊之記錄。

姜秀鑾參與墾務，應該始於道光八年。該年八月，姜秀鑾以三百大元資金，參與石壁潭坑洲一帶土地之開墾（今芎林鄉石潭村）。先是陳驕向竹塹社廖家承給九芎林石壁潭坑洲一帶埔地開墾。之後陳驕「情因無力開闢，轉退與弟陳振合、厘觀頂墾。又因洪水沖壞，工力浩大，又近山林，生番擾亂，不能墾成，又再托中退賣一半與范宏斌、奇山兄弟津本合夥，作為四股共墾，前去招佃貼隘口糧，漸開成田。」「至于甲申年（道光四年）南片大坑水勢已傷，各股要均銀員築墾工費泰多，陳厘觀叔侄商議，情願將自己股分，叔侄分內之田園一半出賣，托中招到林秀春、金逢泰出首承買。田園壹半依然與舊范宏斌、奇山共股共墾之業，遞年均納大租、加減隘租口糧。」[19]

此一墾業乃成為范宏斌、范奇山、金逢泰、林秀春等四人所共有。范宏斌、范奇山等所應得壹半之業，是范元志、范阿水、范奇山、范萬姜兄弟合股承買的共業，「因立契以後，價銀不敷，爰再托中招得姜秀鑾，備出價銀參佰大員正，湊足其數議將此承買之業均作五股，姜秀鑾得壹股，范元志得壹股，范阿水得壹股，范奇山、范奇海兄弟得壹股，范奇萬、范奇富兄弟得壹股，合共伍大股分。」[20]

此項墾業至道光九年十月，姜秀鑾與范家兄弟拈鬮分管。姜秀鑾分得第一鬮，由於係承購荒埔開墾，尚有餘埔尚未墾成，故約定「猴洞口及溪南片尚有埔地未分，乃係五股公共之業，日後再作五股均分。」而

---

[18] 乾隆五十八年十月九芎林庄佃首姜勝智立給招佃墾耕字；嘉慶十七年八月竹塹社土目潘文起等立給墾批字。（新竹北埔姜家史料）。
[19] 道光十一年十二月竹塹社番廖發生立給丈單永定大租字。（新竹北埔姜家史料）。
[20] 道光八年十月范宏斌、范奇山、姜秀鑾等同立合約字。（新竹北埔姜家史料）。

且「尚有未墾埔地，倘日後要墾成田者，所有圳路水源，任從下份人開築，上流下出，不得以圖分後，故意截流勒索股夥等情。」[21]這是現存資料所見，姜秀鑾首次參與墾務工作行列，而且頗為成功。姜家所經營之「源豐號」，更利用此一機會，向「竹塹社白番」廖發生取得該處番大租之典讓權，典期五年。[22]姜家可能因而取得該地之番大租權。

　　姜秀鑾有了石壁潭之墾務經驗後，對墾務工作逐漸感興趣，而其墾務經驗亦為鄰近地區墾戶之注意，尤其是姜秀鑾當時又擔任九芎林庄總理。這樣的條件，使他在後來的墾務上展露才華，不但使姜家的墾業更上一層樓，而且帶動了新竹沿山地區的拓墾潮，金廣福墾隘隨之組成。

　　姜秀鑾在籌組金廣福墾隘之前，一項重要之拓墾事業為參與「員山南重埔」一帶（今新竹縣竹東鎮二、三重里）的開墾。道光十二年林秋華等「邀齊眾佃按田均派銀元，向得竹塹社通事衛金生、土目潘文起等給出南勢三、四重埔為牧牛草地。」並以生番出擾，趕去牛隻為由，建議淡水同知准予移隘並加派隘丁，獲得官府同意，並發給曉諭。[23]事實上，從九芎林南下之移民潮，早已進入此區。道光十三年九月漢墾民即以林垂裕為首，向竹塹社承墾員山南重埔。[24]前述移隘及增派隘丁，實為因應員山南重埔一帶地區開墾需要而運作之結果。

　　具名向竹塹社承給墾單的林垂裕為何人，已無可考。或為竹北林家公號，或為其他之在地墾戶。他結合了劉阿若、范阿台、鄧廷芳、范阿祿、羅昆山、林慶猛、林慶恩、林民安等人，以合夥之方式向竹塹社承墾埔地。並聘得范振德、范阿庚等為隘首。除隘首及竹塹社免出股本之外，其所需費用，由立約股夥按股均攤。[25]

　　此一拓墾工作雖然設有隘首，且竹北林家也津本參與（林慶忍、林慶猛均為竹北林家之人），但股夥轉讓情形頻繁，且每股股金不高。可知參與者多為親墾之小農，因資金不足而中途退出。隘務雖責成隘丁首

21　道光九年十月姜秀鑾、范元志、范阿水等立分鬮字。（新竹北埔姜家史料）。

22　道光辛卯（十一）年十月竹塹社白番廖發生立典加陞大租契。（新竹北埔家史料）。

23　道光十四年十一月初七日淡防分府李嗣鄴給發貼曉諭。（新竹北埔家史料）。

24　道光十三年九月竹塹社屯番廖阿財等立給墾批字。（新竹北埔姜家史料）。

25　道光十三年十月林垂裕等立合約字。（新竹北埔姜家史料）。

負責，但要在「生番」出擾必經之地設隘防番，誠非一般小墾民所能承擔者。要董辦新墾事務，需要「起造隘寮、招募隘丁把守地方，鳩派隘糧及築開坡圳，招佃墾闢田園、建造庄屋、設立庄規」，此實非一般性格之人所能承辦。故「夥內人等不能董辦諸事」，因此由林慶忍出首具名，邀得姜秀鑾前來助辦隘務。[26]姜秀鑾所董辦者，並非單純之隘務，而是一項武裝移民拓墾的工作。除隘防、墾務之外，尚需建造庄屋，設立庄規。主事者要具備墾荒地的領袖性格，還需要與官府熟稔，才易於與官府洽辦諸事。道光十四年十一月，淡水同知李嗣鄴之所以頒發曉諭同意增丁移隘，應是姜秀鑾、林秋華努力的結果，九芎林姜家與竹北林家在此區之墾業，扮演著重要的領導角色。

　　姜秀鑾介入三、四重埔地區之墾務，取得此區拓墾之主導權，實與姜秀鑾具備拓荒開墾領袖的性格，且為九芎林庄總理，與官府關係密切有關。承墾後股夥變化甚大，且竹北林家在道光十一年林秋華中武舉人之後，在南重埔一帶之拓墾與防番工作表現顯得積極。道光十七年三、四重埔地區分管土地，即由姜秀鑾及林秋華主導。無疑的姜秀鑾之介入，是此區成功墾成的原因之一，同時也為姜家再進一步發展奠下基礎，金廣福墾區的開墾即由此切入。

三、北埔時期的拓墾

（一）、領導金廣福墾隘

　　姜秀鑾擔任金廣福墾隘粵籍墾戶首，實際負責第一線墾務工作。關於金廣福墾隘的拓墾工作，筆者歷來多所討論，不再贅述。於此以姜家在金廣福墾區內之抱隘、借隘，來探討姜家的拓墾事跡。戴炎輝指出「抱隘」即是出抱人（墾戶或隘首）「本應自行設隘而不自設，將隘務包與他人辦理而貼納隘費之意。」[27]也就是將一切隘務責成承抱人辦理，由

---

[26] 道光十三年十二月林慶恩等同立邀請助份字。（新竹北埔姜家史料）。
[27] 戴炎輝，〈隘制及隘租〉，收入氏著《清代臺灣之鄉治》（臺北：聯經出版公司，1979 初

承抱人募丁建隘防守，保護耕種樵牧，以免番害；相對的，出抱人應給
與幫貼隘糧。承攬隘務之人，其目的不在於單純隘糧之支配，而是在於
移隘開墾取得耕地；原出抱人則在於新墾地隘糧大租之收取。

　　根據《金廣福墾隘給墾號簿》所載，金廣福墾號埔地之給出，除了
股夥分管，墾民承墾荒埔之外，尚有抱隘乙項。金廣福墾內抱隘發生之
時間，主要在咸豐四年至咸豐八年，分別為「金聯成」之抱墾社寮坑、
「金福和」之抱墾坑南大份林、「金協和」之抱墾番婆坑、「金福源」之
抱墾北埔角。以及同治五年姜殿斌，抱隘開墾大南坑一帶。新竹北埔姜
家所留史料，對抱隘規定得相當詳盡，可印證前述隘務抱出者及承抱者
之權利義務關係。茲將其中有關金協和抱隘之相關規定摘錄如次以供參
考：

> 咸豐陸年丙辰歲十一月，給出番婆坑，就福原隘外移入內層龍
> 崗，直透金聯昌隘寮相接，遷建炮櫃，招佃開墾，一可以連絡把
> 守，又可以就地加徵。其給出界址，東至……自經給出之後，其
> 給墾界內山林埔地，即付新墾號金協和股夥等，前以移建炮櫃，
> 招佃開闢成田，永為己業。即日言明……共計八年為限。限滿成
> 田之日，聽墾戶依例丈明，按甲科租，給出丈單。每甲田隘糧大
> 租，照金聯成規例供納。其隘丁隘糧及山面不測等事，原歸福自
> 行發給支理清白，不干新佃之事，至山場出息什費等項，概行係
> 歸新佃戶金協和自行向佃抽取，以抵遷隘需費。此乃兩相允悅，
> 各無反悔。今欲有憑，立給墾批字一紙付照。[28]

　　前述抱隘除姜殿斌係以個人名義之外，其餘四件由其名稱觀之，均
屬合股之型態。抱隘是經由向內層山區移建隘寮，取得埔地開墾，可見
其地當不屬於平坦之區，而且「番害」必定嚴重，欲墾成耕地實屬不易。
為糾得更多資金，多採合股方式，但仍難以奏效。以金福源墾號而言，
該墾號於咸豐八年九月間，向金廣福墾隘抱隘開墾，但至同年十二月股
夥才同立合約。此事屬不尋常，因為八月既以該墾號為名承抱，可見該

版），頁592。

28　咸豐六年十一月金廣福給出墾批字，載《金廣福墾隘給墾號簿》。（新竹北埔姜家史料）。

墾號應於八月之前即組成，何以十二月再訂立合約。此一問題或可由十二月之合約得知一二。

> 緣咸豐八年九月間，彭寶源五股等全立墾號金福源，向得總墾戶金廣福給出山林埔地壹所，土名北埔角。其界址年限，以及隘丁隘糧山面一切等事，悉載墾約聲明。因山面崎嶇，生番又出沒無常，實艱以墾闢，爰招得姜殿邦自己出身籌劃。當日眾股夥言定將此承給之業配為十大股，姜殿邦自得五股，彭寶源貳股半，溫有恭壹股，陳良恭半股，邱同興半股，曾友昌半股，計共拾股，津派本銀合付金福源，將承給界內移建炮櫃、撫賞生番及各款要用需費。[29]

可見金福源墾號原先只有彭寶源等五股，後來「因山面崎嶇，生番又出沒無常，實艱以墾闢」，墾務無法推展，才請姜殿邦出面籌劃，並給予一半之股權。原有股夥中溫有恭曾為金廣福墾隘之管事，[30]彭寶源屬埔尾彭三貴家族，均富於墾務經驗。憑他們之經驗與實力，乃無法使墾務順利推展，可見抱隘並非易事。因此金福源墾號墾務之順利完成，有待身為金廣福墾戶首，墾務經驗豐富的姜家。由於姜殿邦之參與，自己「出身籌劃」，對原住山胞採取恩威並用之策略，一方面「移建炮櫃」實力防患，一方面「撫賞生番」，墾務因而順利有成。金福源墾號在同治七年將北埔角一帶土地加以鬮分，其中姜榮華（時姜殿邦已去世）應得五股，鬮得小土名大湖庄等處土地。[31]金協和墾號於咸豐六年十一月，向金廣福墾號抱隘開墾番婆坑一帶山林。初組成時姜家並未參與，至咸豐八年姜殿邦又參與金協和墾號之墾務。至同治五年股夥分管埔地，姜家分得其二股半之產業（總數十五股）。[32]姜殿邦參與金協和墾號之背景、過程，是否與金福源墾號相同，已不可知，但從姜家所持有之股數，當可推知姜家在此一抱隘開墾過程中的重要地位。

---

[29]　咸豐八年十二月金福源股夥彭寶源、溫有恭等同立合約字。（新竹北埔姜家史料）。
[30]　拙著，《金廣福墾隘與新竹東南山區的開發》，頁169。
[31]　同治七年六月姜榮華、彭寶源等同立鬮書分管字。（新竹北埔姜家史料）。
[32]　同治九年三月彭陳養立歸管山林田業字；同治五年九月姜榮華、貴同立分管墾底山林埔地股份字。（新竹北埔姜家史料）。

　　總之，金廣福墾區內之抱隘工作，是大隘地區得以再向內層拓展的主要因素。資料顯示，由於山面崎嶇可墾平地狹小，「番害」又極為嚴重，抱隘是危險且不易達成目標之工作。姜家以其墾戶首之地位，與長期參與內山拓墾之經驗，為有意抱隘拓墾者之注意。所以咸豐年間之抱隘拓墾工作，姜家均居重要地位，甚至可以說姜家介入，是抱隘得以成功之主因。

　　姜氏家族除了積極投注金廣福墾區內之抱隘工作，對於鄰近地區墾號之抱隘亦積極參與。

　　咸豐八年樹杞林隘首彭錦恭、吳阿乾等組成「金福成」墾號，向樹杞林（今新竹縣竹東鎮）墾戶金惠成，及南興庄墾戶金廣福借出隘丁，「在該處山面自建隘寮，把守地方，以便佃人耕種蕉〔樵〕採。」由於防番及墾務之需要，請墾戶首姜榮華出首幫理隘務八年，每年貼與姜榮華辛勞谷參拾伍石正。[33]

　　姜殿邦曾出任咸菜甕墾戶首，因此鄰近地區之抱隘拓墾工作，亦積極參與。咸豐九年隘首金泰安，「設建隘寮，調撥隘丁把守地方，兼之開墾田地」，因用費日繁，隘丁口糧租不足，還需陸續修築炮櫃，無力承擔。於是請得徐榮興、徐元龍、溫燕京等出首同津資本，合號「金捷發」舖，以代墊給發各項隘費。並向墾戶姜殿邦，及鍾盛興、黃慶興、蕭鳴皋等三墾戶借隘開墾，遞年共計工、食鉛藥穀貳仟伍佰零捌碩正。[34]借隘期限八年。咸豐九年之合約字所載隘首「金泰安」之經理人為宋國安，到次年金泰安之請帖資料，其經理人已為姜殿邦所取代。又該份請帖銓有「給四方林等處墾戶黃慶興記」、「給大坪庄墾戶鍾盛興長行戳記」等戳記。[35]根據《淡水廳志》所載，四方林在今新竹縣關西鎮之北方，大坪則在更內層。[36]蕭鳴皋為霄裡社蕭家第四代，其家族墾

---

[33]　咸豐七年八月彭錦恭、吳阿乾立請帖字。（新竹北埔姜家史料）。

[34]　咸豐九年十一月隘首金泰安墾戶姜殿邦同立合約給發隘糧對租字。（新竹北埔姜家史料）。

[35]　咸豐十年九月墾戶金泰安立請帖。（新竹北埔姜家史料）。

[36]　陳培桂，《淡水廳志》，卷三志二建置志（臺北：臺灣銀行經濟研究室編印「臺銀文叢」第172種，1963年），頁49。

地主要在銅鑼圈（今桃園市龍潭區）。[37]約內股夥「蓮座山」，即今桃園市大溪區之蓮座山觀音寺。可見北埔姜家對墾務投入程度，而且不以金廣福墾隘地區為限，即使今桃園內山地區之拓墾，亦由姜家來綜理隘務工作。可見姜家在墾務上之表現，廣受內山地區拓墾者之尊重，而姜家也樂於第一線之墾務工作。其積極冒險、不斷尋找墾地之精神表露無遺。

（二）、組「廣泰成墾號」拓墾大湖罩蘭

關於「廣泰成」墾號之開墾大湖、罩蘭（今苗栗縣大湖鄉、卓蘭鎮），已有專文討論。[38]本節僅就姜氏家族參與廣泰成墾號之意義加以討論。

根據《淡新檔案》之資料顯示，嘉慶年間已有漢人陸續入墾罩蘭地區；大湖則在咸豐十一年始有吳定貴兄弟入墾。[39]其地原屬原住民泰雅族的領域，引起反抗，拓墾效果不彰。劉銘傳裁隘後，歸撫墾局改由官辦，但歷經多年仍無具體成績。廣泰成稟請立案時指稱：「罩蘭、大湖一帶山場，九分青山一分曠埔，以前民間私墾三、四十年，固屬拋荒未闢；自光緒十一年以來官辦，歷年各墾戶未能仰承德意，荒廢猶昔。實因人力貲本難以湊集，而山多田少，施工亦甚難為」，可見此地之難墾。[40]劉銘傳在光緒十二年九月之〈督兵剿中路叛番並就近巡閱地方摺〉指出罩蘭、大湖等處附近之蘇魯及馬那邦各社「生番」，與前往採煎樟腦居民之間相互殺戮嚴重，在林朝棟等全力會剿時，結合鄰近各社強力抗拒。[41]罩蘭、大湖一帶之難墾由此可推知一二。

由於罩蘭一帶墾業難成，雖然由官府負責強力推展多年，仍毫無起色。「山埔坦平之地，鑿圳則窘於無貲；林木叢茂之區，燒伐則苦於無

---

[37] 張素玢，〈龍潭十股寮家蕭——一個霄裡社家族的研究〉，1994 年中央研究院臺灣史研究所籌備處主辦「平埔族群研究學術研討會」會議論文，頁 13。

[38] 黃卓權，〈臺灣裁隘後的著名墾隘——「廣泰成」墾號初探〉，1987 年臺灣史蹟研究中心主辦《臺灣史研究暨史料發掘研討會》論文集，頁 105-140。

[39] 《淡新檔案》，中央研究院傅斯年圖書館藏微卷，編號 17339。

[40] 《淡新檔案》，編號 17339－23。

[41] 劉銘傳，〈督兵剿中路叛番並就近巡閱地方摺〉，《劉壯肅公奏議》（臺北：臺灣銀行經濟研究室編印「臺銀文叢」第 27 種，1958 年，頁 209-210。

力；人心則參商不一」，以致在光緒十三年六月曾對「罩蘭認墾各地一律勘丈」，但仍不敢遽發墾單與墾民。為徹底解決，政府以為「該處墾務，非改弦易轍，勢難望其有成也。」[42]在執行劉銘傳裁隘政策之後，官府主動促成新墾號之成立，勢在必行。

光緒十五年九月黃南球、姜紹基等四大股東同立的合約載明：

> 因仰奉中路撫墾局梁諭飭大湖等處平原沃野至今拋荒未闢，皆緣前承墾各戶未能得力。後奉中路營務處總辦撫墾事宜，詳奉爵撫憲劉批准招令入山集股墾闢，僉議公號曰廣泰成。……公同議作四大股墾闢，黃南球應得一股，姜紹祖應得一股，林振芳應得一股，陳萬青、澄波共得一股，每股津出七二洋銀參仟大員，四股共集本銀壹萬貳仟大員。奉憲令公舉黃南球墾闢專主經理……墾內田園埔地，佃戶耕樵牧採栲寮蔗廍紙寮枋料竹木山工。[43]

參與廣泰成墾號之黃南球，在岑毓英執行撫番政策中崛起，授與「新竹總墾戶黃南球戳記」。劉銘傳執行裁隘政策之初，代替政府向沿山諸隘收取隘租，在沿山地區極具影響力，且與梁成枏等人關係良好。故當官府決定將墾務交與民間承辦時，黃南球乃成為首先考慮之對象。[44]

林振芳為例貢生，授五品同知，其子春寶、春友具為生員。明治二十九年擔任棟東上堡之總理，一家二百多口合住，為今豐原、神岡一帶之富豪，每年享有七萬石租。曾主持地方團練及保甲局，明治三十年授與紳章，時年六十六歲。[45]在地方具影響力，由於資料限制，無法做深入觀察。但有可能因地緣關係，且與林朝棟之關係，而投入廣泰成墾號。在總契所載「林振芳應得一股」，實際上是由各小股聚資而成，以林振芳之名訂立總契字。林振芳實際出資五百元，之後轉賣與辜顯榮。[46]

就地緣關係而言，大湖、罩蘭離北埔甚遠，姜家何以參與廣泰成之

42　《淡新檔案》，編號 17339－1、17339－2、17339－35。

43　光緒十五年九月黃南球、姜紹基等四大股同立合約字。（新竹北埔姜家史料）。

44　連橫，《臺灣通史》，卷三十五列傳七，頁767。

45　間引自吳文星，《日據時期臺灣社會領導階層之研究》（臺北：正中書局，1992年），頁73。

46　黃卓權，〈臺灣裁隘後的著名墾隘——「廣泰成」墾號初探〉，頁105-140。

墾業，值得注意。墾內田園埔地及樟腦等山工之收入，向來為姜家所重視。但兩地之距離實在太遠，固然姜家與黃南球家關係良好，但其更重要之因素應為姜家與政府關係的考慮。[47]自清末政府實施裁隘政策，姜家首當其衝，姜家為保護其利益，抗拒裁隘政策，而影響姜家與官府之關係。從長遠考慮姜家確應改善與政府之關係，而廣泰成之參與正是其機會。此由《淡新檔案》所保存之資料或可得知，因為姜家之入股是由林朝棟所招募的，以姜紹基名義入股三千員，占初募資金四分之一，且其資金由姜家自籌。[48]

　　初議參與廣泰成墾號時，北埔姜家之負責人為姜紹基。但在未正式簽約時姜紹基旋即死亡。所以在光緒十五年九月股夥簽立四大股墾闢合約字時，姜家以年方十五之姜紹祖之名參與。雖然姜家歷來具豐富之「防番」經驗，但畢竟姜紹祖年少，是故廣泰成墾號之經營權由黃南球經理。由於姜家無法掌控廣泰成墾號，影響了姜家之意願，因此在廣泰成因資金不足而需加派時，姜家並不積極，所以始終未再增資。廣泰成墾號經營至日治時期，並於明治三十八年八月分管埔地，姜家分得南湖庄南湖坑一帶（今苗栗縣大湖鄉南湖村）之土地。[49]

　　姜家參與廣泰成墾號，雖然不是出於主動，未積極投入。但林朝棟之所以遊說姜家加入，是對姜家歷來領導沿山地區「防番」、拓墾事業，獲致具體成就肯定之表現。

（三）、　主導「金協和」拓墾五指山地區

　　光緒八年大隘地區墾民，曾均本合組「金協和」墾號，包辦金惠成墾號隘務，在「五指山頂等處，建設銃櫃，並請流隘把守，農耕墾闢成業。」[50]但因「本少糧乏」，以致在短短的時間內即解組退辦。「金協和」墾號雖然解散了，但原來股內人等仍認為「其山勢平坦，地亦肥饒，可

---

[47] 黃卓權，〈黃南球先生年譜初稿〉，《臺灣風物》33 卷第 3 期（1987 年），頁 199。

[48] 《淡新檔案》，編號 17329－1、17329－2。

[49] 明治三十八年八月「開墾土地分管契約承認證書抄騰謄本」。（新竹北埔姜家史料）。

[50] 光緒八年十月公號金協和股夥同立合約津本墾闢青山野內字。（新竹北埔姜家史料）。

供耕作」。光緒十年再招二十六股承接，仍以金協和名義向金惠成借隘接辦。[51]並請姜家負責人姜紹基出首協辦墾務，後因「隘糧稀少，所入不供所出」，經過兩次加派增資，並將原隘移上五指山頂。[52]

光緒十六年冬金協和的墾業已有所成，股夥乃集議鬮分埔地。在鬮分土地之前，曾抽出「山林埔地一段，送與姜義豐為業，以為酬勞之資。」其原因是「自開闢以來，數年間屢蒙姜義豐出首幫辦墾務，襄成義舉。但念有功於前，當報於後。」「另抽出山林埔地一段，送與姜義豐為業，以為酬勞之資。」[53]姜義豐為北埔姜家之公號，當時之主事者為姜紹基。充分反應出「姜義豐」對金協和墾號在處理墾隘事務上之貢獻，甚至可推測，姜家的協助是金協和成功的重要原因之一。[54]姜家投資金協和墾號，並實際參與墾務而獲致成就，固然為姜家增加相當之財富，但更顯示姜家積極進取之一面。姜家自遷臺以來，對土地開墾之高度參與展露無遺。當時姜家已擁有相當財富，距姜秀鑾入墾金廣福墾隘以來已至第四代，其後人仍親臨開墾之第一線。姜家不斷向新墾區尋找新墾地之精神由此可見。

四、地方公共事務的參與與地方領導地位的建立

由前述可知，姜家是以參與土地拓墾而起家之家族。在臺灣土地開拓過程中，墾首是開墾活動之策劃者、領導者，他們因墾務而累積財富，擁有大量耕地，掌握地方經濟大權；同時具約束佃農、指揮隘丁之權力，在地方上遂擁有極大的勢力，成為領導地方公共事務之主要人物。[55]姜家領導人自姜秀鑾至姜紹基止，向來為金廣福墾隘實質的、在地的領導

---

51   光緒十年七月公號金協和股夥同立合約湊夥津本墾闢青山字。（新竹北埔姜家史料）。
52   光緒十一年二月立加三本銀收單字。（新竹北埔姜家史料）。
53   光緒十六年十二月金協和立抽分管山林埔地字。（新竹北埔姜家史料）。
54   清末劉銘傳裁隘後，在內山加強國家力量，當為另一重要因素。
55   蔡淵洯，〈清代臺灣基層政治體系中非正式結構之發展〉，《歷史學報論文集》（臺北：臺灣師範大學歷史研究所，1994 年），頁 453。

人物，其在地方上各項表現值得注意。[56]以下分從姜家財富累積、墾戶首地位運用及地方公共事務之參與等項，討論姜家在地方領導地位建構的途徑。

（一）、地方公共事務參與之經濟基礎──財富累積

姜秀鑾族人來臺，始於姜仕俊，仕俊生有七子，其中以朝鳳在墾務上聞名。仕俊、朝鳳兩代均在紅毛港從事墾務，當時紅毛港屬翠豐庄汪仰詹之墾區，姜仕俊父子成為汪家之佃戶。經二代之努力，姜家已有些基礎。根據乾隆四十年姜朝鳳的分家鬮書所載，姜家此時家業雖不豐碩，但已抽出六十石租穀做為祖田。其產業如下：

> 父親遺有家業水田壹所，帶瓦屋三間，茅屋牛稠七間共拾間；埔園壹所、菜園壹坵、鐵鈀參張……將此田屋園等議價共伍佰壹拾員，各分七份均分，捉鬮為定。其樹林仔庄前水田壹所，另四界帶地屋壹所瓦屋共五間，菜園參坵魚池貳口，〔風〕圍竹木家伙什物等項。公抽出為祖田貳所，每年議贌小租谷共陸拾石存為祖內費用。[57]

姜朝鳳七子分家之後，或留在紅毛港繼續從事農業，但勝捷、勝賢、勝智等四房即遷往九芎林地區發展。勝智曾出任九芎林屯租之佃首，進而從事九芎林地區之墾闢事業。然由於前往新墾區需用資金，故姜勝智兄弟姪等，於乾隆四十六年，將承父遺下紅毛港樹林仔祖業，以貳佰陸拾大員典與邱仁進。[58]

姜勝智出任九芎林佃首，負責催納屯租並招佃開墾荒埔，也投資興修水利工程設施。姜勝智擔任佃首期間取得多少土地，今不可考。但從資料所顯示，姜勝智乙房之財富並未增長，且屢屢出典祖業。[59]道光十二年姜勝智五子所立分產業鬮約字，所載錄之財產僅有「姜彭氏承夫遺

56　拙著，《金廣福墾隘與新竹東南山區的開發》，頁170-172。
57　乾隆四十年姜阿妙兄弟同立分家鬮書。（新竹北埔姜家史料）。
58　乾隆四十六年十月姜勝智立典田契字。（新竹北埔姜家史料）。
59　嘉慶九年八月姜勝智立典契字。（新竹北埔姜家史料）。

下有山坑埔地一所，址在燥坑內節」，可見姜勝智後人財力並不如預期富厚。[60]其餘勝韜乙房之祖產亦有出典之現象。

　　使姜家墾業大放異彩者為勝捷（大房）乙房，勝捷終身未娶，以二房勝賢次子懷雙為嗣。懷雙有秀鑾、秀福二子，其中以秀鑾之表現為人所注目。根據道光十二年三月姜秀鑾及姜秀福兄弟之分家鬮書可見「兄弟承父所遺，僅有屋前之田、屋後之山竹果等項，餘者數處之田併山崙等業，係鑾兄弟粒積。」兄弟「所創之業，前後竭創共有柒千零員之業價，及人上典借去銀壹千餘員，又上年在公館街開張豐源號乾粿彩白生理，又湊開典鋪，用本銀壹千有奇，查點店內所存錢銀貨項器皿，併人上所欠數賬共銀壹千肆百零員。」雖然鬮書又載及其家道在「兄弟前後創置，每次只因銀員不敷，暨行借湊。況此數年以來收成不順，數賬難取，家費浩繁，倏忽積欠人上陸千餘員，是以爰請族戚人等前來相商，予等兄弟共思情願分火各爨之計。」[61]

　　雖然姜家兄弟經營之業，不甚順利，但此時他們不是單純從事力田之業。他們一方面從事農耕與開墾，一方面在九芎林公館街開豐源號從事乾粿彩白生意，並開設典當業。可見已採多元經營方式，姜家崛起之潛在力量已在積釀之中。姜氏兄弟分家次年（道光十三年）十二月，姜秀鑾即參與「員山南重埔」（今竹東鎮二、三重里）之墾業；道光十四年以「九芎林總理」名義，活躍於九芎林南勢「番害」嚴重之區。隨金廣福墾隘組成，姜秀鑾為粵籍墾戶首，實際負責墾務之推展。姜秀鑾於道光二十六年二月二十三日去世。其子殿邦、殿斌因「年間缺欠，隘糧不敷」，故具推諉不願接任金廣福墾戶首。其產業由鬮書載列有公業十二項（含長孫業一項），可推知此時姜家已具相當的財富。總觀姜家產業中除大小租權外，尚有糖廍股份、土地開墾墾業股份、坡塘以及九芎林公館街之「恆茂堂藥材」行。[62]

　　姜家自殿邦、殿斌分管財業之後，經歷姜榮華、榮富等一代，紹基、

60　道光十年十二月姜彭氏立鬮分字。（新竹北埔姜家史料）。
61　道光十二年三月姜秀鑾、姜秀福立分約鬮書字。（新竹北埔姜家史料）。
62　道光二十七年三月姜殿邦、姜殿斌分家鬮書。（新竹北埔姜家史料）。

紹祖等一代，振乾、振驥等一代，清漢等一代，合計四代。至大正四年
（1915）才再度鬮分祖業。此時姜家產業先以榮華、榮富兩房加以鬮分，
根據「富」字號鬮書所載，該房計有田園六百餘甲外，另有「臺灣製材
會社」、「新竹製帽公司」、「臺灣殖產會社」、「臺灣劇場株式會社」等股
券，計值九千七百八十七元；南庄之墾號「同興公司」開墾之股份九分
之一，上坪庄「金協和」之墾業六股半應得一股；分設於北埔街、南庄、
新竹街等處店宇數座。[63]就財富上而言姜家已為新竹地區主要富豪之一。

　　姜家不斷參與土地開墾，因參與土地開墾而分得之土地數目無法考
證，但姜家財富的增長並不全部來自土地開墾。如前所述姜家在大力參
與土地開墾之前即投入商業活動，而伴隨著金廣福墾隘開墾工作的展
開，腦、籐等山工之利應會為姜家帶來相當的利潤，對其財富的累積應
有幫助。姜家的財富除了來自土地拓墾的獲利外，與商業投資應有一定
的關係。姜秀鑾與秀福兄弟曾經營豐源號從事乾粿彩白生意、恆茂堂藥
材行並開設典舖。姜秀鑾領導拓墾金廣福大隘後，墾民日常用品的商
機，姜家理應不會輕易放棄。因此除了投資九芎林「協順號」的經營，
從事土地投資以及油、糖、米穀的生意外，且以九芎林「協順號」的資
金在北埔金廣福公館右畔開設「金廣茂」，津本發隘。至於樟腦的利潤
本來就是閩粵兩籍人士投資金廣福的動機之一，北埔街也以腦市著名，
姜家對樟腦的經營應有相當的經驗。淡新檔案即留有姜紹祖在竹塹城從
事樟腦買賣的記錄。到臺灣割日前夕，姜家仍在北埔街經營「金廣運」
腦棧。[64]此外，姜家與竹塹的商人在峨眉街開設「金義茂」菸舘。凡此，
展現姜家的商業性格，並為姜家累積相當的財富。

　　姜家經由土地開墾所帶來的利潤，購得大量的土地。姜家史料中有
「田契抄簿」乙冊，抄錄七十六件自道光二年至明治三十六年間，姜家
分管或承買土地契字之抄本。其中因開墾分管之契字計二十五件，其中
參與石壁潭一帶開墾分管者有三件；與南勢山三重埔一帶開墾有關者五
件；參與金協和、金協順等墾號有關者四件；其餘十三件均與金廣福墾

63　大正四年姜榮華、榮富分家鬮書，富字號。（新竹北埔姜家史料）。
64　《淡新檔案》，中央研究院傅斯年圖書館藏微捲，編號14312-3。

隘拓墾有關，或給與姜秀鑾任墾戶首之酬勞田，或加派一千七百七十大員之分管字，或均派加二八銀分管字；或向金廣福承墾、抱隘所得土地之契字。此外五十件為姜家承買田園之買契，其買入金額合計四萬一千八百十七大員。[65]足見姜家的財力。

（二）、地方公共事務參與之政治基礎──墾戶首職位之運用

姜勝智因配合政府政策需要，擔任九芎林庄佃首，「經理九芎林租務」，負責「按年催收屯租完繳，所有該處未墾餘埔，亦蒙丈報准另招佃開築水圳墾耕。」可見姜勝智之佃首地位不僅負責屯租之催收，還負責九芎林地方土地之招墾工作。但姜勝智所給發之「招佃墾耕字」，並未出現約束墾民、維護新墾地區治安之規定。因此佃首與墾民間之關係，是否單純建立在催收租稅與放墾埔地上，無法進一步分析。

姜秀鑾在領導金廣福墾務之前，即為九芎林庄總理。清代臺灣地方官吏為加強對地方的控制，增進基層政治體系中非正式結構的效能，以維持社會之安定，自嘉慶年間開始推行「總理制」。總理制中各種鄉職人員負責調解地方民間糾紛、管理公共事業、維持地方治安及宣導政令等工作。總理制雖然不是正式的地方行政組織，但地方政府透過驗充、給戳、斥退等程序，賦與地方領袖處理地方公務之職權。因此，總理是介於非正式政治結構與正式的地方行政組織之間的地方領導人物。[66]也就是說，姜秀鑾出任九芎林庄總理一職，經由官方認定的程序，使姜秀鑾取得介入地方事務的法定地位，使其在地方之領導地位更加鞏固。在姜秀鑾擔任九芎林庄總理之際，他積極參與地方公務，曾為「生番黑夜焚燒」，妨及耕佃安全而稟請淡水廳准其增丁移隘，「以禦生番出入，護衛田廬庄人」，淡水同知李嗣鄴並准其所請。[67]

金廣福墾隘組成，姜秀鑾任粵籍墾戶首，負責實際開墾事務。金廣福墾隘給出之墾批，除規定所承墾之埔地，該佃應趕緊墾成田業，不得

65　統計姜家史料《田契抄簿》而成。（新竹北埔姜家史料）。

66　蔡淵洯，〈清代臺灣基層政治體系中非正式結構之發展〉，頁461。

67　道光十四年十一月初七日淡防分府給發貼曉諭。（新竹北埔姜家史料）。

延誤，以免延誤隘糧之外，尚規定該佃「自當安分守己，不得窩匪聚賭等弊，一經查出定行稟官，決不徇情稍縱。」所發給之丈單亦有同樣之規定。[68]光緒五年設置臺北府分設新竹縣，新竹縣知縣李郁階諭令金廣福墾隘換戳，其諭文載曰：

> 墾戶隘首墾耕隘地，既應募丁防守生番，亦應督丁截拏匪類，責任攸關。[69]

可知金廣福墾戶首在官府中之定位，具處理墾區內行政事務之權力，姜秀鑾、姜殿邦、姜榮華及姜紹基等四代，先後擔任金廣福粵籍墾戶首。道光二十六年淡水同知黃開基因金廣福隘糧不足，故將咸菜甕（今新竹縣關西鎮）在內之部分田園應納充公屯租撥歸金廣福墾戶，每年九十三元。道光三十年起咸菜甕墾戶衛榮宗積欠不完，經稟官追究，官諭「各佃自向姜殿邦完納」[70]，隨後姜殿邦出任咸菜甕墾戶，兼管該庄墾業，[71]因此姜殿邦時期姜家身兼大隘地區及咸菜甕之墾戶。

墾戶首的地位賦與姜家處理墾區內公共事務的權力，而且其權力遠在街庄總理之上。光緒十二年十二月北埔地方生監、鄉耆及殷紳舖戶等推舉何廷輝為北埔等庄「總理」乙案可得知姜家之地位。因為該案「事涉公務，地方攸關」，故具稟「懇憲准飭辦理」，然為金廣福墾戶首之姜家未聯名保結，故知縣方祖蔭批示「應否添設總理之處，候諭飭金廣福墾戶姜紹基等查明，稟覆核辦。」待姜紹基稟覆「此何廷輝，在昔原係基館內辦事之人，公事頗為諳練，為人正直。今眾議舉為總理，與其等幫辦諸務，亦甚妥當」，經姜紹基稟文到縣，方祖蔭才批准並發給總理戳章。[72]足見姜家以金廣福墾戶首之身份，在墾區內享有相當的權力。

金廣福墾隘之運作，屬於武裝移民。以武力為後盾驅逐「生番」，

---

[68] 金廣福墾號給出墾批字均載有此規定。（新竹北埔姜家史料）。

[69] 光緒五年新竹縣知縣給姜紹基諭。（新竹北埔姜家史料）。

[70] 咸豐四年八月南興庄墾戶金廣福、咸菜甕墾戶衛榮宗等同立合約；咸豐四年十一月廿日淡水廳分府丁給總墾戶姜殿邦諭。（新竹北埔姜家史料）。

[71] 咸豐五年二月衛榮宗退辦墾戶合同。（新竹北埔姜家史料）。

[72] 臺灣銀行經濟研究室編，《淡新檔案選錄行政篇初集》（臺北：臺灣銀行經濟研究室編印「臺銀文叢」第 295 種，1971 年），頁 571。

取得荒埔供墾民開墾，平時又須以武力防患「生番」反抗。因此在入墾
之初，廣設隘寮，雇募隘丁，常川巡防，以保墾民安全。待原住民向內
層山區遷居，墾民再往內層墾闢，面臨強大的泰雅族的抗拒。到了晚期，
墾區內之隘丁除了防止原住民反抗之外，多以種地、抽籐、熬腦、狩獵
為生。[73]所以金廣福墾隘之隘丁，一方面是墾民安全之屏障，也是開墾
之先鋒。在金廣福墾隘設有隘首管帶隘丁，而隘首又受墾戶首之調配。
居於「防番」的需要，隘丁多配有「鳥鎗」，山區的活動相當危險，故
多敏捷體健，成為一支強大之武力。有清一代地方行政，由於轄區地廣
事繁，人力又單薄；在武備上營汛之兵力又極其薄弱。金廣福墾隘之隘
丁乃成為地方官員重要之奧援，咸豐六年金聯昌墾號向金廣福墾隘抱隘
移墾時，所立契字即約定「凡遇緊急公務，當聽墾戶呼喚調回，募隘人
不得抗違。」同治十三年姜榮華稟稿亦說明金廣福「係屬官隘，地方有
事丁聽調遣。」[74]故連橫《臺灣通史》稱「統率隘勇數百，拓墾撫番，
權在守備以上。」[75]此說法雖嫌誇大，但金廣福墾隘隘丁的武力，官府
加以運用之事實甚多。茲引其中一二，略述如次：

> 道光年間中英鴉片戰爭之戰火波及淡水、雞籠。道光二十年八月
> 十四日英艦犯淡水被卻，十八日復窺雞籠，其間淡水同知曹謹「諭
> 飭團練壯勇隨往勦捕夷船，鑾遵諭團練壯勇一百五十名，親自帶
> 赴雞籠口，極力隨同擊沈夷船，並拏獲逆夷多口，姜秀鑾子殿邦
> 因而獲賞軍功六品銜。[76]

　　咸豐十年元月二十二日，淡水同知寧長敬欲往竹南貓裡街銅鑼灣一
帶（今苗栗縣苗栗市、銅鑼鄉）公幹，為派隨轅壯勇，乃諭飭金廣福墾
號職員姜殿邦，「立即挑選精壯隘丁三十名，攜帶鳥鎗，由該職員管帶，
限二十一日齊赴轅署，以憑隨帶調遣。」[77]

73　《淡新檔案》，編號 17110-13。
74　同治元年八月十二日黃載立、彭三貴等立甘願交還隘丁隘糧字；同治十三年姜榮華稟稿。
　　（新竹北埔姜家史料）。
75　連橫，《臺灣通史》，頁 659。
76　道光二十二年六月立姜殿邦等敘獎抄稿。（新竹北埔姜家史料）。
77　咸豐十年元月二十二日淡水廳寧分府諭墾戶姜殿邦。（新竹北埔姜家史料）。

　　咸豐十年六月，蚵殼港到有夾板船一隻，載私鹽幾千擔，有粵人一百數十人執銃械，用牛搬運私鹽，亦有閩人向夾板船買私起運上岸，囤積在沿海各鄉民家內，經哨丁巡見阻止，該私梟等恃眾抗拒。寧長敬一面會營親臨查拏，一方面諭令姜殿邦「立即約束庄民，恪守法紀，毋得與夾板船勾結，車運私鹽登岸。」[78]

　　咸豐十年九月艋舺內港一帶，因漳籍紳士林國芳起佃肇叛，鄰近各庄漳人均為所惑，以致紛紛焚毀港仔嘴等處（今新北市板橋區江翠里一帶）同安人村庄，淡水同知寧長敬恐釀成巨禍，飛飭「金廣福職員」姜殿邦，「剋日管帶隘丁三十名，隨帶鳥鎗馳赴艋舺，以憑調遣。」[79]

　　咸豐十一年八月二十三日，竹塹社番九芎林等處義首潘榮華，以九芎林內牛鬥口、九芎坪等處地方青山，生番潛藏，經常出擾九鑽頭等庄，殺斃多人，墾民竄逃，以致隘糧無著。因此稟請於牛鬥口等處地方，募丁設隘把守，以免生番突出殺人。時淡水同知秋日覲，乃於十月十四日，諭令九芎林等庄各總保及墾戶姜殿邦等，立即查明牛鬥口地方，有無生番出害庄民，應否設隘，糧從何出。潘榮華何時充當義首？保結何人？設隘是否實為防番，抑或藉隘以科派口糧？經姜殿邦查明稟覆，認為「潘榮華係冒充義首，妄請設隘希圖混佔，殊屬玩法。」秋同知接獲稟報，隨即飭差吊戳究辦。[80]

　　同治三年咸菜甕庄民邱阿慶、林阿元、林阿金等因藉索不遂而毀埠、搶穀、搶牛等事件而發生列械滋鬥事件，時淡水同知鄭元杰諭令墾戶姜殿邦等「立著林阿元等搶去牛十三隻，先行交還邱阿慶，一面協差彈壓諭止，不准二比列械滋鬧，如違綑解赴轅，以憑斷訊。」[81]

　　同治三年戴萬生之役，淡水同知秋日覲被害，彰化繼陷。北路一帶地方無主，人皆驚擾。塹城眾紳共舉張世英為同知廳丞，姜殿邦等受諭，與其子姜榮華等率隘勇，直抵大甲，協同閩、粵各義勇，駐守城內，每

---

[78]　咸豐十年六月淡水廳寧分府諭墾戶姜殿邦。（新竹北埔姜家史料）。

[79]　咸豐十年九月淡水廳寧分府諭墾戶姜殿邦。（新竹北埔姜家史料）。

[80]　咸豐十一年十月十四日淡水廳秋分府諭姜榮華。（新竹北埔姜家史料）。

[81]　同治三年十一月十九日淡水廳鄭分府給墾戶姜殿邦諭。（新竹北埔姜家史料）。

日與敵接仗。待丁曰健統兵渡臺，姜殿邦所帶領隘勇即隨丁曰健征剿逆賊，遂克復大甲、彰化等地。同治十一年淡水同知向壽賞給「奉公勤奮」匾額，並賜姜殿邦五品候補都閫府，賞戴藍翎。[82]

同治四年中壢街（今桃園市中壢區），發生糾黨強搶案件，淡水同知王鏞即諭令墾戶姜殿邦等，「立即協力購拏案匪陳江振一名到案」，如果「能竭力拏獲解辦，自當從優獎賞，決不食言。」[83]

光緒十年清法安南之役，法兵侵擾雞籠（今基隆市），姜紹基奉臺北知府陳星聚諭令率領壯勇赴援，敗逐法軍，旋奉命移守臺北府城。新竹縣知縣徐錫祉於光緒十年九月賞給「義聯枌社」匾額。[84]

前舉九例，或參與鎮壓地方械鬥、平定民變；或受徵調投入禦外侮之行列；亦或受官委任，調查地方事務，調查結果都受官府採納。可見姜家歷代以墾戶地位受重於地方政府，他們因擔任金廣福墾戶首，不但藉以擁有眾多社會資源，並積極與政府合作。而金廣福隘丁力量之支配，經由率領隘丁應地方政府公務之需要，建立姜家在官方之地位，並藉以獲得軍功或獲頒殊榮，因其與官府之良好關係，強化姜家在地方之影響力。

（三）、地方公共事務之參與

地方公共事務大抵可分為兩大類，一為公利事業，如造橋鋪路、文教及地方救濟等；一為領導地方宗教活動。紅毛港時期之姜家，其家族初渡臺灣，或忙於生計，未曾有地方公共事務參與之資料。九芎林時期之姜家，姜勝智擔任佃首，為地方頭人。除了土地開墾之需要，領導水利工程之開濬外，初墾社會之宗教活動為其凝聚人群之重要途徑。就資料顯示，今芎林鄉石壁潭之福昌宮，崇祀三山國王，為本地客籍人士之

---

[82]　陳朝龍、林百川等，《樹杞林志》（臺北：臺灣銀行經濟研究室編印「臺銀文叢」第 63 種，1960 年），頁 90。

[83]　同治四年七月三日淡水廳寧分府諭義首姜殿邦。（新竹北埔姜家史料）。

[84]　姜振驤，《姜義豊に關する沿革の概要》，手稿無碼頁；陳運棟，〈姜義豊嘗沿革〉，未出版無頁碼，1983 年。

守護神，此廟即為乾隆五十七年由當時佃首姜勝智所倡建。[85]姜秀鑾以後姜家在地方之影響力大增，相關之活動相對增多。關於姜家此後之地方活動即分公利事業及宗教活動等兩項加以說明。

姜秀鑾參與地方公共事務，首見於嘉慶年間。九芎林街廣福宮，保有同治六年之「示禁碑」，載「前嘉慶二十餘年，有棍徒將赤柯寮龍脈擅行斬鑿，時幸姜秀鑾、錢茂祖阻止。」[86]錢茂祖為竹塹社土目，姜秀鑾與其共同出面阻止，可見姜秀鑾在嘉慶二十餘年，在地方即已具影響力，且積極參與地方事務。

大正四年（1915 年）榮華榮富兩房分家鬮書中載「故有之渡船、橋樑、茶亭，概或修繕、或施茶……以上諸般費用，皆係姜義豐公嘗租內支出應用。」[87]此一資料可發現，長期以來姜家對於地方上之渡船、橋梁等公共事務視為其家族之職責，故於分家鬮書中明定此類公務經費之來源。其具體事實尚可考者如道光初竹塹城紳商、舖戶等建議捐資修築竹塹城，時姜秀鑾題捐城工銀七十兩；[88]道光十八年，淡水同知婁雲以轄內河川，春夏雨盛，「或溪面廣闊、或急湍洶湧，皆迫鄰海汊，亦危險莫測」，故集紳士郊商耆庶捐輸，於大甲溪、房裡溪、中港溪、鹽水港等處或設義渡，或架搭木橋。姜秀鑾亦捐洋一百圓。[89]

此外，值得討論者為「姜紹基之母胡氏，慨然捐買番界田畝，合計田價銀均在千兩以上」，請旨建坊，經光緒皇帝硃批給予「急公好義」字樣，因係「有力之戶」，故令其「自行建坊，毋庸給與坊銀」乙案。[90]

本案起於光緒十二年，新籐坪番社土目夏流明等，要求金廣福墾號

---

[85]　黃奇烈，〈芎林鄉文獻採訪錄〉，新竹縣文獻委員會編《新竹文獻會通訊》，11 號（1954／2），頁 7。

[86]　陳朝龍，《新竹縣采訪冊》（臺北：臺灣銀行經濟研究室編印「臺銀文叢」第 145 種，1962 年），頁 200。

[87]　大正四年姜榮華、榮富分家鬮書，富字號。（新竹北埔姜家史料）。

[88]　臺灣銀行經濟研究室編，《淡水廳築城案卷》（臺北：臺灣銀行經濟研究室編印「臺銀文叢」第 171 種，1963 年），頁 110。

[89]　陳朝龍，《新竹縣采訪冊》，頁 197。

[90]　光緒十四年三月二十三日新竹縣正堂方諭候選縣丞姜紹基。（新竹北埔姜家史料）。

將新籐坪、十四份等地歸還，方允歸化。[91]然夏流明等所要求歸還之地，已為漢移民所墾，故大隘仕紳以為「界定既久，乞恩准予照舊管業，毋再變更。」他們指出「金廣福於光緒八年勸諭生番薙髮歸化，給出青山埔地一所，址在南坑尾，週圍立石定界，給有墾批交番執據，四界分明，四界之外如大坪、長坪子、六股、九芎坪、十分坪、新籐等處，先時已給就近居民」，而且所給與化番之土地足以供其墾成「豐衣足食」之區。[92]雙方爭執不下。劉銘傳立即派典史傅若金會同都司鄭有勤、墾戶黃南球確實清查。[93]經於十二月初七、八、九等日屢勘，發現「該民番等稟爭之九芎坪，再入七八里許，即該民番等稟爭之大坪、長坪，惟大坪已為金廣福縈隘，其間並有墾佃八家開種田土。細詢其故。緣大坪為後山生番出草必經之路，化番朱打馬等丁單莫敵，因請金廣福隘丁移入該處以壯聲援，厥後守禦漸堅，生番漸與通好，應用犒番牛酒，無處取資，遂將大坪、長坪、九芎坪等處賣與金廣福招墾為業，藉得地價，以充犒賞之需，此番地之所以變歸民墾也。」方祖蔭裁定由番向墾民酌抽番租，但「眾番交相索地，嘖嘖不休，若令退地還番，非特金廣福地價無歸，各墾佃生業頓失。」正疑難間，姜紹基之母胡氏稟稱：「現蒙爵帥勤勞招撫保衛民生，吾儕踐土食毛，應深感激。盍請捐備原價向金廣福買出大坪、長坪、九芎坪等處番地，歸還該番。庶各化番從此衣食有餘，漸興禮義。」因而化解紛爭，方祖蔭以姜胡氏本係青年守節，尤復好義樂捐，故建請准予請獎。[94]劉銘傳以「姜紹基之母胡氏捐買大坪、長坪、九芎坪等處地畝，歸還番業，以免民番爭地仇殺，實屬尚義樂輸，應准照例請獎，並先由爵部院給與『尚義可風』匾額，以示獎勵。」[95]並獲頒「急公好義」字樣，准以建坊表彰。

　　金廣福墾區自拓墾至日本領臺，其間僅六十年，屬新闢之區。但墾區內之民風「溫且良」，早為文人墨客所稱道。其原因除了地方富庶之

91　《淡新檔案》，編號 17330－3。

92　《淡新檔案》，編號 17330－4。

93　《淡新檔案》，編號 17330－6。

94　《淡新檔案》，編號 17330－7。

95　《淡新檔案》，編號 17330－9。

外，當與地方文教之提倡有關。首先於大隘地區倡設文教者為墾首姜秀
鑾，他於道光二十四年，在北埔慈天宮延師設塾，規勸當地居民子弟就
學，所聘之西席分別為戴立坤及彭清蓮，兩人雖非名師通儒，但對地方
文教之提升功不可沒。[96]待咸豐四年，姜殿邦將其族人從九芎林舊居遷
到北埔之後，又聘秀才呂應鍾在北埔設塾，使墾區內文教略具規模。[97]前後
二次設塾均由金廣福墾戶首出面負責，之後至咸豐十一年才有其他家族在
墾區內設塾，可見姜家對金廣福墾區文教之提倡，有相當之貢獻。[98]

　　同治六年淡水同知嚴金清「倡義倉義學善舉，城鄉各處均已設塾延
師授徒訓讀。」至同治八年陳培桂繼任，特諭「大隘南興庄紳董姜榮華」，
「即行分舉塾師，照章設籌經費，明春即行舉辦，俾免貧寒子弟，從學無
由。」並規定「一切經費籌辦不易，務宜撙節支用，造冊報查，毋許浪費
浮開，致干罰究。」[99]詳請具奏，另撥捐穀三千六百零石為義塾經費。

　　同時嚴金清倡捐廉銀一千圓，購穀一千石；並紳商業戶所捐，共穀
四萬九千石。有關義倉之設置，責成地方紳董辦理。身為墾戶之姜家自
然成為主要負責人，而且父子相承。大隘地區等庄之義倉，於同治六年
由嚴金清諭派董事江大賓、姜榮華、黃德福、彭三貴、范阿貴等捐穀五
百五十石，又續捐穀八十五石，共計穀六百三十五石。全數收齊，分由
各捐戶存儲；遞年糶舊換新，以備青黃不接。其中姜家共收儲義粟一百
零九石。[100]由於姜殿邦曾出任咸菜甕墾戶，因此奉諭以姜殿邦名義捐穀
新埔、咸菜甕等庄義倉。[101]有關義倉義塾的設置，筆者已有他文加以討
論，於此不再贅述。[102]無論義倉或義塾之設立，地方領導仕紳均居於被

96　北埔公學校編，《鄉土誌》（新竹：新竹北埔公學校，昭和九年），頁 147。

97　北埔公學校編，《鄉土誌》，頁 8；不著撰人，《北埔開闢百年祭典手冊》，昭和八年，
　　無頁碼。

98　北埔公學校編，《鄉土誌》，頁 149。

99　同治八年十二月二十一日淡水廳陳分府給姜榮華諭。（新竹北埔姜家史料）。

100　光緒十六年九月竹北一堡金廣福各庄職員姜紹組、監生黃榮和等稿底。（新竹北埔姜家史
　　料）。光緒十七年九月職員姜紹祖具收儲義倉谷結狀。（新竹北埔姜家史料）。

101　陳朝龍，《新竹縣采訪冊》，頁 65。

102　拙著，〈日本殖民統治下臺灣鄉村社會變遷——以新竹北埔為例〉，《臺北文獻》直字第
　　107 期（1994 年/3 月），頁 35-37。

動，由官方主導。但無論其經費之來源或與官府文書之往來，均由姜家出面代表。凡此，不但加強姜家與地方政府之關係，對姜家在地方領導地位之建立或鞏固，均有正面之影響。

宗教活動對臺灣社會之重要性論者已多，於此不多作說明。姜家參與領導地方宗教活動由來已久，而且姜家所涉及者，小自一角頭之祭祀活動，大到整合廣大區域之祭祀組織，姜家均扮演著重要的角色。

姜家所領導之大隘地區，雖然在光緒三年才加入枋寮義民廟十四聯庄輪祀，但早在姜秀鑾時，即已成為枋寮義民廟的重要領導人物。可由道光丁未（二十七年）四月林茂堂、劉維翰等人所立之請帖，可知枋寮義民廟採輪流經理的創意，即始於姜秀鑾，初由各舖號輪流經理，復改為四大庄輪祭。該請帖甚具意義，茲將其部分重點引錄如下：

> 立請帖字人林茂堂、劉維翰、吳清華、曾騰為經理粵東義民蒸嘗事。……自道光壬寅（二十二年）九芎林姜秀鑾等具帖請得新埔榮和號、雲和號、金和號、錦和號、振利號、慶和號等輪流經理，至公無私。……但日久事煩，我粵東人皆當分理，以恢先緒，因闔分為四大庄，僉議每庄輪流交遞。丁未四月四大庄公議拈鬮，大湖口等庄拈第壹鬮，石岡子等庄拈第二鬮，九芎林等庄拈第三鬮，新埔街等庄拈第四鬮輪流分理，四大庄人等聯名具帖請得大湖口等庄人葉阿滿……等經理，至三年滿足，然後換帖具請第二鬮經理，其第三鬮、第四鬮依次輪流，至輪理足後另行公議，今欲有憑，爰立請帖字壹紙，付第一鬮經理人收執為炤。[103]

在金廣福墾區內居民之宗教信仰，初受地形及交通之限制，各有其中心。墾區內之廟宇多與開墾有關，而姜家為墾首，於建廟時，或施地基，或提供大量資金，領導建設廟宇。村民為感念姜家之出錢出力，於廟內為姜秀鑾或姜榮華等設置長生祿位，如北埔慈天宮設有建廟有功之李嗣鄴、姜秀鑾、姜榮華三人之長生祿位；峨眉隆聖宮則設姜秀鑾之長生祿位。可見姜家在地方宗教活動的重要性。

---

[103] 道光二十七年九芎林姜秀鑾等立請帖。（蔡淵洯教授提供）。

　　以北埔慈天宮而言，所供奉的「觀音」神像，就是姜秀鑾自原鄉所帶來的，姜秀鑾在開墾之初奉之入大隘，成為來往之隘丁、墾民祭拜之對象。由於姜家之關係，「觀音」神像乃由私人神祇轉化成為墾區之公共神祇。道光二十六年建廟奉祀，其經費由姜秀鑾提供，咸豐三年重修，惜無資料保存。同治十三年由姜榮華倡議，北埔、中興、富興、赤柯坪、大壢等庄庄民共同捐資改建，慈天宮已成為跨村落之寺廟。[104]

　　將北埔慈天宮轉換成大隘墾區的信仰中心，應在同治三年七月。墾戶首姜榮華倡設大隘南興庄五角頭（北埔、南埔、草山、月眉、富興等），輪流主辦慈天宮中元普渡，形成以慈天宮為中心之大隘中元普渡祭祀圈。慈天宮中元普渡之總領導人為姜家。每年慈天宮中元祭，均以「姜義豐」（姜家之公號）為總爐主，而爐主則由五角頭七個家族六年一輪，其中姜家輪辦二年。不論那一角頭負責辦理，姜義豐均固定撥穀二千斤充當祭費，不足之數由各爐主負責。[105]透過祭祀費用之提撥，姜家可與墾區內其他六大家族建立良好關係。

　　經由姜家之引導，很自然的將金廣福墾區整合成一祭祀圈。但金廣福墾區內屬「頂寶山」之寶斗仁、大崎、雙溪、新城等處，在姜秀鑾率眾入墾之前已有部分漢人前來開墾，這些村落並未納入大隘慈天宮中元普渡活動內。惟此區內之住民多屬粵籍，且部分經由九芎林遷移入大隘地區，墾首姜家尤其是姜秀鑾曾出任枋寮義民廟經理，再加上日治以前北埔地區對外交通多以九芎林為主（今竹東至新竹之鐵、公路均在日治以後修成）。由於與九芎林關係密切，大隘地區墾民參與枋寮義民廟祭祀為自然之現象。而帶領大隘地區墾民成為義民廟「十四聯庄」祭祀圈之一環者為姜榮華，其時間在光緒三年。尤其重要的是此次參與義民廟祭祀活動，還包括了原先不在慈天宮中元普渡活動之內的「頂寶山」。[106]大隘地區住民之祭祀活動，由初期各角頭之出現、北埔慈天宮中元普渡祭典輪祀之成立，到再度整合參與北臺灣粵籍住民大祭祀活動之過程，

104　北埔公學校編，《鄉土誌》，頁149。
105　拙著，《金廣福墾隘與新竹東南山區的開發》，頁282-283。
106　拙著，《金廣福墾隘與新竹東南山區的開發》，頁285。

姜家均出錢出力，扮演主導者之角色。傳統時代，宗教信仰為鄉民認同之主要指標，姜家大力投入領導宗教活動，扮演社會領袖之角色，同時也經由宗教活動之掌控，更加鞏固在地方之領導地位。

討論臺灣社會發展，宗族為不可或缺之一環，臺灣有「祖公會」與「丁仔會」兩大類型。姜家在這方面的情況，筆者於他書中已有討論，不再贅述。[107]總之，姜家所處之九芎林或北埔大隘地區，其住民多為粵籍人民，姜家又有墾戶首地方領袖身分，不但擁有隘防武力，且與官方關係良好。故對「祖公會」之興趣不高；但為照顧近支族人，並料理族內公共事務，「丁仔會」較受重視，其嘗號名稱後來竟成為姜家之代稱。

五、姜氏家族發展之限制

姜家渡臺由佃民向墾戶承墾土地，在數代之內發展成一方之富，固在於領導人具前瞻之見識與能力，配合政府政策之需要，積極參與，以與官府建立良好關係。而且姜家子弟不但態度積極，能刻苦耐勞，秉持簡樸精神，不染富家子弟惡習，故能常保積極進取朝氣，不斷進入開墾第一線，冒險親與開墾工作，因而不斷獲得發展之機會。姜家有豐富的內山拓墾經驗，也擁有相當的財富，但畢竟未能發展成全臺性之大家族，可見姜氏家族之發展仍有其限制性。一個家族發展之條件，涉及層面甚廣，有屬家族內在條件者，如家族領導人之性格、能力，及其所採取之發展策略；有外在影響因素，如國家政策等，均關係家族之發展。以下即就此類問題，觀察姜家發展之限制。

（一）、人丁稀少且多英年早逝

姜仕俊率七子渡臺，姜朝鳳妻楊氏又生七子。在初墾地區青壯男子是勞動力之主要來源，姜家渡臺初期有了豐沛之勞動力，實為紅毛港時期之姜家發展之主力，因此姜家不斷向翠豐庄墾戶汪仰詹承墾埔地，奠

107　拙著，《金廣福墾隘與新竹東南山區的開發》，頁295-299。

定了姜家發展的基礎。姜勝智與勝捷、勝賢、勝略等四房遷居當時正待開墾之九芎林庄，姜勝智並取得「九芎林佃首」之地位，主導九芎林地區之開墾，為姜家取得有力之開墾條件。但此後姜氏族人不再具有優勢之人力。

　　勝捷為姜家長房，但他本人並未結婚，立二弟勝賢次子懷雙為嗣（勝賢育有三子），懷雙即姜秀鑾之父，生秀鑾、秀福二人。雖然人力單薄，但秀鑾、秀福兄弟仍有相當發展機會。此或與姜秀鑾個人的能力有關，《新竹通訊》對姜秀鑾曾有以下之描述：某日淡水同知李嗣鄴，「曾親自率隊下鄉至九芎林辦案，庄民畏懼逃逆一空，獨有庄農姜秀鑾者回自田間，出婉詞道殷勤接待，應答之間，同知見其膽識過人勇於負責，乃不惜將嗣後庄中大小糾紛委其處理，果然成績斐然。及防番之議告急，同知心目中惟有姜秀鑾者最堪倚畀，叩其對番經驗及設隘興墾意見，秀鑾侃侃條陳，頗多獻策，同知益深信賴」。[108]就事實而言，姜秀鑾出任總理，處理村中大小糾紛之時間早於此時，此一記載固有諸多可議之處，但以「膽識過人勇於負責」，說明姜秀鑾之性格，應屬妥當。

　　是故，姜秀鑾頻頻出首參與地方公務，如在嘉慶二十餘年與錢茂祖阻止「棍徒將赤柯寮龍脈擅行斬鑿」，道光十四間建請淡水同知李嗣鄴，於九芎林南勢山一帶移隘並增設隘丁防番等。一方面積極發展家業，或設舖經商；或入股參與石壁潭之墾務；或中途投入原來開墾股夥無能力董辦之墾務。因負責「起造隘寮，招募隘丁，把守地方，鳩派隘糧及築開陂圳，招佃墾闢田園，建造庄屋，設立庄規」等工作。而獲得墾權，免派資費，以為姜秀鑾辛勞之業，姜秀鑾籌辦墾務能力，在在顯露無遺。[109]是「英武勇猛，仗義疏財，敢於冒險犯難，能為民先鋒」之開墾領導人物。[110]此種性格與能力，是姜家後來在內山地區發展之最佳條件。待金廣福墾隘組成，姜秀鑾一則負責籌募資金，一則親冒危險，實地領導墾民入山開

---

[108]　郭芝亭，〈記金廣福大隘——興墾竹塹東南廂〉，新竹縣文獻委員會編《新竹文獻會通訊》第 13 號（1954 年/4 月），頁 1。

[109]　道光十三年十二月林慶恩等同立邀請助份字。（新竹北埔姜家史料）。

[110]　李國祁，〈清代臺灣社會的轉型〉（臺北：臺灣史蹟源流研習會 1978 年冬令青年自強活動講議），頁 8。

拓土地，並建造隘寮派丁防守，充分顯現其長才，肇建姜家發展之基業。

　　此後繼起之姜殿邦、姜榮華更鞏固了家族之基業。以姜殿邦而言，他於壯年接管姜家，並擔任金廣福墾戶首。他曾透過「金福源」墾號，向金廣福抱隘，使金廣福之墾務再度興起，墾民再向內層山區前進。而姜家也因而以抱隘開墾方式，獲得大量土地。此外，他又利用向咸菜甕地區佃民收取隘租之便，成為咸菜甕庄之墾戶，使姜家之影響力經由金廣福墾隘之運作，而擴大到咸菜甕地區，進而參與銅鑼圈（今桃園市龍潭區）一帶之土地開墾工作。

　　姜榮華管理姜家之時間雖然僅有七年，但亦有相當成就，如北埔慈天宮之改建、帶領大隘地區居民參與枋寮義民廟祭典，成為義民廟十四聯庄之一，均在姜榮華時期。他在其父親生前即與大隘地區其他股戶另組墾號，以抱隘方式向金廣福取得內層山地之開墾權，向內層開墾，因而取得耕地。其中「金福成」墾號之抱隘，姜榮華尚且在有隘首之情況下被延請幫理隘務八年。「金協和」墾號之抱隘開墾番婆坑一帶，姜榮華亦得二股半之墾權（總計十五股）。足見姜榮華時期，姜家在墾業上仍蒸蒸日上，姜家經由抱隘方式在金廣福墾區取得多筆土地。此對姜家財富之累積固有助益，但由於參與抱隘者多為在地粵籍墾民，參與捐資之金廣福閩籍墾戶之態度如何實值得注意，因為經由抱隘之方式，金廣福墾區之可墾埔地遂轉入粵籍墾民手中，雖然可藉以增加隘租收入，但金廣福股夥並未因而受益，故借隘可視為金廣福墾權轉移之一種方式。惜無此一方面資料可供討論，誠為憾事。但就姜家而言，經由抱隘開墾而使家族財富增加，對地方影響力提升，是不爭之事實。秀鑾、秀福兄弟於道光十二年分產各自創業；殿邦兄弟於道光二十七年析分家產，各自經營。姜榮華於壯年過世，其弟榮富又於次年亡故，長子紹安又早亡，年紀較長之紹基亦僅十五歲，實難擔當重任，故姜家產業即先後由殿邦妻張氏，及榮華妻宋氏主持，至日治大正四年才分家。所以在姜紹基成年之前，姜家實難有大發展。在姜紹基成年之後亦曾積極參與墾務，如「金協和」墾號之拓墾五指山一帶，即在姜紹基之努力下而墾成。「廣泰成」墾號之參與亦始於姜紹基之時，惟尚未正式簽約，姜紹基即已過

世。雖以其弟紹祖之名參加，但時紹祖年方十四歲，對廣泰成之墾務當
然難以使力。可見姜家自光緒三年以後，一直缺乏年長男子在既有基礎
下繼續經營，其間正逢國家對臺政策重大改變。凡此，對姜家之發展自
然產生不利的影響。姜家在臺灣史上的重要性，不能再更上一層樓，或
與此有關。茲將姜家歷年負責人生卒及享年，條列如次。[111]

　　姜秀鑾生於乾隆四十八年（1783 年），死於道光二十六年（1846
年），享年六十四歲，死時長子殿邦三十九歲。

　　姜殿邦生於嘉慶十三年（1808 年），死於同治九年（1870 年），享
年六十三歲，死時長子榮華三十九歲。

　　姜榮華生於道光十二年（1832 年），死於光緒三年（1877 年），得
年四十六歲，死時長子金發（即紹安）已亡，次子紹基十五歲。弟榮富
亦於次年過世，得年三十二歲。

　　姜紹基為榮華妹婿梁昌之子，入嗣為榮華次子，生於同治元年（1862
年），死於光緒十五年（1889 年），得年二十八歲。紹基死亡時弟紹祖
十四歲。

　　姜紹祖生於光緒二年（1876 年），死於光緒二十一年（1895 年），
得年二十歲，留遺腹子振驤。

（二）、不斷向新墾區發展忽略高級功名

　　姜家之渡臺旨在取得耕地以便安身立命，因此他們在紅毛港成為翠
豐庄墾戶之佃農。然而此時紅毛港一帶之發展空間已相當有限。因此姜
朝鳳七子中有四房移往當時正為開墾第一線之九芎林地區，尋找新天
地。其中第五房勝智，成為九芎林之佃首，為姜家找到絕好之發展機會，
姜秀鑾即承續此一方向而得到發展良機，他主要工作在於土地拓墾，而
其成就亦在於此。在組金廣福墾隘前，他一方面從事農耕，也經營商業，
但其關注的卻在土地拓墾上。所以他參與石壁潭的墾業，分得土地。進
而投入開墾的前線，經營新墾區之諸項工作，終至成為金廣福墾務第一

---

[111] 姜振驤，《北埔姜氏族譜》，（1922 年手稿本無頁碼）。（新竹北埔姜家史料）。

線之負責人。自仕俊遷臺至姜紹祖，前後已經歷八代，每代均投入墾務工作。可見姜家來臺之後即不斷在尋找新墾地，並置身於其間，而獲得相當之成就。姜家在土地上之投注，為姜家之地方領導地位奠下經濟基礎，但其不斷向新墾區發展，似乎也限制了姜家之發展。

　　姜氏族人自姜秀鑾起，其子弟（特別是殿邦一房）大多獲有功名，姜秀鑾之取得功名始於「道光十年因地方賊匪滋鬧，鑾幫同辦理」，首度獲得頂戴，「道光十三年間，因張逆滋事，蒙上憲查辦南北路焚搶各案，蒙李前廳憲諭飭鑾充義首，團練壯勇巡查防堵，又獲犯伍名，以上在事出力，經蒙前憲廳憲李詳奉欽差大臣將軍瑚、總督部堂程賞給軍功七品職銜，付劄執照。」[112]道光二十年又率其子殿邦參與抗拒英軍之役，姜殿邦因而獲賞六品頂戴。咸豐九年三月閩粵衝突，姜殿邦受命「彈壓居民歸庄，拴拏要犯，出力有功在案，蒙給五品頂戴」，並蒙「保奏補實五品職銜」。姜榮華於「咸豐七年遵籌餉例，捐輸從九品頂戴」，後來同年又因「拏獲要犯，出力有功，賞給八品頂戴」；咸豐八年因「自備資斧拴拏要犯廖旺才等，出力有功，蒙賞六品頂戴，一面申請補實。」[113]

　　戴潮春之役，姜殿邦率子榮華及大隘丁勇，協助彰化大甲防務，獲頒「奉公勤奮」匾額。姜紹基於光緒四年四月，時年十七歲，捐納取得監照；二十四歲時，「遵海防例，捐銀五百六十一兩六錢，准以縣丞雙月選用」；[114]二十五歲時「由五品軍功雙月選用縣丞，遵海防經費事例，捐銀壹仟兩，愿得藍翎」；[115]清法安南之役，姜紹基曾率隘勇墾民效命疆場，獲頒「義聯枌社」匾額。姜紹祖捐納出身，於乙未年抗拒日軍領臺，捐軀犧牲。足見姜家自姜秀鑾以下，均以武力效力地方，而獲得軍功，活躍於竹塹地區。姜榮華等四人雖以捐納出身，但受地方重視者為軍功之表現。茲將秀鑾、秀福兩房男子在科舉功名上之表現如表1.

112　道光二十二年六月立姜殿邦等敘獎抄稿。（新竹北埔姜家史料）。
113　道光二十二年六月立姜殿邦等敘獎抄稿。（新竹北埔姜家史料）。
114　光緒四年四月二十三日國子監發給姜紹基監照。（新竹北埔姜家史料）。
115　光緒十一年十二月十六日臺灣總糧道收據。（新竹北埔姜家史料）。

表 1　姜秀鑾家族科舉功名一覽表

姓名	出身	最高職銜	享年	婚姻狀況	備考
姜秀鑾	軍功	七品軍功	64	藍氏（73）	
姜殿邦	武生員	五品軍功	63	張氏（72）	
姜榮華	捐納	例授州同五品	46	胡氏（57）宋氏（80）	
姜榮富	捐納	例授宣德郎	32	林氏（23）莊氏（52）	
姜紹安			18	王氏（73）	
姜紹基	捐納	例授五品縣丞	28	曾氏（65）	
姜紹祖	捐納	例授州同	20	陳氏（40）	

資料來源：姜振驤，《北埔姜氏族譜》，手稿無頁碼；姜振驤，《姜義豐に關する沿革の概要》，手稿無頁碼。

　　由表 1 可發現姜家只有姜殿邦、殿斌兩位屬正途出身，而均屬武秀才，姜秀鑾純為軍功出身，其餘均為捐納並輔以軍功。此種現象或可視為移墾武質社會走向商業發展之墾熟社會的結果。姜秀鑾投入墾業，至姜紹祖四代間仍是一務實之拓墾家族，未脫離土地開墾之第一線。雖然累積相當之財富，仍以捐納方式晉身為仕紳。此固與開墾前線文風不盛，難以培養高層科舉功名有關。或與姜家在土地拓墾上獲得巨大利益，因而忽略求取高層科舉功名有關，值得注意。

　　道光二十七年姜殿邦、姜殿斌之分家鬮書，載列將五股林大小租穀三十八石，磧地銀五十員之水田做為學穀，「若有子孫新進者，照名均分。」[116]此一學租額，相對於當時竹塹城新興起之周鼎瑞家，於分家鬮書規定「科歲考入學及未入學者，貼銀四十元；鄉試文學武學及武監生者，貼銀五十元；會試不論文武，貼銀二百元」，相去甚遠。[117]當時周家為新興起之家族，而姜家已具相當產業，而雙方在鼓勵子弟進學之差異甚大，可知彼此對其子弟科舉功名重視之程度明顯不同。但姜家之分家鬮書另有「議將公銀抽貼兩百員，預先備出佛銀一百員交才（居才即殿斌）收支，餘有銀一百員，俟日後才捐監生之日抽貼」之規定。當可推知姜家對子弟科舉功名之取得並非不加注意，而是姜家不斷向內山進墾，當時之文風，不論是居九芎林或北埔，均難以經由正途取得高級科

---

[116]　道光二十七年三月，姜殿邦、姜殿斌分家鬮書。（新竹北埔姜家史料）。
[117]　道光二十七年十月，周子文等同立分家鬮書。（新竹城周鼎瑞家史料）。

舉功名，為確保姜家與官府之密切關係，透過捐納或軍功，反而較為實際。所以姜家對子弟科舉功名之處理方式，或可解釋為基於現實利益考量之務實作法。

（三）、地理環境之限制

　　姜家由九芎林發跡，乾隆中期九芎林為新墾地，且成為墾民向內層山地進墾之據點。隨著鄰近山區之陸續開墾，九芎林乃發展成「大市總聚」，商業最為發達。大隘地區墾民在日治之前，北埔與新竹城間之交通尚未大開，住民與九芎林街仍維持一定之商業往來關係。金廣福墾號組成之初，主事者即已注意所謂「山工之利」，因此在合約中載明「就本山採取碐、籐、什木、柴炭、栳項，稍資補貼」，並議「勸出本銀，經營生理，兼收山利。」[118] 就事實而言，山工利潤之取得，為人民進入山區墾作、守隘之主要誘因。因此金廣福墾隘設有隘店，從事山工之販運銷售，足見初墾時負責諸人已注意商業之重要。雖然缺乏資料佐證，但應可推論隨著山林埔地的不斷開墾，確曾為大隘地區帶來相當之利益。姜家身為金廣福墾隘在地經營之墾戶首，當亦蒙受其利。同治年間劉仕連、張貽青、蕭立榮、胡國爾、梁榮昌、姜榮華等合夥津本，在北埔庄公館右畔，建築有店宇一座，係坐北朝南，以為開張生理，店號「金廣茂」。[119] 就資料顯示金廣茂之資金，合約二千七百大元。[120] 金廣茂在同治年間，曾得九芎林街「協順號」之支持，津本發隘。九芎林街之「協順號」，於咸豐九年春組成，其股夥包括姜榮華在內，合計六股半，合夥生理，從事土地投資、油、糖及米穀等生意。[121]北埔街之商號與九芎林商號間關係密切。此外，姜家與竹塹城之閩籍商舖亦有合資關係。同治年間某年癸桂月二十一日，竹塹城鄭劍波（鄭劍波即鄭如漢，鄭用哺五子。信函上鈐有「吉利圖記」印），致函與姜榮華，稱「前表

118　拙著，《金廣福墾隘與新竹東南山區的開發》，頁38。

119　光緒六年二月劉仁魁立收清歸管理店宇字（新竹北埔姜家史料）。

120　新竹北埔姜家史料。

121　光緒十一年元月同立分析協順生理股底田業憑約字。（新竹北埔姜家史料）。

兄在日與列位合夥生意」，篆號「金義茂」，於月眉庄（今峨眉鄉）經營菸店。[122]惟根據同治十二年，金義茂股夥陳水生（應為鄭劍波之表姪）所立收回本銀字可知其父所出之本僅一百三十元，[123]其資本額不大。北埔街在光緒十二年至少有二十家以上之舖戶，[124]當時北埔以腦市、米市、柴市及炭市最為著名，屬每日市，商品均由附近農村提供。[125]

　　北埔市街固然興盛，姜家也積極參與商業活動，但其發展仍有其限制。金廣福大隘地區，在日治初屬樹杞林堡，根據《樹杞林志》所載

> 樹杞林堡為新竹轄地，無港口往來船隻，故無郊。然該地所出之栳、茶、米、糖、豆、麻、苧、菁等項，商人擇地所宜，雇工裝販，由新竹配船運大陸者甚夥，運諸各國者亦復不少；布、帛、雜貨則自福、泉、廈返配；甚有遠至寧波、上海、乍浦、天津、廣東，亦為梯航之所及者。各商各為配運，名曰散郊戶。[126]

　　相對於竹塹城之郊商、舖戶，北埔市街之規模甚小。蓋儘管北埔市街繁盛，但其人口畢竟有限。根據明治三十八年日本國勢調資料顯示，當時北埔庄僅 152 戶，2,010 人；樹杞林街 342 戶，1,961 人；九芎林庄 163 戶，1,962 人。而新竹街有住民 855 戶，15,011 人。[127]居住於沿山地區住民多以務農為業，其購買力自然無法與竹塹城居民相較。況且竹塹地區的貨物皆由竹塹城運送至鄰近地區，為鄰近地區商業的中心，進出口物質之轉運站。因為「番界」的開拓，各種山工產品如樟腦，皆以竹塹為大集散地處理，經由舊港運送至對岸，其利潤甚大。來自大陸之輸入品，從舊港運到竹塹，並以之為大集散市場，進而配分到大湖、苗栗、南庄、三灣、月眉、北埔、樹杞林、九芎林、新埔等小市場。[128]故

---

[122]　癸桂月廿一日，鄭劍波給姜榮華信，年代不詳。（新竹北埔姜家史料）。

[123]　同治十二年九月陳水生立收回在本銀字。（新竹北埔姜家史料）。

[124]　臺灣銀行經濟研究室編，《淡新檔案選錄行政篇初集》，頁 569-572。

[125]　陳朝龍，《新竹縣采訪冊》，頁 103；諸家，《新竹縣志初稿》（臺北市：臺灣銀行經濟研究室編印「臺銀文叢」第 61 種，1959 年），頁 21-22。

[126]　陳朝龍、林百川等，《樹杞林志》，頁 98。

[127]　臨時臺灣戶口調查部，《臨時臺灣戶口調查統計表》（臺北：明治三十八調查明治四十年出版），頁 56-61。

[128]　陳朝龍，《新竹縣采訪冊》，頁 103；諸家，《新竹縣志初稿》，頁 21-22。

姜家所處之北埔街或稍早之九芎林街，均為竹塹城之進出口產品之轉運站之一。也就是說竹塹地區之商業活動仍以竹塹城商人為主軸，壟斷鄰近地區之經濟利益。因此儘管姜家在九芎林和大隘地區居於領導人之地位，但其商業利益，實難以和竹塹城之商人相比擬；與地方政府之關係亦較遜色，姜家受地理環境之限制由此可見。

　　歷來紳商與地方政府關係已為學者廣泛討論，地方紳商經由地方公共事務之參與，與地方政府建立良善之關係，對地方事務享有發言權。竹塹地區之紳商舖戶以竹塹城之閩籍人士為主，他們經由商業活動所累積之財富，成為參與地方事務之資本。其具體影響因篇幅之故，無暇討論，但他們與鄰近之粵籍紳商之關係，應是建構在合作與競爭之關係上。無論是土地之開墾，或商業活動均是，此種關係對姜家之發展亦產生相當程度之影響。金廣福墾號是在閩粵合作之基礎下出現的，但對立之情形也經常出現，如早期閩籍股夥對資金用度之不信任而抵制，招致淡水同知之出面干預。[129]閩籍墾戶在分得耕地之後，陸續將土地轉賣而為姜家收購，是否亦反應了某些訊息。《淡新檔案》中存有光緒年間，新竹鄭家因抗繳金廣福隘糧大租，經金廣福墾戶首姜紹基告官之案例。[130]在劉銘傳裁隘之後，金廣福墾隘經營權結束，其財產歸屬問題，也引起閩籍股夥之不滿，經控官後，於光緒十三年由官府裁定，姜家取得金廣福餘埔之經營權。為了給閩籍股夥補償，「蒙斷賠還佛銀二仟員」，閩籍「眾夥不愿瓜分」，即將此款捐建金山面長清禪寺（今科學園區之金山寺）。[131]由這些事例，可見姜家與竹塹城紳商舖戶之間，似乎存在某種程度之利益衝突。這些問題不完全建構在閩粵之族群畛域上，實際利益之確保應為主要之考量。然而姜家之商業利益，卻與竹塹城紳商密不可分。因此

---

[129]　道光二十一年二月初九日姜秀鑾稟稿；道光二十一年三月姜秀鑾周邦正等同立合約字。（新竹北埔姜家史料）。

[130]　《淡新檔案》，編號17338－1。

[131]　1986年受中原大學建築研究所林會承教授之邀，參與《臺灣區第二級古蹟新竹市金山寺修復研究》〈歷史篇〉撰寫時，曾承陳運棟告知曾見過原始文獻，惜未尋著。至1998年承新竹市金山里前吳慶杰里長惠贈〈光緒十四年歲次戊子正月董事林汝梅、李聯萼、鄭如蘭、高廷琛、陳濬芝仝具捐建長清禪寺序〉原件影本。謹此致謝。

這種合作與競爭關係的存在，對姜家之發展是有影響的。

（四）、國家政策的因應

金廣福墾隘之組成與淡水同知基於地方安全考慮關係密切，故當時同知李嗣鄴給予千元為經費，並於道光十五年初諭令附近沿山諸隘貼糧以助之。對墾務防務極為支持，所以在北埔慈天宮設有李嗣鄴之長生祿位。

遇有墾民抗租現象，一經金廣福墾戶首告官；或閩粵墾戶首間之糾紛，官方均積極介入，或出示曉諭告佃民繳納隘租以免延誤隘糧；或親臨其地調節。此一現象到光緒年間有了顯著的變化。金廣福墾隘入墾大隘地區之前，該地為原住民聚族居住之處，經常出擾竹塹城及樹杞林一帶地區，因此官方極力支持墾戶，藉以解決「番害」問題。經過四十餘年，原大隘地區之原住民，或與漢人混同為一，或退入五指山內層山區，成為漢人與泰雅族間之中間勢力，部分尚且成為金廣福墾隘之隘丁，一面狩獵一面「防番」，甚有從事農耕者。就「防番」的角度而言，金廣福墾隘已完成其階段目標。隨著「番害」的減弱，金廣福墾隘之重要性也因而減退。尤其在劉銘傳為財政理由裁隘而代以營勇，形勢更加不利。

劉銘傳為使臺灣財政獨立，增加稅收為其首要方法，在土地政策上，一方面「力裁業戶」，一方面實施「裁隘撤丁」，隘糧歸官政策。在此一政策考量下，墾戶首、隘首成為打擊對象，因此對墾戶、隘首不利的見解不斷被提出。認為隘首「向來藉公肥己，抽收隘租，所養隘丁，多係自家墾丁，勒派地方完租，武斷一鄉。」[132]其所墾闢之區域則「轉屬虎狼盜賊之鄉」。[133]對於隘租，劉銘傳有計劃的處理，「自十二年（光緒）起全數移作撫番經費，俟清丈事竣，一律按則陞科，再行裁隘。」[134]對於地方安全則「派勇填紮隘口處所，並議酌留番丁，……編入營伍，不得散漫無稽，此項經費即在隘租項下發給。」[135]也就是以官方正式

132　《淡新檔案》，編號 17329－34。
133　劉銘傳，《劉壯肅公奏議》，頁 233。
134　《淡新檔案》，編號 17333－8。
135　《淡新檔案》，編號 17328－31。

組織之力量替代非正式之民間組織，而將原本流入隘首、墾戶首手中之好處歸諸政府。

　　金廣福墾隘為沿山最大之墾戶，為官府首要打擊之對象；就金廣福墾戶而言，裁隘對其利益傷害最大，故其抗拒也最大。光緒十二年九月大隘墾戶金廣福等曾聯合沿山各墾戶，具稟說明「沿山墾隘係稟官給戳，自行招股津銀，披荊斬棘，設隘防番，以極力墾成之糧，養極力墾成之隘。」力圖說明墾首對墾務與地方之貢獻，以及隘勇設置仍無法周延，不足以保護墾民，隘丁若撤除，勢必造成「生番」出擾，墾民四散，形成嚴重之問題。[136]姜家為金廣福墾隘粵籍墾首，實際掌控金廣福墾隘之營運，官府此一措施，對姜家影響最大，故極力抗拒之。光緒十三年五月南埔庄徐丙旺，赴縣呈報其兄徐阿苟，在金廣福界內新藤坪耕種為活，五月二十一日在埔園剗草，為生番殺斃割去頭顱，認為新藤坪尚無兵勇把守，生番連日猖獗，居民難免受其荼毒。因而呈請官府「派撥精選勇丁駐防堵禦」，否則「佃民惶恐躲避紛紛」。[137]姜紹基亦將前情具文稟報新竹知縣。對於此案劉銘傳卻認為是姜紹基居中撥弄，抗拒政府裁隘政策。於光緒十三年六月批示：

> 不意前墾戶姜紹基，年輕浮躁，因裁隘懷恨撫番人員，一聞化番殺人，喜不復寐，百般播弄，邀約該民人赴縣控告，捏稱金廣福墾地埔園剗草，任意牽扯挾制營縣，為隘稱租，緩宕地步，居心實不可問，且該墾戶名目早經奉裁，……總之姜紹基以裁隘為不樂之事，遇事生波，希冀將來死灰復燃。[138]

　　但姜家似乎未感受到其嚴重性，進而調整對策。姜紹基再度聯合各墾戶聯名具稟，「以生番疊出擾害不可一日無防，請即撥勇按隘填紮，即可遵諭撤隘繳租。」因而激怒劉銘傳，嚴詞批曰：

> 墾戶藉養隘丁，私收隘租肥己，積習已久，一旦清查歸官勢必多

136　《淡新檔案》，編號 17329－34。
137　《淡新檔案》，編號 17110－1。
138　《淡新檔案》，編號 17110－13。

方阻撓。查前山生番業已一律歸化，新竹全境特派林道所部全嚴密分防，以後遇有需兵填紮之處，即由該墾戶等稟請林道察酌派兵防守，一面嚴飭該墾戶趕繳隘租，不得藉詞違抗，如有把持不遵，即查明提究勒追，毋稍瞻徇。[139]

可見劉銘傳由光緒七年企圖借重姜家的防番經驗，而諭令姜紹基招安番社，到姜家抗拒裁隘，轉而不信任，甚至對姜家懷有敵意。

劉銘傳是當時臺灣最大的當權派，姜紹基為其家族利益而與之對抗，當然要吃虧。所以姜家不但無法施展其長久經營山地之經驗與實力，在官憲執行開山撫番政策中獲利，反而受害。顯然姜家基於己身利益考量，未能洞視國家政策變化，及本身調適之道，而喪失一有利的發展時機。

六、結論

姜氏家族自姜仕俊來臺（其時間約在十八世紀三〇年代），至明治三十六年（1903 年），前後經歷約一百七十年。其間姜氏家族一直參與第一線之土地拓墾。先是在紅毛港，成為當地墾戶汪仰詹之佃農。之後，為了尋找新墾地，而搬遷至當時漢墾民開墾第一線之九芎林地區。在九芎林地區姜家得到了好的發展機會，姜勝智成為九芎林庄之佃首，被尊為開墾九芎林庄之始祖；姜秀鑾則在九芎林醞積了實力與經驗，凝聚發展之潛力。金廣福墾隘之拓墾事業，使姜家之墾闢事業達到巔峰，累積相當之財富。姜家子弟，並未因為擁有龐大財富，而減弱其前往開墾第一線尋找墾地之強烈企圖。因此又以北埔為據點，以先前所累積之經驗、聲望與財力，再出發前往鄰近沿山地區開墾。

姜家不斷向新墾地前進，使姜家不斷獲致發展機會；但過度重視土地之取得，忽略子弟之教育。蓋開墾之前線，向來文風不盛，遑論與商業發達文風興盛之竹塹城相比。再者土地之拓墾，為姜家帶來相當之財

---

[139] 《淡新檔案》，編號 17329－12；臺灣銀行經濟研究室編，《劉銘傳撫臺前後檔案》（臺北：臺灣銀行經濟研究室編印「臺銀文叢」第 276 種，1969 年），頁 38。

富，也因掌握「防番」武力，使姜家安全無虞，且積極發揮「防番」武力的資本，使姜家藉以建立在官府之地位。經由土地拓墾，姜家已成為極具影響力之地方領導家族。所以姜家子弟，似乎不必致力科舉功名之追求，即能使姜家穩定成長。此固然表現出姜家務實之一面，但似乎也限制姜氏家族之發展。

又姜家一直頗為人丁稀少所苦，自姜榮華以後兩代都英年早逝，使姜家之發展大受影響。不是由婦女主持家務，就是主持人年少，缺乏經驗。而此時正是臺灣局勢巨大轉變之際，尤其是政府的裁隘政策。因應不當對家族發展會有不利影響，姜家抗拒裁隘，是對臺灣大局認識不清，所為之錯誤決定。雖然後來姜家極力設法彌補，以姜紹基之母胡氏之名義，出資購買大南坑一帶土地捐與「化番」，以解決官方難解之問題。甚或出資三千大員，投資廣泰成墾號，拓墾距北埔甚遠之大湖、罩蘭等地。均可視為姜家主動向政府示好之善意表示，但是其效果如何，實值得懷疑。

姜氏家族為一務實拓墾家族，族人不斷前往新墾區尋找發展機會，以墾戶首地位與官方建立良好關係；並以其在地方領導人之地位，積極參與地方公共事務，以鞏固家族在地方之影響力。不斷投入第一線的土地拓墾，使姜家成為地方權力家族，但也限制家族更進一步的發展。姜家不斷向新墾地前進，以獲取利益的現象，正是清代臺灣漢人企業精神之表現。[140]

---

140 溫振華，〈清代臺灣人的企業精神〉，《歷史學報論文集》（臺北：臺灣師範大學歷史研究所，1994），頁445。

北埔姜家世系表

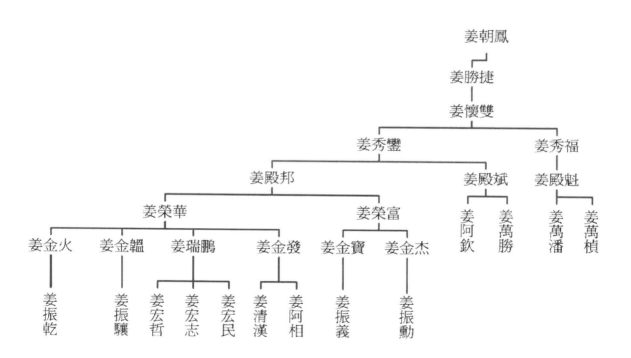

徵引書目

不著撰人，《北埔開闢百年祭典手冊》，昭和八年，無頁碼。

北埔公學校編，《鄉土誌》，新竹：新竹北埔公學校，昭和九年。

李國祁，〈清代臺灣社會的轉型〉，臺北：臺灣史蹟源流研習會 1978
　　　年冬令青年自強活動講議。

吳文星，《日據時期臺灣社會領導階層之研究》，臺北：正中書局，1992
　　　年。

吳學明，《金廣福墾隘與新竹東南山區的開發（1835-1895）》，臺北：國
　　　立臺灣師範大學歷史研究所，國立臺灣師範大學歷史研究所專
　　　刊 14，1986 年。

吳學明，〈日本殖民統治下臺灣鄉村社會變遷——以新竹北埔為例〉，《臺
　　　北文獻》直字第 107 期（1994／3）。

吳學明，〈清代頭前溪中上游地區的土地開墾〉，《臺北文獻》直字第 108
　　　期（1994／6）；直字第 109 期（1994／9）。

波越重之，《新竹廳志》，臺北：臺灣日日新報社，1905 年。

姜振驤，《姜義豐に關すゐ沿革の概要》，手稿無碼頁。

姜振驤撰，《北埔姜氏族譜》（手稿本無出版時間與頁碼），契字資料。

姜氏族譜編委員會編，《姜氏族譜》，新竹：姜氏族譜編委員會，1970 年。

連橫，《臺灣通史》，臺北：幼獅文化事業公司，1978 年三版。

郭芝亭，〈記金廣福大隘——興墾竹塹東南廂〉，新竹縣文獻委員會編《新
　　　竹文獻會通訊》第 13 號（1954／4）。

張素玢，〈龍潭十股寮蕭家——一個霄裡社家族的研究〉，1994 年中央
　　　研究院臺灣史研究所籌備處主辦「平埔族群研究學術研討會」
　　　會議論文。

陳培桂，《淡水廳志》，臺北：臺灣銀行經濟研究室編印，臺灣文獻叢刊
　　　第 172 種，以下簡稱「臺銀文叢」，1963 年。

陳朝龍，《新竹縣采訪冊》，臺北：臺灣銀行經濟研究室編印「臺銀文叢」
　　　第 145 種，1962 年。

陳朝龍、林百川等，《樹杞林志》，臺北：臺灣銀行經濟研究室編印「臺銀文叢」第 63 種，1960 年。

陳運棟，〈姜義豐嘗沿革〉，未出版無頁碼，1983 年。

黃奇烈，〈芎林鄉文獻採訪錄〉，新竹文獻委員會《新竹文獻會通訊》第 11 期（1954／2）。

黃卓權，〈臺灣裁隘後的著名墾隘——「廣泰成」墾號初探〉，1987 年臺灣史蹟研究中心主辦《臺灣史研究暨史料發掘研討會》論文集。

黃卓權，〈黃南球先生年譜初稿〉，《臺灣風物》33 卷第 3 期（1987 年）。

溫振華，〈清代臺灣人的企業精神〉，《歷史學報論文集》，臺北：臺灣師範大學歷史研究所，1994 年。

臺灣銀行經濟研究室編，《清代臺灣大租調查書》，臺北：臺灣銀行經濟研究室編印「臺銀文叢」第 152 種，1963 年。

臺灣銀行經濟研究室編，《淡水廳築城案卷》，臺北：臺灣銀行經濟研究室編印「臺銀文叢」第 171 種，1963 年。

臺灣銀行經濟研究室編，《淡新檔案選錄行政篇初集》，臺北：臺灣銀行經濟研究室編印「臺銀文叢」第 295 種，1971 年）。

臺灣銀行經濟研究室編，《劉銘傳撫臺前後檔案》，臺北：臺灣銀行經濟研究室編印「臺銀文叢」第 276 種，1969 年。

諸家，《新竹縣志初稿》，臺北市：臺灣銀行經濟研究室編印「臺銀文叢」第 61 種，1959 年。

劉銘傳，《劉壯肅公奏議》，臺北：臺灣銀行經濟研究室編印「臺銀文叢」第 27 種，1958 年。

蔡淵洯，〈清代臺灣基層政治體系中非正式結構之發展〉，《歷史學報論文集》，臺北：臺灣師範大學歷史研究所，1994 年。

臨時臺灣舊慣調查會，《臨時臺灣舊慣調查會第二部調查經濟資料報告》下卷，東京：島連太郎，明治三十八年；臺北：臺北文岡圖書公司影印版，1979 年。

臨時臺灣戶口調查部，《臨時臺灣戶口調查統計表》，臺北：明治三十八
　　　調查明治四十年出版。

戴炎輝，《清代臺灣之鄉治》，臺北：聯經出版公司，1979 初版。

《淡新檔案》，中央研究院傅斯年圖書館藏微捲，編號 14312-3。

《淡新檔案》，中央研究院傅斯年圖書館藏微捲，編號 17110-1。

《淡新檔案》，中央研究院傅斯年圖書館藏微捲，編號 17110-13。

《淡新檔案》，中央研究院傅斯年圖書館藏微捲，編號 17328-31。

《淡新檔案》，中央研究院傅斯年圖書館藏微捲，編號 17329-1。

《淡新檔案》，中央研究院傅斯年圖書館藏微捲，編號 17329-2。

《淡新檔案》，中央研究院傅斯年圖書館藏微捲，編號 17329-12。

《淡新檔案》，中央研究院傅斯年圖書館藏微捲，編號 17329-34。

《淡新檔案》，中央研究院傅斯年圖書館藏微捲，編號 17330-3。

《淡新檔案》，中央研究院傅斯年圖書館藏微捲，編號 17330-4。

《淡新檔案》，中央研究院傅斯年圖書館藏微捲，編號 17330-6。

《淡新檔案》，中央研究院傅斯年圖書館藏微捲，編號 17330-7。

《淡新檔案》，中央研究院傅斯年圖書館藏微捲，編號 17330-9。

《淡新檔案》，中央研究院傅斯年圖書館藏微捲，編號 17333-8。

《淡新檔案》，中央研究院傅斯年圖書館藏微捲，編號 17338-1。

《淡新檔案》，中央研究院傅斯年圖書館藏微捲，編號 17339。

《淡新檔案》，中央研究院傅斯年圖書館藏微捲，編號 17339-1。

《淡新檔案》，中央研究院傅斯年圖書館藏微捲，編號 17339-2。

《淡新檔案》，中央研究院傅斯年圖書館藏微捲，編號 17339-23。

《淡新檔案》，中央研究院傅斯年圖書館藏微捲，編號 17339-35。

未刊史料

乾隆四十年十月姜阿妙等同立分家鬮書。（新竹北埔姜家史料）。

乾隆四十三年十月姜妙立山埔園地契字。（新竹北埔姜家史料）。

乾隆四十六年十月姜勝智立典當田契字。（新竹北埔姜家史料）。

乾隆五十三年十月萃豐庄墾戶汪仰詹給與姜朝鳳墾單。（新竹北埔姜家史料）。

乾隆五十七年正月九芎林庄佃首姜勝智立給招佃墾耕字。（新竹北埔姜家史料）。

乾隆五十八年十月九芎林庄佃首姜勝智立給招佃墾耕字。（新竹北埔姜家史料）。

嘉慶九年八月姜勝智立典契字。（新竹北埔姜家史料）。

嘉慶十年二月九芎林庄佃首勝智立招墾耕字。（新竹北埔姜家史料）。

嘉慶十四年四月竹塹社土目潘文起立給墾批字。（竹東頭重里林振乾提供）。

嘉慶十七年八月竹塹社土目潘文起等立給墾批字。（新竹北埔姜家史料）

道光八年十月范宏斌、范奇山、姜秀鑾等同立合約字。（新竹北埔姜家史料）。

道光九年十月姜秀鑾、范元志、范阿水等立分鬮字。（新竹北埔姜家史料）。

道光十年十二月姜彭氏立鬮分字。（新竹北埔姜家史料）。

道光辛卯（十一）年十月竹塹社白番廖發生立典加陞大租契。（新竹北埔家史料）。

道光十一年十二月竹塹社番廖發生立給丈單永定大租字。（新竹北埔姜家史料）。

道光十二年三月姜秀鑾、姜秀福立分約鬮書字。（新竹北埔姜家史料）。

道光十三年九月竹塹社屯番廖阿財等立給墾批字。（新竹北埔姜家史料）。

道光十三年十月林垂裕等立合約字。（新竹北埔姜家史料）。

道光十三年十二月林慶恩等同立邀請助份字。（新竹北埔姜家史料）。

道光十四年十一月初七日淡防分府李嗣鄴給發貼曉諭。（新竹北埔姜家史料）。

道光二十一年二月初九日姜秀鑾稟稿。（新竹北埔姜家史料）。

道光二十一年三月姜秀鑾周邦正等同立合約字。（新竹北埔姜家史料）。

道光二十二年六月立姜殿邦等敘獎抄稿。（新竹北埔姜家史料）。

道光二十七年九芎林姜秀鑾等立請帖。（蔡淵絜教授提供）。

道光二十七年三月姜殿邦、姜殿斌分家鬮書。（新竹北埔姜家史料）。

道光二十七年十月，周子文等同立分家鬮書。（新竹城周鼎瑞家史料）。

咸豐四年八月南興庄墾戶金廣福、咸菜甕墾戶衛榮宗等同立合約。（新
　　　竹北埔姜家史料）。

咸豐四年十一月廿日淡水廳分府丁給總墾戶姜殿邦諭。（新竹北埔姜家
　　　史料）。

咸豐五年二月衛榮宗退辦墾戶合同。（新竹北埔姜家史料）。

咸豐六年十一月金廣福給出墾批字，載《金廣福墾隘給墾號簿》。（新
　　　竹北埔姜家史料）。

咸豐七年八月彭錦恭、吳阿乾立請帖字。（新竹北埔姜家史料）。

咸豐八年十二月金福源股夥彭寶源、溫有恭等同立合約字。（新竹北埔
　　　姜家史料）。

咸豐九年十一月隘首金泰安墾戶姜殿邦同立合約給發隘糧對租字。（新
　　　竹北埔姜家史料）。

咸豐十年元月二十二日淡水廳寧分府諭墾戶姜殿邦。（新竹北埔姜家史
　　　料）。

咸豐十年六月淡水廳寧分府諭墾戶姜殿邦。（新竹北埔姜家史料）。

咸豐十年九月淡水廳寧分府諭墾戶姜殿邦。（新竹北埔姜家史料）。

咸豐十年九月墾戶金泰安立請帖。（新竹北埔姜家史料）。

咸豐十一年十月十四日淡水廳秋分府諭姜榮華。（新竹北埔姜家史料）。

同治元年八月十二日黃載立、彭三貴等立甘願交還隘丁隘糧字。（新竹
　　　北埔姜家史料）。

同治三年十一月十九日淡水廳鄭分府給墾戶姜殿邦諭。（新竹北埔姜家
　　　史料）。

同治四年七月三日淡水廳寧分府諭義首姜殿邦。（新竹北埔姜家史料）。

同治五年九月姜榮華、貴同立分管墾底山林埔地股份字。（新竹北埔姜
　　　家史料）。

同治七年六月姜榮華、彭寶源等同立鬮書分管字。（新竹北埔姜家史料）。

同治八年十二月二十一日淡水廳陳分府給姜榮華諭。（新竹北埔姜家史料）。

同治九年三月彭陳養立歸管山林田業字。（新竹北埔姜家史料）。

同治十二年九月陳水生立收回在本銀字。（新竹北埔姜家史料）。

同治十三年姜榮華稟稿。（新竹北埔姜家史料）。

光緒四年四月二十三日國子監發給姜紹基監照。（新竹北埔姜家史料）。

光緒五年新竹縣知縣給姜紹基諭。（新竹北埔姜家史料）。

光緒六年二月劉仁魁立收清歸管生理店宇字（新竹北埔姜家史料）。

光緒八年十月公號金協和股夥同立合約津本墾闢青山夥內字。（新竹北埔姜家史料）。

光緒十年七月公號金協和股夥同立合約湊夥津本墾闢青山字。（新竹北埔姜家史料）。

光緒十一年元月同立分析協順生理股底田業憑約字。（新竹北埔姜家史料）。

光緒十一年二月立加三本銀收單字。（新竹北埔姜家史料）。

光緒十一年十二月十六日臺灣總糧道收據。（新竹北埔姜家史料）。

光緒十四年歲次戊子正月董事林汝梅、李聯萼、鄭如蘭、高廷琛、陳濬芝全具捐建長清禪寺序。（新竹市金山里吳慶杰里長提供）

光緒十五年九月黃南球、姜紹基等四大股同立合約字。（新竹北埔姜家史料）。

光緒十六年九月竹北一堡金廣福各庄職員姜紹組、監生黃榮和等稿底。（新竹北埔姜家史料）。

光緒十六年十二月金協和立抽分管山林埔地字。（新竹北埔姜家史料）。

光緒十七年九月職員姜紹祖具收儲義倉谷結狀。（新竹北埔姜家史料）。

明治三十八年八月「開墾土地分管契約承認證書抄騰謄本」。（新竹北埔姜家史料）。

大正四年姜榮華、榮富分家鬮書，富字號。（新竹北埔姜家史料）。

姜秀鑾家族《田契抄簿》。（新竹北埔姜家史料）。
癸桂月廿一日，鄭劍波給姜榮華信，年代不詳。（新竹北埔姜家史料）。

日治時期北埔鄉村社會的變遷[*]

摘要

　　日治時期臺灣鄉村社會在日本殖民政府有計畫的掌控下，臺灣的社會逐漸走向一定的模式。本文旨在探討日治前，臺灣社會的區域性差異，及其對日治後地方社會發展的影響。本文從殖民統治前北埔地區的社會概況、殖民統治下行政系統的建立以及政府對社會控制力的增強等項加以說明。

　　北埔地區屬金廣福墾隘的墾區，在粵籍墾戶首姜家的領導支配下，地方的地緣與血緣組織緩慢發展，街庄總理制功能不彰。日治後北埔在街庄役場組織下，利用警察與保甲制度嚴密控制地方，以學校教育達成對街庄人民的思想控制，以利於統治。並輔以新的社會組織，強化殖民政府對鄉村的影響力，弱化舊社會領導階層的社會控制，以利日本社會的形成。社會領導階層從清代由科舉出身者，轉變成日治時期，由受新式教育出身者所替代，但新領導階層多來自舊仕紳家庭；而且傳統社會的地緣與血緣組織仍持續發展。

關鍵字：金廣福墾隘、北埔地區、殖民統治、地方控制、社會變遷

[*]　原稿刊登於《臺北文獻》直字第 107 期（1994／3）；曾獲國科會（今科技部）研究成果獎助。

一、前言

　　陳紹馨指出社會發展的三部曲：先以血緣關係整合為主的部落社會 (Tribal Society)，進到以地緣關係整合為主的俗民社會 (Folk Society)，再發展成以功能或社會需要整合為主的國民社會 (National Society)。至日治時期，臺灣社會的發展俗民社會衰微，國民社會形成。陳氏認為維持治安的警察與行政組織的建立，使原本建立在互動與防衛需要的血緣與地緣組織失去了存在的空間。造成俗民社會崩潰，原本較自主性的村莊，被整合到一個有機的行政體系中。[1]

　　陳紹馨的論點，對日治時期臺灣社會變遷的分析，提供一個概念性的瞭解。溫振華曾以今臺中市東勢地區為範圍，從行政制度建立與社會組織推展的歷程，試圖透過細部的觀察，以強化此一分析概念。溫振華認為「東勢地區的社會變遷，為臺灣其他鄉莊社會變遷的縮影」。[2]

　　日治時期東勢地區的社會變遷，或可推論在日本殖民政府有計畫的掌控下，臺灣的社會逐漸走向一定的模式。但值得注意的是，日本治臺之前臺灣社會的區域性差異，對日後的殖民統治有何影響？又日本殖民統治下，傳統社會特質是否體解？均值得再加觀察。

　　本文以在臺灣拓墾史上具有相當特色之「金廣福墾隘」墾區，進行細部觀察，以瞭解日治時期臺灣社會變遷的情形。北埔地區是「金廣福墾隘」的墾區，因開墾較晚且屬武裝移民開墾的區域。[3]在地形上，地處較封閉的內山地區；日本領臺之際，粵籍墾戶首後裔姜紹祖曾領導抗日，兵敗被俘自盡。[4]凡此，對本區之社會變遷應有一定的影響。為便

---

[1] 陳紹馨，〈臺灣的社會變遷〉，收錄於氏著《臺灣的人口變遷與社會變遷》（臺北：聯經出版社，1975 年），頁 495、502。

[2] 溫振華，〈日本殖民統治下臺灣鄉村社會的變遷——以東勢為例〉，1992 年 7 月「日治時期臺灣史國際學術研討會」，頁 1-10。

[3] 拙著，《金廣福墾隘與新竹東南山區的開發》（臺北：臺灣師範大學歷史研究所第十四號專刊，1986 年）。

[4] 連橫，《臺灣通史》（臺北：幼獅出版社，1977 年出版，1978 年），頁 784；陳漢光，〈姜紹祖——臺灣抗日先烈傳略之一〉，《臺灣風物》2：3（1952/5），頁 6。

於觀察日治時期北埔地區社會組織的變遷，以下分別從殖民統治前北埔地區的社會概況、殖民統治下行政系統的建立以及政府對社會控制力的增強等項加以說明。本文所謂的「北埔地區」，即日治時期之北埔庄，今新竹縣北埔鄉為範疇。

二、殖民統治前的北埔社會

日本治臺之前，臺灣社會由於宗族制度的發展、民間信仰的整合、商業經濟的繁榮及傳統文教制度的興盛，使臺灣的社會由移墾社會走向文治的社會，由具濃厚地域觀念的社會走向民性融合的社會，以及由豪強為社會領袖的社會轉化成仕紳領導的局面。[5]北埔地區為「金廣福墾隘」拓墾的地區，由武裝移民方式拓墾成，墾戶首在地方具強大的影響力，因武裝防衛的需要，地方社會的發展與武裝拓墾密不可分。本節即以地緣組織、血緣組織以及鄉庄組織之運作，來說明隘墾區地方社會的建構。

（一）、地緣組織

移墾社會很自然的將原鄉的社群組織移入，具有濃厚的地緣色彩。由於血緣關係組織具有排他性，在移墾初期不易形成，地方上的公共事務，多賴地緣關係結合的組織，血緣組織再以團體的名義加入地緣團體。[6]

拓墾本區的先民，除經歷渡臺風濤之險外，抵臺之後復需面對原住民的反抗、瘟疫病痛以及災荒的挑戰。宗教信仰成為墾民生活中不可或缺的一環。而且宗教活動，具有整合人群的功能，各種神明祭祀組織乃因應而生，成為地方結合的主要方式。

本區墾民多來自廣東省之惠州府、嘉應州、潮州府等地，因同屬一

5　李國祁，〈清代臺灣社會的轉型〉，民國六十七年中國青年反共救國團冬令青年自強活動，臺灣史蹟源流研究會講義。

6　陳其南，《臺灣的傳統中國社會》（臺北：允晨文化實業公司，1991 年四版）。

個拓墾組織，所以其社會極為團結而且自成單元。根據《竹東郡勢要覽》所載，昭和十一年北埔庄有寺廟四座，十四種神明會。[7]該要覽雖未提供可供進一步分析的資料，但大正四年新竹廳《新竹寺廟調查書》有較完整的記錄，該調查載錄當時北埔庄計有慈天宮、軍大王廟、千家祠以及萬善堂無緣萬靈的祭祀。[8]

　　北埔的信仰中心是慈天宮，主祀觀音菩薩。相傳是早年粵籍墾戶首姜秀鑾自廣東陸豐攜來之觀音神像，本區開墾之際姜秀鑾奉入北埔。金廣福拓墾之初，即建小茅屋以奉祀之。由於開墾之初，隘丁墾民屢戰「兇番」，故多前往祭拜祈求平安。道光二十六年姜秀鑾以八千元建築木造廟宇，咸豐三年於現址重建，同治九年因風雨頹廢，第三代墾戶首姜榮華乃首倡重建，於同治十年一月起工，至十三年竣工。[9]

　　重建慈天宮時，粵籍墾戶首姜家，不但出而領導，且捐出鉅額金錢，可謂出錢出力，全力助成。從重建碑文可知當時慈天宮的祭祀圈，至少包含中興庄（今峨眉鄉峨眉村、中盛村）、赤柯坪庄（今峨眉鄉赤柯村）、富興庄（今峨眉富興村）、大壢庄（今寶山鄉仙鎮、油田、五化等村）、北埔、埔尾、南埔、水磜（均在今北埔鄉）等地區，其範圍即金廣福墾隘的拓墾區。北埔是金廣福墾區拓墾的中繼站，也是行政中心，墾民隘丁均會前往北埔，因此北埔慈天宮的觀音菩薩很自然的成為他們祭拜的主要對象，北埔慈天宮逐漸成為金廣福大隘的信仰中心。[10]

　　臺灣軍大王的信仰，大都在山區漢番交界處，為漢墾民入山的保護神。金廣福墾區初墾之際，先民屢因原住民抗拒，隘丁墾民死傷無數，後人安享承平之福，顧念死者而加以祭拜。同治元年（1862）戴潮春之役起，墾戶首姜殿邦及其子榮華，奉淡水同知張世英諭令，率隘勇直抵大甲，協同閩粵義軍駐守城內，與戴潮春勢力交戰。當時義軍多為疾病所苦者，他們乃祭祀途中死亡之義勇，應驗病癒。兵亂平定，復將其靈

7　竹東郡役所編，《竹東郡勢要覽》（新竹：竹東郡役所，昭和十二年五月發行；民國七十四年成文出版公司影印版），頁28。

8　新竹廳編，《寺廟調查書》，大正四年，手抄本，無頁碼。

9　新竹廳編，《寺廟調查書》，大正四年，手抄本，無頁碼。

10　拙著，《金廣福墾隘與新竹東南山區的開發》，頁274-289。

請歸祭祀。光緒六年（1880）九月，張王貴與眾議，於埔尾相地建廟祭祀，其後廟宇破敗，大正元年（1912）軍大王神像與香爐移至慈天宮奉祀。[11]

金廣福拓墾之際，與原住民爭地，漢原死傷慘重，因此各庄多有「安全祀」之組織，於農曆七月十五日舉行中元普渡。先是粵籍墾戶首姜秀鑾於道光十五年（1835 年）九月擇日祭山，舉行超渡，復於十一月於樹杞林布埔（今名不詳）舉行超渡祭典。後又將開隘時戰死者枯骨集中埋葬於今北埔邦正園，稱為「開基義友墓」，並組織「義興嘗」，設嘗田立爐主，春秋兩祭。歷來各地之墾民、隘丁或被「番」殺害，或水土不服病故之無嗣鬼魂甚多，乏人祭祀，以致地方不安。

粵籍墾戶首姜榮華於同治三年七月倡設大隘南興庄五團體（即五角頭：北埔、南埔、草山、月眉、富興）每年輪流慶讚中元，祭祀無主鬼魂，更進而形成以北埔慈天宮為中心的中元普渡祭祀圈。其範圍即包括北埔、南埔、草山、峨眉、富興。慈天宮中元普渡是採各庄輪流方式，由姜義豐（粵籍墾戶首姜秀鑾家族公號）擔任總爐主，值年爐主則固定由姜義豐、何合昌等七個家族輪流擔任。每六年一輪，週而復始。其經費除例年由總爐主姜義豐撥谷二千台斤充當，不足之數，由各值年爐主負責。可見，至同治三年（1664）金廣福墾區，已由數小村為單位的小祭祀圈透過慈天宮中元普渡的祭典整合成一體。[12]

同治三年以後，中元普渡已成為金廣福墾區規模最大的宗教活動，參加者全係客家居民。北埔地區居民主要來自今芎林、新埔和竹東等地，由於同屬粵東移民，且彼此間商業關係密切。金廣福墾隘粵籍墾戶首姜秀鑾曾擔任義民廟的經理，可知本區住民與枋寮義民廟的關係亦極為密切。至光緒三年（1878）金廣福墾區以大隘聯庄之名加入枋寮義民廟中元祭典，成為第十四個祭典區。

北埔地區除設「開基義友墓」，組「義興嘗」祭拜開隘而死亡的墾

---

[11]　新竹廳編，《寺廟調查書》；黃奇烈，〈北埔鄉文獻採訪錄〉，《新竹文獻會通訊》第十三號，1954 年 4 月，頁 16。

[12]　拙著，《金廣福墾隘與新竹東南山區的開發》，頁 281-283。

民，並利用中元節普渡孤魂，在其他小字也有相類祭祀，如位在北埔庄小份林的千家祠，即是祭祀地方開墾之際，因番害斃命者之遺骨，以慰無依孤魂並祈地方平安，乃於光緒十年九月建祠，題曰「萬姓宗祧」。附近村民於每年八月十日祭拜，置有嘗田一甲，大正四年（1915）時年收入約九十元租穀，以為千家祠祭祀之用。[13] 再者，本區另設有「萬善堂」，做為供奉無後嗣祭拜的無緣孤靈，明治三十七年 （1904）由何廷輝發起建設，無特定之祭祀時間。此外，本地尚有伯公祠（閩人稱土地公）數處。

由上述可見：一、慈天宮所供奉之觀音，是姜秀鑾的祖籍神，但觀音神格甚高，不宜純以祖籍神明視之。二、祭祀對象多與土地開墾有關，顯示本區在大墾戶的支配之下，無明顯之閩粵衝突，此乃因土地開墾與原住民的反抗為墾民觀注的焦點。所以北埔地區居民的信仰對象，不以祖籍神明為主，而以開墾有關的神祇為主要的對象，充分反應出在北埔地區宗教祭祀，具濃厚之功能取向。

但這並不表示本區住民無地緣意識存在。光緒三年大隘地區參與新埔枋寮義民廟的中元祭典，而使本區與新竹粵東族群緊密的結合在一起。其演變大約可分成三個階段，即一、同治三年以前，以北埔慈天宮為中心形成北埔庄祭祀圈。二、同治三年以後，以北埔慈天宮為中心，形成金廣福墾區中元節普渡之祭祀圈。三、光緒三年金廣福墾區以北埔慈天宮為中心，參加新埔枋寮義民廟中元節普渡祭祀圈。[14] 此一祭祀組織經日治時期，至今仍極受地方人士的重視，組織嚴密。其原因在於：

一、本區住民與祭祀圈內之居民有共同之祖籍，面對圈外之閩人，其地緣意識自然增強。

二、義民廟中元普渡原以大湖口、新埔街、九芎林及石岡子四角頭發展而成。[15] 而這四角頭，尤其九芎林是粵籍移民往新竹內山開墾的灘頭堡。本區墾民在前來開墾之前與這四角頭，尤其九芎林有極密切之關

13　新竹廳編，《寺廟調查書》，大正四年，手抄本，無頁碼。

14　拙著，《金廣福墾隘與新竹東南山區的開發》，頁282-289。

15　道光二十七年九芎林姜秀鑾等立請帖，蔡淵絜教授提供。

係。

　　三、開墾過程中因「番害」或械鬥而犧牲之無主孤魂，是本區祭祀的重要對象。

　　為配合地方各種祭祀活動的需要，北埔庄民組成了各種次級的祭祀組織，以承擔之。其中有為配合中元普渡活動而組成的「廣濟社」，「廣濟社」總共有一百六十五個會份，每份二元，經理人為姜義豐。會內將會份分成「富字號」，每逢寅、巳、申、亥年當值輪祀，會份五十五份；「貴字號」每逢子、卯、午、酉年當值輪祀，會份五十五份；「春字號」每逢丑、辰、未、戌年當值輪祀，會份五十五份。北埔庄的中元普渡即由廣濟社輪流辦理，三年一輪，週而復始。但必須是北埔庄的庄民才能參加，其會份父死子繼，可互相頂讓。[16]

　　其次是「樹藝嘗」，「樹藝嘗」為祀祭姜秀鑾、姜榮華及開隘時淡水廳同知李嗣鄴等之長生祿位而設立。編立三字號，四年輪祀一次，以春字號而言，計有會份四十六份，會員以住北埔庄者為主，但亦有居住於今關西、竹東者，金廣福閩籍墾戶首周邦正之後人周穆如亦有會份。[17]此外，北埔地區尚有復興嘗，即觀音祀，為參與北埔慈天宮祭祀的嘗會。[18]

（二）、血緣組織

　　血緣關係的重視與組織，為人類社會極其自然之現象，歷來為漢人社會整合之重要指標。人類學者將臺灣的血緣組織分成兩大類，一為唐山祖祭祀組織　（即祖公會），一為在台祖祭祀組織（即丁仔會）。亦即俗稱的「大公」與「小公」的血緣祭祀組織。[19]

　　日治時期對臺灣各街庄的祭祀公業曾詳加調查，惟未保有本區相關之資料。《竹東郡勢要覽》，載有昭和十一年（1936）北埔庄的宗教團體

16　新竹北埔姜家神明會嘗簿，手抄本，無頁碼。
17　新竹北埔姜家神明會嘗簿，手抄本，無頁碼。
18　新竹北埔姜家神明會嘗簿，手抄本，無頁碼。
19　陳其南，《臺灣的傳統中國社會》，頁144。

資料，但該資料僅說明北埔庄有三個祖公會，餘無詳細之說明。[20]以下即對北埔地區之血緣組織分別說明如次：

1、唐山祖祭祀組織

唐山祖的祭祀，乃源於來自同一姓氏的墾民，以立約認股共同出資的方式，以祭祀該姓遠祖為目的，所組成之祭祀團體，派下人為共同出資的同姓成員。其所祭祀之對象，通常世代較遠，以便包容較多的成員。這些享祀的祖先並未到過臺灣，故稱為「唐山祖」。因其組成係透過合約認股的方式，所以戴炎輝稱之為「合約字祭祀團體」。[21]唐山祖的祭祀組織實為移墾初期，為團結更多同姓族人，強化力量的考慮，因此，以較廣的認同對象做為結合的目標。

本區的開墾，墾民具有相當的同質性，且在墾戶首強力的領導之下，一般初墾時期內部潛在不安的現象，較不明顯。[22]在墾民之間族群與姓氏的衝突較不嚴重，所以用以團結族人之祖公會組織相對較弱。

彭姓為本區之大姓，人口數約佔全庄之半，且有不少為股實之墾戶，如彭世和、彭林康、彭源盛、彭錦志、彭三貴以及彭阿桶等均為金廣福之股夥。[23]尤其是彭三貴居住在九芎林庄時，即為當地之大戶，財力甚渥，曾獲「例授登仕郎」之銜；[24]在本區初闢之際，他曾親冒艱險，投入拓墾行列，並取得巨大的財富。[25]北埔地區彭姓移民所組成的唐山祖祭祀組織稱為「繼志嘗」，由生員彭裕謙所倡議組成。彭裕謙父親彭修元，受埔尾彭三貴之聘，至埔尾任啟蒙師，其子裕謙於光緒元年（1875）入台南府學，為本區最早之文秀才，其後父子兄弟於大隘地區任啟蒙

---

[20] 竹東郡役所編，《竹東郡勢要覽》，頁28。

[21] 戴炎輝，〈臺灣の家族制度と祖先祭祀團體〉，收入《臺灣文化論叢》第二輯（臺北：清水書局，1945年），頁231。

[22] 拙著，《金廣福墾隘與新竹東南山區的開發》，頁240-251。

[23] 光緒十年十二月金廣福分管加二八山林田業簿，福字號。（新竹北埔姜家史料）。

[24] 《彭氏族譜》，手抄本，無頁碼、年份。

[25] 不著撰人，〈開山伯公簡介〉，碑文，立於北埔埔尾油車開山伯公祠，民國七十二年。

師，在地方漸具影響力。[26]

　　光緒四年彭修元與地方彭氏族人彭德全、彭榮光以及彭澄康等發起募捐，在北埔創設宗祠，名曰「光裕祠」，於光緒五年竣工，為本區第一座宗祠。[27]該宗族組織的成立可由〈繼志嘗收支簿序〉可得知一二。該序言曰：

> ……僑居臺之淡南淡北，此人丁蕃衍族姓庶繁，皆出於始祖宋末進士延年彭公之巨派也。然吾臺地族人，全屬於一脈流傳而居，星散遷徙不一。雖有族宗血族之典，烏能聚族序齒，以聯一氣之情，而篤親親之誼也哉。於是吾族人等，因有起立大始祖延年彭公之蒸嘗祀典也。乃合族同心共獎所舉，按定名分，倡議捐提，議以每一份津斂祀底銀一圓，選舉族內賢能彙交收存，生放以母權子，……置嘗田以作祭費，建祠宇以妥先靈。[28]

　　可見，彭姓「繼志嘗」是以唐山祖彭延年為祭祀對象的擬血緣組織。「繼志嘗」計有一〇六會份，將之編成繼、往、開、來等四股。繼字股有二十七會份，逢寅、午、戌年輪值祭祀；往字股有二十六會份，逢亥、卯、未年輪值祭祀；開字股有二十六會份，逢申、子、辰年輪值祭祀；來字股二十七會份，逢巳、酉、丑年輪值祭祀。由四大股輪流祭祀，週而復始，於每年八月三日舉行祭典。

　　由「繼志嘗」的會員名氏簿可看出：

　　一、所有會員均稱名而不加姓，會員均同姓，屬同姓氏的組合。

　　二、會員所擁有的會份數因人而異，一人可以同時擁數個會份，其權利是父死子繼，如彭承寅擁有六個會份、彭雲凌擁有四個會份；承寅死後由其派下之慶財、慶進、慶友、慶發、慶昌以及陳賜等共同繼承；彭雲凌死後由其派下之澄康、水龍、添鳳及春海等繼承。足見入會者是以同姓為前提，憑合約按股份捐銀入會。其在會中的權利是按會份而不是因房份的關係。

---

[26] 不著撰人，《北埔開闢史》，昭和八年，未出版，無頁碼。

[27] 彭瑞鳳，〈臺灣北埔彭氏宗祠記〉，《彭氏大譜》，1972 年 12 月初版，頁 66。

[28] 彭瑞鳳，〈繼志嘗收支簿序〉，新竹北埔彭勝業先生珍藏，未出版，無頁碼。

　　三、彭澄康為興建宗祠的發起人之一，卻又是繼志嘗創始會員彭雲凌的繼承人之一。繼志嘗組成的時間，早於「光裕祠」的興建，至為明顯。

　　四、會友入會時居住之地點除彭旺才居住在橫山燥樹排之外，其餘者均散處於金廣福墾區之峨眉、寶山、北埔等地區。可見參與者，以金廣福墾區為範圍，可視為他們進入金廣福墾區之後，為凝聚同姓力量，以宋代遠祖彭延年為共同祭祀對象，藉以團結同姓族人。[29]在此擬血緣組織下，將北埔大半的人口整合在一起。

　　另外，值得討論者為姜家的宗族組織。大正十二年（1923）十二月北埔姜姓族人，在姜秀鑾派下的倡導下興建家廟，以祭祀姜氏遠祖姜世良。[30]姜氏家廟的興建，雖遲至日治時期，但姜姓族人的宗族活動在建廟前即已開始，他們以「世良公嘗」之名義在本區活動。根據資料顯示：

　　一、若以三十年為一世，則「姜世良公嘗」組成的時間，當不晚於道光初年。[31]其組成地可能不在北埔，而是隨著姜姓族人的入墾而進入本區。[32]

　　二、就其組成性質可知，「姜世良公嘗」為祖公會，即以唐山遠祖姜世良為祭祀對象，以團結在臺的同姓族人。因此，其組成是以契約入股定份，而不是照房份。所以，以「股份」為組織單位，認股份而不認人，會員所持有的股份可以典賣，但其典賣對象仍以同姓者為限。

　　三、由於公嘗係由同姓族人捐資組成，以其資金購置嘗田，嘗田多由同姓者承租，會內設有管理人負責管理其租息。公嘗管理人可將嘗內資金借與會內成員，以收取利息。[33]

29　不著撰人，〈繼志嘗會員氏名簿〉，大正十二年，未出版，無頁碼。

30　北埔公學校編，《鄉土誌》（新竹：北埔公學校，1934 年），頁 11。

31　根據光緒十六年七月姜阿炎的杜賣嘗底字，內有「先年承祖父遺下世良公嘗一份，嘗名懷慶公，其世良公嘗現затに有田業，歷年租息除祭掃公款外，按份均分。」（新竹北埔姜家史料）。

32　就田調現場所見，姜世良公嘗的成員除了北埔姜家之外，新竹縣新豐、桃園新屋為姜世良公嘗派下分佈的主要區域。

33　光緒九年八月姜枝山、姜首思立借銀字，載有「緣因急公要用，向良嘗內經理人手內，借過佛銀二十大元正，其利照會內而行，其銀至甲申年會算之日母利一足付清，不得稍欠等情，如有稍欠，山、思等應將公嘗會底抵扣清白，不敢異言。」（新竹北埔姜家史料）。

在傳統時期資金欠缺，貧苦者需用資金往往要付出高利方可貸得，造成貧者生活更加拮据的現象，嘗會組織可提供會內族人借貸，充分反應嘗會組織的互助功能。此外，歷年嘗田的租息，除用以充當祭掃祖先之費用外，可按嘗底份數均分剩餘租息。因此，嘗會組織具有投資性質，北埔姜家之購買股底或可以此觀點視之。可見，唐山祖擬血緣祭祀組織，在傳統時期具有多元化的角色與功能。

2、來臺祖祭祀組織

來臺祖祭祀組織，其祭祀對象通常為第一位開臺祖或其後代。在鬮分家產時抽出一部分作為祭祀公業，鬮分時的分產人皆為其派下，而其權利則照其家產應分額來分配。是純粹基於血緣的關係所組成的，又稱為「鬮分字祭祀團體」。

一般而言來臺祖的祭祀組織，是根據族譜譜系加以組織而成的，因此要移民幾代之後才可能組成，是在臺灣土生土長的宗族組織。[34]北埔地區的開墾時間較晚，故此類組織並不是十分成熟，較值得注意的是姜家的「姜義豐公嘗」。此外，僅「陳四美公嘗」略具雛形，一般家族僅在分家鬮書中載明祭祖的方式，未有具體的組織。

金廣福粵籍墾戶首姜秀鑾，在道光十二年，與弟秀福兄弟分爨之際，即有設置嘗業之舉。[35]然此項嘗祀之業，道光二十四年四月秀鑾、秀福兄弟二人又立約加以鬮分，以致未能形成「鬮分字」之血緣組織。[36]「姜義豐」後來成為對姜家的稱謂，然實為姜家所設立的公嘗。在道光二十七年 (1847 年)二月姜秀鑾二子殿邦、殿斌分家業時所編立。姜秀鑾在道光廿六年十二月去世，在其妻藍氏的主持下，鬮分家產。其分家

---

[34] 陳其南，《臺灣的傳統中國社會》，頁 144-149。

[35] 道光十二年三月姜首鑾、首福立分約鬮書字。鬮書中相關文字為：「父遺屋前之田、屋後之山林竹果等項，遞年共納租谷（按：穀）伍拾石，內抽租谷拾石與阿顧（案：殿邦）為長孫之業，餘谷肆拾石，為列祖嘗祀之業。併沙坑尾寫竹果園，每年議納竹果租員，亦為嘗祀之業」。（新竹北埔姜家史料）

[36] 道光二十四年八月姜秀鑾、朱福立議分公業約。（新竹北埔姜家史料）。

鬮書中明列嘗田之設置及管理方式。[37]居才（殿斌）房所分得之產業陸續典賣與大房而沒落，長房殿邦仍被稱為「姜義豐」，其嘗號為「義豐公嘗」。以後姜家長房經姜榮華、姜紹基、姜紹祖負責掌理，遲至大正四年才由姜振乾主持分產。此次分家中，榮華、榮富兩大房均分其產業之前先抽出公嘗業。茲將鬮分書中有關嘗業者引錄如次：

> 一議定：抽出……，此六處業作為兩大房公共嘗業，仍是姜義豐名義，交姜振乾管理。凡一切公務即是管理人任之。批炤。
> 一議定：凡每年公廳香祀、祭掃、忌辰、修墳、繕屋、公廳備品並北埔、枋寮二處中元，及一切神事，並納兩大房每年林野保管料，以及故有之渡船、橋樑、茶亭，概或修繕、或施茶、或應酬上祖親戚，以上諸般費用，皆係姜義豐公嘗租內支出應用，但管理者每年必用雇人壹名辛金，由管理者定之。其公租開費每年務必壹回計算。若修繕公屋、墳墓，有關大工程者宜必兩房人詮議。批炤。[38]

姜榮華派下又分四房，隨之再分產。循例於四大房均分其田業之前，先抽出祖嘗公業。並訂定公嘗之名為「華豐公嘗」，交由姜振乾管理。「此公嘗業內每年支出租谷四十石，以為清明祭掃、香祀、祭辰等費用，係四房人輪流辦理，週而復始，其餘長谷係管理人收存，以為應納地租並修墳繕屋及上祖親戚往來等費用。每年至祭掃日壹回計算。批炤。」[39]足見「姜義豐公嘗」或「華豐公嘗」之會份，均於鬮分祖產時依譜系關係決定的。

由上述可知以下諸現象：

1、公嘗相關之公事，涵蓋三部分。一是有關族內之公事，即「每

---

37 道光二十七年二月姜藍氏仝男居顧、居才立分鬮書字載曰：「……經房祖公議，開明以上十二款註明及長孫谷，一共在公田租谷內，年間氏支收，除抽外以為公用之費，登賬數目，每至正月將公數會清算結。日後氏若不在之時，兄弟酌議將長孫谷除外，仍有公業以為嘗祀田。仍歸居顧（殿邦）、居才（殿斌）兄弟輪年支收掌管，生放利息長大昌盛，修理墳墓，若有公事公用，年清年款。立批。一批明，立有公嘗簿壹本，編號姜義豐字號。」（新竹北埔姜家史料）。

38 姜榮華、姜榮富兩房分家鬮書，富字號，大正四年，無頁碼。（新竹北埔姜家史料）。

39 姜金發、姜金火等四房分家鬮書，信字號，大正四年，無頁碼。（新竹北埔姜家史料）。

年公廳香祀、祭掃、忌辰、修墳、繕屋、公廳備品」等項，為對其歷代祖先奉敬之事宜；二為參與地方祭典事宜，姜家為粵籍墾戶首，歷來領導地方公共事務，昔時神祀與宗教祭典，與地方開墾及社會的凝聚有密切的關係。因此，具地緣色彩之「北埔、枋寮二處中元」普度，及「一切神事」，即視為家族之公事，由公嘗之經費開銷；三是負責處理地方慈善事業及公共事業，此亦與其家族的墾戶首身份有關，因此地方上「故有之渡船、橋樑、茶亭，概或修繕、或施茶」等項，也由姜家公嘗之經費支出，繼續承擔先人做為地方頭人之責任。此當為臺灣地區血緣祭祀組織中值得注意的現象。昔日稍具資產之家族，在鬮分財產時，或載有族內子弟應各級科考時之獎勵事項，或為未成年子弟預留捐納功名之資，至於明文規定由公嘗租充當地方公益支出者，則不多見。此當與姜家歷來為墾戶首有關。因為其公嘗租支出項目眾多，故相當五百石租谷之祭祀公業費，大抵不敷使用。[40]

　　2、「姜義豐」並非姜家開台祖（開台祖為姜朝鳳）或其後代。而是姜氏族人為祭祀其祖先，在鬮分家產時事先抽出部分產業充當嘗田，所組成祭祀公業的名稱。姜殿邦派下組成「義豐公嘗」，而姜榮華派下則又組「華豐公嘗」。「華豐公嘗」是榮華房用以從事「義豐公嘗」之祭祀組織，其相關行事仍為「清明祭掃、香祀、祭辰等……並修墳、繕屋及上祖親戚往來等」。其後姜金火房（即紹基房）則又另組成「茂豐公嘗」，負責該派下參與「華豐公嘗」之祭祀事宜。足見「姜義豐公嘗」隨姜家後代不斷的分房，而發展成架構在層層的祭祀組織之上的血緣祭祀組織。

　　3、無論是「義豐公嘗」或「華豐公嘗」等均是族人在鬮分家產時，抽出部分田產組成之祭祀組織，由其族譜及公業持有之分額可知鬮分時的分產人皆為其派下，而其會份則照其家產應分額來分配。是純粹基於血緣關係所組成的。

　　除姜秀鑾家族之外，埔尾彭三貴家亦為北埔大族之一，其祖厝今仍

40　姜振驤，〈義豐公嘗に關ける祭祀公業の概況〉，《姜義豐沿革概要》，手稿本，無年代頁碼。（新竹北埔姜家史料）。

殘存。同治五年（1866 年）彭三貴尚在世時，即將其產業依二房均分
鬮產，於其鬮書中規定將「社官爺坑尾抽出蒸嘗水田一處」，其嘗田除
此外，又抽出「九芎林下山水田一處並老屋面前上下水田一處；又帶西
坑子田業一所，面盆寮田業一所，此數產業，元（彭三貴）夫婦等目前
衣食應酬之費，日後作蒸嘗祭祀之需」。[41]惟彭三貴所預留之蒸嘗田業，
後因子孫乏銀應用，遭析分變賣，故彭家後來並無嘗田存在。[42]

　　此外，北埔水磜子陳家，亦為金廣福墾隘之股夥，同治五年陳良恭
兄弟分家時將「祖屋一造五間，每房分一間，中間一廳作為公共祖堂」，
並留有山林公業一所。[43]其後陳立傳又參與「金協和墾號」之拓墾事業，
而分得土地[44]，陳家產業日大，四大房乃因而組成了「四美公嘗」，到明
治四十二年乃共同推舉陳振芳為四美公嘗之管理人。[45]

　　同治四年北埔埔尾黃來生、黃水生兄弟分管家業時，於其分管字載
明「將此水田按三股均分。其中母親應得一股，生為飲食，死為蒸嘗，
日後子孫永不得典賣。」[46]北埔南埔之蕭家，為金廣福墾隘股夥蕭立榮
之後，其各房子孫於咸豐八年（1858 年）在南埔合建公廳，並成立「復
盛嘗」以祀開台祖特揚公及歷代祖先。[47]以上均為北埔地區清代所組成
之來台祖祭祀組織。

（三）、鄉庄組織

　　清代州廳縣以下之地方行政，委諸地方自治，各鄉庄之稱呼及其董
事者之名稱，並不一致。[48]此乃政府正式編制人員有限，轄區又極其廣
大，許多地方事務只得在官方的策劃、領導與監督下，由地方人士協助

---

[41] 同治五年十一月彭三貴立撥定鬮分字。（北埔彭勝業先生珍藏）。

[42] 新竹北埔彭三貴家史料（北埔彭勝業先生珍藏）。

[43] 同治五年陳良恭等仝立分家鬮書。（北埔陳增填先生珍藏）。

[44] 光緒十六年十二月金協和仝立分管水田山林埔地字。（新竹北埔姜家史料）。

[45] 明治四十二年十一月陳振芳等仝立舉管理四美嘗字。（北埔陳增填先生珍藏）。

[46] 同治四年十一月黃來生、黃水生等仝立分管字。（新竹北埔姜家史料）。

[47] 蕭國和等編，《蕭氏族譜》，修譜序，大正元年，手抄本無頁碼。

[48] 戴炎輝，〈鄉庄之建立及其組織〉，收錄於氏著《清代臺灣之鄉治》（臺北：聯經出版社，
1979 年），頁 216。

處理。此即基層政治體系中的非正式結構。就新竹地區而言，數十街庄設置總理一人，董事是每街庄有若干人，以年長的生員監生富才氣、財產有能通文字者，參與其街庄內的公事。[49]蔡淵絜研究指出「清代臺灣推行總理制之意義，在於此制之推行，係傳統地方基層政治體系中非正式結構漸趨正式化，或地方行政組織自縣向下延伸的過度現象」。[50]在地方非正式組織漸趨制度化時，本區由於社會結構特殊，諸多地方事務乃在墾戶首支配下運作。

以下即以地方總理的推舉為例加以觀察，《淡新檔案》中保有光緒十二年十二月由地方之生監、鄉耆及殷紳舖戶等推舉何廷輝為北埔等庄「總理」之僉稟，極具意義，茲節錄如下：

> 為秉公妥舉，聯名結保，懇恩給發諭戳，准予辦理，以安地方事。緣大隘北埔等庄，地方遼闊，公事繁劇，向來各庄大小公務，原由墾戶金廣福兼理，且設有何、黎、邱等總理，互為幫辦。後皆陸續云亡，未有續舉接辦。此數年間，在墾戶惟周懋祥一人經辦，但彼墾務甚繁，其間鮮人辦理。故所辦各務，殊覺難免疏漏。罔料周懋祥遽爾身故，現在乏人承辦，各庄所有緣事，欲行投辦者，咸苦於排解無人。況際此隆冬，猶恐匪徒入境，宵小潛蹤，尤宜加意設法防守。似此，若不急為籌議，選舉總理承辦，地方奚賴？雖現有月眉總理田振綱，但其係原住月眉，彼即辦其附近等庄，已覺身無餘暇，距北埔尚有數庄之隔，更有鞭長莫及之虞。爰是集眾妥議，僉舉何廷輝，素行端莊，為人正直，公務諳練，堪充總理責任，用以辦理公務，誠為妥貼至當。然而事涉公務，地方攸關，若非懇憲准飭辦理，德等未敢擅便。勢得聯名結保。[51]

可見金廣福墾隘墾區內之公務，素由負責開墾事務之墾戶首兼理，鄉庄組織功能，因開墾組織兼具是項功能，故組織較弱。因此，儘管先前曾

49　波越重之，《新竹廳志》（臺北：臺灣日日新報社，明治四十年），頁114、115。

50　蔡淵絜，〈清代臺灣基層政治體系中非正式結構之發展〉，《國立臺灣師大歷史學報》，第十一期（1983年），頁12。

51　《淡新檔案選錄行政編初集》（臺北：臺灣銀行經濟研究室編，臺灣文獻叢刊第295種，1971年，以下簡稱「臺銀文叢」），頁569、571。

設有總理承辦地方公務,但並未在總理死亡時即予推舉,其事務由閩籍墾戶首周懋祥辦理,直到周懋祥死亡。時粵籍墾戶首姜紹基年齡太小,似難兼顧,才推舉總理以協辦地方事務。但官方並未立即核定,批示「應否添設總理之處,候諭飭金廣福墾戶姜紹基等查明,稟覆核辦」。[52]顯見金廣福墾戶首之地位遠在街庄總理之上。姜紹基接獲批示後,具稟曰:

> 緣於前月間,有轄下各紳耆、舖戶等前來向基商議,欲舉何廷輝為北埔等庄總理。基思該庄原有總理缺額,後並未曾續舉接辦,裁度之下,當即應允。但思已有殷紳諸邑人等結保,似乎不必蓋戳……,夫此何廷輝,在昔原係基館內辦事之人,公事頗為諳練,為人正直。今眾議舉為總理,與基等幫辦諸務,亦甚妥當。[53]

經姜紹基具稟到縣府,縣府即予批准,並發給總理戳章。[54]姜紹基為墾戶首,何廷輝為姜紹基館內辦事之人。可見地方紳耆推舉何廷輝,並不全因其「公事頗為諳練」,而是該區之街庄組織,仍立基於主導本區開墾之墾戶首身上。

在墾首制體系下,地方上匪徒、宵小之防患與墾戶首關係密不可分,即使是鄉庄公務,墾戶首仍有一定之責任。治安、教育以及義倉之辦理均不例外,在地方治安維護上,本來就是墾戶首之職責,在官方所發給之各種諭令及金廣福墾號所發出之墾批均已明白說明,於此不再贅述。[55]以下以教育與義倉等地方事務之運作為例加以說明。

本區傳統教育草創於道光二十四年,該年彭清蓮、戴立坤等於北埔興學設塾,咸豐四年秀才呂應鍾應墾首姜殿邦之邀設置塾學,咸豐十一年黃騰玉受何義漢之聘於北埔設塾,同治元年彭官生受彭三貴之聘於埔尾設塾。[56]然而這些私塾的設立,一般清寒者無法接受教育,且各處之塾學設置時間久暫不一。同治六年淡水分府嚴金清倡議,由地方仕紳捐

---

52 《淡新檔案選錄行政編初集》,頁 570。
53 《淡新檔案選錄行政編初集》,頁 571。
54 《淡新檔案選錄行政編初集》,頁 572。
55 拙著前引書所引金廣福給墾批字,均載有承墾者要維護墾區安定,不得窩匪聚賭等規定。
56 北埔公學校編,《鄉土誌》,頁 147－149。

設義學，以嘉惠貧寒。惟嚴金清旋即他調，至同治八年新任之陳培桂，再度重視地方清寒子弟之就學，乃諭飭同治五年嚴金清所選任之紳董姜榮華，令其查報義學設置情形，茲將其內容節錄如下：

> 為此諭仰北埔等庄紳董人，立即查明該處義學向設何處，或借廟宇或借間房，仍即分舉塾師照章設籌經費，明春即行舉辦，俾免貧寒子弟從學無由，其舊延塾師有應更換者，亦即另舉延師。從前捐項有未經收取或經費不敷，許即具稟赴轅，以憑查明，分別究追勸辦……。一切經費籌辦不易，務宜撙節支用，造冊報查，毋許浪費浮開，致干罰究。此外各戶原捐義谷石已收者妥為存儲，未收者趕速催收，分別冊報毋稍懈弛。[57]

　　雖然部分基層官員重視，但在缺乏制度、經費的情況下，其業務並非由基層地方行政機關負責推動，而是仰賴地方仕紳。當官方之注意力減弱時，仕紳為減少開支，往往不再給予支持，自家子弟之教育則另行延師。如北埔姜家於其宅設塾，聘彭官生之子裕謙為塾師。[58]此乃《樹杞林志》所謂「樹杞林堡內，所有塾師教訓生徒，皆由民間自題脩金及米炭、膳油、茶俱備，延請名師在館」。[59]在此狀況下，地處僻野鄉庄之教育，只具啟蒙之功能，學生如欲更上一層樓則有其困難，故本地終有清一代只有彭裕謙及曾學熙，同年（光緒元年）入臺南府學，其餘人等之功名均得自捐納。[60]

　　歷來中國之地方官，又稱「父母官」，安民與足食為其施政重點。在傳統的政治理念下，官員所重視者，多著眼於義倉之設置。經由地方官之諭令，要求仕紳頭人捐派，是故義倉之設置與充實，多賴地方仕紳之捐輸。同治五年淡水分府嚴金清曾親臨本區，勸設義倉，推舉境內殷戶為紳董負責。[61]次年再度要求各紳董遵照辦理，其諭文內容如下：

57　同治八年十二月二十一日，淡水同知陳培桂諭飭。(新竹北埔姜家史料)。
58　訪得資料，日本治臺前彭裕謙於北埔姜家開館，當時之學生計有姜紹祖、姜金寶等。
59　林百川、林學源等，《樹杞林志》（「臺銀文叢」第六十三種，1959年），頁58。
60　北埔公學校編，《鄉土誌》，頁149；不著撰人，《曾氏族譜》，手稿本，無年代頁碼。
61　同治十一年十二月淡水同知向堯予姜榮華諭飭。(新竹北埔姜家史料)。

分府於春間按臨各地勸設義倉，業經各紳董等急公好義踴躍輸將，捐有成數在案。惟現在已屆收，禾稻十分豐稔，蓄藏已裕，比戶可封，應將輸捐谷石先行彙繳，俾資儲蓄。除出示曉諭外，間輸捐義倉谷石限月內，催令各捐戶彙繳一半，即存該地義倉公所，並將收繳若干數目及存儲緣由，具稟復轅。[62]

　　然其成績如何，有待觀察。同治十一年年底淡水分府向燾給姜榮華之諭飭可知義倉執行之成效。

……案查同治五年嚴前分府任內曾經選舉紳董，飭在城鄉各處勸捐谷石，分建義倉，一律存儲以為救亡之舉，業經捐有成數，詳請奏報，一面移文後任，分別催捐，節經各前分府分諭飭催，迄越多年，究竟城鄉內外原捐各戶已繳若干，何處已建倉廒，何處尚未建造，所捐谷石足否，實儲抑未集，能否照數催起，未據各紳董等隻字稟覆。……倘或未經捐足，亟應趕緊催捐，……倘其中某戶實在人亡產絕勢難備繳者，亦應取具各鄉保甘結呈送。[63]

　　足見經過六年的時間，義倉之設置造成人亡政廢的現象，其捐儲之數量、管理的情形乏人聞問。待地方官再注意及此事，才又翻算舊帳。只有在地方官關切時，地方仕紳才續予配合。光緒十六年九月，姜紹祖曾稟報本區義倉糧谷存放及管理情形。其稟文摘錄如下：

……據同治六年、七年間遵前分府嚴任諭，飭先父榮華偕各紳殷勸辦金廣福一帶地方義倉谷石，時分各庄計實捐谷，但居近沿山，嶺多路崎，鄉村落落，市鎮寥寥，無由合建公倉。爰就各庄彙催分積，其各紳董經具公呈黏連分貯谷石各結在案，自捐存以後均守原額，歷照舊規，每恐積久，愈滋朽蠹，閒換谷面，每乘青黃早稻登埕方行易新，嗣歷各前憲任，均蒙鈞命妥為收儲等。因光緒五年、六年間，各村嘖嘖稱要義谷周濟。又蒙前縣主劉，單傳先兄紹基並各紳等齊赴面論，粟關奏議，不准擅發，非奉示開不得私售等因，節經具稟及結各在案。忖思備荒大典，每值換

谷非特無盈無餘，每應除墊挑耗等項。每尚不敷，每係儲谷各殷
自填分積原數足額，此乃義責煌煌，無可奈何。[64]

由稟稿及黏單可知：

一、本區義倉之谷石由各捐戶於其所在之處就近儲存，其捐派戶計
北埔姜家、埔尾彭家等四戶。

二、為恐所存之谷物腐朽敗壞，各捐戶均於新谷登場時照原額更替。

三、義倉之谷物一旦捐出呈報，即視為官方支配之物。地方一旦發
生飢荒，原捐之地方仕紳，未經奉示開倉之前亦不得擅自開倉周濟。

由上述可知清代地方公務多在街庄自治組織運作中進行，官方僅居
於監督的地位。地方公共事務多在官吏與地方仕紳密切配合下完成，彼
此相互依存。[65]但就法的觀點而言，街庄總理制本身為自治機關的領導
人，並不具強制力。即以地方官而言，其對基層公共事務並不具自主性，
受上層組織控制相當嚴密。所以清代地方政府之行政力量，其效力較低。

總之，因墾戶首具安定社會的功能，且開墾的時間距日本治台僅六
十年的時間，因此到清末，墾戶首對地方之影響力仍相當強。地緣及血
緣組織仍然存在，或仍在發展中，影響力並不是很強。就鄉治組織而言，
鄉庄組織運作亦在墾戶首掌控之中，墾戶首成為鄉庄組織的主要支配
者。

三、殖民統治下行政系統的建立

（一）、北埔庄役場的設立

一八九五年乙未之役，北埔姜紹祖領導抗日，兵敗殉身。新政權建
立之初，姜家暫失地方領導地位。但日人為加速恢復秩序，有效的掌控
地方，於光緒二十一年（明治二十八年，1895 年），九月十七日任命前

---

[64] 光緒十六年九月姜紹祖呈稟稿。(新竹北埔姜家史料)。
[65] 費孝通，《鄉土重建》，1948 年，頁 46－48。

總理何廷輝為北埔街事務管理員。[66]次年元月配合「街庄長處務規」，將街庄事務管理員改稱為街、庄長，仍由何廷輝出任北埔街街長。[67]爾後地方官制屢有變更，到大正九年（1920 年）街庄制改正以後，地方統治制度即行確立。[68]茲將本區歷年地方首長姓名及任期表列如表 1。

表 1　日治時期北埔歷任庄長一覽表

姓　名	職稱	任職期間	出身	備註
何 廷 輝	街長	明治 29/1/15-32/3/31	私塾	
徐 新 泰	庄長	明治 32/4/1-43/1/31	私塾	
徐 新 泰	區長	明治 43/2/1-44/8/31	私塾	
梁　　元	區長	明治 44/8/31-大正 9/9/30	書房	
姜 瑞 昌	庄長	大正 9/10/1-昭和 7/9/30	國語學校師範部	
田中利七	庄長	昭和 7/10/1-11/9/30	日本人	
平間秀顯	庄長	昭和 11/10/1-17/7/30	日本人	
濱尾勳彥	庄長	昭和 17/11-20/11	日本人	

資料來源：一、北埔公學校編，《鄉土誌》，頁 119。
　　　　　二、菅野秀雄著，《新竹州沿革史》，頁 25。
　　　　　三、新竹縣政府編，《臺灣省新竹縣志》卷五政事志，頁 120。

　　何廷輝、徐新泰及梁元均受傳統教育出身；姜瑞昌於光緒二十年出生，係受日本新式新育出身。[69]所以大正九年以前，本區地方領導階層為舊傳統的延續，是新舊的過渡期。1931 年以後，臺灣各街庄長多改

66　北埔公學校編，《鄉土誌》，頁 119。
67　波越重之，《新竹廳誌》，頁 122。
68　波越重之，《新竹廳志》，頁 119－123；菅野秀雄著，《新竹州沿革史》（新竹：新竹州沿革史刊行會，1938 年），頁 8－9。
69　有關何廷輝、徐泰新、梁元及姜瑞昌等之出身，茲說明如下：
　　何廷輝自光緒十二年十二月，即被北埔紳耆推舉為總理，日本領臺後為加速恢復秩序，並安定地方，日本領臺次年即續命為北埔庄長。徐泰新為北埔人，少受句讀於黃雲弼，及長，一方面創設糖廍，並經營腦寮開墾荒蕪。乙未之役參與抗日，圍攻新竹城，砲擊南門。姜紹祖（組敢字營攻擊東門）兵敗自殺後，徐泰新糾合其餘眾，進駐水仙崙金山面一帶，進窺新竹城，之後以鵝公髻之蕃界為據點與日本相抗。直至明治三十年五月向日本投降並入日本國籍。後繼何廷輝被任為北埔庄長，於明治四十四年十月病死，享年六十一歲。梁元，年少時自求良師讀書，及長令譽遠播。為童蒙句讀之師，乞教者滿門。日本領臺後曾三赴教員講習會，明治三十一年十月出任北埔公學校雇員，明治四十四年十一月一日退職，並於稍前同年九月受任庄長職。其間北埔庄攜稿以乞雌黃者不絕於門，庄人以與彭裕謙並稱，以為儒林雙賢。姜瑞昌，1894 年生，姜秀鑾弟秀福乙房，其父姜滿堂，國語學校師範部畢業，於明治 39 年任職北埔公學校訓導，至大正九年轉任北埔庄長。其間曾任北埔信用組合長、大隘水利組合長及州參議員（資料來自《臺灣列紳傳》，頁 135、131；《新竹州沿革史》後編，頁 64－67；章子惠編，《臺灣時人誌》第一集，國光出版社，民國三十六版，頁 46。）可見前三人為受傳統教育出身，姜瑞昌則受新式教育出身。

由日人出任。本區亦不例外，於 1932 年開始由日人出任，直至日本戰敗。此一改變實著眼於對鄉村加強控制的需要。北埔庄役場，先以民屋充任（初設於金廣福公館），至大正元年（1912）元月移轉至位於北埔243 號之事務所，大正九年設置北埔庄役場，復因場地不敷使用，於昭和二年（1927）三月三十一日，遷至北埔 297 號之新役場。[70]

清代之街庄總理是由各街庄紳董推舉，經地方官認可給照後充任，是自治行政機關的一環。日本領台之後，首先將清代街庄總理的民事處理慣例，改由辦務署長負責。而且，所設置之各街庄社長，均受辦務署長指揮命令。清時街庄總理原為無給職，至明治二十九年（1896）六月，給予補助執行事務費每月十五圓。街庄社長的管轄區由縣知事、廳長決定之；街庄社長之任免，是根據辦務署長的具狀，由縣知事、廳長來決定的；而其職務是由縣知事廳長訂定。

明治三十一年臺灣總督府以律令設定地方稅規則課賦地租附加稅、家稅、營業稅及雜種稅等四種。辦務署費、街庄社等役場費、土木費、教育費、衛生費、勸業費、廳舍營繕費及地方稅收取費等，均歸地方稅負擔。必要時應由國庫補助幾分。[71]

明治三十五年（1902）一月新竹廳發布第四號廳令，訂定「街庄行政事務練習規程」，辦理街庄長事務所書記街庄事務的練習。即於各街庄設置書記，以為街庄長之屬官，協助處理街庄事務。大正九年街庄改正之後，除書記之外並增設助役及會計役，均由地方人士出任。大正十二年助役由日人田中利七出任，昭和七年（1932）以後，日本為加強對地方之控制，庄長改由日人出任，一直到日本戰敗。[72]

可見在清代為地方自治的街庄總理制，經日本人加以修正運用，已發展成一名副其實的地方行政組織單位。以昭和十一年（1936）為例，北埔庄的地方行政組織（庄役場），已分化成由十二個吏員分擔。即庄長（一人）、助役（一人，庄長為日人，故以地方名望者任助役）、會計

---

[70]　北埔公學校編，《鄉土誌》，頁 119－121。
[71]　波越重之，《新竹廳誌》，頁 122－123。
[72]　波越重之，《新竹廳誌》，頁 122－123；北埔公學校編，《鄉土誌》頁 121－123。

役（一人）、事務員（六人）以及技手（一人）……等。[73]此與清朝時期基層地方公務由紳董、總理等自主性之自治組織截然不同，且地方事務已分工極細，所以效率高，對地方的控制自然嚴密有效。

（二）、北埔警察分駐所的設立

矢內原忠雄曾指出，日本統治下的臺灣「有了警察的力量，則無事不可為。臺灣已在典型的警察政治之下。」[74]自日本領台以來，臺灣總督府為了壓制反抗，加強對台人的控制，臺灣總督府以充足的警力在全島建立嚴密的警察網，以警察為基礎，配合推動地方行政事務。官方亦承認「如果明白警察事務的沿革，可以得知總督政治的推移變遷」。[75]

日本領台之初，為維持地方治安，由軍憲為警務。至明治二十九年三月敕令制定「臺灣總督府條例及諸官制」，並公佈地方官制，在縣廳之下即設有警察課。十月新竹設縣，警察課之下設警務、保安及衛生三股。並於今新竹縣區內設新竹、北埔及新埔等三警察署。時北埔警察署設於北埔街，以金廣福公館為署所，其轄區內附設樹杞林警察分署及月眉派出所。管轄樹杞林（今竹東）、九芎林（今芎林）、月眉（今峨眉）及北埔等地，配有警部二人巡查部長及巡查二十人。此外為防番出草，設番界警察，屬北埔警察署，管轄大坪、上坪、內灣等三分署。明治三十一年（1898）一月採三段警備制，改於北埔駐屯憲兵，因此撤北埔警察署，本區改隸昇為警察署之樹杞林警察署。[76]

明治三十一年六月地方官制調整，合併各警察署為新竹辦務署，下置北埔支署，其下管轄各派出所。明治三十四年十一月改北埔支署為北埔支廳。大正九年地方官制改修，北埔隸屬竹東郡，時郡役所設庶務、警務二課，庶務由郡守掌管，警務由州警務課管理，將原支廳改為郡警

---

[73] 竹東郡役所，《竹東郡勢要覽》，頁12。

[74] 矢內原忠雄著，周憲文譯，《日本帝國主義下之臺灣》（臺北：帕米爾書店出版，1985年），頁161-163。

[75] 田中一二編，《臺灣年鑑》（臺北：臺灣通信社出版部發行，大正十三年；民國七十四年成文出版公司影印版）頁126。

[76] 波越重之，《新竹廳誌》，頁305－308。

察課北埔分室。時在竹東郡除山地區域外，設有竹東監視區及北埔監視區，昭和十一年（1936）北埔分室計有警部補一人、部長二人、甲種巡佐七人、乙種巡佐三人，合計十三人。[77]

　　至於警察的主要任務，隨著不同時段的需要而調整，中日大戰爆發後，凡加強對人民經濟統制的種種措施，均經由警察以完成之。一般而言其主要工作除理蓄外，尚有保安與衛生等項。保安工作包括各種犯罪之檢舉、搜查及裁決，兵器彈藥、刑事被告及犯人之護送，違規營業之取締、槍砲火藥之管制，保甲、戶口等相關事務。衛生工作有人畜各種傳染病等之預防與檢查、醫院醫藥之管理以及上下水道的檢查等相關事宜皆在其職掌內。

　　誠如矢內原忠雄的觀察，指出臺灣的警察官，一手執劍，一手執經典，於捕盜斷訟之餘，還從事教育慈善等高尚事業。警察官的職務，除了普通的警察衛生事務以外，根據戶口規則，則有戶籍的事務。又利用保甲制度，稅捐的徵收、土木的幫助、殖產的獎勵，特別是糖業的助成、教育及救恤的措施，無所不與。可以說在臺灣，不靠警察的力量，任何事情都不易實施；同時有了警察的力量，則無事不可為。[78]此種現象絕非清代具相同功能的各地巡檢所可比擬的。

　　日治時期對地方的控制，保甲制度是其中一環。保甲制度在清朝為掌理地方下級行政自治機關之原動力，為遂行自衛警察之目的而設之特別設施。在臺灣保甲之設，當在朱一貴之役以後，藍鼎元倡議行保甲之制，並於雍正十一年（1733）開始實施。惟當時之保甲組織為因應官府之臨時命令而設，並非常設組織。[79]到了嘉慶、道光年間，經常持續維持保甲制度變成必要，各庄因而有總理、紳董、庄正及庄副等自治組織的設置，作為治理庄民之自治警察機關。至光緒十一年，將保甲制改為半官半民的組織，新竹地方於西門明志書院內設置聯庄保甲總局事務

---

[77]　《竹東郡勢要覽》，頁 101；北埔公學校編，《鄉土誌》，頁 114–115。

[78]　《竹東郡勢要覽》，頁 101；北埔公學校編，《鄉土誌》，頁 163。

[79]　伊能嘉矩，《臺灣文化志》（東京：刀江書院，昭和三年；臺北：南天書局，1994 年），頁 676。

所，並於北埔設置分局。日本領台之後，利用清朝原有的制度，以維持地方的治安。明治三十二年新竹辦務署將原來的壯丁團改為聯庄保甲制，由警察監督實施。[80]

依規定一甲有十戶、一保有十甲，即以百戶組織而成的地域鄰保團體（為編組之常例，仍視地方之慣例、土地之狀況加以調整）。保甲的團員為家長，甲有甲長，保有保正。保甲的任務如戶口調查、出入者調查，對於風水火災及土匪強盜等之警戒搜查、傳染病預防、鴉片及其他地方保安上必要的事項；此外還要參與區內道路橋樑的小修及清掃、害蟲預防及獸疫預防等一般行政事務；甚至連地方稅的傳達及催繳等均落在保甲長的頭上。[81]

保甲事務除了公共事務的參與之外，尚負有監視警戒的作用。即家長監督其家族，各戶家長又相互監視警戒，保正甲長則監督全體，判明責任與賞罰，如有違法或怠職，則課以單獨或連坐的制裁。保甲所需的經費，由保甲員共同負擔，而保甲員的工作，是沒有酬勞的。保正、甲長在名義上，是由保甲內人民互選產生，但其任命尚需各級警務機關及地方政府首長的認可，如保正需經警察官署及知事、廳長之認可，才能生效。[82]事實上，日治時期的甲長、保正被塑造成是榮譽職，因而多由在地方享有盛名之人士擔任。可見保甲制度的本質，並非住民的自治機關，而是接受警察官指揮命令的下級警察及下級行政補助機關。[83]

是故，日本政府是將清朝時期，原屬於聚落的自治、自衛組織的保甲制度，被有效的轉變成基層行政的輔助機構。因為只靠警察的力量，有限的財政力量，是無法維持臺灣的治安。有效的運用保甲制度，不僅未造成財政負擔，反而成功地維持了治安。[84]論者更以為：警察制度和保甲制度兩大統治系統，是日本統治臺灣這塊殖民地的基幹，形成日本

80　菅野秀雄著，《新竹州沿革史》，頁 62－63。

81　田中一二編，《臺灣年鑑》，頁 130-133。

82　田中一二編，大正十三年，《臺灣年鑑》，頁 131。

83　矢內原忠雄著，周憲文譯，《日本帝國主義下之臺灣》，頁 162。

84　波越重之，《新竹廳誌》，頁 251。

殖民政策的一大特色。[85]

　　北埔地區在此一背景下，亦被納入保甲組織系統中，在警察派出所的控制下，自不例外。茲將北埔派出所轄下的保甲數及保甲名稱表列如表 2.

表 2　日治時期北埔保甲統計一覽表

保名	保正數	甲長數	備註
北埔第一保	1	8	
北埔第二保	1	12	
北埔第三保	1	10	
南埔第四保	1	7	
大分林五保	1	8	
水礁子六保	1	12	
尾隘子八保	1	5	
南坑第九保	1	11	
合計	9	80	

資料來源：北埔公學校編，《鄉土誌》，頁 117－118。
說　　明：原書缺第七保資料。依合計數，第七保保正數應為 1，甲長數應為
　　　　　7。

（三）、北埔公學校的設立

　　經由教育加強對被統治者的思想控制，藉以貫徹殖民統治方針。日本殖民政府對臺灣之教育，一直採取「消極同化政策與差別教育制度」。[86]為達有效統治臺灣，日本殖民政府首先於各地設置國語傳習所，以教授日語，減少在語言上的障礙。

　　明治三十一年於北埔慈天宮，設新竹國語傳習所北埔分教場。同年七月臺灣總督府頒佈「臺灣公學校令」，以地方經費設立六年制之公學校，取代國語傳習所。以訓練臺民熟習日語，並養成日本的國民性格。

[85]　涂照彥，《日本帝國主義下的臺灣》（臺北：人間出版社，1994 年），頁 36。
[86]　吳文星，《日治時期臺灣師範教育之研究》（臺北：國立臺灣師範大學歷史研究所，民國七十二年，專刊第八種），頁 10－22 。

同年十月將新竹國語傳習所北埔分場改為北埔公學校。並於明治三十五年移轉至新校舍。大正五年分設草山分教場（大正十年獨立），大正十年在南埔設立分離教室。終日本統治之世，北埔公學校七任校長皆為日本人。[87]

　　明治三十一年學校新設立時，只有本科學生 89 人（全為男生）。至明治四十一年學生數已增至 246 人（其中女生 42 人）；大正五年學生數增至 431 人（其中女生 55 人）。大正十三年除本科學生 566 人（其中女生 131 人）之外，又增設高等科，有學生 50 人，全校合計 616人。昭和九年（1934 年）有學生 657 人（其中女生 194 人）；昭和十九年有學生 1494 人（其中女生 686 人）。[88]學齡學兒童就學率表列如表 3.

表 3　日治時期北埔公學校學齡兒童就學一覽表

年代		北　　埔　　庄			郡下平均（％）	州下平均（％）
		男	女	小計		
昭和五年	學齡兒童	785	821	1606	-	-
	就學兒童	304	104	408	-	-
	就學比率	38.73	12.67	25.40	30.01	29.53
昭和六年	學齡兒童	864	906	1770		
	就學兒童	326	117	443		
	就學比率	37.73	12.91	25.03	32.90	31.06
昭和七年	學齡兒童	755	808	1563		
	就學兒童	344	134	478	-	-
	就學比率	45.56	16.58	30.58	34.21	32.38
昭和八年	學齡兒童	748	797	1545		
	就學兒童	322	134	456	-	-
	就學比率	43.05	16.81	29.51	32.76	33.30
昭和九年	學齡兒童	813	829	1642		
	就學兒童	359	149	508	-	-
	就學比率	44.16	17.97	31.07		35.07

資料來源：北埔公學校編，《鄉土誌》，頁 29。

---

[87]　新竹縣政府，《臺灣省新竹縣志》，卷七教育志第二冊（新竹縣：新竹縣政府，民國四十六年編纂，民國六十五年付印），頁 16－17。

[88]　北埔公學校編，《鄉土誌》，頁 27－29；新竹縣政府，《臺灣省新竹縣志》，頁 16－17。

　　昔日私塾的設立，係依各聚落的需要，各自聘請塾師前來任教，存廢的時間不一。除北埔外，南埔、埔尾、大份林等地，均先後設有私塾。[89]到了日治時期，大北埔地區之青少年，以北埔公學校為中心，有六年的時間共聚一堂。不但擴大了庄民的人際關係；由於學習內涵一致，教師經一定標準的選任，有利於殖民政府的統治。同時學生視野的擴大，使原本較封閉的社會逐漸開放。

　　教育方式的改變，對社會產生相當的影響。吳文星研究發現「在殖民現代社會發展中，新、舊社會領導階層具相當的延續性，整個社會並未呈現活潑的流動現象。舊社會領導階層子弟乃是此一時期精英教育的主要接受者，因此遂以具備專業知識和訓練的新角色繼承或取代其父兄的社會地位」。雖然社會流動的現象並不明顯，但「1920 年代以後，新教育出身的知識份子始在社會各部門普遍扮演重要的角色」。[90]

　　茲將北埔公學校畢業生就業升學情形統計如表 4。就北埔地區而言，北埔公學校畢業之後，繼續升學者人數漸增加。以昭和九年為斷，北埔公學校計有三十一屆，1,314 名學生畢業（其中 154 名為高等科）。畢業學生中繼續升學者有 136 名，其中男生 119 名，女生 17 名。升學者有 27 名（男 26、女 1）到日本升學；此外尚有兩名男生赴中國大陸就讀。在島內升學者，有三十四位分別進國語學校國語部、師範部或師範學校就讀，所占比率最高。[91]

表 4　日治時期北埔公學校畢業生升學就業統計一覽表

		人數	百分比
畢業生		1160	100
升學者	島內	107	9.22
	島外	29	2.50
	小計	136	11.72
未升學者		1024	88.27

資料來源：北埔公學校編，《鄉土誌》，頁 44、45。
說　　明：不含 154 名高等科畢業生。

---

[89]　北埔公學校編，《鄉土誌》，頁 147－150。
[90]　吳文星，《日治時期臺灣社會領導階層之研究》（臺北：正中書局，1992 年），頁 157-160。
[91]　北埔公學校編，《鄉土誌》，頁 44-45。

就讀師範學校的三十四人，其中除八人於統計時已死亡外，均成為新社會上之領導力量。有十五人擔任教職，五名地主家庭出身者從事租地業，另有六人分任辯護士（今律師）、法院通譯、茶業組合書記、正米市場書記長及臺中青果會社員。[92]其中姜瑞昌，在國語學校師範部畢業之後，擔任北埔公學校訓導十二年，並出任北埔庄長，復於昭和七年出任新竹州州協議員。[93]姜振驤為姜紹祖之遺腹子，明治四十年（1907年）北埔公學校畢業，入國語學校國語部就讀，畢業後除經營家中產業（貸地業），並先後出任庄協議員、州協議員，昭和十一至昭和十六年應總督府之任命擔任總督府評議會員。[94]

以所有公學校畢業人數觀察，畢業人員中以從事農業者居多，此與當時之社會經濟結構現象相合。在官廳及公司任職者有九十六人，此輩當為社會之新領導人物。茲將北埔公學校畢業生就業狀況統計如表 5。

表 5　日治時期北埔公學校畢業生就業狀況一覽表

	男	女	小計	百分比（%）
農　　　業	404	0	404	33.8
工　商　業	128	0	128	10.7
官　廳　會　社	89	7	96	8.1
其　　　他	215	0	215	18.0
上級學校在學	21	2	23	1.9
高等科在學	25	3	28	2.3
家　　　事	52	164	216	18.1
無　　　職	25	0	25	2.1
死　　　亡	46	2	48	4.0
不　　　詳	12	0	12	1.0
總　　　計	1017	178	1195	100

資料來源：北埔公學校編，《鄉土誌》，頁 37。

日本殖民政府透過街庄役場，以及警察、保甲制度深入基層，有效的控制地方，復經由學校教育培養日本國民意識，將地方納入殖民統治系統，有效、嚴密的控制，以遂行其統治。然而欲使上述措施產生力量，

---

[92]　北埔公學校編，《鄉土誌》，頁 37-44。

[93]　章子惠編，《臺灣時人誌》第一集（臺北：國光出版社，1947 年），頁 64-65。

[94]　興南新聞社編，《臺灣人士鑑》（臺北：興南新聞社，昭和十八年），頁 119。

仍需輔以交通設施。從經濟的角度看，交通運輸能將地方剩餘的產物，轉變為商品，並輸入外地貨品，擴大住民之經濟活動圈。就社會功能而言，可擴大社會圈，增進不同人群間的往來，將原本封閉性社會，變成流通不息的社會，加速社會的流動。自明治四十年北埔發生蔡清琳抗日事件之後，日本政府對本區之交通建設更加重視，加強交通設施。

　　輕便車方面：明治四十四年十一月，開鑿北埔至竹東間的輕便鐵道，至大正元年完工通車。此間鐵道屬「新竹拓殖軌道株式會社」所修，有台車十台，經由竹東達新竹市，全長二十一點七二六公里，與縱貫線鐵路銜接。[95]

　　在公路方面：北埔至竹東之道路，於昭和元年十二月開通。此外，又修築自北埔經峨眉至竹南郡珊珠湖的道路，均可行駛汽車。另有北埔經寶山通新竹的新道路。[96]

　　這些交通設施，使北埔地區的對外活動空間有很大的改變。昔日，由於地緣的關係，加上本區移民多來自九芎林，因此北埔庄居民，多以九芎林為其主要活動區域。但自輕便鐵路通車，及公路修成，新竹城逐漸成為住民活動之範圍，新事物、新觀念也藉以進入本區。當然也利於日本對本區的控制；同時也加強了本區與鄰近城鄉的關係，使原本閉鎖的社會生活逐漸趨於開放。

四、新社會組織的建立

（一）、水利組合

　　水資源的掌控與運用，為增加農業生產的必要措施。故水利設施的興修，為臺灣土地拓墾的必然過程。唯有水利設施工程興修完成，土地墾成水田，該地的拓墾始算完成。本區水利設施工程的修築受地形的限制，所以陂圳設施規模相當小，灌溉總面積亦小。所修成之主要埤圳如表6。

---

[95]　《竹東郡勢要覽》，頁42。
[96]　北埔公學校，《鄉土誌》，頁114。

表6　清代北埔埤圳一覽表

埤圳名	修建年代	修建者	灌溉面積
南埔圳	道光中葉	金廣福墾隘	五十餘甲
南埔埤圳	道光25年	金廣福墾隘	四十甲（一說二十餘甲）
峨眉圳	道光16年	金廣福墾隘	三十一甲（一說六十餘甲）
中興圳	道光16年	金廣福墾隘	三十一甲（一說六十餘甲）
北埔崁下圳	咸豐元年	金廣福墾隘	二十九甲（一說二十餘甲）
茅坪圳	同治元年	彭三貴	二十四甲
冀其窩圳	咸豐年間	金聯成	十六甲

資料來源：《新竹縣采訪冊》，頁152-153；《新竹廳志》，頁52-53；《鄉
　　　　　土誌》頁99。

　　可見本區之灌溉工程，主要是由金廣福墾隘組織興建，其餘彭三貴為本區粵籍墾戶之一，金聯成為向金廣福墾隘抱隘的拓墾組織，其股夥多為金廣福墾隘的股夥。可見在清代本區的水權，多控制在墾戶手中。

　　日本領臺以後，積極控制水資源。從法律觀點看，臺灣水利事業的組織型態，可區分為官設埤圳、公共埤圳、水利組合以及認定外埤圳等四種型態。官設埤圳，是日本政府為農業灌溉及水力發電等目的而新設之埤圳。明治三十四年，臺灣總督府公佈「公共埤圳規則」，對具有「公共利害」關係的埤圳，進行管理上的監督。在各區推動「公共埤圳組合」，由和公共埤圳有關的地主、佃農以及圳主共同組成，繳入會費與會費，並設立規約，制定有關相互的權利關係與在管理上的必要事項。根據「公共埤圳規則」，總督府得以指定一部分埤圳設施為公共埤圳，並得從預算到人事進行某種程度的干預，從而確立水資源的統制權。[97]

　　大正十年十二月，又頒行「臺灣水利組合令」，於是水利組合取代了原有的公共埤圳組合。其組合長由總督府直接任命，殖民政府對鄉村水權的控制又進一層，而這種控制之達成，並非僅靠巨額資金的投入，而是經由嚴密的行政統制方得達成。[98]

　　北埔庄所屬之水利組合，為「大隘水利組合」。本組合係將社官爺埤圳、龍髻埤圳（即峨眉圳）、南埔埤圳、北埔圳、北埔崁下圳、茅埔

---

[97]　涂照彥，《日本帝國主義下的臺灣》，頁77-78。
[98]　涂照彥，《日本帝國主義下的臺灣》，頁77-79。

圳等數圳合併而成。明治三十九年名之為「新竹廳公共埤圳大隘圳」，大正十年十二月依臺灣水利組合令改稱「大隘水利組合」。其範圍包括北埔庄的北埔、小份林、水磜子、南埔及峨眉庄峨眉、中興、赤柯坪、石硬子等二庄八大字，二百三十四甲水田之灌溉。[99]

本庄農田多在山間平埔，其水源多取自山泉、溜池。故大隘水利組合所灌溉之水田面積，只佔北埔、峨眉二庄水田之17.35%。因水利開發受水源與地形地勢之限制，故其改組並無法達成增加灌溉面積的目的。但地主、佃農及原圳主等會員約一百三十名。[100]經由「大隘水利組合」的組織，打破了往昔諸小圳各自獨立的現象，有助於大區域人群的整合。可見水利組合的現象，不但利於殖民政府對農業資源的控制，且可更強而有力的控制農民與鄉村社會；而其控制之達成，仍然是經由殖民政府的基層街庄役場。因此，大隘水利組合之事務所，是設在北埔庄役場內，屬基層行政組織的一環。

（二）、信用組合

信用組合為後來農會的前身，地方人士鑑於貧富懸殊，貧者借貸無門，富者現金死藏，民間需求生產資金者，受民間高利貸所苦，阻礙地方產業之開發。因此於大正五年七月由姜振乾發起，組織「北埔貯金會」，作為地方的儲蓄機關。大正八年五月，貯金總數額達一萬元，會員數一百人。乃與北埔支廳長山田久次協商，以北埔貯金會的貯金額為基礎，組成「有限責任北埔信用組合」。至大正八年七月廿六日獲得設立許可，同年十月一日開始營業，由姜振乾任組合長，姜振驤等任監事。[101]昭和八年改稱「北埔信用購買利用組合」，為北埔當時唯一的金融機構。與地方金融的需求、供給、產業資金的順利流通密不可分，為地方產業向上開發經濟不可缺少的機關。

---

[99] 北埔公學校編，《(北埔)鄉土誌》，頁99－100。

[100] 菅野秀雄著，《新竹州沿革史》，頁436。

[101] 新竹州內務編，《新竹州下產業組合の沿革及事業の成績》（新竹：新竹印刷合名會社，昭和四年三月），頁115。

以昭和九年為例，時北埔全庄總戶數，為1583戶。參加本組合者計493戶，佔全庄總戶數 31.14%，平均約三戶即有一戶參加。參加者以務農者居多，占 46.74%。[102]茲將歷年組合員數及出資情形表列如表7。

表7　北埔信用組合組員數與出資金額統計表（金額單位：圓）

年代	組合員數	出資總額	儲金金額	貸出金額	
大正八年	216	27000	34836	31260	
大正九年	236	27560	134193	181920	
大正十年	217	25060	128527	188660	
大正十一年	211	24020	90905	253025	
大正十二年	215	23920	146766	283814	
大正十三年	230	23360	229069	396362	
大正十四年	269	24580	218847	420479	
昭和元年	286	25300	287701	487299	
昭和二年	431	28620	293278	786425	
昭和三年	393	25440	353342	779735	
昭和四年	497	27320	397103	1024716	
昭和五年	572	30020	212387	1251306	
昭和六年	564	29480	197542	1060436	
昭和七年	561	27820	283660	1058275	
昭和八年	491	22680	291655	786749	
昭和九年	507	23000	146961	455397	

資料來源：北埔公學校編，《鄉土誌》，頁 93、94、95。

說　　明：昭和三年峨眉信用組合成立，昭和八年寶山信用組合成立，均由本組合分出，故該年組合員數及儲貸金額均明顯下降。

由上表顯示，儲金及貸出金額成長的速度甚快，可見北埔信用組合的組成，改變本區原有資金借貸模式，使農村金融的流通，出現新的型態。組合的成立，須得日本殖民政府的許可。在組合章程中明定：每年經大會批准後，可購買國債證券、儲蓄債券、勸業債券及地方債證券等有價證券。[103]可看出日本政府藉以吸收農村資金的企圖。

總之，日本政府經由信用組合，將昔日地主與佃農間借貸的私關係，調整為借貸者與組合間的公關係。[104]不但加強政府對農村的金融與社會的控制，且可藉以吸收農村資金，對日本的統治極為有利。

102　北埔公學校編，《鄉土誌》，頁 97。

103　北埔公學校編，《鄉土誌》，頁 85。

104　昔日需款或向地主，或向嘗會、神明會等組織借貸，借貸是否成立，雙方的關係就顯得重要。組合組成後，凡組合成員即可向組合借貸，農村借貸關係明顯改變。

（三）、業佃會

臺灣土地所有制，一田多主的現象在清代已形成。昭和七年（1932年）的統計資料，仍可發現新竹州 138,041 甲的田園中，佃作地面積有97,936 甲，占耕地面積 71%。若以農業戶數觀察，當時農業戶數 51,841戶，其中自耕兼佃農的農家有 21%，佃農占 56%，所以不受租佃關係支配的農家，占全農業戶數的 23%以下。然而原來的佃作契約，係根據舊慣而訂立，佃農缺乏安全感，阻礙各種農事改良，使佃農的生活受到極大威脅。由於農村問題隨著農民思想的變化，而逐漸複雜化，成為農村問題的核心。因此，在州及總督府的方針引導下，於昭和二年組成「業佃會」，作為改善佃習慣的團體。其主要工作在延長契約期間，並依新格式重訂契約，以緩和業佃關係，提高生產，改善佃農生活。[105]

茲將昭和六年北埔耕地自耕或佃作的比例表列如表 8。北埔庄為金廣福墾隘的墾區，土地集中的現象更形嚴重，田園自耕的情形只占15.77%，餘 84.23%為佃農耕種。而且其地租（小租）高達收成量的 64%，佃農的負擔極高。[106]

表 8　北埔庄耕地自耕、佃作別面積統計表（昭和六年）

	田		旱園		總計	
	甲數	百分比	甲數	百分比	甲數	百分比
自耕	94.95	14.28	275.75	16.35	370.70	15.77
佃耕	569.94	85.72	1410.74	83.65	1980.68	84.23
小計	664.89	100	1686.49	100	2351.38	100

資料來源：新竹州農會編，《新竹州下に於ける小作慣行改善事業概況》，頁 53。

在此一背景下，北埔庄於昭和四年成立「北埔庄業佃會」，其辦公處所設於北埔庄役場內。業佃會係由在本區內的地主、佃農及自耕農所組成的。其目的在使會員相互協力，期使佃農與地主的關係公正，進而

[105] 新竹州農會編，《新竹州下に於ける小作慣行改善事業概況》(新竹：新竹州農會，昭和六年)，頁 1。

[106] 新竹州農會編，《小作料に於ける關調查》（新竹：新竹州農會，昭和七年），頁 7。

圖謀農業的發達與農村的融合為目的。業佃會的主要事業為：一、改善佃耕習慣；二、佃耕契約及其他農事相關紛爭的審議與公正的調停；三、事業的達成上必要的調察研究；四、圖謀會員親善融合的必要事業。[107]

　　業佃會的職員為達「小作慣行改善」宗旨的普及與事業的徹底，庄業佃會的職員，利用保甲會及家長會外，經常召開業佃兩者的集會，進行懇談或演講。又個別訪問，努力斡旋，要求業佃雙方依官方所訂的格式締結租佃契約，開辦兩年後（昭和六年），全竹東郡下即有18.41%的業佃，依新格式重新締結契約。[108]昭和十一年北埔庄之業佃間，重立契約的面積已提升為61.61%。[109]對業佃會的宗旨理解的地主漸次增加，斷然實施佃租減免、貸與佃農耕作資金。從州政府所表揚的優良地主，其優良的事蹟不外乎：借與佃農農業資金、綠肥種子的配付、肥料的購入補助、獎勵建設堆肥豬舍、獎勵設置防風林、獎勵新品種的普及、勵行長期契約，以及斷然減少佃租等項。[110]茲將昭和十一年竹東郡業佃書式契約面積統計表列如表9。

表 9　北埔庄鄰封地區業佃重訂契約面積一覽表（昭和十一年）

街庄別	竹東街	芎林街	橫山庄	北埔庄	峨眉庄	寶山庄	小計
契約件數	998	741	825	439	330	283	3616
地主數	378	464	615	195	260	323	2235
佃人數	928	513	699	337	293	266	3036
契約面積	1820	1304	1773	1047	1480	739	8163
百分比	77.28	75.90	83.31	61.61	84.86	34.85	69.40

資料來源：五味田恕，《新竹州の情勢と人物》，頁 227。

　　前述可想是以政府的力量，促使地主配合，以改善租佃關係；並利用各種集會的召開，提升農民的農業知識，使農業生產量增加，增進殖民政府的經濟利益。但從另一個角度觀察，此一措施具有使佃農與地主

107　北埔公學校編，《鄉土誌》，頁 108－109。

108　新竹州農會編，《新竹州下に於ける小作慣行改善事業概況》，頁 10。

109　五味田恕，《新竹州の情勢と人物》（臺北：臺北印刷株式會社出版，昭和十三年），頁 258。

110　新竹州農會編，《新竹州下に於ける小作慣行改善事業概況》，頁 16-25。

的關係，轉向佃農與政府間公關係的建立。使日本殖民政府，對農民進行更嚴密的控制。

　　除了信用組合、水利組合與業佃會外，本區尚有「北埔茶業組合」、「北埔畜產組合」。

　　「北埔茶業組合」是昭和五年四月一日創立的，組成之目的在使北埔庄茶業的合理經營及發達。為謀求北埔庄茶葉節省生產費、管制製茶品質及擴張銷路，乃於昭和八年十二月建設茶葉工廠，採機械化大量生產，至昭和八年參加者為 1,875 人，庄民參加比率甚高。[111]該組合的推動主要得助於姜阿新，他致力於「北埔茶」的推廣，該組合擁有最新式的機械設備，並與日本「三井物產」結合，開拓日本本土及滿州的市場，昭和十二年輸出年達二十萬斤。[112]北埔茶在該組合的努力下，為本區創造了相當的財富，「北埔茶業組合」成為本區強而有力，且能團結庄民的現代組織。

　　昭和二年四月一日，由新竹州農會補助，組織「北埔庄養豚組合」，時僅有會員 45 人。後因人員增加，乃於昭和六年改組成「北埔畜業組合」。該組合主要工作為：母種豬的普及、豬舍的改良、種雞的繁殖以及畜牛的改良，以增加農民的收入。[113]

五、結論

　　北埔地區屬金廣福墾隘的墾區，墾戶首自然成為地方的領導階層，對地方具極大的影響力。墾戶首的影響力主要來自土地開墾的主導權，以及開墾後龐大的經濟力。但不可忽略的是：地方組織的底層是建立在地緣與血緣的基礎上，而地緣與血緣組織，正由墾戶與仕紳所領導支配，具相當的自主性。清朝地方政府透過墾戶首、紳商建立街庄總理制度，企圖經由鄉治組織加強控制地方，但街庄總理制的控制力仍有其侷

111　北埔公學校編，《鄉土誌》，頁 105－106。
112　五味田恕，《新竹州の情勢と人物》，頁 227。
113　新竹州農會編，《新竹州下に於ける小作慣行改善事業概況》，頁 106-107。

限性。

　　日本領臺後，即努力將北埔由墾戶首、紳商所領導，具濃厚地緣與血緣色彩的社會，轉變成由庄長、保正及巡查補所領導的日本社會。為達成此一目的，日本所運用的工具為：街庄役場、警察與保甲制度、公學校教育制。即在街庄役場組織下，利用警察與保甲制度嚴密控制地方，並輔以學校教育達成對街庄人民的思想控制，以利於統治。

　　此外，經由建立新經濟組織，如水利組合、信用組合、業佃會、茶業組合等。使鄉村資源有效利用，強化總督府的經濟控制；並透過這些組織，強化殖民政府對鄉村的影響力，弱化舊社會領導階層的社會影響力與經濟控制力，以利日本社會的形成。正如溫振華的觀察，認為街庄役場、警察官吏、公學校是日本改造控制臺灣鄉村社會的三大象徵。[114]

　　雖然日本企圖切斷臺灣鄉村與傳統社會的連結，建立新的社會關係體系，達到嚴密統制的目的。鄉村社會隨之發生重大改變，以社會領導階層而言，清代社會是由科舉出身者，扮演社會領導者的角色，他們多屬受傳統教育的舊知識份子。到了日治時期，新教育的建立，鄉民有較多機會接受教育。社會的領導者，已逐漸由受日本新式教育出身所形成的領導階層所替代。

　　然而社會的發展具延續性，日本政府為迅速有效統治，並推動殖民事業，運用傳統仕紳階層及舊有的街庄、保甲等組織，再配合新成立的學校，形成一強而有力的行政系統，確實使日本對鄉村的控制力增大，但傳統社會的特質仍然持續發展。如地緣及血緣組織活動仍極強，北埔大隘地區的人民，參與新埔枋寮義民廟的中元普度活動，並未因日本的統治而有所改變。[115]宗族活動仍然相當熱絡，期間更有家廟的興建、修族譜及助修唐山祖墳或家廟的現象。[116]

　　姜紹祖領導佃農，參與乙未抗日，使姜家地方領導權稍挫；同時也

---

[114]　溫振華，〈日本殖民統治下臺灣鄉村社會的變遷——以東勢為例〉，頁11。
[115]　蔡錦堂著，《臺灣における宗教政策の研究——1895~1954》，日本筑波大學歷史人類研究科博士論文，1990。
[116]　姜氏家廟於日本大正十二年興建；北埔李家於大正十三年編修族譜，為與原鄉李氏族人取得族人資料，曾多次書信往來。民國六十八年李派權新編族譜時，曾將往來書信收入新編族譜。

因日本加強對本區的控制，所以日治初期今新竹縣地區僅設有二支廳，而北埔即居其一，此固與五指山的隘線有關，但與本區居民參與抗日有密切關連。日後蔡清琳事件又在本區發生，日本更加強控制及籠絡，本區領導階層的日本化現象相當明顯。

　　值得注意的是，地方領導階層由舊知識份子轉變成新知識份子，但新領導階層多來自舊仕紳家族，此一現象與吳文星的發現一致。[117]新舊領導階層具有相當的延續性，整個社會並未呈現活潑的社會流動現象。擁有較佳經濟條件的墾戶後代，享有較好的教育機會，因而承襲其父祖的社會地位。所以粵籍墾戶首姜家族的領導地位依舊存在，與統治者的關係與清朝時期並無太大差別。

---

[117]　吳文星，《日治時期臺灣社會領導階層之研究》，頁160、162。

參考書目

五味田恕，《新竹州の情勢と人物》，臺北：臺北印刷株式會社出版，
　　　昭和十三年。

田中一二編，《臺灣年鑑》，臺北：臺灣通信社出版部發行，大正十三
　　　年，民國七十四年成文出版公司影印版。

北埔公學校編，《鄉土誌》，新竹：北埔公學校，1934 年。

矢內原忠雄著，周憲文譯，《日本帝國主義下之臺灣》，臺北：帕米爾書
　　　店出版，1985 年。

伊能嘉矩，《臺灣文化志》，東京：刀江書院，昭和三年；臺北：南天書
　　　局，1994 年。

竹東郡役所編，《竹東郡勢要覽》，新竹：竹東郡役所，昭和十二年五月
　　　發行；民國七十四年成文出版公司影印版。

李國祁，〈清代臺灣社會的轉型〉，民國六十七年中國青年反共救國團冬
　　　令青年自強活動，臺灣史蹟源流研究會講義。

吳文星，《日治時期臺灣師範教育之研究》，臺北：國立臺灣師範大學歷
　　　史研究所，第八號專刊，1983 年。

吳文星，《日治時期臺灣社會領導階層之研究》，臺北：正中書局，1992 年。

吳學明，《金廣福墾隘與新竹東南山區的開發》，臺北：臺灣師範大學歷
　　　史研究所第十四號專刊，1986 年。

林百川、林學源等，《樹杞林志》，臺北：臺灣銀行經濟研究室編臺灣文
　　　獻叢刊第六十三種，以下簡稱「臺銀文叢」，1959 年。

波越重之，《新竹廳志》，臺北：臺灣日日新報社，明治四十年。

涂照彥，《日本帝國主義下的臺灣》，臺北：人間出版社，1994 年。

章子惠編，《臺灣時人誌》第一集，臺北：國光出版社，1947 年。

新竹州農會編，《新竹州下に於ける小作慣行改善事業概況》，新竹：新
　　　竹州農會，昭和六年。

新竹州農會編，《小作料に於ける關調查》，新竹：新竹州農會，昭和七年。

新竹州農會編，《新竹州下に於ける小作慣行改善事業概況》，頁 10。

新竹州內務編，《新竹州下產業組合の沿革及事業の成績》，新竹：新竹
　　　印刷合名會社，昭和四年三月。

興南新聞社編，《臺灣人士鑑》，臺北：興南新聞社，昭和十八年。

新竹縣政府，《臺灣省新竹縣志》，卷七教育志第二冊，新竹縣：新竹縣
　　　政府，民國四十六年編纂，民國六十五年付印。

菅野秀雄著，《新竹州沿革史》，新竹：新竹州沿革史刊行會，1938 年。

費孝通，《鄉土重建》，出版年不詳。

黃奇烈，〈北埔鄉文獻採訪錄〉，《新竹文獻會通訊》第十三號，1954 年
　　　4 月。

陳其南，《臺灣的傳統中國社會》，臺北：允晨文化實業公司，1991 年
　　　四版。

陳紹馨，〈臺灣的社會變遷〉，收錄於氏著《臺灣的人口變遷與社會變
　　　遷》，臺北：聯經出版社，1975 年。

溫振華，〈日本殖民統治下臺灣鄉村社會的變遷——以東勢為例〉，1992
　　　年 7 月「日治時期臺灣史國際學術研討會」。

臺灣銀行經濟研究室編，《淡新檔案選錄行政編初集》，臺北：臺灣銀行
　　　經濟研究室編，「臺銀文叢」第 295 種，1971 年。

蔡淵絜，〈清代臺灣基層政治體系中非正式結構之發展〉，《國立臺灣師
　　　大歷史學報》，第十一期（1983 年）。

蔡錦堂，《臺灣における宗教政策の研究——1895-1945》，日本筑波大
　　　學歷史人類研究科博士論文，1990 年。

戴炎輝，〈臺灣の家族制度と祖先祭祀團體〉，收入《臺灣文化論叢》第
　　　二輯，臺北：清水書局，1945 年。

戴炎輝，《清代臺灣之鄉治》，臺北：聯經出版社，1979 年。

未刊史料

新竹北埔姜家史料

道光十二年三月姜首鑾、首福立分約鬮書字。

道光二十四年八月姜秀鑾、朱福立議分公業約。

道光二十七年二月姜藍氏仝男居顧、居才立分鬮書。

同治四年十一月黃來生、黃水生等仝立分管字。

同治六年六月二十一日淡水同知嚴金清予姜榮華諭飭。

同治十一年十二月淡水同知向壽予姜榮華諭飭。

光緒九年八月姜枝山、姜首思立借銀字。

光緒十年十二月金廣福分管加二八山林田業簿，福字號。

光緒十六年七月姜阿炎的杜賣嘗底字。

光緒十六年九月姜紹祖呈稟稟稿。

光緒十六年十二月金協和仝立分管水田山林埔地字。

明治四十二年十一月陳振芳等仝立舉管理四美嘗字。

大正四年姜榮華、姜榮富兩房分家鬮書（富字號）。

大正四年姜金發、姜金火等四房分家鬮書（信字號）。

姜振驤，〈義豐公嘗に關ける祭祀公業の概況〉，《姜義豐沿革概要》，手
　　　稿本，無年代頁碼。

新竹北埔姜家神明會嘗簿，手抄本，無頁碼。

其他家族史料不著撰人，《曾氏族譜》，手稿本，無年代頁碼。不著撰人，
　　　〈繼志嘗會員氏名簿〉，大正十二年，未出版，無頁碼。

不著撰人，《北埔開闢史》，昭和八年，未出版，無頁碼。

不著撰人，《彭氏族譜》，手抄本，無頁碼、年份。

不著撰人，〈開山伯公簡介〉，碑文，立於北埔埔尾油車開山伯公祠，民
　　　國七十二年。

彭瑞鳳，〈繼志嘗收支簿序〉，新竹北埔彭勝業先生珍藏，未出版，無頁碼。

彭瑞鳳，〈臺灣北埔彭氏宗祠記〉，《彭氏大譜》，1972 年 12 月初版。

新竹廳編，《寺廟調查書》，大正四年，手抄本，無頁碼。

道光二十七年九芎林姜秀鑾等立請帖，蔡淵挈教授提供。

同治五年十一月彭三貴立撥定鬮分字。（北埔彭勝業先生珍藏）。

同治五年陳良恭等仝立分家鬮書。（北埔陳增填家珍藏）。

蕭國和等編，《蕭氏族譜》，修譜序，大正元年，手抄本無頁。

臺灣義民爺信仰的擴散與流變[*]

摘 要

　　枋寮褒忠義民廟義民爺信仰，為先民來臺後發展出來的本土民間信仰神祇。初期祭祀範圍僅限於六張犁庄，後來發展成今日十五大聯庄輪值祀典。枋寮義民爺信仰隨著北部客家族群的再移民，擴散至臺灣各地。以枋寮褒忠義民廟義民爺為主神的分香廟，計有 21 座。枋寮義民廟如何由少數人的信仰，發展成十五聯庄的大祭典區？義民信仰擴散至全臺灣後，有那些仍延續枋寮祖廟的舊傳統？產生怎樣的流變，是本文觀察的重點。

　　枋寮義民信仰單一聯庄的形成，與該聯庄的開墾歷史、開墾人群與聯庄認同意識等有密切的關係。再移民仰賴義民爺克服原住民的抗拒，水土不服與疾病等苦難，乩童則扮演相當重要的角色，進而發展成分香廟。枋寮義民廟維持不立神像只供奉牌位的傳統，且牌位有一定的形制。但在各分香廟產生流變，部分分香廟奉有金身。維持牌位奉祀的分香廟，牌位的文字產生分殊化的現象，牌位的形制、文字、顏色多有差異，甚至出現人名。

　　除了牌位和神像的分殊外，有些分香廟設有乩童，為信眾辦事解厄；有些分香廟以特定時間做為義民爺的聖誕日，原本沒有墳塚的也效彷祖廟，在廟後立墳。凡此，見證分香廟的演變，與祖廟有很大的差異。分香廟與祖廟奉祀義民爺的本質不變，但在形式上產生變異；分香廟間同中有異，呈現多元化的現象。然而「義民聯誼會」的運作，是否使原來已走向在地化的義民爺信仰，限縮各自獨立發展的機會，值得觀察。

關鍵字：義民爺信仰、再移民、分香廟、牌位、金身

---

[*] 本文改寫自本人與林柔辰合著之《變與不變：義民爺信仰之擴張與演變》一書之第一、五章。

一、前言

　　枋寮褒忠義民廟義民爺信仰，為先民來臺後發展出的本土民間信仰神祇。枋寮義民廟完工於乾隆 55 年（1790），最初祭祀範圍僅限於六張犁庄，經嘉慶 7 年（1802）「四姓規約」，形成所謂「外庄經理制度」，以及「中元祭典由外庄輪流當調」，演變成今日十五大聯庄輪值祀典的方式，其範圍含蓋桃園、新竹地區，透過祭典的參與，枋寮義民廟已成為北臺灣客家族群的信仰中心。

　　十五大聯庄輪值祀典的義民爺信仰，隨著北部客家族群的再移民，枋寮義民爺香旗將義民爺信仰擴散至臺灣各地。義民爺信仰擴散至全臺各地，或建廟以義民爺為主神，或成為在地廟宇的陪祀神，或僅為客家族群個別家戶祭祀的對象。目前以枋寮褒忠義民廟義民爺為主神的分香廟，計有 22 座。[1]這些分香廟分布的地理空間，除了初期在桃竹苗地區擴展之外，日治時期以後陸續隨著客家再移民，擴展到南投、高雄、嘉義和花蓮等地。

　　歷史上「義民」信仰不是客家族群所獨具，其他各籍也有奉祀義民的事實；桃竹苗「北客」的「義民」信仰，與六堆「南客」奉祀的「忠勇公」亦不相同；桃竹苗的客家人，也不是全部都奉祀義民；苗栗市奉祀義民的客家人，與新竹枋寮義民爺的信徒，看待義民爺的態度也有差異。供奉枋寮褒忠義民爺十五聯庄居民再移民，將義民信仰擴散至全臺灣，各分香廟如何看待並祭祀義民爺，有那些仍延續枋寮祖廟的舊傳統？信仰形式是否產生流變？演變的情形如何？與枋寮祖廟有何差異，值得深入觀察。

---

[1]　枋寮義民爺 22 座分香廟，認定的標準有三：一是該廟主神為義民爺，其香火確定來自新竹枋寮義民廟；二是該廟宇名稱無論是亭、祠或宮、廟，均應屬地方或角頭之公廟，而非私人神壇；三是以枋寮義民爺為陪祀神的廟宇不在統計之類。平鎮褒忠祠就史實而言，不是枋寮義民廟的分香廟，本不應該列入分香廟系統，但歷來枋寮義民廟或平鎮褒忠祠，均宣稱為枋寮褒忠義民廟的分香廟，故從俗列入分香廟統計。

二、義民與義民爺信仰

（一）、義民

　　臺灣社會的動亂與分類械鬥在整個清代重複地上演，故有「三年一小反，五年一大亂」之說。當民變發生後，官府往往動員民間組織兵力，協助官府平亂。朱一貴事件政府曾「檄臺灣民人」，稱「凡汝士庶番黎，莫非天朝赤子，嚮風慕義，悔罪歸誠，回生良策，刻不容緩。大兵登岸之日，家家戶外書『大清良民』者，即為良民，一概不許妄殺。有能糾集鄉壯殺賊來歸，即為義民，將旌其功，以示鼓勵。」[2]丁曰健〈諭閩粵民人〉一文指出「立大清旗號，以拒朱一貴諸賊，乃朝廷義民。」[3]廣義而言，凡能立大清旗，糾集鄉壯殺賊來歸者均為「義民」。

　　狹義的「義民」，是指清代協助官府平定民變，而獲得國家賜封的人。朱一貴事件中協助官方者，有「守土」、「引兵殺賊」、「拿獲賊首」等類義民，均獲「比照部冊有名外委官議敘之例，各功加一等」；又有數量龐大的「各項鄉民壯」應「俱加賞賚」，以及給予「酌量恤賞」「陣亡之義民」。[4]而這些義民「有南路營下淡水及安平鎮、港西尾、溝尾莊」各處義民。[5]可見朱一貴事件之義民，不以下淡水粵籍人士為限。

　　林爽文事件中的「義民」，從乾隆 53 年福建巡撫徐嗣曾發給粵籍義民戴華元的義民證書，可見清政府的態度有其一貫性。這份義民證書是發給「在事出力」的人民，他們不但獲賞給「翎頂職銜」，還「分別實缺補用」，為「杜頂冒」，故「詳細核明，頒給印箚」。並「造具花

---

[2]　丁曰健（輯），《治臺必告錄》（臺北：臺灣經濟銀行研究室，臺灣文獻叢刊第 17 種，1959 年），頁 8。

[3]　丁曰健（輯），《治臺必告錄》，頁 40-41。

[4]　李文良，《清代南臺灣的移墾與「客家」社會》（臺北：國立臺灣大學出版中心，2011 年），頁 178。

[5]　王瑛曾，《重修鳳山縣志》（臺北：臺灣銀行經濟研究室臺灣文獻叢刊第 146 種，1962 年），頁 343。同引文所舉義民有「聚眾守土以拒賊」、「結隊嚮道而剿戰」、「質家口從間道以引王師」、「設奇謀糾眾力而擒賊目」等項。與李文良所引項目類同。

名清冊，送部存案」。[6]因此，義民身份的取得，必需經過一定程序的冊報，才能取得憑證，不是「慨然有平賊之志」，號召庄民「同謀義舉，團練鄉民作為義勇」就是義民。[7]在專制帝王統治下，「民」與「匪」往往是一線之間，不可不慎。因此勤王的義民必需「立大清旗號，供奉皇上萬歲聖旨牌」，以象徵皇帝身份的聖旨牌為前導，宣示是忠於皇帝的子民，免於被視為叛軍匪徒。[8]關於供奉萬歲聖旨牌，李文良有精采的討論，於此不贅述。[9]

（二）、義民信仰

「義民」是地方發生動亂時，協助官兵的百姓，事平後朝廷賞賜、贈匾，褒揚義民的忠義之舉，官府或民間為死難「義民」建廟立祠，加以祭拜。因此先民對於義民崇奉，並無族群的畛域。如朱一貴事件後，六堆地區建立「忠義亭」；林爽文事件結束，北港居民收集遺骸，建旌義亭供奉，為今日北港義民廟。

「粵庄」居民與「義民」這個身分的聯結，始於康熙 60 年（1721）的朱一貴事件。當時以「六堆」地區為中心的粵籍移民團結鄉社，協助官兵平定亂事，官府為事件中死難的「粵民」建「忠義亭」加以祭祀，粵東移民漸被塑造為效忠朝廷的形象。[10]此後一百餘年間，以吳福生、林爽文、陳周全、蔡牽、張丙、戴潮春等為首的動亂事件中，粵庄居民皆以「義民」身分協助官兵平亂。[11]

6　吳學明、黃卓權，《古文書的解讀與研究》（竹北：新竹縣文化局，2012 年），頁 89-92。劄付內容引錄如下：「兵部侍郎兼都察院副都御史巡撫福建等處地方提督軍務 徐為遵旨會議具奏事，照得賞給臺灣翎頂職銜義民，除欽奉諭旨分別實缺補用外，其應給頂帶及從前給過頂帶人等，並准部議詳細核明，頒給印劄以杜頂冒，仍造具花名清冊送部存案；等因。於乾隆五十三年六月十七日奉旨：依議，欽此。欽遵在案。查義民戴華元委係在事出力，業經獎給金頂帶，除造冊彙咨外，合行給劄，為此劄給該義民收執，以杜頂冒。須至劄者。」

7　林百川、林學源等，《樹杞林志》，〈列傳〉：「陳資雲」，手抄本影印，無頁碼；另據臺灣文獻叢刊第 63 種，臺銀經濟研究室，1962 年，頁 89。

8　王瑛曾，《重修鳳山縣志》，頁 344。

9　李文良，〈立大清旗，奉萬歲牌：朱一貴事件時的「萬歲聖旨牌」與地方社會〉，《「臺灣與海洋亞洲」國際研討會》會議論文（臺北：國立臺灣大學歷史系，2009.12／04-05）。

10　陳春聲，〈國家意識與清代臺灣移民社會─以「義民」的研究為中心〉，收錄於賴澤涵、傅寶玉主編《義民信仰與客家社會》（臺北：南天出版社，2005 年），頁 89-92。

11　丁光鈴，《清代臺灣義民研究》（臺北：文史哲出版社，1994 年），頁 71-108。

　　本文所論義民信仰的淵源，主要是指清乾隆年間反清抗官的「林爽文事件」之由臺灣中部蔓延至竹塹地區，新竹地區粵籍人民為保衛鄉土，組織義民軍以資對抗之死難者的祭拜。乾隆 53 年（1788）全臺林案亂事平定，由竹塹地方粵籍人士建義塚收埋死難義民；同年清乾隆皇帝以「褒忠」二字頒匾褒揚，新竹地區士紳林先坤等人遂倡議建廟崇祀，於是有褒忠亭義民廟的建立。林爽文事件後有戴潮春事件再起，新竹地區曾再組義民軍南下平亂；新竹地區兩次義民軍平亂犧牲者，除皇帝的敕封，同治、光緒年間巡撫徐宗幹、劉銘傳，及日治時期日本拓務大臣秋田清、臺灣總督長谷川清等人均曾給予嘉獎，「義民爺」因此由原屬於地方民間性質的祭拜，隨忠義事蹟流傳、官方獎勵、粵籍人群不斷向外擴散墾殖，以及祭祀的興辦，義民爺信仰遂成為北臺灣客家人群的重要信仰。同時，義民廟的祭祀區跨今之新竹縣市、桃園市，又區域內劃除閩南村落，使用客語與非使用客語人群壁壘分明之特性，新埔枋寮褒忠亭義民廟儼然成為北部客家的信仰中心。

三、枋寮義民廟的建廟

　　枋寮義民廟的建立肇因於乾隆 51 年（1786）的林爽文事件。林爽文原籍福建漳州平和縣，渡臺後定居於大里杙（今臺中市大里區）。乾隆 48 年（1783）漳州人嚴煙到臺灣傳播天地會宗旨，設置香案，歃血瀝酒以宣誓為會員，林爽文亦加入天地會。1786 年諸羅縣（今嘉義縣）的會黨發生爭產械鬥，遭官府查緝，會員逃往大里杙集結，為求自保，林爽文與鹿港王芬等人招集大里杙各莊人抗拒官兵，攻破彰化縣城[12]。11 月 7 日林爽文率天地會眾攻陷大墩營（今臺中市），林爽文被推為北路盟主，竹塹方面由王作、林小文、李同領導，南路則有莊大田、莊大韭響應。主要戰場在彰化、諸羅、府城及鳳山一帶，北路淡水廳主要是王作率眾北擾。[13]

---

[12]　臺灣銀行經濟研究室編，《明清史料戊篇》（南投：臺灣省文獻委員會，1972 年），頁 276。
[13]　參閱臺灣銀行經濟研究室編，〈附錄紀莊大田之亂〉，《臺案彙錄甲集》（南投：臺灣省文獻委員會，臺灣文獻叢刊第 31 種，1997 年），頁 233-251。

　　廟方資料指出，林爽文事件蔓延至竹塹地區時，竹塹地區粵人陳資雲、劉朝珍、林先坤等號召，團練鄉勇為義勇，當時粵庄義民軍共分四路，竹塹泉州閩軍一路，共五路大軍。粵庄的四路軍隊，以鐘瑞生為首者為苗栗軍，北上會合同攻竹塹；以林先坤為首者為第二軍，近二千人；以陳資雲為首者為第三軍，與林先坤配合進軍；以蘇敬彩為首者為第四軍，北攻大嵙崁（今桃園市大溪區），以防北部漳州人南下助林爽文。[14]關於塹北粵莊義民軍的組成，黃卓權根據乾隆 53 年（1788）前後的相關史料推測，竹塹城失陷時，赴各庄招集義民軍的主要人物為當時的淡水廳幕友壽同春，林先坤應是以地方頭人或林家宗族代表的身分，受邀擔任「義首」（義民首），成為協助招募義民的領袖。[15]黃卓權根據嘉慶 7 年（1802）10 月間，褒忠亭首事王廷昌、黃宗旺、林先坤、吳立貴等人共同簽立的〈同立合議規條簿約字〉指出，當時在塹北地區擔任「義首」號召義民的粵庄領袖，尚有王廷昌、黃宗旺、吳立貴等三人，林先坤是憑著個人的領導才能與地方聲望，後來成為其他義首共同推舉的塹北地區粵莊代表，以及後來建設廟宇的負責人與廟產管理人。[16]

　　乾隆 53 年林爽文在竹南老衢崎被捕，南路莊大田亦戰敗，林爽文和嚴煙被遞送北京，事件始告結束。[17]「丙午年冬，元惡林爽文戕官陷城，程廳主遇害，壽師爺接任，立策堵禦。」[18]說明乾隆 51 年冬林爽文舉事，林爽文部將王作攻陷竹塹城，淡水同知程峻自殺身亡，由程峻之幕僚壽同春」招募竹塹城附近閩籍和粵籍義民收復竹塹城。「塹屬地方陣亡義友骨骸，暴露兩年，乏地安葬」。[19]

---

[14]　新埔鎮誌編輯委員會編，《新埔鎮誌》（新竹：新埔鎮公所，1997 年），頁 378-380。

[15]　黃卓權，〈義民廟早期歷史的原貌、傳說與記載—歷史文本與敘事的探討〉，《臺灣文獻》第 59 卷第 3 期，2008 年 9 月，頁 99-104。

[16]　黃卓權，〈義民廟早期歷史的原貌、傳說與記載—歷史文本與敘事的探討〉，頁 99-104。

[17]　陳菊仙，〈枋寮義民廟的沿革〉，《新竹文獻會通訊》第 9 號（1953 年 12 月），頁 3。

[18]　〈嘉慶 7 年 10 月褒忠亭首事王廷昌、黃宗旺、林先坤、吳立貴等同立合議規條簿約字〉，收入吳學明、黃卓權，《古文書的解讀與研究》，頁 98。

[19]　〈乾隆 53 年 11 月粵東總理林先坤姜安等仝立合議字〉，收入吳學明、黃卓權，《古文書的解讀與研究》，頁 84-85。

設塚廟的原因：在於義民「幫官殺賊，志切同仇，捐軀殉難者不少；血戰疆場，屍骸拋露到處。夜更深，常聞鬼哭，各庄人民，寐寢難安。」[20]可見建塚廟的動機是基於對無主孤魂的恐懼心理。David Jordan 分析鬼與祖先的差別，在於前者的死亡是不幸、非正常因素所造成，在非自然死亡的鬼的範疇中，若其身前曾奉獻自身、造福鄉里，則能死後成神。[21]對於「屍骸拋露到處，夜更深常聞鬼哭，各庄人民寢寐難安」，凶死的厲鬼帶有極重的煞氣，庄民為了防止厲鬼作祟，予以收埋骨骸，立廟供奉，「以免陰靈怨哭於他鄉」，此可視為一種安撫的方式，一方面讓非自然死亡的魂魄入土為安，更重要的是安撫人心。

因此「時有王廷昌自備銀項，請出鄧五得為首，各處收骸，欲設塚廟，相有地基，立買成就。遂即設席，請得義首林先坤、黃宗旺、吳立貴等合眾商議。痛此義民死者，淒青靈於墨夜，暴白骨於黃沙，營埋忠骸於青塚，以免陰靈怨哭於他鄉。」[22]

埋葬塚地的取得：歷來傳說當年載運骨骸的牛車，到現址之後，牛隻就不再受驅使，經焚香禱告後擲筊卜知，義民爺要得此「雄牛睏地穴」的地理，決意合葬於此。然由「粵東總理林先坤、姜安」等全立合議字，可知當時「因塹屬地方陣亡義友骨骸，暴露兩載，乏地安葬」，才由「拔成、禮成、才成兄弟丈義，為人喜施情殷」，願將乾隆 49 年向彭榮宗兄弟購得「枋寮庄舊庄」土地，「即日邀粵眾到地踏看，堪作安塚立祠」，「禮成兄弟願發心，樂施公塚，任坤等擇吉安葬立祠」。前引合議字載「邀粵眾到地踏看，堪作安塚立祠。卜云：其吉絡焉，元臧。」[23]可見塚地是經卜卦而決定的。運骨骸的牛車，牛隻不受驅使前進的說法應屬後人穿鑿附會之說。[24]

---

[20] 〈嘉慶 7 年 10 月褒忠亭首事王廷昌、黃宗旺、林先坤、吳立貴等同立合議規條簿約字〉，收入吳學明、黃卓權，《古文書的解讀與研究》，頁 98-101。

[21] Jordan, David K 1972, "*Gods, Ghosts, and Ancestors: the Folk Religion of a Taiwanese Village.*" Berkeley: University of California Press. pp.31-41.

[22] 吳學明、黃卓權，《古文書的解讀與研究》，頁 98。

[23] 〈乾隆 53 年 11 月粵東總理林先坤姜安等全立合議字〉，收入吳學明、黃卓權，《古文書的解讀與研究》，頁 84。

[24] 參閱羅烈師，〈臺灣客家之形成：以竹塹地區為核心的觀察〉，國立清華大學人類學研究所博士論文，2006 年，頁 252。

　　替義民爺卜卦擇立現址的地理先生，到底是何人？枋寮義民廟正身供義民牌位之外，尚有戴元玖和王禪師的祿位；龍邊橫屋供奉三方祿位，分別為「建創施主諱先坤林公祿位」（居中）、「大先生陳公資雲祿位」（居左）、「施主劉公諱朝珍長生祿位」（居右）。根據《樹杞林志》〈列傳〉所載，陳資雲「家貧無資」，何以能和「建創施主」、「施主」並列，甚至祿位在劉朝珍之上位？陳資雲的祿位被稱為「大先生」，即大地理師之意。這除了陳資雲在義民軍行軍佈陣之際，卓有貢獻；也可能是義民爺塚墓位置是由他選定有關。史載「陳資雲先生精通星數，奇士也。」[25]陳資雲身後的墓碑上刻「大先生」；[26]足見陳資雲是當時竹塹地區粵東族群的大地理師。在義民爺分香廟中，無論是牌位或神像，有以「陳軍師」為名者，廟中主事者或信徒，咸指陳軍師即陳資雲。苗栗縣頭份鎮義民廟也有陳資雲的牌位，「褒封忠義軍師資雲陳先生位」，也稱他為「大先生」。

　　「義民」一詞，在康熙60年（1721）的朱一貴事件，即已出現。「至臺灣義民甚多，而廣東、泉州二處民人尤為急公；隨同官兵打仗殺賊，屢經出力。自康熙年間廣東莊義民勦賊有功，經總督滿保賞給『懷忠』、『効忠』等匾額，是以民人等咸知嚮義，踴躍自効。」乾隆皇帝認為「前次匾額祇係總督所給，伊等已如此感激奮勵；今將廣東莊、泉州莊義民，朕皆特賜匾額用旌義勇，伊等自必倍加鼓舞，奮力抒忠。」[27]於是乾隆決定「此次勦捕臺灣逆匪，泉州、粵東各莊義民隨同官軍打仗殺賊，甚為出力，業經降旨賞給『褒忠』、『旌義』里名匾額。其漳州民人有幫同殺賊者，亦經賞給『思義村』名，以示勸勵矣。……所有打仗出力之熟番等，著賞給『効順』匾額，交福康安仿照各村莊義民之例，於所居番社，一體頒賞，以示旌獎。」[28]乾隆有見於「該處莊居甚多，難以徧行

25　林百川、林學源等，《樹杞林志》，頁89。
26　居住新竹縣芎林鄉石壁潭的陳作東先生保有陳資雲的墓碑，碑文上即以「大先生」稱之。
27　臺灣銀行經濟研究室編，《清高宗實錄選輯》（臺北：臺灣銀行經濟研究室，臺銀文叢第186種，1963年），頁481。
28　臺灣銀行經濟研究室編，〈乾隆五十三年三月十二日上諭〉，《臺案彙錄庚集》（臺北：臺灣銀行經濟研究室，臺銀文叢第200種，1964年），頁793-794。

頒賜；著福康安接到匾額後，即遵照鈎摹，擇其大莊群居處所普加賞給懸設。」[29]

圖 1 「褒忠」成為六堆佳冬的里門(李惠美攝)

可見乾隆皇帝賞給粵籍義民「褒忠」匾額，褒獎的對象是協助平定林爽文事件的各庄義民，要做為里名匾額，是對庄社的賞賜。然而，後來的發展，部分被用來褒揚殉難者。中國歷代皇帝的封贈，是民間信仰合法性的來源，諸如：媽祖、保生大帝及三山國王等神祇，皆是如此。[30]乾隆 53 年造墓塚安葬殉難者，粵籍庄民巧妙地轉換了「褒忠」匾額的象徵意義後，將原本的里名轉換為帝王對殉難者的褒揚。

枋寮褒忠亭「戊申冬平基，己酉年創造，至庚戌春，前堂廟宇未成，有釋士王尚武，立心題銀，協力代理，至庚戌年冬，廟宇完竣。」[31]可

29　臺灣銀行經濟研究室編，《清高宗實錄選輯》，頁 481。

30　羅烈師，〈臺灣客家之形成：以竹塹地區為核心的觀察〉，頁 187。

31　〈嘉慶 7 年 10 月褒忠亭首事王廷昌、黃宗旺、林先坤、吳立貴等同立合議規條簿約字〉，

見乾隆 53 年開始建造義民亭，次年春尚未完成，因王和尚的題銀，才於乾隆 55 年冬完工，義民亭的規模初步完成。

　　初期廟宇規模如何，無法進一步觀察。但初期參與祭祀人員應該不多，參與祭祀的人群可能僅限於枋寮、六家庄等義民廟附近。羅烈師更具體指出枋寮義民廟起先的祭祀範圍，為四姓首事所在的六張犁庄。[32]如此可見，有了保家衛國的事蹟、皇帝敕封的「褒忠」匾和廟宇，尚不足以讓「義民」成為廣大信眾崇拜的信仰，「義民」神格化的過程中，靈驗事蹟的流傳是其中相當重要的一部分。

四、從四大庄到十五大庄[33]

（一）、祭典的演變

　　據〈乾隆 53 年 11 月粵東總理林先坤姜安等仝立合議字〉所載，戴禮成兄弟以其父「元玖」的名義獻地「安葬義塚」，故眾議「義祠工竣，進火安香之日，眾皆樂迎戴府甫元玖公祿位，陞牌登立龕位，福享千秋。」[34]但戴元玖的祿位似並未在「義祠」建成後就奉祀在廟內。嘉慶七年（1802）〈同立合議規條簿約字〉，「此廟宇建成拾餘載，各庄人等同心協力，立有義民祭祀甚多，惟廟內崇奉聖旨及程廳主，未有祭祀。」可見初創時廟內只有崇奉聖旨和淡水同知程峻，均屬統治政權的象徵。而義民的祭祀，應被排除在「內」，是在廟外舉行的「各庄義民祭祀」。建廟之初各庄分別設有義民祭祀，其祭典應不在廟內舉行，最可能是在塚前祭拜，而且廟內也未供奉施地的戴元玖的牌位。

引自吳學明、黃卓權，《古文書的解讀與研究》，頁 98-101。

[32] 黃清漢，〈新埔義民廟祭祀圈結構之研究〉（文化大學地理研究所碩士論文，1987），頁58；羅烈師，〈臺灣客家之形成：以竹塹地區為核心的觀察〉，頁 200。

[33] 枋寮義民廟初建僅六張犁庄的居民參與祭祀，如何擴大成後來的十四聯庄，歷來學界較少有討論，只要原因在於缺乏相關的史料。本人初步以為，或可從各庄義民嘗的組成來加以觀察。各庄義民嘗的嘗會資料分散，蒐集不易，需遲以時日。本文礙於出版的時間壓力，暫不細加討論。

[34] 〈乾隆 53 年 11 月粵東總理林先坤姜安等仝立合議字〉，收入吳學明、黃卓權，《古文書的解讀與研究》，頁 84。

　　除了塚前各庄義民祭祀與廟內聖旨牌和程峻的崇奉之外，尚有中元普渡。「七月中元普施，爐主將銀五元，備辦棹席，敬奉四姓祖父祿位，街庄人等的實之人料理」。很可能廟內只供奉象徵統治政權的聖旨與程峻，今日所供奉的各種祿位，尚未常設於廟內，應是臨時設置。可見嘉慶七年整個祭典分成三部分，一是聖旨牌和程峻的「聖典」，一是中元施普的祭典以及四姓祿位的奉祀，且各有祭祀經費的來源。聖旨和程峻應該仍是重要的祭祀對象，但隨著「外庄」參與祭典，經營管理的制度化、四姓地位的強化和祭祀經費的固定化，嘉慶七年以後義民亭性質快速的變化。到同治四年（1865）褒忠亭「祀典日盛，春秋二祭，血食豐隆，每歲中元，開費不少。」[35]可見到同治四年褒忠亭的祭典已發展成義民爺的春秋二祭和中元普施祭典，與今日略同。褒忠亭的祭典在嘉慶7年到同治四年逐漸發展成熟。廟內邀各庄參與的「春秋二祭」，各庄輪值之「每歲中元」。

（二）、十五聯庄輪祀祭典區

　　黃清漢將褒忠亭祭祀範圍形成過程分成五個階段。最初是私人性質的祭祀活動，參與人群侷限在建廟有功的施主，參加的人群只限義民亭附近。第二階段到道光15年（1835）擴大成枋寮、新埔、五分埔、六家、下山、九芎林、石岡子（今石光）、鹹菜甕（今關西）、大茅埔、湖口、楊梅、溪北、溪南等十三區。到道光27年（1847）〈立請帖字〉內容之「日久事煩，我粵人皆當分理，以恢先緒」推論姜秀鑾希望將祭祀圈簡化。分成大湖口、石岡子、九芎林、新埔街等四區，每區負責三年的輪值祭典活動。第四階段是光緒三年（1878）大隘聯庄的加入，形成十四大庄輪值。最後是1971年後九芎林聯庄加入了五峰及尖石二鄉，以及溪北聯庄一分為二，至此義民廟祭典十五大聯庄成型。[36]

---

[35] 褒忠義民廟特刊編輯委員會，〈1865年（同治4年）褒忠廟記〉，收錄於《褒忠義民廟創建兩百週年紀念刊》（新竹：褒忠義民廟創建兩百週年紀念慶典籌備委員會，1989），頁16。

[36] 黃清漢，〈新埔義民廟祭祀圈結構之研究〉，頁58。

　　黃清漢將義民爺祭典區的發展分成五階段，仍有進一步討論的空
間。過去研究者太依賴義民廟所提供的歷史解讀，而忽略該廟保存資
料的歷史意義。[37]根據義民廟創建兩百週年紀念特刊所示，自 1835 年
（道光 15 年）即開始由竹北六家林貞吉開始擔任值年總爐主，一直到
同治 12 年（1873）為十三大庄依序輪祀。但同書所附道光 27 年（1847）
林茂堂、劉維翰等同立的請帖所載，可見「自道光壬寅（道光 22 年）
九芎林姜秀鑾等具帖請得新埔街榮和號、雲錦號……等輪流經理，至
公無私。甲辰（道光 24 年）修理祠墓之資，所由裕也。但日久事煩，
我粵人皆當分理，以恢先緒。因鬮分為四大庄，簽議每庄分理三年，
輪流交遞。丁未（道光 27 年）四大庄公議拈鬮，大湖口等庄拈第壹鬮，
石岡仔等庄拈第貳鬮，九芎林等庄拈第二鬮，新埔街等庄拈肆鬮，輪
流分理，以定章程。」[38]可見在分成十三大庄輪祀之前，曾在道光二十
七年開始以大湖口、石岡仔、九芎林和新埔等四大庄為範圍，輪流分
理義民廟的祭祀，每區各主辦三年。然而何時發展成十三大庄輪祀則
目前史料無法提供進一步的解釋，但可肯定的是絕不會是在道光 15
年。義民廟兩佰週年紀念專刊載錄同治十三年發展成十四大庄輪祀的
說法也有商榷的餘地，根據所載 1874 年開始第四屆輪祀；但大隘聯庄
加入成為十四聯庄，是在光緒 3 年（1877），大隘聯庄不可能加入聯庄
的同年即取得擔任值年總爐主的資格。[39]關於義民廟輪祀各庄參與的正
確時間，實有待更進一步的研究。茲將枋寮義民廟十五輪庄祭典區圖
示如圖 2。

37　黃卓權，〈義民廟早期歷史的原貌、傳說與記載—歷史文本與敘事的探討〉。
38　褒忠義民廟特刊編輯委員會，《褒忠義民廟創建兩百週年紀念刊》，頁 102。
39　吳學明，《金廣福墾隘與新竹東南山區的開發 1834-1895》（臺北：國立臺灣師範大學歷史
　　研究所，1985 年），頁 284。

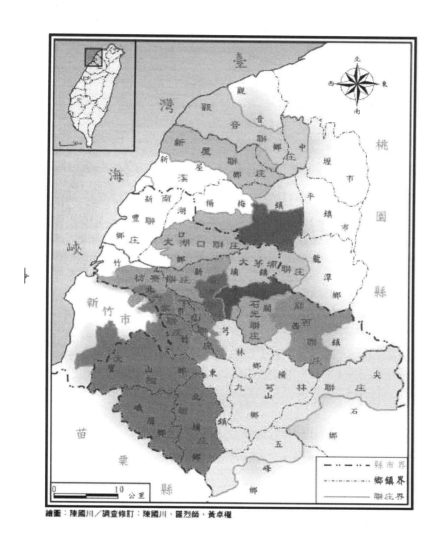

繪圖：陳國川／調查修訂：陳國川、羅烈師、黃卓權

圖 2　枋寮義民廟十五聯庄圖

（三）、輪祀聯庄的形成：楊梅地區與大隘聯庄

　　枋寮褒忠義民亭十五大聯庄如何發展成？各輪祀聯庄何以會發展成一個祭祀單位，十五聯庄與行政區亦無直接的關係，歷來學者較少討論。賴玉玲曾對楊梅聯庄進行單一祭典區的研究，她從地方菁英參與義民廟的集體決策，累積象徵資本的角度，探討楊梅陳家與楊梅

聯庄的擴大。對於楊梅祭典區如何形成，則未多加著墨。[40]本人在《金廣福墾隘研究》一書，也觀察到今新竹縣北埔、峨眉和寶山三鄉，是由姜秀鑾領導的金廣福墾隘所拓墾，地方習稱「大隘」，光緒 3 年即以「大隘聯庄」為名，參加枋寮褒忠義民亭十四聯庄的中元普渡。[41]

今桃園市楊梅行政區在褒忠義民信仰聯庄體系，分屬溪南、新屋、大湖口、楊梅壢等四個輪祀祭典區；其東北方的高山頂一帶，則又屬於平鎮區褒忠祠體系的義民爺信仰。楊梅區何以如此複雜？賴鈺玲研究著重現況的描述，而不是從過去歷史發展去解釋，他指出清代楊梅已與義民信仰有所聯結，但是他所討論的陳氏家族，到日治晚期才成為楊梅聯庄的值年總爐主。[42]本人曾從土地拓墾脈絡與開墾人群的角度切入，觀察楊梅地區與義民爺信仰之間的歷史連結。試圖解釋今日桃園市楊梅區，在義民祭典上被分割成五個區塊的原因。[43]施添福對於楊梅地區土地拓墾的相關研究已指出，當地的發展橫跨土牛溝界內與界外，是多個墾區莊範圍交錯之處，其拓墾活動的情形相當複雜。[44]

楊梅地區的拓墾，事涉清政府的邊區政策，經歷封禁與開放，從「界外」到「界內」的發展歷程，因此土地拓墾呈多元的面貌。楊梅地區分屬五大輪祀祭典區，其劃分大致是沿著天然地形及河川來劃分。天然地形和河川是不同拓墾組織，拓墾區的邊界，由於不同的拓墾歷史、拓墾家族與人群關係，形成地方的集體意識，影響宗教活動與組織。楊梅地區形成不同輪祀聯庄的歷史解釋如下：

1、楊梅壢聯庄：楊梅壢地區屬「諸協和」的拓墾區，林爽文事件

---

[40] 賴玉玲，《褒忠亭義民爺信仰與地方社會發展—以楊梅聯庄為例》（新竹：新竹縣文化局，2005）。

[41] 吳學明，《金廣福墾隘研究》（新竹：竹縣文化局，2000 年），頁 226-256。

[42] 賴玉玲雖然指出楊梅聯庄地區早有義民嘗組織，但她未發現此一嘗會是由重要的拓墾家族黃臺生家族所管理。

[43] 吳學明、陳志豪，〈楊梅的土地開墾與義民信仰祭典區之歷史考察〉，《桃園文獻》創刊號（2016／3），頁 45-74。

[44] 施添福關於楊梅地區的研究分散於多篇論文，如〈清代竹塹地區的「墾區庄」：萃豐庄的設立和演變〉、〈清代竹塹地區的土牛溝和區域發展：一個歷史地理學的研究〉、〈聚落研究和地形圖：以員山南重埔和楊梅壢長崎坑為例〉，這些文章皆收錄於施添福，《清代臺灣的地域社會：竹塹地區的歷史地理研究》（新竹：新竹縣文化局，2001 年）。

後劃歸屯埔，由佃首黃燕禮負責督收屯租，除了親自經營外並陸續招募佃人前來開墾，其中包括他的同宗黃臺生。1777年黃臺生進入楊梅壢燕子窩一帶開墾，黃臺生無嗣，收養均接為子，生下黃廷華、黃廷捷、黃廷元三子。根據族譜資料黃廷華曾獲科舉功名，出任地方頭人；黃廷捷雖未受教育，仍於1844年至1869年間，擔任楊梅壢庄的總理直到身故。黃廷元也是地方的重要頭人，並曾與庄中居民組織「義民嘗」等各種嘗會，彼此互相幫忙，以利資金周轉與維持治安的工作。[45]楊梅壢「義民嘗」的出現與運作，使得本區的居民參與枋寮褒忠義民亭產生密切連結；這種連結，是今日楊梅祭典區形成的起源。[46]

2、大湖口聯庄：大湖口的重要墾戶、業主為湖口上北勢「張六和」家族。張家自道光27年（1847）即以大湖口庄褒忠亭經理人身份，參與褒忠亭事務，並以「張六和」公號，擔任大湖口聯庄的代表至今。[47]楊梅長崗嶺地區包括頭湖、三湖、上湖里等地區，此區的墾民主要來自大湖口。因此大湖口地區早就成為管理褒忠義民亭的輪值庄頭之一，因此頭湖、三湖、上四湖等地也早早就和枋寮義民信仰產生聯結。在褒忠義民祀典簿中，可以看到來自這一帶秀才黃戀昭向義民爺獻匾的記錄。[48]可見頭湖、三湖、上四湖等庄為大湖口輪祀聯庄的一環與此區的開墾過程，墾民來自大湖口地區有關。[49]

3、溪南聯庄：萃豐庄的範圍，除了今新竹縣新豐鄉外，萃豐庄的東側，更及於今桃園市楊梅區的上下陰影窩、伯公崗。清同治、光緒年間，萃豐庄墾戶首徐家即出任褒忠亭義民嘗的經理人，並以「徐國和」家族公號，成為枋寮義民爺祭典溪南聯庄的總爐主。[50]到二十世紀初期，陰影窩一帶的大租，是繳交給萃豐庄的徐景雲和竹塹城的陳源泰。[51]由

45　黃建雄錡編，《鎮平黃氏：其輝公派下族譜》（編者自印，1980），頁71-73。
46　吳學明、陳志豪，〈楊梅的土地開墾與義民信仰祭典區之歷史考察〉，頁52-67。
47　賴玉玲，《褒忠亭義民爺信仰與地方社會發展─以楊梅聯庄為例》，頁139-143。
48　〈（道光二十一年十二月）勅封粵東義民祀典簿〉，林保民先生提供，手稿本，無頁碼。
49　吳學明、陳志豪，〈楊梅的土地開墾與義民信仰祭典區之歷史考察〉，頁64。
50　賴玉玲，《褒忠亭義民爺信仰與地方社會發展─以楊梅聯庄為例》，頁162-168。
51　施添福〈清代竹塹地區的「墾區庄」：萃豐庄的設立和演變〉，收錄於氏著，《清代臺灣的地域社會：竹塹地區的歷史地理研究》（新竹：新竹縣文化局，2001年），頁45-53。

佃農合力修築的三七圳，提升陰影窩、伯公崗等地的生產力，引來佃農對歷來的「抽的租」產生不滿，引起咸豐、同治年間的抗租。[52]這種業佃的衝突，宗教信仰是兩者間尋求平衡的有利方式，伯公岡集義祠的興建和義民信仰的連結，均可看到其痕跡。萃豐庄領導人以義民信仰來化解業佃的衝突，至晚在十九世紀中葉，陰影窩等地墾民已經和枋寮褒忠義民亭建立連結。[53]可見伯公崗、上下陰影窩與萃豐庄，因地緣、拓墾的關係，成為溪南聯庄的一環。

4、新屋聯庄：楊梅上田心仔一帶，在義民信仰上屬於溪北聯庄（今屬新屋聯庄）。上田心仔是大溪墘庄的一部分，大溪墘庄原來是竹塹城林、潘兩姓的墾業，嘉慶七年賣給吳順記，吳順記為竹塹城北門吳家的商號。今無法詳細說明當初土地拓墾的經過，但明顯的是不在地地主的產業，道光年間以來大溪墘庄的業佃也因抗租而引起訴訟，佃農以「會庄」的方式集體訴訟、抗租，到同治元年吳順記同意將「歷年抽的租」改成結定租。上田心仔是大溪墘庄的一部分，也參與共同抗租的行動。領導抗租的黃雲標，他在同治十一年考取秀才，即前往義民廟獻匾，然而黃雲標並非當時十三聯庄的居民，他赴義民廟獻匾，可能是受到抗租佃農的影響。[54]上田心仔因土地拓墾以及地緣關係，成為溪北聯庄的一環，參與枋寮褒忠義民亭祭典。

此外，楊梅的高山頂地區不在枋寮義民廟輪值區範圍內，而是平鎮宋屋廣興庄褒忠祠的聯庄祭祀區之一。高山頂地區早期因缺水灌溉，土地的經濟效益較差，聚落開發較遲緩，是鄰近幾個墾庄的邊陲地帶，當地居民與義民信仰的聯結顯得較晚，大約到了 20 世紀初期，來自安平（今平鎮）一帶的黃宗廉家族在高山頂展露頭角，才促使高山頂與平鎮褒忠祠的義民爺信仰產生聯結。[55]

從楊梅地區的事例，可知枋寮義民廟的各輪祀聯庄，其形成與土地

---

[52] 林文凱，〈清代地方訴訟空間之內與外：臺灣淡新地區漢墾莊抗租與控案的分析〉，《臺灣史研究》14：1（2007 年 3 月），頁 33-47。

[53] 吳學明、陳志豪，〈楊梅的土地開墾與義民信仰祭典區之歷史考察〉，頁 48-51,64。

[54] 吳學明、陳志豪，〈楊梅的土地開墾與義民信仰祭典區之歷史考察〉，頁 51-52,63。

[55] 吳學明、陳志豪，〈楊梅的土地開墾與義民信仰祭典區之歷史考察〉，頁 56-59,65。

拓墾有非常密切的關係。

　　大隘聯庄的範圍包括今新竹縣北埔鄉、峨眉鄉和寶山鄉的一部分。道光十五年（1835）金廣福墾號入墾今寶山鄉之前，頂寶山的大崎、寶山、寶斗仁、新城等地已有漢人前來開墾，各村莊角頭形成數個獨立的祭祀範圍，其角頭神明的祭祀與開墾防番關係密切。1864 年 7 月墾戶姜榮華倡設大隘南興庄五角頭：北埔、南埔、草山、月眉、富興（今北埔、峨眉兩鄉與下寶山），每歲輪流慶讚中元，以慈天宮為中心舉辦中元普渡，與金廣福墾隘相關的各庄均參加，參加者俱為客家族群。金廣福墾號入墾前即已拓墾耕種的大崎、雙溪、新城、寶斗、三峰、深井等村，因開墾的關係維持其原有神明祭祀，並未加入慈天宮的中元普渡。光緒三年（1878）大隘地區加入枋寮義民廟中元普渡的輪祀組織，由「姜義豐」公號擔任總爐主。值得注意的是，透過加入義民廟的中元普渡，將大崎、寶山等地區的客家族群整合為一體，成為枋寮義民廟中元普渡的一環，也使大隘地區與鄰近粵人村庄日漸結合，移民的基礎亦漸趨穩定。[56]

　　大隘聯庄加入義民廟中元普渡的因素有二，首先，道光二十七年（1848）義民廟祭典開始由湖口、關西、芎林、新埔等鄰近地區拈鬮輪流奉祀，每區各主辦三年。大隘聯庄大部分居民來自九芎林，又同屬粵東移民，因此兩地間商業關係密切；九芎林是金廣福墾戶首姜秀鑾的大本營，姜秀鑾又曾擔任義民廟的經理，九芎林早就參加義民廟中元祭典的輪祀，顯示大隘地區的住民與義民廟的關係極為密切。再者，戴潮春事件發生時，金廣福粵籍墾戶首姜殿邦，和他兒子姜榮華同率大隘壯勇協助平定戰事。由此可知，大隘地區參與義民廟中元普渡含有濃厚的地緣因素與情感，各庄參與此種超村際的祭祀活動，對聯繫聚落與整合人群有極大的貢獻。[57]

　　義民廟初建，其祭祀對象「惟廟內崇奉聖旨及程所主，未有祭

---

[56]　吳學明，《金廣福墾隘研究》，頁 226-256。
[57]　吳學明，《金廣福墾隘研究》，頁 235、240。

祀」。[58]可見枋寮義民廟興建之初，除了義民塚之外，主要供奉聖旨，所謂「聖旨」應即為「褒忠」匾，根據李文良南部客家的研究指出聖旨牌的供奉目的在使當地的地方社會和王朝之間的聯繫作用，和王朝正統建立聯結的期待。[59]

（四）、靈驗事蹟的流傳

民間信仰十分重視的是神明是否靈驗，靈驗性的傳說也是促使地方性神祇轉變為區域性神祇的基礎。[60]枋寮義民廟發展歷程中也有幾項靈驗神跡的傳說，其中最重要的是塚墓所在地的風水傳說。無論是乾隆53 年的〈仝立合議字〉清楚的載明「塹屬地方陣亡義友，骨骸暴露兩載，乏地安葬」戴家願意將義民廟現址的土地獻為塚地，因此「即日邀請粵眾到地踏看，堪作安塚立祠。卜云：其吉絡焉，元臧。其地系禮成兄弟允願發心，樂施公塚」。嘉慶 7 年（1802）的〈同立合議規條簿約字〉、同治 4 年的〈褒忠廟記〉均未提到相關神跡。[61]但當今對於所謂「雄牛睏地穴」的吉穴傳說，已成為義民爺信眾的普遍認知。《褒忠義民廟創建兩百週年紀念刊》「褒忠義民廟大事記」載錄「原擬歸葬大窩口（今湖口鄉），雖車過鳳山溪，牛竟不受驅駛，經焚香禱告後「聖筊」取決，合葬於此枋寮「雄牛睏地穴」。[62]此外，又有進一步說明此「雄牛睏地穴」是臺灣三大名穴之一。因此義民廟得以香火鼎盛。

當義民軍奮勇擊退林爽文的軍隊，打道回鄉時，沿途看到臂上綁黑布的犧牲者即抬上牛車一起運回，並預定安葬在大窩口（今湖口鄉鳳山寺附近）。當牛車行過鳳山溪來到枋寮義民廟現址時，牛車竟離

58　〈嘉慶 7 年 10 月褒忠亭首事王廷昌、黃宗旺、林先坤、吳立貴等同立合議規條簿約字〉，引自吳學明、黃卓權，《古文書的解讀與研究》，頁 98-101。
59　李文良，《清代南臺灣的移墾與「客家」社會 1680-1790》，頁 193。
60　韓森（Valerie Hansen），包偉民譯，《變遷之神—南宋時期的民間信仰》（杭州：浙江人民出版社，1999）。
61　〈嘉慶 7 年 10 月褒忠亭首事王廷昌、黃宗旺、林先坤、吳立貴等同立合議規條簿約字〉，引自吳學明、黃卓權，《古文書的解讀與研究》，頁 98-101。
62　褒忠義民廟特刊編輯委員會，《褒忠義民廟創建兩百週年紀念刊》，頁 16。

奇地停頓不前，不管如何厲聲斥喝就是不走。由於似有靈犀，一行人決定焚香祭拜並跌筊探問原委，是否犧牲的義民挑選安葬此地？經過三次的聖筊始確定，並請同為義軍首的石壁潭大地理師陳資雲勘查地理風水。陳指出此地乃「雄牛睏地穴」，相傳為清朝贛州地理名師曹天中來臺時，於鳳山溪所勘中的臺灣三大名穴之一，是一處吉地乃無庸置疑。[63]

根據黃萍瑛的研究，認為無主的遺體，如果能葬在具靈氣的吉穴，就能夠「得地理」，可以香火鼎盛，成為信眾朝拜的對象。[64]枋寮義民廟在收葬埋骨前，有「屍骸拋露到處，夜更深常聞鬼哭」[65]的靈異傳說在前，表明這些靈骨是具神異力量，埋葬時又能得到吉穴，更加強化義民爺的神力，因此「雄牛睏地穴」的吉穴傳說，對於義民爺神力的形塑具一定的強化作用。

此外，《褒忠義民廟創建兩百週年紀念刊》「褒忠義民廟大事記」又載錄明治 40 年（1907）「日本政府派遣為實施皇民化政策，一群日籍的官員由臺北乘坐火車南下，擬前來本廟沒收廟產，不料車抵鳳山溪時火車出軌，日籍官員全部掉落溪底而死」。[66]此條說法不但載入義民廟出版的文獻，且普遍為信眾所相信。但檢視相關報紙史料，明治 40 年並未有火車事故報導。而且所列時間似有出入，概明治年間臺灣總督府尚未推動皇民化政策。但上述論述已成義民廟信眾的集體記憶，凡此，均有助義民廟義民爺信仰的深化與擴散。

---

[63] 鍾仁嫻，〈褒忠義民廟歷史初探〉，收入林光華等著，《義民心鄉土情—褒忠義民廟文史專輯》（新竹：新竹縣文化局 2001），頁 57-58。

[64] 黃萍瑛，《臺灣民間信仰「孤娘」的奉祀：一個社會史的考察》（臺北：稻鄉出版社，2008年）。

[65] 〈嘉慶 7 年 10 月褒忠亭首事王廷昌、黃宗旺、林先坤、吳立貴等同立合議規條簿約字〉，引自吳學明、黃卓權，《古文書的角讀與研究》，頁 98-101。

[66] 褒忠義民廟特刊編輯委員會，《褒忠義民廟創建兩百週年紀念刊》，頁 19。

五、義民爺信仰的再擴張

　　客家族群在族群經過激烈的族群競爭之後，輾轉遷移到桃竹苗地區，依山而居，過著山耕的生活。[67]由於清末山區資源的開發，樟腦和茶葉成為重要的利源，山居的客家族群得以安身立命。但也因當時的客家族群參與土地拓墾投資的機會較少，研究發現清末新竹山區的合股拓墾經營，其股權有細緻化的現象，大部分的地權多握在不在地地主的手中，且較好的水田更集中在地主手上，不在地地主擁有的情形更加嚴重。[68]土地集中在不在地地主的狀況，從日治時期新竹州農會的調查結果可見其一二；若輔以在臺漢人祖籍別調查資料觀察，可勾勒出新竹州地區客家族群所居住分布地區的地權現象。一、新竹州地區地權相當集中；二、桃竹苗客家族群居住地區，大部分土地均屬不在地地主所有，可推知客家族群在日治時期大多屬無恆產的佃農。[69]

　　當沿山居民可靠茶業、樟腦業等山地資源，或以佣工的方式取得生活的憑藉，他們尚有生存空間。一旦山區資源無法提供他們謀生的可能，他們只好另求發展；尤其是自然災害一來，無地耕種者只好選擇流離他鄉。他們或配合國家政策，在親友的引領下再度遷移，成為日治時期人口再移動的推力。新竹州是人口主要移出的地區，田野現場發現，日治時期臺灣島內的再移民相當普遍，且不以客家族群為限。東部地區的再移民有很多是來自臺灣西部的福佬人、平埔族群；他們與客家族群或混居，或分區而居。據報導客家族群再移民的原因，不外是追逐樟腦、燒炭，配合政府開墾政策，種植香茅、甘蔗、茶葉。也有很多是因為原居地發生地震（1935 年大地震）、水災（如八七水災）。也有因修鐵路、

67　尹章義，〈閩粵移民的協和與對立──以客屬潮州人開發臺北及新莊三山國廟為中心所做的研究〉，《臺北文獻》，第 74 期（1985 年），頁 1-27。施添福，《清代在臺漢人的祖籍分布和原鄉生活方式》（臺北：國立臺灣師大學地理系，1987 年），頁 66-86。

68　吳學明，《頭前溪中上游開墾史暨史料彙編》（新竹：新竹縣文化局，1998 年）。

69　新竹州農會，《新竹州下に於ける小作慣行改善事業概況》（新竹：新竹州農會，昭和 6 年 7 月），頁 51-59。

建日月潭發電廠等勞動力的提供而移民。[70]

　　林秀昭運用推力（push）與吸力（pull）說明日治時期，新竹州的客家人如何南遷高雄。他將推力分成地理因素（山多田少、土地貧瘠）、土地所有過度集中、人口壓力、經濟因素（腦丁失業）、天然災害（包括風災、水災肆虐、地震頻傳）、茶價大跌。而高雄具有吸引移民的拉力，包括南隆農場的設立、甲仙地區樟腦的開採與煉油行業、高雄有寬闊的處女地亟待開發等。[71]孟祥瀚研究日治時期花蓮地區客家移民的分布，也提到「日治以後東部地區之地廣人稀，成為吸引西部地區人口東移的誘因」，大量之漢人因之移入。[72]

　　隨著桃竹苗地區客家再移民的展開，義民爺信仰走出十五聯庄的祭祀範圍，向南投、高雄、花蓮等地擴張。枋寮義民爺信仰擴張的方式包括家庭個別奉祀香旗、設立神壇、地方公廟同祀，以及以義民爺為廟宇主神。歷來討論義民爺信仰擴張的情形，大多以主祀義民爺的廟宇為討論對象，其他方式較少被討論。[73]地方公廟的建立，和聚落形成以及當地社會的發展有相當密切的關係，通常神祇因為歷史發展、移民族群、村莊所處的環境與神祇本身所提供的功能等因素被迎入。[74]

　　枋寮十五聯庄義民爺信徒除了到義民廟向義民爺祈求外，也會將義民爺的香旗迎回家中供奉。福建、廣東移民來臺，將家鄉守護神的香火、香旗、神像等迎來新移居地，以保佑平安；桃竹苗地區義民爺的信徒，在再移民時義民爺的香旗也是他們迎奉的對象之一。信徒攜帶的義民爺香旗，隨著信徒的態度、遷徙時間的早晚、靈驗性等變因，有的成為地方公廟的陪祀神，有的成為廟宇主神。為深入瞭解義民爺信仰的擴張，以下從個人家庭奉祀以及同祀義民爺兩層次進行觀察。

70　吳學明、林柔辰，《變與不變：義民信仰之擴張與演變》（南投：國史館臺灣文獻館，2013年）。

71　林秀昭，《台灣北客南遷研究》（臺北：文津出版社，2009年），頁 13-27。

72　孟祥瀚，〈日治時期花蓮地區客家移民的分布〉，收入《客家文化學術研討會論文集》（桃園：中央大學客家研究中心，2003年），頁 130。

73　黃清漢，〈新埔義民廟祭祀圈結構之研究〉；徐啟智，〈新埔褒忠亭義民爺的神格屬性〉（臺北：政治大學民族學系碩士論文，2001年）。

74　王志宇，《寺廟與村落：臺灣漢人社會的歷史文化觀察》（臺北：文津出版社，2008年）。

　　首先，個別家庭祭拜義民爺香旗。在再移民過程中，為了攜帶和祭拜方便，信徒多奉義民爺香旗，到新移墾地後，供奉在腦寮、工寮或搭設簡陋草寮，隨著生活穩定、定居當地，或將義民爺香旗供奉在家戶正廳，每年過年期間或農曆 7 月 20 日中元普渡前後，前往枋寮義民廟祭拜，並攜帶香旗返祖廟過火，以延續義民爺的神力，藉以保護家人平安，五穀豐登，六畜興旺。家戶祭拜義民爺的情形，由於分布廣闊且零散，難以統計。近年來枋寮義民廟為避免信徒在過火時的擁擠現象，統一由廟方收取香旗，代為過火。因此設有《義民節香旗登記簿》，登記信徒姓名、地址、電話和交付令旗的時間，做為領回令旗的依據。根據廟方提供 2011 年信徒前來過火的登記資料統計，在國曆 7 月 24 日到 8 月 19 日期間，中元普渡前後，總共有 764 支義民爺香旗前往過火，其中以新竹縣的信徒最多，其它也有來自桃園、苗栗、臺北、臺南的信徒。[75]義民爺信仰的主廟為新竹枋寮褒忠義民亭，其信仰的人群除了與輪祀的十五大聯庄之外，也有在客家再移民之前，已自枋寮褒忠義民亭分香建廟奉祀。十五聯庄外的桃竹苗客家族群，也從枋寮義民廟恭請義民爺香旗回家供奉。在田調現場中，有些報導人不住在十五大聯庄，也虔誠的供奉義民爺。義民爺在桃竹苗地區信奉的盛況，由此可見。值得一提的是，有的信徒選擇在春節期間回祖廟過火，有的信徒隨分香廟進香時過火，因此未列入廟方的登記，上述資料僅呈現出一部分的個人供奉義民爺香旗的情形，由此可以推知個別家庭供奉義民爺的盛況。[76]

　　義民爺的信仰隨著桃竹苗客家族群再移民而擴散到各處，聚落公廟陪祀義民爺的情形也相當普遍。資料顯示以枋寮義民爺為同祀神的廟宇有 38 座，其中以新竹縣 19 座最多，其次為苗栗縣 12 座，主要分布在

---

[75]　枋寮義民廟住持林邦雄先生提供。據林邦雄先生表示，歷年均有設簿登記，但祭典活動結束後即銷毀。本次得到此分資料是在祭典時，研究助理在銷毀前即影印保存。是一分相當史料價值的文獻，尚有其他分析的價值。再者近年返祖廟進香的香旗，逐年減少中。

[76]　田野現場報導中，數位報導人提及因長年無法返枋寮祖廟進香，加上年輕子弟外出謀生，老人家供奉不易，而將之「退神」。如臺東客家記錄片導演韓筆鋒家中數年前才將義民爺香旗「退神」。不再繼續在家中供奉義民爺香旗。

新竹、苗栗地區。[77]同祀義民爺的情形，呈現距離祖廟越近，陪祀情形越盛的現象，我們或許可以從枋寮義民廟在新竹地區的發展找到解釋。

枋寮義民廟在1791年建亭之初，僅為私人祭拜的性質，隨著祭祀範圍的擴大，逐漸成為新竹地區客家人的信仰中心，1878年大隘聯庄加入中元普渡的輪值，確定十四大庄祭典區，其範圍涵蓋新竹縣全縣、桃園市觀音區和楊梅區，枋寮義民廟發展為聯庄大廟，可推知十五大庄內的義民爺信仰凝聚力最強，無論是個人奉祀義民爺香旗，或者聚落公廟同祀義民爺的現象，皆較其他區域盛行。再者，當再移民攜帶義民爺香火到新移墾地時，聚落內或已有地方公廟存在，「後到」的義民爺如何與聚落住民、信仰互動，獲得認同，是影響義民爺能否建廟，或者被奉為同祀神共同守護地方的重要關鍵。此外，義民爺信仰帶有濃厚的族群與地域色彩，似乎是義民爺信仰擴展的阻力，38座同祀義民爺的廟宇，主要都在客家族群優佔區，顯示義民爺信仰與北部客家人的關係。

義民爺信仰的擴張，如同幼苗的成長，必須獲得充足的養分，才能夠開枝散葉，在新墾地建立分香廟。人群的流動是信仰傳播不可或缺的媒介，源自枋寮義民廟的義民爺信仰，隨著北部客家再移民，在全臺灣各地開枝散葉，建立以供奉義民爺為主神的分香廟。由分香廟建廟的歷程，可以發現只要北部客家在當地聚落處優佔的局勢，就能籌集足夠的資金，建立義民爺的廟宇。如果北客較為分散，未能成為聚落的優佔族群，就聯合跨地域的客家再移民，選擇妥當的地方建廟，例如嘉義褒忠義民廟、高雄褒忠義民廟。相反的，若移民太過分散、人數稀少、無法凝聚一定的信仰力量，信徒則大多在自己家中供奉義民爺令旗。因此，宜蘭縣、屏東縣、臺東縣等地，雖然有不少北客移居，卻未有分香廟的建立。

自枋寮義民廟建立以後，在臺灣各地陸續建立了 22 座以枋寮義民

77　整理以下資料得知。黃運喜，《新竹縣寺廟傳統與現代對話專輯》（新竹：新竹縣政府，2005）；張正田，〈從族群關係看清代臺灣桃竹苗地區義民信仰區域差異—以清代苗栗堡為觀察中心〉（臺北：政治大學歷史研究所博士論文，2010 年），附表 2-2「今三灣、南庄兩鄉義民信仰概況表」，頁 71-72；中華民國褒忠義民廟聯誼協會編，《中華民國褒忠義民廟聯誼協會第一屆第十二次理監事聯席會議　會議手冊》（新竹：枋寮義民廟，2011 年）。

爺為主神的分香廟。義民爺分香廟分布的地理空間,除了初期在桃竹苗地區擴展之外,日治時期以後陸續隨著移民擴展到南投、高雄、嘉義和花蓮等地,臺北盆地在客家運動興起後,也出現大臺北新店褒忠亭,各分香廟分布如圖。

圖 4　枋寮義民廟分香廟分布圖分香廟分布圖(林美辰製圖)

六、義民爺信仰的演變

（一）、義民爺牌位的分化

　　枋寮義民廟一直維持奉祀牌位的傳統，其牌位所奉的是「勅封粵東褒忠義民位」，不置神像。牌位上的文字代表三組象徵意義，其一，「勅封」與「褒忠」，代表清朝乾隆皇帝頒賜給義民的匾額，具有象徵國家正統的權威性，新竹地區的「義民」轉化為皇帝對殉難者的封號，以區別一般對非自然死亡者的供奉儀式。其二，「粵東」，強調供奉對象為粵籍的義民，具有地域概念，藉以區隔其他祖籍人群。其三，「義民位」，意味著供奉為保鄉衛土犧牲的義民，為複數型態。如果將此形制視為褒忠義民爺信仰的原型，自清代以來陸續分香的義民爺牌位，其形制是否發生變化，其變化的情況如何？又代表什麼意義？值得進一步討論。以下針對這三組象徵意涵，分別論述神牌位的分化情形。

圖 5　枋寮義民廟所供奉的義民爺牌位

　　義民爺 22 座分香廟，以目前奉祀狀態而言，大致可分為與枋寮義民廟同樣供奉「勅封粵東褒忠義民位」牌位，以及異於枋寮義民廟的牌位。與枋寮相同的有埔里廣福宮、關西金錦山義民廟、鳳林長橋褒忠義

民亭、水里義民廟、草屯無極褒忠義民宮、甲仙義民亭和大臺北褒忠義民廟等 6 座。

首先，扣除與枋寮義民廟相同的 6 座分香廟，其餘的 16 座，有 15 座保留乾隆皇帝「勅封」、「褒忠」匾的意涵，僅平鎮褒忠祠供奉的是「義勇諸君神位」。平鎮褒忠祠應不是自枋寮分香，而是仿自六堆忠義祠，其牌位與枋寮不同，實可理解。另外 15 座分香廟的牌位，或者僅保留「褒忠」，如南崁褒忠亭、國姓南港褒雄宮；或者書明「勅封褒忠」，如魚池德龍宮、草屯中原褒忠宮；或者結合「勅封」與「褒忠」，改為「褒封」，如頭份義民廟、南湖護安廟。無論如何變化，皆反映出對分香廟的信徒而言，義民爺的神格之所以有別於有應公廟、萬善祠，即是因為曾經受到皇帝的加封。

其次，22 座分香廟中，有 7 座不特別強調具地域概念的「粵東」兩字，包括平鎮褒忠祠、南崁褒忠亭、魚池德龍宮、國姓乾溝義民祠、國姓南港褒雄宮、草屯中原褒忠宮和嘉義褒忠義民廟。南崁褒忠亭初為粵籍人士所奉建，但因清代械鬥造成粵籍移民他遷，南崁地區成為福佬人的優佔區，即使未他遷的客家人，也逐漸與優佔的福佬人融合，隱藏其身份。這使原本供奉粵籍義民之廟宇，為了接納、融合其他祖籍的族群，將「勅封粵東」四字改為「皇恩」。福佬人也可能陸續參與祭拜，不再強調「粵東」具族群意涵的字眼，以吸納在地其他族群參與祭拜。

其餘 5 座則因廟宇所處的聚落，並不純屬客家聚落，特別彰顯具族群意涵的字眼，對於廟宇的發展、信眾的吸納產生限制，嘉義和草屯的義民廟，所在的地區客家人更是弱勢。而草屯無極褒忠義民宮，除創辦人陳兔妹外，所有的信眾均非客家人，但因廟宇蓋的較晚，因此保留「粵東」兩字。

可見清治時期，械鬥衝突頻仍的社會中，「粵東」兩字具有劃分族群邊界，凝聚人群的意涵，這樣的情況一直延續到日治、戰後初期，「粵東」兩字的留存與否與客家族群是否居優佔，是主要的考慮。1970 年代以後，在臺灣新世代政治運動「民主化」的過程中，臺灣社會出現一種有別於以往的人群劃分方式，王甫昌稱之為「現代族群分類想像」，

即原住民、閩南人、客家人與外省人的四大族群之分。[78]因此 1970 年以後才供奉牌位的分香廟，例如：甲仙褒忠亭（1972 年）、臺北褒忠義民廟（1996 年）、長橋褒忠亭（2003 年）、水里義民廟（2008 年）等，主要是遵照枋寮義民廟供奉義民爺的傳統形式，因此牌位是否留「粵東」其意義不大，所強調的是祖廟的香火權威。

　　第三，就信奉義民爺的歷史發展而言，義民爺是一個複數的集體，後人無法明確指出其個別的姓名，林富士指出就宗教學而論，實屬民間社會所謂的無主鬼魂。在義民爺信仰傳播的過程，如何擺脫祭祀無主無名鬼魂的疑慮，將義民爺少數象徵化、個別化，顯得格外的重要。因此，部分分香廟開始朝此方向發展，信徒以少數象徵複數的義民爺，義民爺是有組織的義軍，因此將之階層化，軍師、將軍之名號而被信徒所接受。草屯中原褒忠宮除了「勅封褒忠義民爺神位」之外，牌位左右分列李明錦、平軍師、林先生、陳軍師、朱將軍和郭盛龍等六人，加以供奉。

圖 6　中原褒忠宮供奉之義民爺牌位(吳學明攝)

---

[78]　王甫昌，《當代臺灣社會的族群想像》（臺北：群學出版社，2003 年），頁 88-89。

此外，信徒往往將各種神祇擬人化，拉近人神間的距離，彷彿神明如同我們的長輩一般，具有親切感，因此稱神農大帝為「五穀爺」、稱天上聖母為「媽祖婆」、稱清水祖師為「祖師爺」。義民爺信仰的信徒，對於供奉對象有擬人化、口語化的稱呼，六堆忠義祠供奉的義民稱為「忠勇公」，北港義民廟稱「義民公」，枋寮義民廟則稱為「義民爺」。由此，也可顯現出義民信仰由複數型態單一化的現象。有 9 座分香廟的牌位書明供奉的對象是「義民爺」、「義民爺爺」或「義民老爺」，包括埔里南村義民祠、南湖護安廟、富里竹田義民亭、魚池德龍宮、國姓乾溝義民祠、旗美褒忠義民廟、中寮義民宮、草屯中原褒忠宮，以及高雄褒忠義民廟等 9 座。

可見分香廟牌位的差異，雖然多數仍保留其牌位的形式，但已產生多元的變化。有趣的是，分香廟一方面遵循祖廟供奉牌位的傳統，同時「創造」出義民爺的神像，將複數型態的「義民」，更具體的單一化、具象化，接下來我們要探討的是義民爺神像的出現，及其背後所隱藏的意義。

（二）、義民爺金身的奉祀

1、奉祀神像的意義

供奉神像是臺灣民間信仰普遍的現象，但是枋寮義民廟只供奉義民爺的牌位。因此，就義民爺信仰的發展脈絡而言，「義民爺」神像是一個值得討論的問題。為什麼分香廟「需要」雕塑義民爺神像？要回答這個問題，首先必須理解「神像」在民間信仰的意義與價值。

一般而言，神像是神明的載體，將無形、抽象的神明轉化為具象化。中國南宋時期的民間信仰，呈現人神互存的現象，人們將神祇的行為擬人化，人需要神的庇佑與顯靈，神則需要人的認同與報答，神祇「被認為」極為關心自己的形象、祠廟以及賜封的情況。假如神像、廟宇破舊不堪，神就無法顯靈。因此，信徒便透過重塑神像、整修祠廟、向朝廷

稟請賜封的方式來表達敬意。[79]可知，「神像」一方面是世人對靈驗神明的酬謝，另一方面可視為神明靈力強弱的象徵。

神像的雕塑，具有將神祇定居在聚落的意涵，是神靈、聚落住民與所在地域建立關係的重要媒介。[80]因雕刻師父、住民認知、傳說等因素的差異，同一種神明在不同的文化脈絡下，會呈現出不同的形貌。以媽祖為例，就有紅面媽祖、黑面媽祖與金面媽祖的差異。[81]無論外在形貌如何，所指的還是同一無形的媽祖。

由於漢人有將神明物像化的特質，陳緯華從神明私有化的角度，詮釋神像存在的意義，認為私有化是各種神明特質能夠存在的基礎，也因此衍生出靈力的差異化，並以之作為社區的象徵。[82]「同一種無形的神在各地會有不同形貌」，以媽祖為例，北港朝天宮、新港奉天宮或者鹿港天后宮所供奉的媽祖神像，其造型、外觀各不相同，每「尊」神像都是特別、專屬於那間廟宇的，也就是說，每間廟宇都可以擁有自己專屬的神明，廟方、信徒可各自經營神明的靈力，這就是「私有化」的現象。

臺灣民間社會普遍依照神像的有無，判斷祭祀對象的屬性，李亦園解釋到：

> 成為神者就必須塑成偶像而供奉之，所以稱為「神像」。而祖先只是鬼的一種，因此不能塑像，只能製成牌位供奉。同樣的，一般未達神格的鬼廟，如臺灣鄉間所常看到的有應公、萬靈公、「好兄弟」（無主的白骨）等等，都不能塑神像，只能有牌位，或寫在廟牆上，甚至拜一個骨灰罐而已，這也是臺灣民間信仰的寺廟中有所謂「陰廟」與「陽廟」的分別。[83]

---

[79]　韓森（Hansen, V.）著，包偉民譯，《變遷之神—南宋時期的民間信仰》，頁45-58。

[80]　林瑋嬪，〈臺灣漢人的神像：談神如何具象〉，收入黃應貴主編《物與物質文化》（臺北：中央研究院民族研究所，2004年），頁343-344。

[81]　根據民間不同的媽祖顯像的傳說，衍生出三種媽祖面相的差異，紅面媽祖外形如同凡人，黑面媽祖是救難時的形象，而金面媽祖則表示得道之身。

[82]　陳緯華，〈靈力經濟與社會再生產：清代彰化平原民間信仰與地方社會的形成〉，頁90-94。

[83]　李亦園，〈中國人信什麼教？〉，收入氏著《宗教與神話論集》（臺北：立緒文化事業有限公司，1998年），頁182。

　　李亦園進一步強調：「有了俗稱『金身』的神像之後，一個神格低的、多少帶有汙染力的鬼魅，才有基本的立場與形象轉換為具有神聖性的神明。」[84]可見神像的供奉，是無祀孤魂轉化成一般神祇的重要指標。王志宇調查竹山地區的無祀孤魂信仰，則提出「神像之有無不能據以認定其為鬼神的之判斷，這個原則似乎並沒有那麼的嚴格，僅能作為參考。」[85]

　　上述漢人神像的相關研究，提供我們理解人們雕塑神像的複雜因素，以及神像具有的多重意義。大體而言，人們將無形的神祇具像化，才能夠確認神的存在；另一方面，人們也為了酬謝神恩，雕塑金身，且越是靈驗的神明，其神像越是華麗、壯觀。此外，民間信仰亦有可能依據神像的有無，判斷祭祀對象為鬼或神。當然，這個標準不是那麼嚴格，也有許多例外的情況，隨著人神關係轉變，神明的神格也在持續發展中。

2、義民爺的神像

　　新竹枋寮義民廟建廟以來，義民爺的牌位成為信眾祭拜的對象。義民爺的各分香廟，初多以義民爺香旗為祭祀對象，有機會返枋寮義民廟祭拜，再將義民香旗奉返祖廟過火，以維持其神靈的力量。義民爺香旗成為主要的供奉對象，是義民爺的象徵，也有以義民爺牌位為奉祀對象者；田野現場也有多座分香廟奉有義民爺神像的現象，與祖廟截然不同。義民爺是一複數的集合體，不是單一神靈。枋寮義民廟後山的主塚與副塚，葬有三百多位義民爺的靈骨，後人無法得知義民爺的個別姓名。

　　枋寮義民廟的分香廟中，有 12 座供奉義民爺神像，呈現出義民爺信仰的差異性與多元性。這 12 座分香廟為什麼「需要」雕塑義民爺神像？林秀昭指出高雄義民廟、甲仙褒忠亭的義民爺神像，是受到在地福佬人將神祇偶像化現象的影響。[86]然而替無形的神祇雕塑神像是漢人文

84　李亦園，《宗教與神話論集》，頁 283。

85　王志宇，〈臺灣的無祀孤魂信仰新論—以竹山地區祠廟為中心的探討〉，《逢甲人文社會學報》，第 6 期（2003 年 5 月），頁 198。

86　林秀昭，《台灣北客南遷研究》（臺北：文津出版社，2009 年），頁 71、76。

化的特質。此外，在田野調查中發現，影響義民爺具象化的因素，包含義民爺神格、對神牌位認知的差異等更為複雜的問題，由於每間廟宇雕塑神像的動機不同，無法以一概之。

枋寮義民廟供奉「勅封粵東褒忠義民位」的牌位，成為兩百多年來的傳統。各分香廟設立之初，枋寮義民廟義民爺香旗為供奉的對象，建廟之後，也多以香旗為義民爺神靈所在。經過時間分殊之後，有的分香廟逕自替義民爺雕塑神像供奉。分香廟雕塑義民爺神像，其動機大致為：謝神恩獻金身以為答謝、神祇就應有神像供奉、吸納福佬信徒、義民爺託夢等。

埔里廣福宮、鳳林長橋褒忠亭、水里義民廟和魚池德龍宮4座，皆是日治時期義民爺信仰傳入時，先供奉香旗，久之，信徒為了感謝神明庇佑，雕刻神像供奉，且皆為單一造型的義民爺，建廟之初並未供奉牌位。

富里竹田義民亭、高雄義民廟、嘉義褒忠義民廟與甲仙褒忠亭的塑像動機，十分相似，皆是受到福佬人質疑的影響，或者為了吸納聚落中的福佬信徒。富里竹田義民亭在進香過程中，義民爺牌位被福佬人質疑是「神主牌」，信徒開始思考要雕塑義民爺神像，經由擲筊得到義民爺同意的合理化過程，雕塑鎮殿義民爺和四大軍師。高雄義民廟與嘉義義民廟，皆位在福佬人優佔區，由於當地福佬人不拜「神主牌」，為了吸納福佬信徒，廟方主事雕塑神像。同樣的，位在福佬優佔區的甲仙褒忠亭，早期供奉義民爺香旗和象徵「令牌」的鯊魚劍，1972年籌備建廟時，遵照祖廟的傳統供奉牌位，但聚落信徒認為「神明」應該要以「神像」供奉，廟方因此加奉神像（奉神像時間應在1987-1992間）。顯示非義民爺信仰脈絡下的信徒，多以神像的有無來判斷祭祀對象的神格，義民爺分香廟因此雕塑神像。如報導人所述，不願讓他者誤以為所供奉的是屬陰的牌位，也可能受福佬人影響所致；從另一個層面來思考，或許也是信徒自身對所供奉之神靈屬性的疑慮與緊張的結果。

當廟方決定供奉義民爺神像時，要面臨義民爺有三百多位，且不知其姓名、容貌，該如何雕刻其形貌。從各分香廟的義民爺神像來觀察，可以發現幾點共通性，這些神像依據義民爺信仰形成的歷史背景，將義

民爺定位在保鄉衛土、英勇殉難的武將，臺灣民間信仰中最驍勇善戰，
又具忠義精神的神祇，非關聖帝君莫屬。因此，義民爺的形貌多以關聖
帝君為基礎，包括：長髯、紅面、著戰袍、坐姿、腳踩雙獅等元素，成
為信徒、雕刻師傅對義民爺形像想像靈感的來源。

圖 7　鳳林長橋褒忠亭義民爺神像(彭啟原攝)

此外，分香廟也根據枋寮義民廟的傳說故事和乩童起乩、託夢，所
得印象來雕刻神像。鳳林長橋褒忠亭、魚池德龍宮在日治時期已供奉義
民爺神像，其造型皆為玉面、長髯、身穿長袍、頭戴清代官帽的坐姿金
身，表現出清治時期，民間防衛組織協助官府平亂的史實；甲仙褒忠亭
的義民爺右手持令旗，為義民爺號令眾義民的象徵；高雄義民廟的義民
爺則右手持聖旨，強調清朝乾隆皇帝頒賜「褒忠」的歷史。

富里竹田義民亭與中寮義民宮的神像造型，皆源自於義民爺降乩時
表明自己身份，因此在雕刻神像時，以經常降臨辦事的義民爺為名來雕
刻金身。富里竹田義民亭供奉陳、林、李、黃四大軍師；中寮義民宮供
奉的是鄒將軍、陳元帥、林將軍，其造型主要由義民爺託夢給信徒或雕
刻師，顯示形貌。有趣的是，富里竹田義民亭關於四大軍師的傳說故事，

廟方一開始僅雕刻陳、林、李三位軍師；黃軍師為後來增加的，因此在託夢給雕刻師傅時，好像是帶怒氣說：「怎麼沒有雕刻到我？」師傅驚醒後，趕緊著手雕刻，便將夢中黃軍師生氣的模樣栩栩如生地刻劃出來。因此，其他三位軍師皆是慈眉善目，只有黃軍師面紅耳赤，粗眉高高揚起，顯得十分不悅。

圖 8　富田竹田義民亭供奉的四大軍師神像(吳學明攝)

　　關於義民爺神像的形式，大致可分為單一神像與複數神像。首先，單一的義民爺神像，計有埔里廣福宮、鳳林長橋褒忠亭、水里義民廟、甲仙褒忠亭、魚池德龍宮等 5 座。鳳林長橋義民亭供奉的義民爺是著清裝的神像，符合清代義民爺「義民」身分。身著清朝服，在前胸有一塊「補子」（看不到花飾，無法分辨官品），身著清朝服，頭戴清官帽，帽頂的頂珠是「金頂」，其神像服飾相當考究，與清代義民身分相符。[87]義民爺是集體殉難的總稱，不屬於一家一姓，不應有固定形象，因此義

---

[87]　這種金頂分為三種─素金頂（七品），陰文金頂（八品），陽文金頂（九品）。參閱吳學明、黃卓權編著《古文書的解讀與研究》上篇，頁 89-92。

民廟多供奉義民爺牌位，當分香廟像將抽象的、集體的義民爺具象化，反映義民爺由複數集合體轉變為單一。

在臺灣歷史上不乏類此複數集合體的崇拜發展成單一金身的事例，雲林縣口湖鄉萬善爺，乃道光年間因水災造成約萬人死亡的慘劇，罹難者收葬在數個「萬人塚」，災後地方不平安，集體恐懼而發展出萬善爺的崇奉，先後經歷塚墓的祭拜，發展到「萬善同歸」的供奉，最後出現「戰水英雄」的金身，甚至賦與姓名「陳英雄」，經過「除罪」與造神傳說，陳英雄的金身，化複數受祭拜者成為一單數被崇拜的對象。[88]墓塚祭拜、牌位供奉、金身奉祀，似成為民間信仰發展的模式。

義民爺分香廟有六座是複數型的義民爺神像，因集體殉難的背景，故未以單一神像表現，其中又可細分為三種類型：1.以少數代替集體，如嘉義義民廟供奉兩尊義民爺神像、草屯無極褒忠宮則供奉三尊。2.主祀單一型義民爺神像外，另外奉祀造型各異的小尊義民爺，象徵義民爺的複數形象。高雄義民廟除了供奉大尊手持聖旨的義民爺，並祀六尊小型神像，以代表義民爺不只有一位。3.義民爺與軍師，這類型的分香廟有富里竹田義民亭、中寮義民宮與南湖護安廟。富里竹田義民亭、中寮義民宮的義民爺神像，此與神明借乩童降乩有密切關係，前者供奉陳、林、李、黃四大軍師，後者供奉鄒將軍、陳元帥、林將軍。這些軍師、將軍皆曾在地方上降乩、辦事，對聚落住民來說，他們是從枋寮義民廟「那裡」前來鎮守、保衛地方。南湖護安廟並無乩童辦事，除了義民爺神像外，另外供奉左、右副將，分別代表文官和武將，左神龕則供奉陳資雲軍師。[89]

透過以上的討論，顯示義民爺神像的出現具有三點重要意義。首

88　李豐楙，〈臺灣雲林舊金湖萬善祠及其牽輚習俗：一個自然/非自然觀點的結構分析〉，收入林富士、傅飛嵐主編，《遺跡崇拜與聖者崇拜》（臺北：允晨出版社，1999 年），頁 11-57。

89　分香廟供奉的牌位或神像稱為「林先生」、「陳軍師」，經訪談廟中主事者，多稱他們是林先坤和陳資雲；南湖護安宮的神像也指其名為陳資雲。歷史上的林先坤和陳資雲均未在林爽文事件中犧牲，卻為他們立牌位或塑金身，固然是降乩辦事的結果，但未戰死的義民軍領袖成為活躍的義民爺，甚至用他們來代表義民爺，顯然是祖廟或分香廟主事者對義民軍歷史認知的產物。也是將複數義民爺塑造成單一化或少數化過程，以在事件中具代表性的歷史人物來象徵義民爺。

先，信徒因感謝神恩、認為「神明」應有神像，或者為了吸納福佬信徒等因素雕刻義民爺神像，可視為信徒提升義民爺神格的一種方式。戚長慧和吳勇宏的研究，皆指出信徒透過雕刻神像的方式，將原本具有鬼格的信仰對象，提升為神明。[90]同樣的情形，亦可見於義民爺神像的雕刻。由於義民爺神格的曖昧性，導致義民爺在傳播到未信仰地區的過程中，被認為是屬鬼崇拜，或者信徒本身亦無法釐清義民爺的神格，因此透過供奉神像，轉化其神格。

再者，分香廟信徒將國家軍隊組織的概念，鑲嵌在義民爺信仰體系，信徒將枋寮義民廟視為義民軍的總指揮部，分香廟的牌位象徵祖廟的靈力與權力，義民軍神像則是來自總部的將士，各自帶領士兵在地方「紮營」，守護聚落。這樣的詮釋出現在草屯中原褒忠宮的義民爺牌位，雕刻六位有姓甚至名字的義民爺，包括：李明錦、平軍師、林先生、陳軍師、朱將軍、郭盛龍；嘉義義民廟供奉七支令旗其姓名分別是陳春祥、陳軍成、李金賢、林國泰、黃玉柱、陳紫雲、詹吉興。[91]再者，在分香廟義民爺祭典中，要備辦部分神豬祭品，朝枋寮義民廟祖廟的方向祭拜。在在顯示祖廟與分香廟間存在主帥、將士的從屬關係，是義民爺信仰系統化、階層化的現象。

第三，義民爺信仰系統化、神格化的主要推動者，多與乩童有密切的關連。在乩童的導引下，信徒接受不知姓名且為數眾多的義民爺走向少數化、單一化，義民爺神像因而產生；也由於各地乩童和信眾對義民爺的認知差異，形成各式各樣的義民爺神像。此外，值得特別說明的是，義民爺由集體發展成個體，大多在戰後演變而成，可見義民爺信仰隨著北部客家再移民，在各新移居地建立義民信仰，隨著時間的推衍，在地化的現象愈為明顯，但與枋寮義民廟的義民爺信仰仍存在密切的聯繫。

---

[90]　戚長慧，〈從鬼格到神格：古寧頭戰役後金門西浦頭軍魂崇拜的時間與空間探討〉，收入李豐楙、朱榮貴主編《性別、神格與臺灣宗教論述》（臺北：中央研究院文哲籌備處，1997年），頁177-179。吳勇宏，〈一個「英雄」的誕生—多元文本下的廖添丁敘事差異與文化政治意涵〉（國立政治大學國文教學研究所在職專班碩士論文，2007年），頁151-152。

[91]　實際訪查嘉義義民廟所得。目前這七隻令旗仍被供奉在該廟中。

（三）義民爺分香廟祭典的演變

枋寮義民廟初建廟僅「崇奉聖旨及程所主」和「七月中元普施」兩大祭典，後來發展成春秋二祭與中元普渡。各分香廟祭典項目與祭祀的時間不盡相同，代表不同的社會意義。

義民廟分香廟的祭典活動，可分三部分觀察。一是設有春秋二祭的分香廟，一是設有義民爺聖誕祭典日的廟宇，以及中元普渡等。保留春秋二祭的分香廟有頭份義民廟、嘉義褒忠義民廟和已廢除改為中元普渡的埔里南村義民祠。

頭份義民廟的祭典時間，根據《（新竹廳）寺廟調查書》的記載，大正四年（1915）前，頭份義民廟的年中祭典，除了義民爺春、秋二祭（分別於農曆 4 月 9 日與 11 月 12 日）之外，並無其他祭典。[92]皇民化運動期間，被迫停止祭祀行為。戰後，恢復春秋二祭，並增加 7 月 15 日的中元普渡，至今仍維持不變。

南投縣埔里南村義民祠建廟於 1887 年，祭典最初為春秋二祭，日昭和年間，為配合當地「拜圳頭」的習俗，更改普渡時間於 7 月 29 日；2001 年加入義民聯誼會後，主委陳秋田認為義民爺該有特定的祭典日，次年將原本 7 月 29 日的中元普渡改在 7 月 20 日舉辦。道光 6 年（1826）建立的桃園南崁褒忠亭，配合南崁地區的歲時祭儀，將義民爺祭典訂於農曆 7 月 29 日；2010 年加入聯誼會後，主委邱進賢遵循枋寮本廟祭祀義民爺的時間，將祭典改成農曆 7 月 20 日。張珣討論臺灣媽祖信仰，將時間分為不同的類別：媽祖廟的制度時間、香客在參加進香過程中體驗的靜止時間、媽祖權威建立的系譜時間，以及修行香客體驗的無分別時間。[93]可知，儀式舉行的時間，背後涉及到各廟的歷史論述，與地方開發史事及群體經驗、情感緊密結合，這一天對廟宇和參與活動的人具有特殊意涵，對其他人可能沒有意義，也不具約束力。

---

[92] 新竹廳編，《寺廟調查書‧新竹廳》（新竹：新竹廳，1915 年），無頁碼。

[93] 張珣，〈儀式與時間〉，《文化媽祖：臺灣媽祖研究論文集》（臺北：中研院民族所，2003 年），頁 64-105。

　　其次，設有義民爺聖誕日的分香廟有南湖護安廟、國姓南港褒雄宮、中寮義民宮和高雄褒忠義民廟。南湖護安廟每年的祭典活動有三，分別為農曆 2 月 18 日的義民爺聖誕千秋、7 月 26 日的中元普渡與 10 月 15 日的天神良福。以 2 月 18 日為義民爺聖誕千秋，是當初黃南球迎請義民爺香火登龕安座的日子，成為護安廟義民爺的生日。祭典之前，護安廟擇日前往枋寮義民廟進香，2 月 17 日晚間誦經、祝壽，祭典當日，並邀請南湖村其他神明前來祝壽。廟初建成，相傳地方經常發生幽魂作祟等怪事，為祈求地方安寧，舉辦中元普渡祭典始獲安寧，事後地方士紳訂定每年 7 月 26 日為中元普渡祭典日。1960 年代，政府規定「統一拜拜」，配合將中元普渡定為農曆 7 月 15 日，解嚴後恢復於 7 月 26 日舉行。祭典時間一直維持至今，並未受枋寮義民廟影響而改變。

　　1960年以前，國姓南港褒雄宮的祭典有7月15日中元普渡和9月15日義民爺聖誕日。所謂的義民爺聖誕日，指的是該廟分香奠基之日期。1983年褒雄宮遷廟改建完成後，增加奉多尊神祇，祭典增加，但仍維持以農曆9月15日為義民爺聖誕節日。目前褒雄宮三大年中祭典，除了義民爺聖誕祭典外，有7月15日中元普渡和平安戲並迎媽祖遊庄遶境（一般在農曆10-11月間舉行）。

　　中寮義民宮目前的年中祭典有二，分別是農曆7月20日的中元普渡，以及11月12日的義民爺聖誕日。根據劉枝萬的調查，義民宮的祭典原來於農曆7月15日舉行。[94]最晚到2001年改成農曆7月20日，此一改變是受到義民聯誼會影響所致。該廟雕刻義民將軍神像後，擇入火安座，即訂定農曆11月12日為義民爺聖誕日。高雄褒忠義民廟也是少數有義民爺聖誕祭典的分香廟，其祭典的時間與中寮義民宮相同，訂在農曆11月12日。中元施普的時間原來是農曆7月15日，近年來配合祖廟改成農曆7月20日。

　　可見設有義民爺聖誕祭典的分香廟，均以迎請義民爺香火登龕安座的日子，或者神像登龕日為義民爺聖誕日，前者如南湖護安廟、南港褒

94　劉枝萬、石璋如等纂，《南投縣志稿・風俗志》（臺北：成文出版社，1983 年），頁 2707。

雄宮，後者如中寮義民宮、高雄褒忠義民廟。這 4 座分香廟有 3 座奉義民爺金身，未奉金身的褒雄宮曾有乩童辦事濟世。可見，複數集合的義民爺轉換成單一神祇，且塑有神像，無論這尊神祇的姓名如何，確實要給予聖誕的日子，以符合民間信仰的社會需求。乩童辦事濟世，對於降駕的神尊，也需要一定的指稱，因此與一般的神祇相同，必要有神祇誕生的祭典。

此外，大部分分香廟並未特別為義民爺訂定聖誕的節日，但無論是舉行春秋二祭或義民爺聖誕祭典的分香廟，均仍維持中元普渡的祭典，而且是年中最重要的祭典。分香廟均有舉行中元普渡祭典，祭典的時間原來相當分岐，近年來有趨於一致的現象。雖然如此，很多分香廟的中元普渡祭典，仍維持原先的時間，未受義民聯誼會的影響。此固然可視為分香廟仍保存義民爺的傳統，但確也如實的反應義民爺的神格屬性。

值得注意的是，義民爺聖誕日的制定、舉辦定期祭典，與雕刻義民爺神像的意義相同，可視為信徒將義民爺神格化的方式之一。呂理政從臺灣鬼神信仰中歸納出厲祠轉為香火廟的特徵：

> 厲祠朝向香火廟的轉化是臺灣民間信仰的特徵之一，在轉化的過程中，小祠逐漸改建為有廟門的正式廟宇，祭拜對象由墓碑轉成神主，再轉成神像，普渡及零星的祭拜也逐漸轉為地域性公眾的定期祭典，祭祀時燒金紙取代原先的銀紙，共同祭祀群體逐漸形成，產生爐主頭家等祭祀主事者，而成為地域性的香火廟。[95]

分香廟在新移墾地的發展，義民信仰轉成香火廟的過程，無論是廟宇的建立、供奉神像、定期祭典，皆說明了義民爺信徒持續提升義民爺的神格，在這種民間力量的推動下，義民廟分香廟逐漸發展為地方的香火廟。

---

[95]　呂理政，《傳統信仰與現代社會》（臺北：稻鄉出版社，1992 年），頁 104。

（四）義民廟與墳塚

乾隆 53 年（1788）林爽文事件結束後，竹塹地區收埋殉難者骨骸、建立塚廟祭祀，枋寮義民廟塚廟的建立，在當時是一個開創性的作法，無疑具有典範的意義。研究指出，建廟的初衷是基於有應公廟的傳統，面對「屍骸拋露到處，夜更深長聞鬼哭，各庄人民寢寐難安」的恐懼，藉以撫慰無祀孤魂。[96]枋寮義民廟塚廟結合的作法，對分香廟的信徒而言，則具有另外一層涵意，義民爺衍生出具有「鬼王」的性格。

枋寮義民廟 22 座分香廟中，南湖護安廟、魚池德龍宮、國姓南港褒雄宮、甲仙褒忠亭 4 座廟宇的建立與「墳塚」有關。分香廟將祖廟設立義塚的方式，轉變成義民廟與聚落中無祀孤魂的墳塚結合，其差異在於墳塚所代表的意義。枋寮義民廟的墳塚被稱為「義塚」，埋葬的是保鄉衛土喪生的義民；南湖護安廟的墳塚，是黃南球開墾南湖地區，原漢衝突下的戰死者；魚池德龍宮尚未建設前，原廟地有一處無主墳塚，居民埋葬奉祀稱為大眾廟；大正 9 年（1920）國姓南港褒雄宮建廟時，廟後方有一座萬善祠。由此可見，分香廟的義民爺衍生出管理無祀孤魂的功能，具有統轄孤魂野鬼、防止其作亂、危害人間的意義，藉以安撫聚落居民對亡魂的恐懼心理。

1972 年甲仙褒忠亭設立義塚顯得十分特殊，甲仙褒忠亭後方的義塚，埋葬的不是遺骸，而是黑底鑲金邊的「勅封粵東褒忠義民位」牌位和一只香爐，類似於義民爺「衣冠塚」的性質。「義塚」是為了遵循祖廟型制而設，也代表義民爺辦事時所需的兵將，隱含了神壇運作的思維。

枋寮義民廟義民爺的奉祀，一直維持供奉牌位的形式。在田野的現場，我們發現各分香廟義民爺供奉的形式相當多元。祭祀的儀式也各有不同，有些分香廟設有乩童，定期為信眾辦事解厄，有些乩童甚且是該廟的靈魂人物；有些分香廟以特定時間做為義民爺的聖誕日，並在該日

[96] 〈嘉慶 7 年 10 月褒忠亭首事王廷昌、黃宗旺、林先坤、吳立貴等同立合議規條簿約字〉，引自吳學明、黃卓權，《古文書的解讀與研究》，頁 98-101；李文良，《清代南臺灣的移墾與「客家」社會（1680~1790）》，頁 280；羅烈師，〈臺灣客家的形成—以竹塹為核心的觀察〉，第三、五章。

舉行盛大祭典；有些義民廟原本沒有墳塚，為了向祖廟效仿，也在廟後立墳塚。可見各分香廟義民爺的信奉，具民間信仰開放性、動態性的一環。從枋寮義民廟到其分香廟的演變，顯示義民爺信仰在不同的歷史脈絡與社會文化下，展現出活潑的生命力與創造力。林秀昭指出嘉義義民廟義民爺信仰，出現在地化的現象，除塑義民爺金身外，普渡時不樹燈篙、不放水燈。[97]義民爺分香廟的義民爺信仰，在適應在地的過程中，有些仍堅持枋寮義民廟信仰的本質，有些已經發生很大的變化。

從分香廟呈現的義民爺信仰的多元發展，可視為一系列「創制傳統」（invented tradition）的過程，被創造的傳統其特殊性在於：不管與歷史過往再怎麼相關，這樣的傳統與過往歷史間的關聯性是「人工」接合，面對新時局，卻以與舊情境相關的形式出現。[98]分香廟供奉形制各異的義民爺牌位、義民爺神像、配合聚落改變祭典活動，甚至模仿祖廟設立義塚，可視為枋寮義民廟的義民爺信仰「傳統」與分香廟的「創造」，兩者間錯綜複雜的互動結果，展現出民間信仰中，人的創造性與文化再造的可能性。

七、結論

先民從閩粵原鄉遷移來臺，隨身攜帶祖籍的神祇以為守護，在臺灣落地生根，祖籍神祇發展成在地神明。枋寮義民廟是粵籍移民，從今桃竹苗地區再移民過程將義民爺奉往新移居地，發展出來的信仰體系。義民爺信仰在新移居地發展情形，是本文的核心議題。本文初步得到以下的看法。

義民信仰在臺灣並非客家人所獨有的信仰，福佬人也曾參與清代地方動亂的秩序維護工作，也有「義民」在動亂中犧牲，而被奉祀成神，雲林縣北港鎮的義民公廟正是。北港義民廟的發展與信仰，並未發展出

---

[97] 林秀昭，《北回歸線上的北客》（臺北市：文津出版社，2011）。

[98] 霍布斯邦（Eric Hobsbawm）等著，陳思文等譯，《被發明的傳統》（臺北：貓頭鷹出版社，2002 年），頁 11-25。

分香廟宇，此固與廟宇神祇的屬性有關，與信奉者是否為優佔族群、信眾多寡、財力雄厚與否，為其主要的關鍵。

　　枋寮義民廟雖然是由墳塚發展而成，但與一般由墳塚發展成的大眾爺、有應公性質不同。臺灣不乏由萬善祠發展成有神像供奉的將軍、王爺的信仰，但枋寮義民爺的信仰發展並不相同。雲林口湖鄉金湖牽水藏（車藏）萬人塚，經眾人祭拜而神格上升，由複數集體祭拜，神格上升並發展成以陳英雄代表眾多水災受難者，進而雕塑金身成單一神明。金湖發生大規模的水災，在傳統的社會往往被解讀成因「天譴」而集體受難，經由除罪的過程，使亡靈得到救贖而成神。義民爺是死於「王事」，為「忠義」而犧牲，因效力於皇國，經「勅封」而成神，與金湖的發展模式不同。

　　枋寮義民爺信仰原本是少數與事者，為「祭聖典及程廳主」的崇祀，由當地私人的祭祀，發展成附近居民的參與，再成為十五大聯庄的祭祀。單一聯庄的形成，與該聯庄的開墾歷史、開墾人群與聯庄認同意識等有密切的關係。隨著十五聯庄信徒的再移民，義民爺的信仰擴展到全臺各地。目前枋寮義民爺的信奉除了 22 座自枋寮分香，以義民爺為「主神」的祭典外，也有很多客家族群奉為寺廟的同祀神。在自家供奉義民爺香旗的現象，也相當普遍，因此枋寮義民爺的信仰，其信徒隨著客家族群的遷移，已擴散到全臺各地。足見義民爺信仰的擴散，與桃竹苗地區客家族群的再移民關係密切。

　　客家再移民將義民爺的香旗攜往新移居地奉祀，成為移民的守護神。清末以來客家的再移民，前往開墾的第一線討生活，其生存條件相對惡劣，除要面對高山原住民的抗拒，更要面對水土不服與疾病；拓墾落腳後要如何確保五穀豐登、人畜平安。則有賴義民爺的庇佑，枋寮義民爺分香廟的建立，因而出現。

　　枋寮義民爺成為北客再移民過程中的守護神，在住家、工寮供奉義民爺香旗，有的建廟供奉。能否建廟供奉的關鍵在於義民爺的靈驗度，因此分香廟多有靈驗故事。其間乩童扮演相當重要的角色，能力強的乩童替義民爺辦事濟世，使人數不多的客家移民有足夠的人力與財力興建

廟宇，義民爺的乩童辦事不以客家人為限，因此很多地方多有義民爺與「外客」的說法。

由於再移民新移居地族群相對複雜，客家優佔的範圍不大，因此再移民所建立的分香廟大多規模很小；規模較大者，主要分布在客家優佔地區，而且規模較大的分香廟，往往要與其他神祇共享同一個祭祀圈。同時，分香廟在奉祀義民爺的同時，也會因需要而不斷的安奉其他的神祇，以滿足地方民眾的需要。

枋寮義民廟建立兩百多年來，一直維持不立神像只供奉牌位，且牌位有其一定的形制。但在各分香廟產生多樣化，部分分香廟奉有金身，有的除鎮殿金身外，還雕有小尊義民爺，供信眾請回家中鎮宅，可見分香廟已將義民爺視為一般的神祇，不再是陰神。金身的出現象徵義民爺神格的變化，也可視為從複數集中信仰發展成單一神明的信奉，其變化有信仰上深層的意義。再者，金身奉祀過程，也呈現不同族群對義民信仰認知的差異，族群間的互相學習、刺激，也是義民爺神像化的重要因素，而乩童在其間又扮演著關鍵的角色。

除了奉神像祭拜之外，多座分香廟雖然維持牌位的奉祀，但所奉祀的牌位也出現多樣化的現象。大部分的分香廟原本沒有牌位，有牌位者，其牌位形制、文字、顏色等均存在相當大的差異。有些廟宇的牌位增加人名，義民爺本來就不知其名，以少數人代表義民爺加以奉祀，可視為神像化過程的表現。而神像化所代表的宗教學意涵為何，值得再加說明。此應與義民爺的神格之爭有關，義民爺祭典的儀節，客委會曾加以設計，使義民爺的祭典有一共同的祭儀。而所謂「三獻禮」、「九獻禮」的提出與實施，是否隱含客家族群對義民爺神格的緊張與焦慮，值得再進一步討論。

除了牌位和神像的分殊外，有些分香廟設有乩童，為信眾辦事解厄；有些分香廟以特定時間做為義民爺的聖誕日，於義民爺聖誕日舉行盛大祭典；有些分香廟原本沒有墳塚，向祖廟效彷在廟後立墳塚。凡此，見證分香廟的演變，與祖廟有很大的差異。然而義民爺分香廟，在適應在地的過程中，有些仍堅持枋寮義民廟信仰的本質。

　　民間信仰本來就很活潑，處處充滿生機，不斷吸收養分，不斷調整。發展到一個階段，制度化的規範陸續出現，而被遵行。所以媽祖或其他神祇的信仰，雖然多少存在地方差異，但一直有其共同遵守的儀軌。義民爺的信仰在枋寮行之多年，也自有其祭祀上的儀軌。隨著分香廟的建立，奉祀義民爺的本質不變，但在形式上產生諸多變異，各有其特色；分香廟與祖廟奉祀義民爺的重心不變，但又同中有異，呈現多元化的現象。這種多元的發展，與臺灣多數民間信仰相同；但義民聯誼會的組成，對各分香廟義民爺的祭祀扮演著指導者的角色，加上客家運動的興起，將義民精神與客家精神畫上等號。尤其是義民聯誼會的運作，透過各分香廟輪流主辦年會，互相觀摩、學習，甚至指導，使原本各分香廟獨立發展的義民爺信仰，加入變動的因子，其後效有待進一步觀察。[99]值得注意的是，聯誼會雖然嘗試建構一套義民爺信仰的一致性規範，有的分香廟盡力配合，但也保存各自既有的祭拜模式，綻放出獨具在地特色的信仰文化，因而形塑出臺灣義民爺信仰的多元風貌。

99　吳學明、林柔辰，〈中華民國褒忠義民廟聯誼協會研究〉，中央大學客家學院主辦「2011年族群、歷史與文化亞洲聯合論壇：當代客家之全球發展」。

徵引書目

丁曰健（輯），《治臺必告錄》，臺北：臺灣經濟銀行研究室，臺灣文獻
　　　叢刊第 17 種，1959。

丁光鈴，《清代臺灣義民研究》，臺北：文史哲出版社，1994 年。

尹章義，〈閩粵移民的協和與對立──以客屬潮州人開發臺北及新莊三
　　　山國廟為中心所做的研究〉，《臺北文獻》，第 74 期（1985 年）。

中華民國褒忠義民廟聯誼協會編，《中華民國褒忠義民廟聯誼協會第一
　　　屆第十二次理監事聯席會議　會議手冊》，新竹：枋寮義民廟，
　　　2011 年。

王瑛曾，《重修鳳山縣志》，臺北：臺灣銀行經濟研究室臺灣文獻叢刊第
　　　146 種，1962 年。

王甫昌，《當代臺灣社會的族群想像》，臺北：群學出版社，2003 年。

王志宇，〈臺灣的無祀孤魂信仰新論─以竹山地區祠廟為中心的探討〉，
　　　《逢甲人文社會學報》，第 6 期（2003 年 5 月）。

王志宇，《寺廟與村落：臺灣漢人社會的歷史文化觀察》，臺北：文津出
　　　版社，2008 年。

伊能嘉矩，《臺灣文化志》，臺北：南天書局，據刀江書院 1928 年版影
　　　印。

李文良《清代南臺灣的移墾與「客家」社會》，臺北：國立臺灣大學出
　　　版中心，2011 年。

李文良，〈立大清旗，奉萬歲牌：朱一貴事件時的「萬歲聖旨牌」與地
　　　方社會〉，《「臺灣與海洋亞洲」國際研討會》會議論文，臺北：
　　　國立臺灣大學歷史系，2009.12／04-05。

李亦園，《宗教與神話論集》，臺北：立緒文化事業有限公司，1998 年。

李豐楙，〈苗栗義民爺信仰的形成、衍變與客家社會───一個中國式信
　　　仰的個案研究〉，《中央圖書館臺灣分館建館七十八週年紀念論
　　　文集》，臺北：國立中央圖書館臺灣分館，1993 年。

李豐楙、朱榮貴主編《性別、神格與臺灣宗教論述》，臺北：中央研究院文哲籌備處，1997 年。

李豐楙，〈臺灣雲林舊金湖萬善祠及其牽轙習俗：一個自然/非自然觀點的結構分析〉，收入林富士、傅飛嵐主編，《遺跡崇拜與聖者崇拜》，臺北：允晨出版社，1999 年。

吳學明，《金廣福墾隘與新竹東南山區的開發 1834-1895》，臺北：國立臺灣師範大學歷史研究所，1985 年。

吳學明，《頭前溪中上游開墾史暨史料彙編》，新竹：新竹縣文化局，1998 年。

吳學明，《金廣福墾隘研究》，新竹：新竹縣文化局，2000 年。

吳學明，〈客家的地域社會與宗教活動：楊梅地區的土地開墾與義民信仰之歷史考察〉，發表於「客家地方社會比較研究工作坊研討會」，新竹：國立交通大學客家文化學院國際客家研究中心主辦，2007.10.5-8。

吳學明、黃卓權，《古文書的解讀與研究》，竹北：新竹縣文化局，2012 年。

吳學明、林柔辰，〈中華民國褒忠義民廟聯誼協會研究〉，「2011 年族群、歷史與文化亞洲聯合論壇：當代客家之全球發展」，中央大學客家學院，2011 年。

吳學明、林柔辰，《變與不變：義民信仰之擴張與演變》，南投：國史館臺灣文獻館，2013 年。

吳學明、陳志豪，〈楊梅的土地開墾與義民信仰祭典區之歷史考察〉，《桃園文獻》創刊號（2016 年 3 月）。

吳勇宏，〈一個「英雄」的誕生—多元文本下的廖添丁敘事差異與文化政治意涵〉，國立政治大學國文教學研究所在職專班碩士論文，2007 年。

呂理政，《傳統信仰與現代社會》，臺北：稻鄉出版社，1992 年。

林文凱，〈清代地方訴訟空間之內與外：臺灣淡新地區漢墾莊抗租與控案的分析〉，《臺灣史研究》14：1（2007 年 3 月）。

林百川、林學源等，《樹杞林志》，手抄本影印。

林百川、林學源等，《樹杞林志》，臺灣文獻叢刊第 63 種，臺銀經濟研究室，1962 年。

林富士、傅飛嵐主編，《遺跡崇拜與聖者崇拜》，臺北：允晨出版社，1999 年。

林秀昭，《台灣北客南遷研究》，臺北市：文津出版社，2009 年。

林秀昭，《北回歸線上的北客》，臺北市：文津出版社，2011 年。

林瑋嬪，〈臺灣漢人的神像：談神如何具象〉，收入黃應貴主編《物與物質文化》，臺北：中央研究院民族研究所，2004 年。

孟祥瀚，〈日治時期花蓮地區客家移民的分布〉，收入《客家文化學術研討會論文集》，桃園：國立中央大學客家研究中心，2003 年。

施添福，《清代在臺漢人的祖籍分布和原鄉生活方式》，臺北：國立臺灣師大學地理系，1987 年。

施添福，《清代臺灣的地域社會：竹塹地區的歷史地理研究》，新竹：新竹縣文化局，2001 年。

徐啟智，〈新埔褒忠亭義民爺的神格屬性〉，臺北：政治大學民族學系碩士論文，2001 年。

陳菊仙，〈枋寮義民廟的沿革〉，《新竹文獻會通訊》9 期（1953 年 12 月）。

陳春聲，〈國家意識與清代臺灣移民社會－以「義民」的研究為中心〉，收錄於賴澤涵、傅寶玉主編《義民信仰與客家社會》，臺北：南天出版社，2005 年。

陳緯華，〈靈力經濟與社會再生產：清代彰化平原民間信仰與地方社會的形成〉，國立清華大學人類學研究所博士論文，2005 年。

張珣，〈儀式與時間〉，《文化媽祖：臺灣媽祖研究論文集》，臺北：中研院民族所，2003 年。

張正田，〈從族群關係看清代臺灣桃竹苗地區義民信仰區域差異—以清代苗栗堡為觀察中心〉，臺北：政治大學歷史研究所博士論文，2010 年。

戚長慧，〈從鬼格到神格：古寧頭戰役後金門西浦頭軍魂崇拜的時間與

空間探討〉，收入李豐楙、朱榮貴主編《性別、神格與臺灣宗教論述》，臺北：中央研究院文哲籌備處，1997 年。

黃建雄錡編，《鎮平黃氏：其輝公派下族譜》，編者自印，1980 年。

黃清漢，〈新埔義民廟祭祀圈結構之研究〉，文化大學地理研究所碩士論文，1987 年。

黃運喜，《新竹縣寺廟傳統與現代對話專輯》，新竹：新竹縣政府，2005 年。

黃卓權，〈義民廟早期歷史的原貌、傳說與記載—歷史文本與敘事的探討〉，《臺灣文獻》第 59 卷第 3 期，2008 年 9 月。

黃萍瑛，《臺灣民間信仰「孤娘」的奉祀：一個社會史的考察》，臺北：稻鄉出版社，2008 年。

新竹州農會，《新竹州下に於ける小作慣行改善事業概況》，新竹：新竹州農會，昭和 6 年 7 月。

新竹廳編，《寺廟調查書・新竹廳》，新竹：新竹廳，1915 年，手稿無頁碼。

新埔鎮誌編輯委員會編，《新埔鎮誌》，新竹：新埔鎮公所，1997 年。

臺灣銀行經濟研究室編，《清高宗實錄選輯》，臺北：臺灣銀行經濟研究室，臺銀文叢第 186 種，1963 年。

臺灣銀行經濟研究室編，《明清史料戊篇》，南投：臺灣省文獻委員會，1972 年。

臺灣銀行經濟研究室編，《臺案彙錄庚集》，南投：臺灣省文獻委員會，1964 年。

臺灣銀行經濟研究室編，《臺案彙錄甲集》，南投：臺灣省文獻委員會，臺灣文獻叢刊第 31 種，1997 年。

褒忠義民廟特刊編輯委員會，《褒忠義民廟創建兩百週年紀念刊》，新竹：褒忠義民廟創建兩百週年紀念慶典籌備委員會，1989 年。

賴玉玲，《褒忠亭義民爺信仰與地方社會發展—以楊梅聯庄為例》，新竹：新竹縣文化局，2005 年。

霍布斯邦(Eric Hobsbawm)等著，陳思文等譯，《被發明的傳統》，臺北：

貓頭鷹出版社，2002 年。

鍾仁嫻，〈褒忠義民廟歷史初探〉，收入林光華等著，《義民心鄉土情─褒忠義民廟文史專輯》，新竹：新竹縣文化局，2001 年。

謝宏武，〈清代臺灣義民之研究〉，臺灣師範大學歷史研究所碩士論文，1994 年。

劉枝萬、石璋如等纂，《南投縣志稿‧風俗志》，臺北：成文出版社，1983 年。

羅烈師，〈臺灣客家之形成：以竹塹地區為核心的觀察〉，國立清華大學人類學研究所博士論文，2006 年。

韓森（Valerie Hansen），包偉民譯，《變遷之神─南宋時期的民間信仰》，杭州：浙江人民出版社，1999 年。

Jordan, David K 1972, "Gods, Ghosts, and Ancestors: the Folk Religion of a Taiwanese Village." Berkeley: University of California Press.

臺灣基督長老教會的初代信徒（1865-1945）*

摘要

臺灣社會俗稱基督徒為「落教人」，落教後脫離原來社會的宗族、宗教體系，與原有的社會斷裂。他們進入新世界，在那世界中，不供奉「公媽牌」、不參加迎神活動；禮拜堂取代村廟成為新的活動重心，學習新的文化，奉行傳教士的教導，洋教士取代舊士紳成為信徒的領袖。

初代信徒入教的動機主要在於：遭遇現世生活困頓；接受醫療照顧心懷感念；畏懼死後處罰；被英國傳教士僱用；靠洋勢。為死後靈魂救贖而入教者較少。他們普遍家境貧困，較少接受教育，品行明顯違反當時一般社會規範。此外，他們在入教前，多靠求神問卜解決窘困，因遭遇挫折對原有神明失望，轉而追求「法力」較高明神祇的庇護而入長老教會。

初代信徒對教義並無深刻的認識，多以崇祀民間信仰神祇的方式與心態敬拜上帝。入教的目的在解決現實生活的困境，如果新宗教無法解決現實困境，多重回原有的宗教世界。因此設教初期的信徒，違反十誡的比例相當高。

初代信徒常受到來自家庭、家族和鄉里的壓迫。家人、族人的反對，多因實際利益的衝突，其關鍵在於家產的繼承和家族顏面的考慮。家族顏面的維持，與家族在地方的領導地位與家族利益的確保有關。

初代信徒自動退出的人不少；也有因言行違反十誡而被禁聖餐，甚至被逐出教會者；但不少初代信徒，成為虔誠的基督徒。他們入教前多屬社會邊緣人，但入教沒幾代社會地位與經濟能力也大為提升。

關鍵字：長老教會、初代信徒、現世困頓、改信、社會流動

---

* 2004 年完稿，原預計收入「尹章義教授還曆論文集」，茲徵得章義師同意，收入本論集。

一、前言

　　十九世紀是基督教世界與基督教文化擴張的重要時代，臺灣在此一世界潮流中被捲入世界宗教體系，西方文化傳入臺灣，基督長老教會的傳入為典型的代表。臺灣基督長老教會，初分成南北兩系統，南部教會的母會是英國，1865 年傳入；北部教會的母會是加拿大，1872 年傳入。1865 年英國長老教會派馬雅各醫生(J. L.Maxwell)到臺灣傳教，至今百餘年，歷來教勢成長速度緩慢，信徒人數佔臺灣總人口比率仍然相當低。[1]

　　對臺灣人民而言，基督長老教會是一個新的外來宗教，基督宗教主張一神信仰，且不可以偶像崇拜，是一個排他性很強的宗教，與臺灣傳統多神崇拜，兼容並蓄的民間信仰截然不同。[2]接受新宗教，必需脫離傳統社會的宗族、宗教體系，與原有的社會斷裂。他們不再崇奉祖先、祭拜神明，脫離原有宗族、寺廟與地方頭人的掌控。走向另一個世界，在那世界中，不供奉「公媽牌」、不參加迎神活動；禮拜堂成為新的活動中心，學習新的文化，奉行傳教士的旨意，洋教士取代舊士紳成為信徒的意見領袖。因此，我們要問的是什麼樣的人會加入新宗教？他們有何共同特徵？他們入信的動機為何？加入新宗教後的處境及轉變又如何？凡此，均值得深入探討。

　　本文以南部長老教會為中心，先討論「上帝遇到天公」的文化落差，進而從初代信徒入信資料，分析入信原因、社會背景和入信後的處境及改變。本文主要以長老教會發行的文獻和未刊史料為主，尤其是於 1885 年刊行以來的《教會公報》。[3]

1　宋光宇，《宗教與社會》（臺北：東大圖書公司，1995 年），頁 187。

2　董芳苑，〈臺灣民間信仰祀神之研究〉，收入氏著《臺灣民間宗教信仰》（臺北：長青文化出版，1984 年增訂版），頁 155。

3　《教會公報》為長老教會發行於 1885 年的《臺灣府城教會報》其名稱曾經過多次更改，本文為方便行文，概以《教會公報》稱之。有關《臺灣府城教會報》的沿革可參閱拙著〈「臺灣府城教會報」及其史料價值〉，收入拙著《臺灣基督長老教會研究》（臺北：宇宙光出版社，2006 年）。

二、當上帝遇到天公

　　基督宗教無論是新教或舊教，均以崇敬上帝耶穌為主，教義各有異同。但均相信上帝為天地萬物的創造者，是歷史的主宰，要審判世人。以耶和華為唯一的真神，遵守耶和華的「十誡」，其核心在於「信唯一的真神耶和華」、「不可偶像崇拜」，是具強烈排他性的一神教。與臺灣社會的「泛靈信仰」與「公媽牌」祭祀截然不同。早期稱信基督教的人為「落教的」。處在充滿敵視態度之臺灣社會中的基督徒，「落教」一詞意涵著與原有的宗教、家族與社會脈絡決裂。

　　歷來學者多從血緣組織與地緣組織，觀察漢人社會的特性與發展。血緣組織的核心在宗族組織與祖先崇奉，具體表現則為宗祠、家廟及神祖牌的崇奉與祭祀；地緣組織以寺廟與祀神為中心，信徒透過祀神活動形成地域認同。這兩種組織所形構成的地域社會，地方頭人扮演靈魂人物，他們多來自地方權力家族，憑藉豐沛的經濟力、取得科舉功名並積極參與地方公共事務，以與地方統治者連結，鞏固其在地域社會的地位。接受基督宗教必需面對脫離傳統社會的宗族、宗教體系，與原有的社會斷裂。信徒不再崇奉祖先、祭拜神明，脫離原有宗族、寺廟與地方頭人的掌控。他們走向另一個世界，在那世界中，不供奉「公媽牌」、不參加迎神活動；禮拜堂成為新的活動中心，學習新的文化，遵守新的社會規範，奉行傳教士的旨意，洋教士取代舊士紳成為信徒的意見領袖。

　　信徒從舊信仰轉入新宗教，首先要面對的就是公媽牌祭祀的問題。長老教會將祖先崇拜視為「亡靈崇拜」的一種，屬於偶像崇拜的一部分，禁止信徒崇拜祖先。傳統臺灣宗教觀念中，經過葬儀儀式，將「亡靈」轉換成「祖先」。[4]否則就成為厲鬼，影響家族及子孫枯榮。再者，祭祖是孝道的表現，隱含著濃厚的人文精神與倫常觀念，是傳統臺灣社會文化深層的一部分。受儒家思想影響的士人，或不祭拜鬼神，但對祖先的祭拜卻相當虔敬慎重。[5]

---

[4]　呂理政，《傳統信仰與現代社會》（臺北：稻鄉出版社，1992年），頁103-105。
[5]　黃武東，《黃武東回憶錄/臺灣長老教會發展史》（臺北：前衛出版社，1988年），頁17。

　　臺灣社會對祖先崇祀相當重視，社會價值結構以男子為中心。對於無子嗣可祭拜的鬼魂，得設法替他們找到歸宿，而其辦法就是透過「討囝子」過房，或女魂冥婚的方式成為「祖先」。看似頗具「迷信」色彩，卻能「滿足特殊形式的社會需要」。[6]再者「公媽牌」崇祀，附帶著對被祭拜者財產的繼承權。放棄對祖先的祭拜，無異是對祖先財產繼承權的喪失。[7]然而教徒視祖先牌位為無神靈的「木主」、「偶像」，衍生出信教者對祖先財產繼承權的爭奪問題。

　　馬偕牧師（George Leslie Mackay，即偕叡理）對漢人的祖先崇拜，有很傳神的描述：「他們（漢人）崇拜的是祖先，把祖先當成真正的神，他們真正的宗教是對祖先的崇拜。他們真正的偶像是祖先的神主牌。」「祖宗的牌位成為家族最神聖的東西，……祖先崇拜的基礎是孝思。」[8]然而一旦改信基督教，傳教士到信徒家舉行「聖別禮拜」後，祖先牌位隨之被焚毀。[9]這對臺灣人而言，是大不孝的行為，入基督教因而被視為「不孝」。因此，基督徒常受到親族與鄰里的指責和阻擾。基督教在臺灣傳教最大的阻力，是祖先（公媽牌）崇拜問題，不忍心丟棄祖先的香火。[10]

　　因此洋教士對祖先崇拜，還不致於用太嚴厲的詞語攻擊，但對民間信仰則不然。馬偕牧師發現，「偶像崇拜」在人民心中根深蒂固，但只在遭遇挫折及患難之際，才會到廟裡去求神拜佛[11]。1894 年三月媽祖生日，約萬餘信徒去北港進香，《教會公報》嚴厲批評「為了一塊柴頭庇

6　阮昌銳，〈臺灣的冥婚與過房之原始意義及其社會功能〉，《中研院民族所集刊》，第 33
　　期，1972 年，頁 31-37。
7　陳祥水，〈「公媽牌」的祭祀─繼承財產與祖先地位之確定〉，《中研院民族所集刊》第 36
　　期，1973 年，頁 141-164。
8　George Leslie Mackay, From Far Formosa:The Island Its People and Missions. edited by the Rev.
　　Macdonald.　Fleming H. Revell Company 1896；Reprintted by Ch'eng Wen Publishing
　　Company,Taipei,1972.pp.131-134.
9　李智仁，《臺灣的基督教會與祖先崇拜》（臺南：人光出版社，1995 年），頁 79。
10　彰化基督長老教會設教 50 週年紀念部會編，《彰化基督長老教會設教 50 年史》（白話字
　　本。臺南：臺灣教會公報社，1939 年），頁 27；不著撰人，〈消息〉，《教會公報》第 77
　　號，光緒 17 年 9 月，頁 65-66。
11　George Leslie Mackay ,"*From Far Formosa , The Island its People and Missions*" , pp.128-129.

仔」，勞民傷財。引來媽祖信徒的不滿，揚言要拆禮拜堂。[12]民間信仰以玉皇大帝為至尊，稱為天公，正月初九「天公生」的祭典也受到傳教士的批評，「你們說天公最大，又說天公的生日是正月初九，那不是很矛盾嗎？既然天公是人生的，那最大的人應該不是天公，而是生天公的那個人，就是天公的父母親」。面對基督教嚴厲的批判，臺灣人民心生不滿而加以反擊。

　　《教會公報》批評迎神賽會的報導甚多，均視為迷信，認為是浪費大量金錢去服侍無用的「柴頭」；甚至用「魔鬼」來指稱民間所敬奉的神明。1909 年教會傳入臺灣已歷四十餘年，梅甘霧牧師（Rev. Campbell N. Moody）對臺灣傳統神祇仍相當敵視。他說「上帝是活的神，祂無所不知，無所不能，也無所不在，拜上帝就是拜神明。若是那些木刻、土塑的，眼不會轉、耳不能聽、眼不能看、鼻不能聞、腳不能走、嘴不能講、肚內沒腸胃，那才不是神明。咱希望他能保護，反而是咱在保護他，他要靠咱替他蓋廟，替他燒紙錢，被老鼠推倒也不會自己站起來，被蟲蛀，被蜘蛛絲纏繞也不會去除，被砂子吹也不會自己拍砂子。賊到家裡也不會趕，不如我們養的狗；遇到水災火災，沒有請他走，他們也沒本事逃避，就燒成灰或被水沖走，流到海。」[13]在一神論的洋教士眼中，神像是由木刻或泥土塑成的，毫無神力可言，人敬信拜他當然是愚昧無知的表現。但臺灣人民眼中的木頭神像，只要經由一定的儀式，就具有超自然的神力存在，歷來少有人懷疑。

　　1915 年《教會公報》有一段批評嘉義民雄迎神的記載，文中說「當地有一尊佛叫大士。祭典是在 7 月 21 日到 23 等三天，人山人海，約有十萬人前來，北自林圮埔（今南投縣竹山），南到店仔口（今臺南市白河區），火車特別減價，開加班車。廣搭孤棚，置滿祭品香燭，大士像在第三天晚上被綁在竹竿上，半夜就放火燒掉。」文中記錄祭典的盛況，也嚴加批評道「可憐咱同胞，五月沒天師，至六月底人就製造出天師；沒骨頭用竹篾代替，沒有皮用紙糊；沒道觀人送他；人卻向他求平安福

12　楊士養，〈沒人倫〉，《教會公報》第 290 期，1909 年 5 月，頁 39-40。
13　梅監務，〈沒人倫〉，《教會公報》第 290 期，1909 年 5 月，頁 39-40。

氣；他沒活，人向他求醫病。真是愚昧。」[14]北港是全臺媽祖信仰的重
鎮，卻是教會人士的眼中的「腐化市」，嚴加批判。[15]

　　多神信仰的臺灣社會，對於西方宗教也因認知差異而產生疑慮。林
學恭受初信教的好友郭省之邀，到嘉義禮拜堂了解郭省所信的新宗教。
當時禮拜堂正舉行禮拜，林學恭「見傳教師祈禱，眾人俱閉目，以為在
唸咒語，甚為警慌；復見禮拜堂內無神像，又無焚香，認為異端邪說，
莫此為甚，他不敢入禮拜堂，立於門外，觀察其動靜。」[16]足見稍具知
識的林學恭對禮拜堂無神像，不燒香點燭，與傳統寺廟完全不同，而視
為邪教。

　　孝道在臺灣社會，是文化價值主流所在，將「祖先崇拜」與「孝」
等同視之。不「崇祀祖先」被視為「不孝」，「不孝」又被視為「非人」。
士紳批評基督教「不祭祖廟，毀滅先王的道理；不祭祖廟，除去神主牌，
這是不孝。」[17]對信基督教的子弟，視為罪大惡極，甚至認為「任你去
賭博、抽鴉片、為非作歹，我絕不讓你入教，這是一條絕路」。[18]基督宗
教受到批判與反對，與祖先祭拜有很大的關係。

　　民間信仰的信徒，多以本身文化體系的價值看待基督宗教。在接觸
的過程，產生一些誤解。如普遍相信入教者是被施法術或下藥，才會喪
失心智，毀棄祖先。因此傳教者所到之處，人人自危，深怕食物飲水被
下「入教藥」，會像瘟疫般的傳染。

　　吳著是南部長老教會的初代信徒，原本是划竹筏的搬運工人，信教
後以捕魚為業。他入教後回到故鄉，地方人士爭相來圍觀，謠傳他吃了
入教的藥，家裡的人，為此相當煩惱，吃飯時沒有人敢和他同桌吃飯，
所用的碗筷要另外準備，為的是怕被他下藥。[19]梅監霧牧師（Campell N.

14　不著撰人，〈打貓〉，《教會公報》第 361 期，1915 年 4 月，頁 9-10。
15　何希仁，〈北港的動搖〉，《教會公報》第 339 期，1913 年 6 月，頁 4-5。
16　郭朝成，〈信仰美談──赤馬叔〉，《教會公報》第 654 號，1939 年 9 月，頁 13-14；第 655
　　號，1939 年 10 月，頁 9-11；第 656 號，1939 年 11 月，頁 7-8。
17　不著撰人，〈澎湖的消息〉，《教會公報》第 18 期，光緒 14 年 12 月，頁 131。
18　不著撰人，〈楊福春小傳〉，《教會公報》第 360 期，1915 年 3 月，頁 65-66；楊士養編
　　著，林信堅修訂，《信仰偉人列傳》（臺南：人光出版社，1989 年），頁 175-176。
19　趙時回，〈教會的來歷──鹹埔仔〉，《教會公報》第 176 期，1899 年 11 月，頁 84；胡
　　肇基，〈臺南教會的來歷〉，《教會公報》第 153 期，1897 年 12 月，頁 94。

Moody）有一段詳實的描述，「很晚了，漁夫回家喚開門，沒有回聲，家族都睡了嗎？他再叫了幾聲，仍然無回音。然後聽到微弱的腳步聲接近門後，再歸寂靜。漁夫推開門，顯然門閂已被撤去，裡面寂靜，漁夫閂上門後，就上床了。翌晨，妻子起來，將煮好的菜排在桌面，沒說一句話就回廚房。漁夫吃過早飯就出去，妻子撤去碟盤，將剩飯丟棄，也不管豬吼著要吃東西。這女人怎麼不讓禽畜吃剩飯，是不是瘋了？不是，是男人瘋了。」因為他遇到傳長老教的黃深河，感染到「番仔教」的毒。「因此，漁夫堂弟為他開門而不敢接近他，妻子不敢與丈夫同桌吃飯，甚至不敢將他吃剩的飯給豬吃。妻子看丈夫不數日就在密室閉目念念有詞，快要發瘋了。」[20]可見時人對新宗教極不瞭解，認為遭人下藥才會入教，而且被下藥入教者，會再對其他人下藥。入教者被視為瘟神般對待，會傳染人，其嚴重性由此可見。

認為信教者可能是被施法術（施咒、畫符）而入教。1868年的舊城教會焚燒事件，起因於謠傳傳教士「混用符咒毒藥，昏迷婦女入教」。[21]民眾相信傳教的高長，在程賽的妻子林便涼背上畫符唸咒，以致發病，堅持要入教，造成群情譁然。[22]臺灣民間信仰，以符咒替人治病，也可以藉以迷惑人，因此也相信外國傳教士，也會畫符念咒引人入教。[23]此事件中遭殺害的信徒莊清風，當他被反教民眾包圍，自忖將被殺害之際，「下跪禱告，村民不敢靠近，以為他在唸咒。村民於是回村中，將大廟內大大小小的神像抬出來。」以予對抗。[24]凡此，可見臺灣民眾是以民間信仰的觀念看待長老教會。

---

[20] Campbell N.Moody, The King's Guest, (London:1932),pp.105-106.

[21] 中央研究院近代史研究所編，《教務教案檔》第二輯（臺北：中央研究院近代史研究所，1974年），頁1274。

[22] 中央研究院近代史研究所編，《教務教案檔》第二輯，頁1272-1275。

[23] 楊士養，《南臺教會史話》（白話字），臺灣教會公報社，1963年，頁13。

[24] 楊士養編著，林信堅修訂，《信仰偉人列傳》，頁27-28；林金柱，〈南部初代的殉教者〉，《教會公報》第607期，1935年10月，頁17-18。

三、初代信徒入信的個案

在前述狀況下，臺灣一般民眾往往抗拒基督宗教的傳播。拒絕子弟入教，拒絕傳教人進入庄社佈教，更拒絕將屋舍租與傳教者。族人或庄社內的人如果將房舍租與傳教者，往往會引來干涉反對。面對民眾的反對，教會也有一套對應的方式，包括醫療傳教、向社會下層及平埔族傳教、僱用本地信徒傳教以及運用神跡引人入教。

十九世紀以來醫療傳教是教會擴張的重要途徑，面對民眾對新宗教的排斥，醫療工作成為建立關係，化解衝突搏得好感的利器。馬雅各醫生就是受完整醫學教育訓練的醫療宣教師（Medical Mission），不具醫學背景的馬偕牧師，也以醫療做為傳教的媒介。自 1865 年馬雅各醫生奉派到臺灣展開醫療傳教以來，到 1940 年洋教士被迫離臺止，英國長老教會總共派遣 34 位男宣教師到臺灣傳教，其中 15 名屬醫療傳教師，佔 44%，陸續在旗后、府城、大社、彰化建立醫館。藉醫療工作作為手段，以達到傳教的目的。這些醫館在臺灣醫療發展史上，扮演重要的角色，對臺灣醫療現代化有相當的貢獻。[25]

由於早期傳教過程，困難重重，進展極為緩慢，有些研究者認為是受儒家文化思想的影響。由於傳教的困難，使長老教會著重下層社會以及平埔族社會的傳教。因此，無論是南部教會的馬雅各醫生，或北部教會的馬偕牧師，均將傳教主力用在平埔族社會，也得到較好的機會，教會因而得以陸續建立，日本統治初期，南部教會的信徒仍然以平埔族群為主要的成員。1887 年南部長老教會有 35 間教會，信徒人數 1,348 人，排前十名的教會信徒人數佔全教會 54.6%，超過一半以上。除了府城教會排名第四之外，其餘九間教會均屬平埔族教會[26]。1902 年南部教會增加為 81 間，信徒人數排前十名的教會人數佔總教會人數的 40.65%。其中除臺南和牛挑灣兩教會之外，其餘八間屬平埔族的教會。1910 年南

---

[25]　吳學明，〈臺灣基督長老教會的醫療傳教（1865-1945）〉，中原大學主辦「海峽兩岸教會史研究現況學術研討會」，2001 年 11 月，頁 1-28。

[26]　不著撰人，〈教會的人數統計〉，《教會公報》第 31 張，光緒 13 年 12 月，頁 102-103。

部長老教會增為 90 間，信徒數 16,941 人，前十名教會信徒人數 5,776 人，佔南部教會總人數的 34.09%。其中漢人所建立的教會三間，分別是台南、阿猴及牛挑灣等教會，其餘七間屬平埔族所建立。[27]可見長老教會初建立時是以平埔族社群為主要傳教的對象，而且較具效果。到日治中期以後，在漢人社會的傳教，才超越平埔族社會的傳教。

由於洋教士人數有限，無法因應臺灣廣大社會傳教的需求；當時臺灣素稱為「瘴癘之鄉」，漢移民深受其苦，洋教士也不例外，因此來臺的洋教士多受其害，甚至壯年病死臺灣。而且臺灣本地信徒，傳教效果較佳，被僱用的價格也較經濟。[28]傳教的工作因而落在本地信徒身上。由於本地信徒較少接受教育，對基督宗教教義的認識也相當有限。然而因傳教人力不足，有的人初入教，就受派到外地傳教，受人反駁也無力辯護。[29]為培養本地傳教人才，南北教會均致力於神學校的設立。

在基督教的教義中，神跡是被承認的，在臺灣傳教的過程中，經常有出現神跡的記錄。其目的除了見證信仰外，主要在利用神蹟的事例，吸引人入教。長老教會傳入南部地區百餘年後，神蹟之說仍被教會視為傳教的利器，在教會傳入之初神蹟的流傳應當更加普遍。《教會公報》，載錄很多因神跡而引人入教的事例，有些教會也因行神跡而奠基的，花蓮和臺東以及澎湖教會的建立多與神跡有關。[30]

黃武東牧師回憶他獻身的經過，也曾因患重病無良藥可治，生命垂危，其父親向上帝禱告，求上帝讓他病好，將來長大獻給上帝做牧師。唸神學校三年級時又得重病雙耳失聰，他「決定斷食祈禱，讓神來醫治

27 不著撰人，〈教會的統計〉，《教會公報》第 211 卷，1902 年 10 月，頁 76-77。牛挑灣教會是否為漢人教會，個人仍存疑。就該教會建立的情形，個人懷疑牛挑灣教會的信徒可能與白水溪的平埔族有關，或同屬同一族群。阿猴教會也有學者疑為平埔族人所建立的教會。但未證實之前，均仍以漢人教會視之。

28 吳學明，《從依賴到自立：終戰前臺灣南部基督長老教會研究》（臺南：人光出版社，2003 年），頁 272-276。

29 吳學明，《從依賴到自立：終戰前臺灣南部基督長老教會研究》，頁 280。

30 不著撰人，〈教會的來歷—石牌〉，《教會公報》第 170 報，1899 年 5 月，頁 37；黃茂卿，《臺灣基督長老教會迪階觀音山教會早期五十年史（1877-1927）》（臺南：共同文化事業股份有限公司，1991），頁 72-74。

我。」禁食祈禱三天，果然病好。黃武東經過大病，「改變我以往對上帝的猶疑，堅定我的信仰。」[31]傳道林金柱指出在文明較進步的街市，可以用理論證明真理，但在農村若不用實際的經驗，就很難帶領人來認識上帝。因此主張要用神跡來證明上帝與我們同在，祈禱可治人的病。[32]借神跡傳教，對有效轉移臺灣社會對長老教會的排斥，也合乎臺灣社會的需要，然而信徒因期待神跡而入教，對教義又無深入的認識，神跡可能會被濫用，吸引人入教。

　　在前述的文化背景和洋教士的傳教策略下，到底怎樣的人會選擇加入基督宗教？本文全面蒐尋《教會公報》的報導、各教會的年禧紀念冊和教會出版品等文獻，建構初代信徒入教的背景與經過。這些文獻之所以被記錄下來，旨在彰顯上帝的神跡，入信者如何成為虔誠的信徒。教會的文獻雖屬主觀的陳述，但去除其信仰的部分，仍具分析的價值。以下即根據上述資料，將初代信徒入信前的言行，入信的動機等整理如表 1。

---

[31] 黃武東，《黃武東回憶錄：臺灣長老教會發展史》，頁 42-43、83-89。

[32] 林金柱，〈信的人有神蹟在〉，芥菜子第 106 號，1934 年 11 月，頁 23-24；第 107 號，1934 年 12 月，頁 24-25。

表 1　長老教會初代信徒入信一覽表

編號	姓名	入教前行事	入教原因	教會事跡	出處
1	高長	居府城替人傭工煮飯，後自營事業不順賠錢，要到王爺廟祈求。	到王爺廟祈求途中聽到吳文水在傳教，心受感動就入教。後來馬雅各僱用打掃並準備膳食。	1866 年受洗入教，隨即受派出去傳教。	33
2	黃能傑	1853 年東港生。14 歲時曾入學七個月，後因父親過世而中斷。17 歲被龜怡庄民選為法師，曾先後拜師，學習法術。	所生兒女皆夭折，體會敬拜的神明不能保佑人，26 歲聽到耶穌教教義，就到東港街禮拜堂禮拜，次年由巴克禮牧師施洗入教。	32 歲入「大學」就讀一年，即派澎湖傳教，歷任鳳山、楠梓坑、竹仔腳傳教。	34
3	吳祿斗	斗六人。7 歲喪父，9 歲喪母，12 歲喪繼母，22 歲被繼父再娶之繼母逐出家門，到處流浪。學子弟戲，無惡不作，嫖、賭、飲均會。因放蕩而身體衰弱，後來得腹脹病，藥石罔效。	28 歲聽會友說西螺茄苳仔禮拜，買藥聽道理病就會好。次年安彼得來巡教會，介紹他去醫館治療，因告貸無門無法前往。但他相信耶穌能醫好他的病，迫切祈禱。當年端午節其妻強迫他吃祭品，當夜吐瀉，鼓脹消去不藥而癒，妻深奇之，亦信教。		35
4	許進傳	1840 年彰化街生。事母至孝，母病家窮，初一、十五吃齋侍母。家人多病，又死了三、四個孩子，相當煩惱，熱心拜佛。	某日外出備辦祭品，遇到黃茂盛在傳教。受感動，心想他整日勞動，卻身陷貧困，是被「柴頭尫仔」搶得變窮，立即將金、香、燭拿去退還，決心信教，當時 56 歲。	59 歲入教會，在教會相當活躍，不久被選為長老。	36

33　楊士養編，《信仰偉人列傳》（臺南：人光出版社，1989 年），頁 17。
　　楊士養，《南臺教會史》（白話字）（臺南：臺灣教會公報社，1963 年），頁 136-137。
34　黃誌誠，〈履歷書〉，1900 年 4 月 12 日，手稿，珍藏於臺南長榮中學「臺灣基督長老教會史料館」；黃受惠，〈黃誌誠牧師的小傳〉，《教會公報》第 503 卷，1927 年 2 月，頁 3-4。
35　郭朝成，〈個人的履歷〉，《教會公報》第 475 號，1924 年 10 月，頁 7；林信堅，《信仰偉人列傳》(臺南：人光出版社，1989 年)，頁 209-210；郭朝成，〈吳祿長老的小傳〉，《教會公報》第 569 卷，1932 年 8 月，頁 18-19。
36　不著撰人，〈許進傳的小傳〉，《教會公報》第 291 卷，1909 年 6 月，頁 45-46。

5	盧清	潭仔墘人。1870 年生曾入學三年與父種田為生。22 歲父母弟陸續死亡，留六名弟弟，一名給人過房，獨力供養五名小弟。為謀生不斷搬家。	1896 年被介紹到大社給蘭大衛治療三弟眼疾，聽到教義，就隨梅監霧傳教。農忙時去禮拜，被辭去工作。隨梅牧師傳教，在醫館教白話字。1898 年受洗。	受派到大墩、溪湖傳教。五弟替梅監霧和蘭大衛煮飯，入「大學」。他入「大學」兩年，奉派到處傳教。	37
6	蔡賴氏西	田中人。1880 年生，17 歲結婚，次年生子，兒子死亡。	子死到社頭崙仔禮拜，不久能唸白話字聖經。	夫妻都入教，並帶領父親入教。	38
7	陳來傳	1861 年生，入信前勤奮工作，仍極為貧窮，32 歲還無法成家，次年入贅楊家。雖然貧窮，但敬信神明不落人後。	40 歲在彰化菜市，聽到梅監霧牧師傳教，決心信教，堅守安息日。	44 歲被選任長老。擔任長老後每禮拜用一天的時間自費傳教。	39
8	楊氏格	府城人。1854 年生，51 歲入教。信教前敬虔拜神，未得到保佑，丈夫、孫子媳婦一年內死亡。又官司纏身，經常悲傷流淚。	到太平境禮拜堂聽傳教人傳教吟詩，引起興趣。禮拜結束，偷拿一本漢字詩，請人唸給他聽，感到有趣，每禮拜去禮拜堂禮拜。	就燒毀神主牌、佛祖彩和神像，受到批評看輕。她信心堅定，利用助產的機會，帶領人入教會。	40
9	王獻	八罩島名乩童，家供奉二三十尊神像。年輕時脾氣暴烈，後數子亡因而餒志，體會拜神無法得到保護，帶神像一起投海，為人勸阻。決意不再拜神，並拒當乩童。	1906 年得知有人「得道」返鄉，他立即找來講給他聽，並示範禮拜。「他即時醒悟，悔悟前非，改信耶穌」。	到臺南研究教義十個月。派他兒子，到醫館學白話字並研究道理。父子出力到處傳教，將自己的店做福音堂。	41
10	錢寶	鹿滿田家中鬧鬼依神示搬入內山，仍不平安，更積極求神。吃齋唸佛，仍得不到平安。	嘉義教會陳友信利用補鼎到處傳教，1908 年借住他家。請傳教人員替他驅鬼，因而到禮拜堂拜。	信心堅定注重祈禱，從祈禱得到功效。家不再鬧鬼，身心平安。	42

37　不著撰人，〈盧慶懷先生小傳〉，《教會公報》第 274 卷，1908 年 1 月，頁 5-6。根據〈臺南神學院校友名錄〉所載其弟盧燦（慶耀）於 1901 年入大學；盧清則於 1902 年入大學。（《神學與教會》，1957 年 3 月特刊號），頁 236。

38　洪金捨，〈水裡坑教會〉，《教會公報》第 657 卷，1939 年 12 月，頁 19-20。

39　不著撰人，〈故來傳長老〉，《教會公報》第 605 卷，1935 年 8 月，頁 17-18。

40　施振讓，〈楊氏格的小傳〉，《教會公報》，第 667 卷，1940 年 10 月，頁 13。

41　不著撰人，〈澎湖白頭的消息〉，《教會公報》，第 271 卷，1907 年 10 月，頁 75-76。

42　陳本來，〈反邪歸正〉，《教會公報》，第 206 卷，1909 年 11 月，頁 92。

11	張鉛（根姆）	阿里港林仔園人，1830 年生 19 歲結婚，32 歲夫死，35 歲嫁給彭根為繼室。自幼虔誠奉神，初一、十五必獻祭，家貧兒女皆夭折，不減對神明的敬拜。	逢基督教信眾傳教。因而相信木頭刻的神像不會保佑人，將家中 17 尊神像和神主牌丟入灶內燒掉，帶領丈夫彭根入信。	隨夫在阿里港教會和四處傳教。夫死後獨力支撐鹽埔教會 25 年。	43
12	高金狗	住鹿港後移王功。信教前無惡不作，合股當匪類，遭官兵討伐，燒毀其房舍。因受種種打擊，致患嚴重精神病，多方聘請術士鎮壓，花錢無數，並無效果。	適沙山教會傳教人來傳教。說耶穌可醫病趕鬼，信者得救，族人邀來替他治病。因而入信到沙山禮拜。信靠耶穌的能力病好。聽道理幾個月，就除去神主牌、神像。	58 歲從林學恭牧師領洗，次年被選為長老，熱心盡力於教會。	44
13	蔡加	清水人。家中 11 人陸續死亡只剩她一人，財散人亡。本身鴉片癮，腳生瘡。嫁給抽鴉片的祥仔，無力照顧她。腳瘡痛、飢餓、鴉片癮，又舉目無親，情狀甚慘。	他到禮拜堂，決心信耶穌，設法戒鴉片，又到醫館醫腳。因信心堅固，戒掉鴉片，腳瘡亦癒。	到處勸人敬拜上帝。後來去唸「婦學」，受派到各教會傳教。	45
14	楊真	佳里人。1871 年生。家貧一面讀書並勞動幫助家計。父過世後被中醫師僱為童工，殷勤誠實被器重，妻以孫女。後經營藥商兼漢醫，熱心敬拜神明。	家人疾病、死傷、虧本之苦。常請乩童，問神託佛，家境日下。遇基督教會執事施元良，和兒子決定改奉上帝。	1909 年受洗時年 39 歲。次年被選為長老。	46

43 賴永祥，〈根姆張鉛之生涯〉，收入氏編《教會史話》第二輯（臺南：人光出版社，1992年），頁 167-168。 陳秋亭，〈根姆小傳〉，《教會公報》第 367 卷，1915 年 10 月，頁 11-12。

44 安貧生，〈信仰美談——故金狗叔〉，《教會公報》第 653 號，1939 年 8 月，頁 9-10。

45 安貧生，〈懷念蔡氏加〉，《教會公報》第 677 號，1941 年 8 月，頁 14。

46 楊士養編著，林信堅修訂，《信仰偉人列傳》，頁 149-151。

15	周示	鹿港人。1892 年生，父母早亡，曾入書房受教育，年輕時曾學習日語，當幾年的巡查後辭職從商，開洋服店。	妻子過世，精神受打擊，進而接受基督教的教義入教。	1918 年入神學校，四年後從事傳教的工作。	47
16	劉氏員（媽春孀	彰化街人。採草藥治療幼嬰兒疾病的女「赤腳仙」，平常熱心敬拜神明。	媳婦染病，祈求神明醫治無效病故。仍下決心，慨然除掉「偶像」，改信耶穌基督。	受洗入教	48
17	黃深河	嘉義大溪厝庄人。年輕時無惡不作，本是賭徒、土匪，壞事做盡。結交者盡是賭博、做賊之人。母教嚴家裡住不下去，拋棄母親及妻女，到阿里港挑擔為生。連母親過世也沒回去，所賺的錢盡是拿去賭博。	腳疾聽說馬雅各在旗后開醫館，醫術高明，他到旗后給馬雅各醫治，並聽到教義，因而入教。	埤頭事件後，他受派在阿里港傳教，曾參與多處教會的開拓。	49
18	劉茂清	1857 年生	15 歲時因為眼睛痛到旗后醫館治療，聽到道理，後來研究福音一、二年。	入教後在神學校幫忙，後來在岡仔林、迦蚋埔、杜君英等地傳教。	50
19	李仲義	萬丹人。1853 年生，福建同安人，9 歲隨父母李母到萬丹。	其叔是基督教徒，父曾受邀到鳳山禮拜。馬雅各到旗后醫療傳教，李仲義診出肺部疾病，向父母說「病若痊癒，應全家入教」，未幾李仲義痊癒，全家信教。	1874 年由李庥施洗入教，時年 21 歲，1907 年被立為長老。	51

47　潘道榮，〈故周示先生〉，《教會公報》第 464 號，1939 年 1 月，頁 13。

48　吳鎧祥，〈我家歸主的緣起〉，收入《臺灣基督長老教會彰化宣教百年史》（彰化：彰化基督長老教會，1987 年），頁 96。

49　不著撰人，〈深河伯的行述〉，《教會公報》第 165 卷，1898 年 12 月，頁 92-94。
　　賴永祥，〈深河伯本是賭徒〉，收入氏編《教會史話》第二輯，頁 127-128。

50　蔡雄，〈劉茂清長老〉，《教會公報》第 454 卷，1923 年 1 月，頁 11。

51　楊士養編，〈信仰偉人列傳〉，頁 55-57，265-267。

20	黃水加	1866 年出生，臺南將軍人，後來遷移到今臺南市安南區居住。	因眼疾到新樓醫館就醫，受安彼得醫生醫治，力勸他入教，因而成為基督徒。	在醫院習得羅馬字，入教後任自給傳教，一面賣藥，一面傳教。殷勤傳教，建設中路、麻豆、佳里及西埔內等處教會。	52
21	吳兆祥	住彰化城西北方。自幼父亡母改嫁，叔父撫養長大。年輕時嫖、賭、飲齊全，結交淫朋賭友。中年染梅毒，眼睛險些瞎掉。漢醫束手求神無效。經介紹到彰化城看「番仔先」。	「番仔先」是已信教的西醫陳免，他醫好吳兆祥，留吳兆祥在醫生家做工，醫生傳授他醫學、醫術，用白話字唸聖經。	44 歲入教，次年被選為長老。	53
22	陳壯	1862 年出生。從小熱心拜神，但其行為盡是壞事，最喜歡賭博。	45 歲幼子生病，到新樓就醫，受醫生及傳教人員親切照顧，聽到基督教的教義就入信。逢禮拜日到禮拜堂禮拜，成為教會熱心的信徒。	成為教會熱心的信徒，擔任教會長老。	54
23	邱闊嘴	六腳人。	1927 年因病入新樓醫館，得到《天路指明》一書。後來有人到六腳傳教，他就入信。並帶領妻、兒子守禮拜。	入教後經常受到生病、賠錢、死亡等試煉。受鄉里笑辱，仍熱心信教。	55

---

52 楊士養編，〈信仰偉人列傳〉，頁 211-214。
53 張明道，〈吳朝祥小傳〉，《教會公報》第 453 卷，1922 年 12 月，頁 10。
　　安貧生，〈信仰美談—故興仔叔〉，《教會公報》第 667 號，1940 年 10 月，頁 8-9。
　　郭朝成，〈懷念吳長老娘〉，《教會公報》第 618 號，1936 年 9 月，頁 15-16。
54 陳啟昌，〈懷念故陳壯長老信主的好模範〉，《教會公報》第 680 號，1941 年 11 月，頁 15。
55 林信成，〈很可惜〉，《教會公報》第 567 號，1932 年 6 月，頁 12。

24	呂會	鹽水人。虔誠的民間宗教信者。虔誠拜神卻未得到平安，每年敬獻豬羊。	唯一的兒子死亡，興起入教念頭。1901 年牛挑灣教會長老來傳教，因而入教。後來丈夫眼疾嚴重，診治無效，長老建議他禱告，請求上帝醫好眼疾。他表示如果能醫好眼睛，願意入教。眼疾得到醫治，全家入教。		56
25	彭根		1867 年與人發生糾紛，進而動武，鄰人要到官府控告。他甚憂慮，聽說「番仔勢好靠」，乃決心到埤頭聽道理做禮拜。	李庥牧師領洗，參加傳教之列。	57
26	何聘	東港人	初來教會是為了靠勢。何來發在撰寫東港教會的來歷時提到「1867 年東港人何聘與人合開當舖，拆夥時分不明白，他就去旗后聽道理。目的不是欣慕道理，而是想靠勢。」		58
27	黃賢	埤頭鳥松腳人，入教前務農兼為人巡水路。	為爭水權與人打鬥，走避到禮拜堂，因而漸入信仰成為埤頭教會極早的信徒，1869 年前後由李庥牧師施洗入教。		59

56　臺灣教會公報社，《臺灣古早教會巡禮》（臺南：人光出版社，1997 年），頁 575-577。臺灣基督長老教會鹽水教會，《設教九十週年紀念特刊》（臺南：臺灣基督長老教會鹽水教會，1993 年），頁 4。

57　賴永祥，〈阿猴首任傳道彭根〉，收入氏編《教會史話》第二輯，頁 128。臺灣基督長老教會年鑑編輯小組所編的《臺灣基督長老教會設教 120 週年年鑑》介紹屏東教會時，關於彭根的入信也有相關的記錄，文中載稱因聽說「吃番仔教，外國人之勢好靠」，於是父子二人步行到鳳山聽道做禮拜。（臺北：臺灣基督長老教會總會出版，1985 年），頁 669。

58　何來發，〈教會的來歷——東港〉，《教會公報》第 165 卷，1898 年 12 月，頁 95。

59　黃茂卿，《臺灣基督長老教會太平境馬雅各紀念教會九十年史》（臺南：臺南太平境馬雅各紀念教會，1988 年），頁 380。

28	黃香	舊城人。	43 歲時弟弟偷牽別人的牛，對手牽他的牛抵帳，他體型矮小，無法以武力與人對抗。莊清風事件後，人稱信耶穌教有勢可靠。為要靠勢去旗后聽道理，一年平安無事。1872 年帶李麻牧師來舊城設教會，庄人為靠勢，很多人來聽道理。	他誠實反悔同年受洗入教，教會不到五年就關門。他要走遠路到旗后、楠梓坑，或鳳山等處禮拜，經歷 45 年不厭倦、沒放棄。	60
29	李豹	鹽水港人，擔任戲班後棚，收入甚豐。為人好賭，經常賭到身無分文，甚至偷班主的錢還債。屢次決心改賭，但賭性已成無法戒賭。	某日經亭仔腳拜堂，聽到吳文水在傳教，內容是所多瑪因罪惡滿貫，受上帝剿滅。李豹心生畏懼而入信，戒好賭惡習。	1869 年受洗旋即受派到木柵傳教。因傳教不順待遇不佳，又遇辯駁，因而叛教，重回戲班。一日自戲棚墜落，心生恐懼以為上帝警告。重返教會受派到埔里社傳教，並到處販賣聖經。	61
30	楊福春	彰化二林人，生於1874 年。其父從事糊紙工作，他自幼從父習得此業，獲利甚豐。	有人到二林傳教，他開始相信糊紙是逆天且導人入迷信的行業，向其父表明不願續從此業。	遭到父親毒打並限制其行動，不准他出門和上禮拜堂。1897 年信徒幫他逃到彰化，隨梅牧師往牛罵頭傳教，也曾在茄投傳教，一年後進神學校，畢業後任傳教工作。	62
31	林火燦	在南洋賺很多錢，都因為嫖、賭、飲花光；回到本庄也賺很多錢，仍然是賭博輸掉。	李崑玉去傳教時，就決心反悔信教。受鄰居反對批評，他會辯駁，讓眾人信服。後來全家都信教。		63

60　林金柱，〈黃香的眼淚〉，《教會公報》第 609 卷，1935 年 12 月，頁 14-15；林金柱，〈舊城教會〉，《教會公報》第 593 卷，1934 年 8 月，頁 15。

61　不著撰人，〈李豹的小傳〉，《教會公報》第 226 卷，1904 年 1 月，頁 6-7。

62　楊士養編，《信仰偉人列傳》，頁 175-180。

63　李崑玉，〈霧峰教會〉，《教會公報》第 575 卷，1933 年 2 月，頁 16-17；李嘉嵩，《一〇〇年來》（臺南：人光出版社，1979 年），頁 41。李崑玉在霧峰傳教的時代為 1931-1936。

32	陳闊	生長於南投街,身材高大,性情暴烈,令人畏懼。年輕時加入「王祿派」以騙術詐騙,販賣假藥騙錢。所賺的錢,都用來嫖、賭、飲及吸鴉片,並無存錢。	老年時搬到臺中,常到吳兆祥的醫館,吳趁機向他傳教。他贊成不拜神明,但反對不祭祖先,認為是犯不孝之罪。某日與子吵架遭辱罵,一時傷心,認為死後不能寄望他祭拜。因此決心改信基督教。	改信基督教後,每禮拜日到禮拜堂敬拜上帝,戒鴉片菸、讀字母,會讀聖經,最後全家入教。	64
33	林學恭(又名林赤馬)	1856 年生,祖父是清朝秀才,父在嘉義教私塾,兩兄均為秀才,移居民雄。他 12 歲從師,後隨兄讀書,年 25 協助兄私塾教學工作。此時結交了淫朋賭友,研究賭博妙法,奪人財物,贏錢就呼朋飲酒。	26 歲時至好友郭省家,見「養心神詩」,心頗訝異。責備郭省此教不敬神佛,不祀祖先,不可信。郭省本是不學無術之人,無法與之辯,乃邀同往嘉義禮拜堂與傳教討論,經吳意指引入教。	入教後受母、兄逼迫,仍不改其志。成為長老教會早期著名的傳教人員。	65
34	陳鹿	澎湖湖西人,1890 年生。小時讀漢學,後唸六年公學校,畢業留任為教員。他虔誠敬拜神明,掛慮身後世界,曾決心要離開妻、子去當齋友。	受派到臺灣參加教員講習會,被朋友帶去太平境禮拜堂禮拜。聽宋忠堅牧師說教,他受感動,想信耶穌。講習會結束返澎湖前,到新樓書房買「天路宿願」一書,他日夜閱讀,漸瞭解基督教的教理。於是大膽放棄神明,來敬拜上帝。	他邀楊世註牧師到湖西設福音堂,後來在馬公由楊牧師施洗,隨即擔任傳教工員。1918 年入神學校就讀四年,畢業後受派到東港教會,開始傳教工作。	66
35	林燕臣	1859 年生於臺南花町,自幼好學曾中秀才,學問淵博。1898 年被聘為洋教士的漢文與台語教師。1898 年 8 月轉任長榮中學教員,教授漢文。	由於常與洋教士接觸,觀洋教士言行,大有所感,加上洋教士的引領,因而入基督教。	在太平境教會,由巴克禮牧師領洗入教,出任長老。1914 年受聘為高雄東港教會牧師。	67

64　安貧生,〈信仰美談—故陳闊伯〉,《教會公報》第 671 號,1941 年 2 月,頁 10-11。

65　郭朝成,〈信仰美談—赤馬叔〉,《教會公報》第 654 號,1939 年 9 月,頁 13-14;第 655 號,1939 年 10 月,頁 9-11;第 656 號,1939 年 11 月,頁 7-8。

66　潘道榮,〈陳鹿先生小傳〉,《教會公報》第 480 號,1925 年 3 月,頁 11。

67　楊士養編,《信仰偉人列傳》,頁 89-92。

36	戴返	內門木柵人，1863年英商必麒麟要到木柵買山貨，途中遇到戴返，必麒麟請戴返帶路，並借住在他家中，後來就隨必麒麟到處做買賣，因必麒麟的關係認識馬雅各醫生。	戴返的妻子罹患病症，前往旗后給馬醫生治療，治療期間聽到福音，改信耶穌，並帶領鄰里親屬入教，1867年由李麻牧師和黃深河來替戴返廢除「偶像」。		68
37	黃西經	未信教以前性情暴烈，曾毆打官府的衙役，並經常因不平而鬧事。	1868年從黃深河得到道理，1879年施大關牧師（Rev. David Smith）洗禮入教會。	1881年任嘉義城長老。	69
38	陳啟清	1861年在二八水出世，自小父母過世，家中貧窮。	約31歲在二八水聽謝養傳教。他祈禱上帝如果讓他賺錢，他就去禮拜堂拜上帝。有一次他祈禱後果真賺到錢，就來參加禮拜。	他派到醫館傳教，經常在城內傳教，巡視會友。後來入神學校就讀，被派遣到蕭壠、牛挑灣，木柵等教會傳教。	70
39	梁潛德	彰化秀水人，1878年生。父親務農，幼時種田未曾受過教育。	16歲從朱姓田鄰得到福音，20歲入教。	後被選為長老並入神學校就讀，三年後派到苑裡街教會傳教。	71
40	陳蕃薯	1867年出生，嘉義溪口人。未信教前愛賭博，吃鴉片，做盡各種壞事。	1897年從林世傳接觸到基督教，二年後領洗，旋即任長老職，前後十多年。	信教後盡改前非，並為教會盡力。熱心敬拜上帝，經常外出傳教，很多人受影響而入教。	72
41	蘇育才	1883年彰化附近出生，父母早亡。無父母約束，養成好戰性格，十五、六歲時以他為首，糾集一大群的青年，到處惹事生非，庄人畏之如虎。	17歲有信徒邀他入教去禮拜，學白話字並會讀聖經。後來到外地謀生，沒再去禮拜，又舊態復萌。回鄉後決心再信教，並願意從事傳教的工作。	20歲到茄苳坑口教會所設的小學就讀，經蘭醫生、梅牧師與林學恭推薦入神學校就讀。擔任牧師。	73

68　何來發，〈教會的來歷——木柵〉，《教會公報》第165卷，1898年12月，頁94-95；臺灣教會公報社，《臺灣古早教會巡禮》，頁55。

69　不著撰人，〈黃西經〉，《教會公報》第231卷，1904年6月，頁50。

70　劉俊臣，〈陳啟清的小傳〉，《教會公報》第386卷，1917年5月，頁10-11。

71　不著撰人，〈梁潛先生的小傳〉，《教會公報》第290卷，1909年5月，頁38。

72　李純真，〈陳蕃薯小傳〉，《教會公報》第400卷，1918年7月，頁9。

73　安貧生，〈蘇育才牧師小傳〉，《教會公報》第655卷，1939年10月，頁14-16。

| 42 | 卓基清 | 拔馬人，年二十初為逃避被庄中「榕樹王」選乩童。適逢曾到木柵禮拜的李萬物來拔馬探親。他向基清父親（卓加弄）表示，要祈禱唸詩，才不會作怪，就為基清祈禱，唸十三首詩冊。至 15 日庄中搭壇施法時，要基清當乩童均失敗，施法的老乩童反而被劍砍傷。 | 卓基清為逃避被庄中「榕樹王」選乩童和李萬物、兵元生、買烏全等四人去木柵禮拜。 | 成為臺南神學院校友名錄，排列於臺南與旗後兩傳道養成所之校友姓名之第三位，入學時間應在 1876 年之前。 | 74 |

四、初代信徒的共同特色

　　陳梅卿分析清領時期英國長老教會的漢族信徒，入信者入信的原因有四：一是現實生活條件惡劣，希冀宗教之庇護，又對原有的宗教失望；二是因醫療而獲得好感；三是家庭影響；四是友情或因接觸而引起好感。他們的共同點為一、年輕；二、大多屬低階級未受教育者較多，略識或不識漢文，亦有第一代移民；三、經濟生活欠佳，多為憑勞力生活或小商人；四、入信動機非為救贖。[75]

　　由表 1 資料可見，初代入信者入信的動機，多因現實生活不順遂，遭遇肉體病痛、家人死亡，破財而入教；也有相當部分是久病不癒，受醫生耐心醫治，得妥善照顧，心存感恩而入教；有的是受顧於洋教士，提供勞務，因接觸而接受新宗教；有些是先前為非作歹，聽到長老教會天堂地獄與入信得救的教義後，心存恐懼而信教；有的為靠勢而入教。

　　就個案的數量觀察，以現世生活困頓及受醫療照顧而入教者居多；靠勢入教者多發生在清末。此外，初代信徒信基督教前有幾個共同現象：

---

[74]　卓道生，〈拔馬教會的歷史〉，《教會公報》第 522 卷，1928 年 9 月，頁 7-8；From Dr. J. L. Maxwell, Takao, Formosa, 13TH　August, 1870.The Messenger, 1870/11,p.264.；楊士養，〈臺南神學院略史〉，臺南神學院出刊《神學與教會》，1957 年 3 月慶祝 80 週年特刊號，頁 232。

[75]　陳梅卿，〈清末臺灣英國長老教會的漢族信徒〉，收入林治平主編《基督教與臺灣》（臺北：宇宙光出版社，1996 年），頁 79-80。

一、家境貧窮，少受教育：前列各例，初代入信者入教前多屬家境清貧。李仲義家貧，三餐吃蕃薯粥，住草厝；黃西經自小父母過世，家中貧窮；許進傳母常生病，家裡貧窮；陳來全信教前，貧窮至極，日夜努力工作，仍然無法改變貧窮的命運，32歲還無法成家；卓基清要和弟弟去挖蕃薯，家境貧窮；楊真因家中貧窮，為幫助家計受僱為童工。由於家境清苦，多未受教育。除林赤馬、林燕臣（秀才）、陳鹿（日治時期公學校畢業）、黃能傑（習經書六個月）之外，多無受教育的記錄。因此，可推定初代入信者多類梁潛德，「幼時種田，未曾受過教育」，且家境貧窮者眾。

二、虔誠敬拜神明，凡事求神問卜期化解現實生活困頓：高長因事業賠錢，要到王爺廟祈求；黃能傑多次拜師習法，熱衷拜神；陳來全家境貧窮，敬信神明不落人後；劉氏員平時拜「偶像」最熱心；王獻是出名的乩童，熱心供奉神明，家中供奉二、三十尊神；錢寶凡事依神指示行事，為避鬼而吃齋唸佛，以祈求平安；楊氏格未入信前敬虔供奉神明；吳興眼疾也求神問卜；陳鬧自小迷信；張鉛自幼虔誠供奉神明，初一十五必備金紙香燭獻祭；高金狗生病，延請術士鎮壓，花錢無數；楊真年輕時非常迷信，熱心敬拜神明；陳鹿誠心敬拜神明，掛慮身後世界，一度離家當齋友；呂會也是虔誠的民間宗教信仰者；蕭臨自幼敬拜神明甚篤，每聞神明靈驗，祭期必往祭拜。

三、所供奉的神祇無法解決現世的困境：臺灣的民間信仰觀念極為現世功利，遭遇現世生活中的病亡破財，即虔誠祭獻祈求庇護。手持三柱香祈求者不外是現世的福、祿、壽、財。祭拜的對象，靈驗為首要考慮。如果所祭拜的神祇無法解決其苦痛，就轉向另一尊神祇，因此神祇往往一尊拜過一尊。當民間信仰的眾神無法化解其苦痛時，基督教所介紹的上帝，被視為眾多神明之一而選擇祭拜。這種「交替祭拜」的現象，在民間信仰中相當普遍。[76]是以黃能傑身為法師，隨著兒女的夭折，體會神明不能保護人；許進傳吃齋拜佛，不但貧窮，家人又多病痛，死了

---

[76]　拙著，〈現世功利——從歷史觀點看傳統民間宗教信仰〉，頁231。

三、四個女兒；陳來傳敬信神明不落人後，卻仍貧窮；劉氏員熱心敬拜神明，兒媳婦生病向神明求助無效死亡；王獻身為乩童，熱心供奉二、三十尊神明，不但得不到神明的保佑，反而死了幾個兒子，因此要與所供奉的神明一起跳海，對傳統神明絕望；錢寶吃齋念佛，仍得不到平安，痛苦到想自殺；楊氏格虔誠敬奉神明，不但得不到平安，反而要面對家人陸續死亡和官司纏身，對傳統的神祇失望懷疑；張鉛供奉17尊神明，不但喪夫喪子還生活困難；蔡加家中連續死了11人，處境極其悲慘；楊真熱心敬拜神明，卻是家人不斷的疾病和死亡；呂會入教前虔誠敬拜神明，卻死了兒子，起了入教的念頭；吳興身染疾病，求神問卜無效，甚至自殺，懇求醫生替他治病，只要痊癒他願意「當醫生的奴才、看門狗」。祭拜神明祈求保佑，如果病亡破財仍接踵而來，在苦無對策之際，對於新傳入的基督教，就像漂流大洋中，遇到浮木的自然反應，期待祭拜上帝能解決其現世的苦痛。

四、部分初代信徒的品行違反社會價值：李豹不但好賭，為還賭債，還偷人錢財；黃西經性情暴烈，經常鬧事，連官府衙役也毆打；謝養信「異端」，且做各種壞事；陳蕃薯愛賭博，吃鴉片，做盡各種壞事；蘇育才無父母管束，好鬥成性，庄人畏之如虎；林火燦因好嫖賭飲而花光金錢；吳興年輕時嫖賭飲齊全，結交淫朋賭友，且染上梅毒，差點瞎眼；陳壯從小迷信，所做所為盡是壞事，最喜歡賭博；高金狗是無惡不做的匪類；陳闖是行走江湖的騙徒，將所得花到嫖賭飲和鴉片上；黃深河年輕時無惡不作，壞事做盡，所交往者盡是賭博做賊之人，不但拋棄妻子，且母喪不歸；書香之家的林學恭，結交淫朋賭友，研究詐賭方法奪人財產，得錢就呼朋飲酒；吳祿幼時喪母，被趕出家門到處流浪，無惡不做；李拐是土匪頭，打家劫舍，強姦殺人，習以為常。[77]

五、入教的年齡普遍不高：由前引錄初代信徒資料可見，入信時年紀大抵不高。再證諸受洗年齡，可更明確知道初代信徒受洗時的年齡結構。茲以「岡仔林教會受洗簿」加以分析，該受洗簿載錄1871年到1925

---

77 黃武東，《黃武東回憶錄——臺灣基督長老教會發展史》（臺北：前衛出版社，1988年），頁30-35。

年前後岡仔林教會 117 名受洗入教者資料，其中一人無年齡記錄，實際
統計 116 人，其中男信徒 54 人，女信徒 62 人。117 名信徒受洗入教時
間主要在日治時期，1895 年以前受洗入教人數只有 7 人。以年齡觀察，
年紀最輕的是 14 歲的女信徒；年紀最大的 80 歲，也是名女信徒；50
歲以上的只有 4 人。[78]茲統計如表 2

表 2　岡仔林教會歷年受洗入教年齡統計表

年　齡	男	女	小計	百分比
15（含）以下	0	2	2	1.72
16-20	27	34	61	52.59
21-25	14	10	24	20.69
26-30	4	5	9	7.76
31-35	1	4	5	4.31
36-40	1	1	2	1.72
41-45	4	0	4	3.44
46 以上	3	6	9	7.76
小計	54	62	116	100
平均年齡	24.30	25.44	24.95	-

資料來源：1871 年至 1925 年岡仔林教會受洗簿（手稿本，無頁碼）

　　由表 2 可知初信者，入教時平均年齡為 24.95 歲；如果以男女別加
以統計，則男信徒受洗時平均 24.30 歲，女信徒平均 25.44 歲。20 歲以
下受洗的人數佔 54.31%，25 歲以下的受洗者佔 75%，高達四分之三；
46 歲以上受洗的信徒僅佔 7.76%。雖然岡仔林教會屬西拉雅平埔族人所
建立的教會，不一定反應漢人教會的實況；受洗者不一定是初代信徒，
但仍有參考的價值。

　　這些初代入教者在入教前家境普遍貧窮，平常虔誠敬拜神明，祈求
解決貧病破財等現世問題，遇到傳統民間神祇無法解決其困厄，轉向新
傳入的宗教尋求協助。臺灣人民的宗教觀本來就具濃厚的功利主義色
彩，追求的是所謂「靈聖」（應驗）與否，凡是靈驗的就能得到民眾的
信任。新傳入的基督教，以醫療傳教的方式拓展教會，傳教者運用較有
效的醫療方法，救治其肉體的痛苦，對原本「迷信」的人，很容易從宗
教層面加以解釋。尤其是教育程度不高的人，面對現代醫療，輔以信教

---

[78]　《岡仔林教會受洗簿》（手稿本，無頁碼，原稿珍藏於臺灣基督長老教會史料館）。

得救的詮釋，容易誤以為他們所崇拜的神祇法力較高，因此較容易接受醫生所介紹的神祇。更何況他們貧窮困頓，少受教育，品行又多違反一般社會價值，可說是社會的「邊緣人」，傳教者不但治療其肉體的病痛，又熱心照顧、關懷他們。很自然對傳教者產生好感，甚至依賴他們，進一步加入他們所介紹的宗教。有人因而入信，但也有人在受到試煉之後就又冷淡。1935 年土庫教會駱萬得認為很多未讀書的人來聽道理，是因為所拜的神明不靈，無法依靠，聽人說耶穌教這尊較興，所以來拜拜看，若遇到小小的試煉，就想上帝也不興，恐怕就不再來。[79]這可以說是初加入教會者心情的寫照，在田野現場也經常訪得祖先曾信教而後重新回到民間信仰的個案。至於靠勢入教，或信徒品行不佳的現象，則為教會初傳入時期的現象，至於其他則較無入信時間先後的區別。

五、入教後的處境與改變

《教會公報》常刊載本地傳教人員報告，陳述「機會很好」或「有好機會」，說明在傳教時不被排斥有人來聽，離受洗入教，還有很大的空間。對時人而言，放棄祖先與神明祭拜並不是容易的事，入教所引發的困擾不是今人容易理解的。如前所述，入基督宗教者一旦入教，就與原有的社會網絡斷裂，投入新信仰所形構成的社會網絡。因此，入教不是單純宗教信仰的改變，對生活也產生巨大的影響。以下就信徒入教後的處境與入教後的改變兩方面加以討論。

（一）、入教後的處境

1.林學恭入教後受到家人極大的壓迫，他母親要他焚香禮佛遭拒，以自殺威脅，林學恭不為所動。其兄學敦亦勸他應棄耶穌信佛祖，切不可入「番仔教」。告以「吾家歷代出仕，乃是望族，若入番仔教，豈不是大失體面，而受人譏笑乎。」林學恭仍不接受，其兄進而招來族中長

79　駱萬得，〈要紮深根〉，《教會公報》第 607 卷，1935 年 10 月，頁 13-14。

輩，命其焚香跪拜。學恭不從，即施以殘酷之刑罰，並以死為威脅期喚醒他。但是兄長給的困窘愈嚴重，他信仰愈堅定。最後被趕出家門。[80]

2.趙爵祥（1848-1918）是臺灣早期的傳教者之一，其父親在府城從商，母親早逝，就四處游蕩。22 歲在鄰居帶領下，到亭仔腳禮拜堂禮拜，經常受兄長的侮辱。其兄告訴妻子「祥仔跟著番仔教去了，我們要好好守著神主牌，家產不需分給祥仔了。」[81]

3.吳文彬（1856-1915）嘉義人，是早期的傳教者之一，1879 年入神學校就讀。他入教後受到兄弟的迫害，將他逐出家門，而且將家產用盡不分與他。[82]

4.行仔（音譯）是迦納埔人，1888 年由鄰居引領，接觸基督教的教義，常和鄰居一起到禮拜堂禮拜。引起父母生氣，辱罵窘迫，受兄弟攻擊，內心痛苦。由於他聽道理沒多久，對教義認識不深，相信為信主耶穌而死，一定可以得救到天堂享福，因而服鴉片自殺。[83]

5.屏東街的陳乞食，年輕失去父母，勤勉經營起家，受庄人敬重。後來他拜上帝，庄內的人對他說，先前我看你是大拇指，現在看你是無名指。又有一次庄人召集幾十人抬一神轎，有的拿火把，有的大聲喊叫，要撞壞他的房子，甚至進他家大廳亂竄，百般的凌辱他。[84]

6.葉滄海，臺南城人，1873 年生，少時父母過世，長兄也早逝。1896 年到醫館就醫，因而入教。1898 年受派去讀書，先後入中學、大學，也曾被派去三處教會傳教。1901 年 4 月 6 日過世，其親族都沒來看他，是大學、中學、女學及小學的學生和信徒約一百五十餘人替他送葬。[85]

7.蕭臨世居南投，七歲移居草屯，以製造農具為業，家貧如洗，克苦耐勞。自幼敬拜神明甚篤，每聞神明靈驗，祭期必往祭拜。1900 年

[80] 郭朝成，〈信仰美談—赤馬叔〉，《教會公報》第 654 號，1939 年 9 月，頁 13-14；第 655 號，1939 年 10 月，頁 9-11；第 656 號，1939 年 11 月，頁 7-8。

[81] 賴永祥，〈趙爵祥的傳道生涯〉，收入氏著《教會史話》（四）（臺南：人光出版社，1998 年），頁 109。

[82] 賴永祥，〈傳道吳雞母及其妻〉，收入氏著《教會史話》（四），頁 161。

[83] 潘明珠加納埔來信，《教會公報》第 35 張，光緒 14 年 4 月，頁 26。

[84] 蘇育才，〈陳乞食長老小傳〉，《教會公報》第 569 卷，1932 年 8 月，頁 6-7。

[85] 黃惠我，〈葉滄海行述〉，《教會公報》第 206 卷，1902 年 5 月，頁 44。

清明回南投掃墓，途中遇到彰化教會長老許進傳，就邀許進傳到草屯傳教，將家屋出借當福音堂。入教後親友皆背離輕視他，認為他「背祖，無祖先神位，非人子」，不願與他往來。族人曾派人勸他棄教拜佛，均遭拒絕，因此其親胞妹、親朋好友皆不與往來。[86]

8.邱闊嘴入教後經常遭到病痛死亡賠錢等不如意的事，因而受到鄉里人的恥笑，要他放棄基督教。他受到很大的凌辱，掛在大廳的十誡也被人拆下燒毀。[87]

9.賴糖是草屯街貧農之子，自小替人看牛當長工，長大種田兼替人抬轎，中年信教。當時草屯教會初設立，風氣未開，他入教後受社會親戚朋友的恥笑渺視、困窘，以及母親的打罵等種種阻擾。[88]

可見入教者受到相當大的壓力，甚至要面對迫害。入教所受的迫害，多來自家人、同姓族人或鄰里。家人的迫害，有些是基於文化衝突，無法接受截然不同的新宗教，主要是新宗教不允許信徒祭拜神明和祖先。傳統社會入教所造成的衝突太大，因此要嚴懲入教的子弟，將他綑綁在廟前，甚至立牌述明入教者不孝的罪狀。這些作為固然彰顯家長的威權，更重要的是入教行為，對家族造成傷害，藉由公開懲罰的方式，公開宣示和入教者劃清界限。這或許是地方權力家族，當其子弟行為嚴重衝擊傳統文化價值時，為維繫其家族地位與利益不得已的措施。

除文化衝突外，應是實際利益的考量，主要是財產繼承權的考慮。將親兄弟說成「背祖，無祖先神位，非人子」，在傳統社會能博取多數人的認同與支持，既然「非人子」，就可名正言順的剝奪其財產繼承權。在傳統的社會，祖先祭祀還附帶一種權利，那就是對被祭拜者財產的祭承。[89]趙爵祥、吳文彬的例子均可如是觀之。其次是家族利益的考量，林學恭的個案屬於此種類型。林學恭受困窘的原因，值得特別加以觀

---

[86] 楊士養編，《信仰偉人列傳》，頁 247-250；歐陽修，〈蕭臨的小傳〉，《教會公報》第510 卷，1927 年 9 月，頁 15-16。

[87] 林信成，〈很可惜〉，《教會公報》第 567 卷，1932 年 6 月，頁 12。

[88] 安貧生，〈懷念賴糖叔〉，《教會公報》第 680 號，1941 年 11 月，頁 15-16。

[89] 阮昌銳，〈臺灣的冥婚與過房之原始意義及其社會功能〉，《中研院民族研究所集刊》第33 期（1972 年），頁 31-37。

察。其家族屬下層的地方士紳，在士紳家族的觀念中，基督教是「番仔教」。其中隱含著文化的優越意識，子弟入「番仔教」，自然就演變成顏面問題。林學恭的兄長告誡他「吾家歷代出仕，乃是望族，若入番仔教，豈不是大失體面，而受人譏笑乎」，道盡家人反對他入基督教的癥結。在接觸基督教教之前，林學恭曾用「爾為何信仰番仔教，此教不可信，因此教不敬神佛，不祀祖先，吾人心良善足矣，何必入番仔教」來責斥好友郭省。[90] 這是當時社會的價值觀，子弟入信「番仔教」，不但會讓他們顏面盡失，也會影響家族在地方上的領導地位，家族的利益也會受到波及。因此林學恭所遭遇的困窘也就大於其他人。再者，其家人阻止他入基督教所採取的手段，也值得觀察。請族中長輩高坐廳堂見證，要求入基督教者跪拜祖先，如果不從，即施以殘酷之刑罰，最後用繩索綁在大樹。終至為維護家風，將信教的林學恭逐出家門。似乎向族人及地方人士，宣示其家族對子弟入基督教的態度，藉以保住家族的顏面與地位。

　　致於迫害的方式除了辱罵恥笑、綑綁不讓子弟上教堂之外，所採取的方式就是斷絕和入教者的關係。因此最後就是把入教者逐出家庭，或令入教者自立門戶，和原有家族斷絕關係，即使同胞的兄弟姊妹都不相往來，更何況是一般的親朋好友，林學恭和蕭臨的情形就是如此。甚至嚴重到信教者死亡，其族親也不來探視，和傳統的社會價值絕然不同。信教者被迫脫離原有社會網絡，由此可見。因此葉滄海過世，其親族都沒來送葬。

（二）、入教後的改變

　　誠如前文所述，初代入信者大多家貧，虔誠敬拜神明，而且品行多違反社會價值，或不孝，或吃喝嫖賭，甚至燒殺搶奪。他們接受基督教之後有何具體的改變，值得觀察。社會經濟地位的改變，將於其他文章另行討論，茲謹就入信後品行的改變與是否堅持新接受的宗教信仰加以

---

[90]　郭朝成，〈信仰美談——赤馬叔〉，《教會公報》第 654 號，1939 年 9 月，頁 13-14；第655 號，1939 年 10 月，頁 9-11；第 656 號，1939 年 11 月，頁 7-8。

討論。

《教會公報》曾刊載所謂的「信仰美談」，將一些初代信徒入教後言行明顯改變及宗教信仰的堅持加以報導。茲舉數例如次：

1.陳闖原本性情暴烈，行走江湖，以假藥騙人錢財，將所騙得的錢，都花到嫖、賭、飲及鴉片上面。信教後每個禮拜日到禮拜堂，誠心敬拜上帝，不但戒除鴉片、也學會字母看聖經（白話字聖經），性情大改變，原本是嚴父成了慈父，性燥變成溫柔。[91]

2.李拐：根據黃武東的記錄，李拐是「前清的土匪頭目，年輕時打家劫舍，習以為常。」「到日本人到臺灣後，拐叔仍然不務正業，但已不再隨意殺人放火。」「父親開敢仔店（雜貨店）時，拐叔時常到店裡白吃白喝，因為他是土匪，無人敢得罪，先父也只好任其需索。」但在他入教之後卻要求將先前所白吃白喝的帳一併清算準備還帳，不但改邪歸正，戒除嫖賭飲等惡習，性情大變，有人再邀他去搶劫，他斷然不去，而且「文盲居然會唸詩句、講地理」，也會用嫁接的方式培養果苗。李拐的改變引起黃武東父親黃碖的好奇，使原本反對信「番仔教」的黃碖表示要和李拐一道去參加禮拜。最後引領黃武東一家人入教。[92]

3.蔡炭（1803-1893），迦蚋埔人（今高雄市高樹區），於 1872 年受洗，1874 年被選任為長老。他未信教前嗜好鴉片，愛賭博，也曾為盜匪，自從聽道理以後完全改變，並引導全家人入教。[93]

4.李老旺，1848 年生於二崙（雲林縣二崙鄉），成年後搬去西螺水尾庄，信教後熱心守禮拜，步行到茄苳仔禮拜。後來與涂為霖牧師（Rev. William Thow）、陳有成商量，要在水尾設福音堂，自己獻兩間厝當福音堂。水尾教會人數少信徒又窮，所以他省吃儉用積錢來獻給教會，受選為執事。1912 年前後拜堂毀壞，會友窮，沒力可蓋，他本身也窮困，日夜流淚，幾個月不敢管教會的事。到 1915 年初，其妻眼疾嚴重，請

[91] 安貧生，〈信仰美談——故陳闖伯〉，《教會公報》第 671 號，1941 年 2 月，頁 10-11。
[92] 黃武東，《黃武東回憶錄——臺灣基督長老教會發展史》，頁 30-35；莊清華，〈東後寮教會〉，《教會公報》第 678 號，1941 年 9 月，頁 12-13。
[93] 胡肇基，〈臺南教會的來歷〉，《教會公報》第 153 卷，1897 年 12 月，頁 94；不著撰人，〈喪喜事〉，《教會公報》第 105 卷，光緒 19 年 12 月，頁 147。

西醫、中醫均無效。他心怪之，以為違逆上帝，就和妻子跪下祈禱，表示若是要他蓋拜堂，求讓其妻眼睛平安，以之為憑証。不久其妻得到痊癒。他就張羅蓋禮拜堂的事，出力找人蓋，自己砌灰，割茅草，屋頂也是他自己慢慢蓋成。[94]足見其對教會的奉獻。此外，霧峰教會的林火燦和魏西傳，在入教之前，都是嫖、賭、飲的健將，但入教以後這些惡習都改過。[95]

可知，部分入教者在接受基督教信仰之後，品行確實發生很大的變化，或戒除嫖賭飲的惡習，或性情由性燥變成溫柔。原本屬社會下層受教育不多，但入教後學會白話字，能閱讀教會出版品，增長信徒的知識。因此入教者「較識世間的事，有新頭腦，不迷信，用藥醫病，在社會上受人尊重」。[96]所以原本不務正業，「隨意殺人放火」，「強姦殺人，習以為常」，在地方白吃白喝的李拐，入教後言行發生巨大的改變，引起地方士紳的注意。一個強盜頭目，居然可以改變習性，將先人留下貧瘠不能耕種的厝地闢為菜園，將所種的青菜挑去賣，並且將原來的蓮霧樹紮土，預備接枝。講話時還引經據典，出口成章。而且「文盲居然會唸詩句、講地理」，擁有一般人缺乏的西方現代知識。[97]

初入教會者社會壓力很大，來自澎湖的公學校教師陳鹿，他入教後放棄原有的教職，至臺南的大學就讀，受派到北港傳教，沒多久喉嚨生病回澎湖療養。地方人士盛傳，說他喉嚨的病與媽祖有關，因為北港媽祖靈驗，要陳鹿不要傳「番仔教」。[98]彭根入教後其妻仍然不信，屢次與彭根發生口角，落得彭根妻上吊自盡。[99]可見入教者的家屬承受巨大的社會壓力。

也有入教者仍然持傳統現世功利的宗教觀，相信誠心祈禱可以解決現世的困頓。他們入教的目的不在追求靈魂的救贖，而是在於解決現世

---

[94] 廖得，〈李老旺小傳〉，《教會公報》第 370 卷，1916 年 1 月，頁 9-10。

[95] 李崑玉，〈霧峰教會〉，《教會公報》第 575 卷，1933 年 2 月，頁 16-17。

[96] 駱萬得，〈要紮深根〉，《教會公報》第 607 卷，1935 年 10 月，頁 13-14。

[97] 黃武東，《黃武東回憶錄——臺灣基督長老教會發展史》，頁 30-35。

[98] 潘道榮，〈陳鹿先生小傳〉，《教會公報》第 480 卷，1925 年 3 月，頁 11。

[99] 彭士藏，《彭士藏家傳》，間引自賴永祥〈彭士藏家傳〉，收入氏著《教會史話》第二輯，頁 164。

生活的困境。因此，不是每個入信者，參加禮拜之後，就成為堅定的基督徒。大部分的初代信徒，對新宗教教義一知半解，以奉祀一般神明的態度來敬拜上帝，造成很多人「一半趁道理，一半趁世俗」。「遇到病痛，就去請教『柴頭佛仔』」的信徒很多；[100]洋教士在巡視教會時經常指出這種現象，如 1893 年（光緒 19 年）涂為霖牧師巡視後山教會，石牌教會有 35 人要求接受「問道理」，要受洗入教會，其中大部分不甚瞭解教會道理，只有一人會讀聖經，因此只接納 2 人。很多來「問道理」求入教的人又去拜「偶像」。[101]即使到設教 70 年之際，傳教人員仍感歎「信教很快，背教也快，稍遇到逆境就算了」的現象。[102]

　　加入基督教之後，很多人又離開基督教。受派到地方傳教的本土傳教者，為了增加信徒人數，對於信徒持民間信仰內涵的行為，選擇容忍，如東部教會的建立，就與吃祈禱水有關。1908 年梅監霧牧師到東部教會巡視時，發現一部分人不再積極到教會禮拜，因為入教者相信生病時吃祈禱水就會好，如果無效就懷疑信仰。梅牧師也向信徒表示，拜上帝會得到福氣，不是生病求上帝，就會得到健康。他指出要真心反悔認罪，接受耶穌當救主，才能得到耶穌的賞賜。[103]真誠信上帝，祈禱會得到上帝的賞賜。造成信徒真誠信教，如果得不到上帝賞賜，未解決現世病痛破財，就重返民間信仰，向民間信仰的神祇祝禱獻拜。1890 年安平縣傳道會在柑仔林召開，會議期間傳教人員到溝坪等地傳教，適逢當地舉行法會，他們發現男女信眾混雜如瘋狂，其中有入教的人、聽道理的人和受禁的人。[104]這種「一半趁道理，一半趁世俗」的現象，源於信徒來自多神的民間信仰，視耶穌為眾多的神祇之一。在民間信仰中，每一尊神祇均是尊貴受人尊敬的，初入信者視耶穌、上帝為眾多神明之一。無論基於何種因素入教，其動機大多在於祈求現世的庇護，初代信徒入教之際，對基督教的教義往往一知半解，是用祭拜一般神明的態度與方式

---

[100]　不著撰人，〈教會的消息〉，《教會公報》第 115 卷，光緒 20 年 10 月，頁 98。
[101]　涂為霖，〈後山的消息——石牌〉，《教會公報》第 105 卷，光緒 19 年 12 月，頁 139。
[102]　張順恩，〈內埔教會〉，《教會公報》第 606 卷，1935 年 9 月，頁 15。
[103]　梅監霧，〈祈禱水〉，《教會公報》第 283 卷，1908 年 10 月，頁 89-90。
[104]　不著撰人，〈傳道會——安平縣〉，《教會公報》第 65 卷，光緒 16 年 9 月，頁 75。

來敬拜上帝。因此入教的目的無法達成時，勢必重返舊的宗教世界。有的信徒，因違反十誡而受到處罰的也頗為普遍。以下針對信徒對教義一知半解、經過「問道理」考驗受洗的信徒，又違反戒律受罰的情形加以討論。

初代信徒對教義一知半解的情形，歷來皆有。1891 年吳葛在岡仔林傳教時，寫信向教士會報告當地信仰的情形。他說：「每個禮拜天有五十多人固定來禮拜，但是你們相當清楚這教會相當的困難，我來住在這裡比住在世俗人中間還慘。很多兄弟受到影響，他們不願意放棄平埔族原有的壞風俗。」「最近安息日我以主的道理來勉勵他們改過毛病，引起全教會的震動，因為有人高興，也有人無法忍受。」吳葛信中的「壞風俗」，指的是就是平埔族原有的宗教信仰。有些傳教人員不讓他們離開教會，允許信徒「一半趁道理，一半趁世俗」。[105] 東部教會以祈禱水治病傳教，應是傳教者截取西拉雅族阿立祖信仰，以「向水」治病的傳統有關。[106]

劉茂坤是南部教會最早被封立，受聘為府城等五堂會牧師，他長駐木柵教會 18 年。1916 年臺南教會要單獨請劉牧師任該會的牧師，但木柵等教會不願意劉茂坤牧師離職。中會決議聽取劉茂坤本人的意見，劉茂坤選擇離開木柵教會，他除了考量子弟教育的因素外，重要的關鍵在於「他在內山 18 年，看到內山的風俗很多不合道理（聖經的規範），但是他已漸漸習慣，如果請別人來，對教會兄弟較有好處（意為較能堅持基督教信仰的本質）。」而且內山的會友相當寬，以致於他不必花時間準備講道，如果到臺南教堂就要用較多的時間準備，對他較有幫助。[107] 較不必用時間準備禮拜日講道，意謂木柵等內山教會的信徒，對教會教義較無深刻的認識。再者劉茂坤對於「內山風俗很多不合道理」已漸漸習慣，所呈現的是當時信徒平常生活上的言行，普遍不合教義的要求，連牧師都習以為常且妥協。

---

[105]　吳葛，〈消息——吳葛的來信〉，《教會公報》第 70 張，光緒 17 年 2 月，頁 10。

[106]　祈禱水治病與西拉雅族宗教傳統的關連，承臺東大學林清財教授告知。

[107]　不著撰人，〈南部中會〉，《教會公報》第 347 卷，1916 年 5 月，頁 2。

1924 年澎湖大嶼（七美島）的人民原有的信仰，幾百年來受到佛教和道教的影響，一旦來拜上帝，難免會借拜神明的方法來服侍上帝。民眾相信神明有報應和懲罰人的能力，因此在敬拜上帝之後，遇到家中成員不順利，或賠錢，就以為是得罪上帝，懷疑是上帝不高興。信徒將未信基督教之前對寺廟、乩童、尪姨的依賴，轉成對教會、傳教士的依賴。只要遇到不順利的事，就要請教會派合適的人來替他們祈禱才安心。[108]

前述現象是當時各地傳教者的陳述，相當真實地反應教會信徒的實際狀況。這種「一半趁道理，一半趁世俗」、「雙腳踩雙船」的現象，在個別的事例中也得到的印證。旗後教會的長老莊發是個典型的例子，他在 1931 年 8 月過世，《教會公報》有一段紀念性文字，可供瞭解初入教者「雙腳踩雙船」的現象。文中提到「他來聽道理有三十多年，先前聽道理是奉行故事，雙腳踩雙船，上帝也好，王爺也好，媽祖也好，彌勒也好，基督也好。有時來禮拜，有時去燒香。」[109]可見初代信徒「雙腳踩雙船」的現象，有的並未隨入教時間長久，而有所改變。

有些初代信徒到禮拜堂禮拜相當長的時間，對教會也很熱心，但對教義卻根本不明白，而且至死均然。[110]臺南教士會檢討大社、埔社教會後來不進步的原因，曾提到「很多人一開始就不知道救世的道理，不認識救主，所以人愈來愈離開。」[111]澎湖西嶼就曾發生信徒家中大廳仍供奉祖先神牌位。[112]

教會為因應信徒的需要，舉辦「祈禱會」。替信徒祈禱，並非臺灣教會的創舉，廈門教會的傳教人員，在固定時間舉行祈禱會。1887 年年底舉行為期一週的祈禱會，每天約有三百餘人參加。不能來參加的人，也寫信請祈禱會替他們祈禱。祈禱的內容相當多元，有替出遠門的

---

[108] 周示，〈澎湖的消息〉，《教會公報》第 468 卷，1924 年 3 月，頁 12-13。

[109] 吳萬生，〈旗後莊發長老的小傳〉，《教會公報》第 557 卷，1931 年 8 月，頁 9-10。

[110] 〈大會記錄——蔡傳報告〉，《教會公報》第 5 張，光緒 11 年 10 月，頁 31。

[111] 〈教會的消息——北路的消息〉，《教會公報》第 43 張，光緒 14 年 12 月，頁 92。

[112] 不著撰人，〈澎湖的消息〉，《教會公報》第 48 張，光緒 15 年 5 月，頁 34-35。

親人祈禱，有替病人祈禱的，也有為去年祈禱應驗而來感恩的[113]。1891年鳳山縣竹仔腳教會，舉行「祈禱會」，祈禱會前一天，眾人到教會將要祈禱的事項，請「記事」書寫明白，總共有幾十項，祈禱會時先替別處教會祈禱，然後再替本堂（竹仔腳教會）所列各項殷切祈禱。[114]從《教會公報》無法得知祈禱會時信徒祈禱的內容為何，但因為信徒多為傳統民間信仰的信眾，因此應該多與現世需求相關。顯示初期入信者內心的思想世界，與入信前並無太大的改變。

傳統民間信仰，乩童、法師和尪姨等都具替人祈福解厄的儀式。因此初入教者生病，就請傳教者替他祈禱，以求早日痊癒；如果病痛難治，幾經傳教人員祈禱無效，就懷疑上帝是假的，因而叛教，再去尋找入教前的治療方式，以求神問卜的方式，來解決生活中的困境。根據傳教者的觀察，求神問卜的結果，「世俗佛仔醫生」（乩童或法師）的解釋不外以下幾項，一是入教者的祖先曾發願，但因子孫入教沒有謝神，因而遭到神明的糾纏，只要備祭品謝神，病就會好；或說是撿到舊柴來燒飯動土，只要請某法師來做法就好；或是住宅後有人挖山崙，或砍樹木，或圍豬檻，或移動家中家俱，因而犯煞，要請法師去祭煞。[115]而教會對入教者依舊持續傳統現世功利的宗教思維，並未正面加以駁斥。

1908 年梅監霧牧師在《教會公報》，刊載一篇名叫〈祈禱水〉的文章。文中提到後山的兄弟聽道理，愈來愈冷淡，因為信徒以為生病時，喝祈禱水就會好，如果喝不好，就對道理產生懷疑。雖然梅監霧牧師表示聖經中未有喝祈禱水病會好的記載，喝祈禱水不是上帝的旨意。梅牧師說如果沒真心，喝祈禱水，上帝不一定順從祈禱者的意思，祈禱也不一定聽；重要的是否反悔所有的罪，是否真心接受耶穌做救主。[116]梅牧師雖說祈禱水不是上帝的意思，但卻又表示上帝是否聽你的祈禱，關鍵在於是否真心認罪信靠耶穌當救主。多少暗示真心信靠耶穌，祈禱水還是可以治病。

---

[113]　不著撰人，〈教會的消息——廈門祈禱會〉，《教會公報》第 34 張，光緒 14 年 3 月，頁 17。

[114]　不著撰人，〈傳道會——鳳山縣〉，《教會公報》第 79 卷，光緒 17 年 11 月，頁 82-83。

[115]　冰明妥，〈教會的消息——韭菜崙冰明妥來信〉，《教會公報》第 286 卷，1909 年 1 月，頁 4-5。

[116]　梅牧師，〈祈禱水〉，《教會公報》第 283 卷，1908 年 10 月，頁 89。

　　初期入信者的思考模式如此，入教後對教會的要求，或十誡的教訓，是否能確實遵守，值得觀察。其實一名慕道者，要成為受洗入教的信徒，要經過嚴格的考核。一般而言慕道者要求入教，要經過「問道理」的過程。根據資料顯示，能通過問道理受洗成為信徒的比例並不高，但通過問道理受洗入教後觸犯十誡的人，亦不在少數，受洗入教之後被「禁晚餐」（遭禁聖餐）的比例很高。

　　1891 年涂為霖牧師巡視教會，關於請求入教會和受禁晚餐的情形如次：「3 月底涂為霖牧師出外巡教會一個月，他巡視了岡仔林、迦蚋埔、岩前、關仔嶺、頭社和拔馬等處。總共有 21 人要求受洗入教，只接納 6 人，其中兩名自幼領洗。也遇到憂悶的事，有 7 人被禁晚餐，其中有一位老人因為又服侍偶像，都不聽勸告。」[117]1893 年涂為霖牧師巡埔里四教會時也發現相類似的現象，牛眠山教會守晚餐的有 20 人，受禁晚餐的也有 20 人，而且受禁者受禁之後就不再來禮拜，又回到從前般敬拜「偶像」。[118]

　　臺灣中部的教會如此，南路地區（鳳山縣轄）的情形也類似。1896年宋忠堅牧師，巡視今高雄、屏東地區教會時，要求入教與接受入教和禁晚餐的情形，統計如表 3。

表 3　1896 年教會信徒狀態一覽表（單位：人）

時　　間	教會名	求洗禮	新洗禮	禁晚餐	逐　出	再接納
4 月 12 日	阿　猴	7	2	0	0	0
4 月 19 日	迦蚋埔	11	2	2	0	0
4 月 26 日	杜君英	7	3	4	0	0
5 月 4 日	建功庄	3	1	2	0	0
5 月 4 日	竹仔腳	6	1	4	1	0
5 月 11 日	鹹埔仔	6	0	1	0	1
5 月 11 日	東　港	8	1	1	0	2
5 月 18 日	埤　頭	1	0	0	0	0
5 月 18 日	楠梓坑	4	2	2	0	0
總　　　共		53	12	16	1	3

資料來源：不著撰人，〈巡南路的教會〉，《教會公報》第 136 卷，1896 年 7 月，頁 55。

---

[117]　不著撰人，〈消息〉，《教會公報》第 74 張，光緒 17 年 6 月，頁 41。
[118]　涂為霖，〈北路教會的消息〉，《教會公報》第 98 卷，光緒 19 年 5 月，頁 52-53。

　　由表 3 資料可發現，求施洗入教者 53 人，被接受入教施洗者 12 人，接受比例為 22.64%，其接受比例算不高，但被禁晚餐人數 16 人，比新接納入教的人數還高，可見受禁晚餐的比例甚高。

　　入教後被禁晚餐的原因很多，以違反十誡者居多。茲以左鎮教會的小會記錄加以觀察，1896年1月24日除了兩件不常來參加禮拜，派人去規勸之外，另外有三件是較嚴重的過錯，包括「OOO 的大女兒，招好幾個丈夫，沒照道理指示，就去規勸他」、「議論 OO 的事，聽見人說，他若生病就去跳尪姨，應去查明」、「OOO 常沒來禮拜，還在吃鴉片，仍禁他」[119]。1897年亦有兩件犯十誡的情事，一是「OO 命他第二個女兒拜舅父的神主牌，以便得到母舅的田業」，一是「聽說 OOO 的大女兒和二女兒犯七誡的事（行姦淫）」[120]。1898年有因「和其他姊妹行姦淫」而被禁，此人尚且為教會的長老；也有人「去問佛」而被規勸。此外，亦有因賭博、因偷竊，或因病祭拜鬼神等情而被禁。其中以姦淫、拜偶像及抽鴉片者較多數[121]。1937年「OOO 犯七誡之風評，議託李進福長老向本人忠告之（或修書）」[122]可見，並不是信徒觸犯十誡戒律，就立即處以禁晚餐或革出教會的處罰。

　　教會對於禁聖餐視為極嚴重的事，不但要在各小會中討論議決，並將被禁者的姓名、受禁的原因逐一載錄在小會記錄上。歷年教會人數統計，也都以有權參加聖餐的受洗成年信徒，為統計的對象，由歷年受洗人數與受禁聖餐人數的比較，也可以觀察教會內違反戒律的信徒，在數量上變化的情形。茲將歷年受禁情形統計如表 4。

表 4　南部教會受禁聖餐信徒統計表

年代	受洗成年數	受禁人數	佔百分比	資 料 來 源
1877	950	-	-	A
1878	947	-	-	A
1879	985	-	-	A

---

[119] 1896 年 1 月 24 日左鎮教會第一次小會記錄，手稿本無頁碼，原件珍藏於左鎮教會。

[120] 1897 年 12 月 19 日左鎮教會第二次小會記錄，手稿本無頁碼，原件珍藏於左鎮教會。

[121] 1898 年 12 月 30 日左鎮教會第四次小會記錄，手稿本無頁碼，原件珍藏於左鎮教會。其餘各參見各次小會記錄，不一一詳註。

[122] 1937 年 5 月 29 日臺灣基督長老教會左鎮小會記錄第五條，手稿，無頁碼。

1880	1023	-	-	A
1881	1172	-	-	A
1882	1174	-	-	A
1883	1167	-	-	A
1884	1317	-	-	A
1885	1412	-	-	A
1886	1476	-	-	A
1887	1348	119	8.8	A；B 第 31 張頁 102
1888	1307	122	9.3	A；B 第 44 張頁 6-7
1889	1259	140	11.1	A；B 第 56 張頁 6-7
1890	1211	158	13.1	A；B 第 69 張頁 4-5
1891	1179	187	15.9	A；B 第 81 張頁 4
1892	1180	198	16.8	A；B 第 94 張頁 3
1893	1225	186	15.2	A；B 第 105 卷頁 141
1894	1265	191	15.1	A；B 第 117 卷頁 123
1895	1250	189	15.1	A；B 第 131 卷頁 15
1896	1291	175	13.6	A；B 第 143 卷頁 13
1897	1399	159	11.4	A；B 第 154 卷頁 6-7
1898	1587	158	9.96	A；B 第 166 卷頁 5
1899	1857	163	8.78	A；B 第 179 卷頁 17
1900	2019	152	7.5	A；B 第 190 卷頁 3
1901	2190	170	7.8	A；B 第 200 卷頁 84
1902	2325	174	7.5	A；B 第 213 卷頁 92-93
1903	2551	165	6.5	A；B 第 225 卷頁 92-93
1904	2703	157	5.8	A；B 第 237 卷頁 115-117
1905	2942	151	5.13	A;B 第 249 卷頁 126
1906	3101	158	5.09	A；B 第 261 卷頁 97-99
1907	3250	165	5.08	A；B 第 272 卷頁 89.92-94
1908	3345	181	5.41	A
1909	3445	193	5.60	B 第 298 卷頁 3
1910	3612	193	5.34	A:B 第 310 卷，頁 2
1911	3773	197	5.21	B 第 322 卷頁 2
1912	3880	211	5.44	B 第 345 卷頁 3
1913	4050	202	4.99	B 第 345 卷頁 3
1914	4170	209	5.01	B 第 357 卷頁 12
1915	4303	-	-	B 第 381 號頁 9
1916	4569	246	5.28	B 第 381 號頁 9
1917	4726	249	5.27	B 第 393 卷頁 2-3
1923	6036	317	5.25	B 第 466 卷 P2；第 472 卷頁 2
1930	7566	-	-	B 第 556 卷頁 3
1931	7708	127	1.65	B 第 567 卷頁 18-19

資料來源：A： "Handbook of the English Presbyterian Mission in South Formosa."XI Church Statisics.　B：《教會公報》。

　　可見在 1897 年以前受禁晚餐人數的比例多在百分之十以上，也就是說每十人中有一人受禁。根據左鎮的小會記錄可知，禁晚餐是相當慎重的事，信徒犯十誡情節較輕者會先以規勸，並不是一觸犯即予以禁聖餐。因此違背十誡的人必遠多於受禁的人數。但在 1897 年以前每十人平均有一人受禁，觸犯十誡的人應高於此數字。1898 年到 1923 年之間平均每百人中有五人受禁，而其百分比逐年遞減，到 1931 年已降至百分之一左右。可見信徒對長老教會的教義已較瞭解，且願意遵行，信徒對信仰已較堅定，和教會傳入初期明顯不同。

　　被禁聖餐仍無反悔，就會被革出教會。對信徒而言，被革出教會是最嚴重的處罰，因此要將信徒革出教會，必須由各教會的代議長老向中會或大會提出。1902 年各地長老曾向大會稟請革除 23 名信徒，其中臺南教會一人，楠梓坑教會一人，牛眠山教會四人，大埔城教會四人、石牌教會三人，觀音山教會十人。[123]如果以族群觀察之，原住民部落的教會信徒被革出教會的比例較高。

　　但是也有入教後遭遇到逆境，受到家人阻擾，仍堅持信仰。1919 年竹仔腳教會蕭居源曾報告該教會的近況，文中提及該年二至六月增加 12 戶信徒，其中六戶已清除家中偶像，這些信徒之中有的當保正，有的原來當乩童，其中有一戶從事糊紙的工作。從糊紙師父入教後家中遇到一些試煉，兒子病死。因而受到妻子的困窘，不准他去禮拜，聖經詩歌冊經常被拿去燒毀，傳教人員去探視也遭惡臉相向；到後來其妻也一起參加禮拜。[124]

　　有受病痛纏身，入教後暫得平安因而受洗入教，但在舊病復發後又回去敬拜神明的案例。1920 年有一件北部教會的個案，茲略述如次。水返腳（今新北市汐止區）有名叫高淑的信徒，因犯邪神，每天晚上受邪神作弄，苦不堪言，吃齋拜佛，仍無法得到平安。後來到教會禮拜學白話字，也學會讀聖經，邪神因而離身，獲得平安。因此熱心服侍上帝，勇敢向人見證上帝，最後受洗入教。後來搬到金包里（今新北市金山區）

123　不著撰人，〈大會〉，《教會公報》第 204 卷，1902 年 3 月，頁 18。
124　蕭居源，〈教會消息——竹仔腳〉，《教會公報》第 412 卷，1919 年 7 月，頁 4。

炭坑工作，再度生病，就回到水返腳找牧師，帶她就醫，病症稍好之後就回金包里，但由於病症無法痊癒，因此心生懷疑。其丈夫和親人商量要問神明，初她不願意，但最後答應。問神明當天，她燒香向神明認錯，並表示如果神保佑他身體好起來，願意隨香三年，而且不再拜上帝。上完香回到房間隨即發病，全身發抖口吐白沫，昏迷不醒，邪神因而再來，當晚該名婦女就死亡。過兩天他的兒子也死亡。[125]

《教會公報》刊載此事，對堅定教會信徒信仰，有一定的作用，但也反應出初代信徒入教的動機，旨在解決現實生活的困境。新宗教能解決其困擾就接受新宗教，再遇到困擾新宗教若無法解決，即使已經受洗禮入教，照樣再回到傳統的信仰世界，尋求民間信仰的解決辦法。

初代信徒是否帶領家人入信，是觀察他們信仰是否虔誠的方式。從個案發現，初期入信者往往一人入信，即使受教士會僱用的本土傳教人員，其家屬也不一定隨他入教。澎湖許廷芳就是一例，他是教會重要的人物之一，曾任大學、中學的漢文教師。1896 年 11 月過世，當時在澎湖傳教的林學恭和當地的信徒，前往協助家屬處理下葬事宜，許廷芳的妻子堅持要用一般未信教的禮俗辦理喪事，經過林學恭等人的規勸，才同意接受教會的葬禮儀式。[126]同年建功庄長老過世，其子也要以未信教者的禮儀辦理喪事。[127]很明顯許廷芳和建功庄教會的長老，其家人都未入教。長老在教會的地位相當重要，而其家人子弟並未入教。受教士會僱用的傳教人員，其家人也不入教，將在大學、中學任教視為職業，個人的入教或許是為工作的需要，不一定是基於對教義的認識。

但是這種家族中只有一個人入教的情形，往後有明顯的改變。以1931 年的資料觀察，該年信徒總戶數為 5,329 戶，其中全家入教的有4,014 戶，未全家入教的只有 1,315 戶。[128]未全家入教的只佔 24.76%，全家入教的比例明顯增加，也見到日治末期基督長老教會的信徒，在宗

---

[125]　葉金木，〈失落生命〉，《教會公報》第 422 卷，1920 年 5 月，頁 7。

[126]　林學恭，〈澎湖林學恭來信〉，《教會公報》第 144 卷，1897 年 3 月，頁 18。

[127]　不著撰人，〈傳道的信〉，《教會公報》第 139 卷，1896 年 10 月，頁 78。

[128]　K. Y. C. 記，〈南部教會年報〉，《教會公報》第 567 卷，1932 年 6 月，頁 19。

教信仰上已較初期堅實。

　　教堂秩序也是觀察信眾虔誠與否的一項指標，初期傳教人員在禮拜堂的傳教講道，可能隨時有人提出反駁，和傳教人員辯論，甚至可能引發衝突。到日治時期以後，傳教工作得到國家法律的保護，教堂內的反駁雖然不再出現，但教堂內的秩序仍相當雜亂。有人在教堂內抽菸、吃檳榔、喧譁，甚至在禮拜進行中，將腳抬到椅子上。1909年嘉義地區的傳教人員在新港召開「傳道會」，曾議定教堂內的規矩，包括禮拜堂內不准抽菸；禮拜時不准將腳抬到椅子上；要安靜不要喧譁；不要在禮拜堂內吃檳榔。[129]可見，在未規定前，教堂內禮拜的情景。此一規定的訂定，反應出教堂內規矩已受重視，教會的基石也趨穩定。

六、結論

　　臺灣民間信仰的重點在祖先崇拜與神祇供奉，是多神包容且具偶像形式；與新傳入的基督宗教，是一神且具排他性，截然不同。改信新宗教不是單純的信仰改變，他們必需脫離原來社會的宗族、宗教體系，與原有的社會斷裂。他們必需走向新世界，不得供奉「公媽牌」、不能參加祀神活動；禮拜堂取代村廟成為新的活動重心；學習新的文化，奉行傳教士的旨意，洋教士取代舊士紳成為信徒的領袖。當「上帝」遇到「天公」，產生文化衝擊，新宗教受到普遍的疑慮與排斥，令人卻步，教會擴展緩慢。

　　教會為突破傳教障礙，除了一慣的醫療傳教手段之外，採取向社會下層和平埔族傳教、僱用本地人傳教，並運用宗教神跡來對應。不利的傳教環境和教會所採取的傳教策略，不但影響傳教的結果，也決定信徒的特徵。從眾多的個案討論，可知初代信徒入教的動機主要在於：遭遇現世生活困頓；接受醫療照顧心懷感念；畏懼死後處罰；被

---

[129]　吳希榮，〈嘉義傳道會〉，《教會公報》第296卷，1909年11月，頁104。

英國傳教士僱用；靠洋勢。較少關心死後靈魂的救贖。初代信徒普遍家境貧困，較少接受教育；品行明顯違反當時社會價值，多屬社會邊緣人。他們入教前多依賴求神問卜解決現實生活的困窘，遭遇挫折對原有神明失望，轉而依靠「法力」較高明神祇的庇護，因此加入新宗教。

　　大部分的初代信徒，對教義並無太深刻的認識，多存在「一半趁道理，一半趁世俗」的現象；他們多以崇祀民間信仰神祇的方式與心態來敬拜上帝。入教旨在解決現實生活的困境，就信仰的認知而言，與改信前並無差別。一旦新宗教無法解決現實生活困境時，又重回原有的宗教世界。可見無論改信或重返，均在尋找解決現實困境的手段，在尋找「法力」較高的神，替他解決問題。是傳統民間信仰思維的延續，因此初代信徒違反十誡的比例相當高，日本領臺前約十分之一受洗的信徒違反十誡而被禁聖餐，到1931年降到1.65%，可見到日治晚期信徒的信仰已較堅定，對教義有較深刻的認識，且願意遵守。

　　再者初代信徒入教後，往往受到家庭、家族和鄉里的壓力，甚至迫害。這是雙方宗教文化差異所造成，尤其不能祭拜祖先，被視為背祖、背倫常的不孝行為；而孝道又是不容挑戰的社會典範。家人、族人的反對，存在實際利益的衝突，其關鍵在於家產繼承的覬覦和家族顏面的考慮。而家族顏面的維持，又與家族在地方領導地位與家族利益的確保有關。

　　初代信徒改信以後，有相當多的人中途退出；也有因言行違反十誡受教會禁聖餐，甚至被逐出教會；成為虔誠基督徒的也不少，子弟成為本土教會的領導人。少受教育的改信者學會「白話字」，不但利於閱讀聖經，也藉以吸收新知，改信者成為「較識世間的事，有新頭腦，不迷信，用藥醫病，在社會上受人尊重。」[130]加上有機會和外國

130　駱萬得，〈要紮深根〉，《教會公報》第607卷，1935年10月，頁13-14。

傳教士接觸，比一般國人較具現代觀，重視子弟教育，因此在很短時間內能提升社會地位。洋教士中不乏醫療傳教師，很多初代信徒或子姪因受僱擔任醫療學徒，習得醫術，得以開設西藥店，並替人看病，改善了家庭經濟，進而鼓勵子弟學習醫學，不但提升社會地位，經濟能力也大為改善。[131]

　　長老教會傳入臺灣，經歷異文化間的接觸、衝突與調適，為臺灣歷史文化注入新的血液，豐富臺灣歷史文化的內涵。影響異文化接觸結果的因素，除了兩者之間的差異度外，值得注意的是新傳入的文化體是否有組織、有計畫，且具策略性。本文發現初代信徒對新宗教的態度，除了受民間信仰支配外，多少也受到傳教策略的影響。

---

[131]　關於信徒入教後社會經濟地位的改變，本人將另文討論，於此不贅述。

徵引書目

呂理政，《傳統信仰與現代社會》，臺北：稻鄉出版社，1992 年。

阮昌銳，〈臺灣的冥婚與過房之原始意義及其社會功能〉，《中研院民族
　　　研究所集刊》第 33 期（1972 年）。

吳學明，〈現世功利──從歷史觀點看傳統民間宗教信仰〉，收入葉佳雄
　　　編《點燃人生希望》，臺南：臺南縣文化局，2001 年。

吳學明，〈臺灣基督長老教會的醫療傳教（1865-1945）〉，中原大學主辦
　　　「海峽兩岸教會史研究現況學術研討會」，2001 年 11 月。

吳學明，〈「臺灣府城教會報」及其史料價值〉收入拙著《臺灣基督長老
　　　教會研究》，臺北：宇宙光出版社，2006 年。

吳學明，《從依賴到自立：終戰前臺灣南部基督長老教會研究》，臺南：
　　　人光出版社，2003 年。

李嘉嵩，《一○○年來》，臺南：人光出版社，1979 年。

李智仁，《臺灣的基督教會與祖先崇拜》，臺南：人光出版社，1995 年。

陳祥水，〈「公媽牌」的祭祀－繼承財產與祖先地位之確定〉，《中研院民
　　　族所集刊》第 36 期，1973 年。

陳梅卿，〈清末臺灣英國長老教會的漢族信徒〉，收入林治平主編《基督
　　　教與臺灣》，臺北：宇宙光出版社，1996 年。

彰化基督長老教會設教 50 週年紀念部會編，《彰化基督長老教會設教
　　　50 年史》（白話字本），臺南：臺灣教會公報社，1939 年。

彰化基督長老教會，《臺灣基督長老教會彰化宣教百年史》，彰化：彰化
　　　基督長老教會，1987 年。

賴永祥，《教會史話》（二），臺南：人光出版社，1992 年。

賴永祥，《教會史話》（四），臺南：人光出版社，1998 年。

臺灣教會公報社，《臺古早教會巡禮》，臺南：人光出版社，1997 年。

臺灣基督長老教會鹽水教會，《設教九十週年紀念特刊》，臺南：臺灣基
　　　督長老教會鹽水教會，1993 年。

臺灣基督長老教會年鑑編輯小組，《臺灣基督長老教會設教 120 週年年鑑》，臺北：臺灣基督長老教會總會出版，1985 年。

董芳苑，《臺灣民間宗教信仰》，臺北：長青文化出版，1984 年增訂版。

黃茂卿，《臺灣基督長老教會太平境馬雅各紀念教會九十年史》，臺南：臺南太平境馬雅各紀念教會，1988 年。

楊士養，《南臺教會史》（白話字），臺南：臺灣教會公報社，1963 年。

楊士養編著，林信堅修訂，《信仰偉人列傳》，臺南：人光出版社，1989 年。

黃武東，《黃武東回憶錄——臺灣基督長老教會發展史》，臺北：前衛出版社，1988 年。

中央研究院近代史研究所編，《教務教案檔》第二輯，臺北：中央研究院近代史研究所，1974 年。

臺灣基督長老教會，《岡仔林教會受洗簿》（1871-1925，手稿本，無頁碼，（原稿珍藏於臺灣基督長老教會史料館）。

黃誌誠，〈履歷書〉，1900 年 4 月 12 日，手稿，珍藏於臺南長榮中學「臺灣基督長老教會史料館」。

臺灣基督長老教會左鎮小會小會記錄（1896-1937），手稿本無頁碼，原件珍藏於左鎮教會。

臺南神學院，《神學與教會》，臺南：臺南神學院，1957 年 3 月慶祝 80 週年特刊號。

《教會公報》史料

不著撰人，〈大會記錄——蔡傳報告〉，《教會公報》第 5 張，光緒 11 年 10 月。

不著撰人，〈澎湖的消息〉，《教會公報》第 18 張，光緒 14 年 12 月。

不著撰人，〈教會的消息——廈門祈禱會〉，《教會公報》第 34 張，光緒 14 年 3 月。

不著撰人，〈教會的消息——北路的消息〉，《教會公報》第 43 張，光緒 14 年 12 月。

不著撰人，〈澎湖的消息〉，《教會公報》第 48 張，光緒 15 年 5 月。

不著撰人，〈傳道會——安平縣〉，《教會公報》第 65 張，光緒 16 年 9 月。

不著撰人，〈消息〉，《教會公報》第 74 張，光緒 17 年 6 月。

不著撰人，〈消息〉，《教會公報》第 77 張，光緒 17 年 9 月。

不著撰人，〈傳道會——鳳山縣〉，《教會公報》第 79 張，光緒 17 年 11 月。

不著撰人，〈喪喜事〉，《教會公報》第 105 卷，光緒 19 年 12 月。

不著撰人，〈教會的消息〉，《教會公報》第 115 卷，光緒 20 年 10 月。

不著撰人，〈巡南路的教會〉，《教會公報》第 136 卷，1896 年 7 月。

不著撰人，〈傳道的信〉，《教會公報》第 139 卷，1896 年 10 月。

不著撰人，〈教會的來歷－石牌〉，教會公報第 170 卷，1899 年 5 月。

不著撰人，〈深河伯的行述〉，《教會公報》第 165 卷，1898 年 12 月。

不著撰人，〈大會〉，《教會公報》第 204 卷，1902 年 3 月。

不著撰人，〈黃西經〉，《教會公報》第 231 卷，1904 年 6 月。

不著撰人，〈李豹的小傳〉，《教會公報》第 226 卷，1904 年 1 月。

不著撰人，〈澎湖白頭的消息〉，《教會公報》，第 271 卷，1907 年 10 月。

不著撰人，〈盧慶懷先生小傳〉，《教會公報》第 274 卷，1908 年 1 月。

不著撰人，〈梁潛先生的小傳〉，《教會公報》第 290 卷，1909 年 5 月。

不著撰人，〈許進傳的小傳〉，《教會公報》第 291 卷，1909 年 6 月。

不著撰人，〈南部中會〉，《教會公報》第 347 卷，1916 年 5 月。

不著撰人，〈楊福春小傳〉，《教會公報》第 360 期，1915 年 3 月。

不著撰人，〈打貓〉，《教會公報》第 361 期，1915 年 4 月。

不著撰人，〈故來傳長老〉，《教會公報》第 605 卷，1935 年 8 月。

安貧生，〈信仰美談——故金狗叔〉，《教會公報》第 653 號，1939 年 8 月。

安貧生，〈蘇育才牧師小傳〉，《教會公報》第 655 號，1939 年 10 月。

安貧生，〈信仰美談—故興仔叔〉，《教會公報》第 667 號，1940 年 10 月。

安貧生，〈信仰美談—故陳闊伯〉，《教會公報》第 671 號，1941 年 2 月。

安貧生，〈懷念蔡氏加〉，《教會公報》第 677 號，1941 年 8 月。

安貧生，〈懷念賴糖叔〉，《教會公報》第 680 號，1941 年 11 月。

冰明妥，〈教會的消息——韭菜崙冰明妥來信〉，《教會公報》第 286 卷，
　　　　1909 年 1 月。

何來發，〈教會的來歷——木柵〉，《教會公報》第 165 卷，1898 年 12 月。

何希仁，〈北港的動搖〉，《教會公報》第 339 期，1913 年，6 月。

李崑玉，〈霧峰教會〉，《教會公報》第 575 卷，1933 年 2 月。

李純真，〈陳蕃薯小傳〉，《教會公報》第 400 卷，1918 年 7 月。

吳葛，〈消息──吳葛的來信〉，《教會公報》第 70 張，光緒 17 年 2 月。

吳希榮，〈嘉義傳道會〉，《教會公報》第 296 卷，1909 年 11 月。

吳萬生，〈旗後莊發長老的小傳〉，《教會公報》第 557 卷，1931 年 8 月。

周示，〈澎湖的消息〉，《教會公報》第 468 卷，1924 年 3 月。

林學恭，〈澎湖林學恭來信〉，《教會公報》第 144 卷，1897 年 3 月。

林金柱，〈舊城教會〉，《教會公報》第 593 卷，1934 年 8 月。

林金柱，〈黃香的眼淚〉，《教會公報》第 609 卷，1935 年 12 月。

林金柱，〈南部初代的殉教者〉，《教會公報》第 607 期，1935 年/10 月。

林信成，〈很可惜〉，《教會公報》第 567 號，1932 年 6 月。

卓道生，〈拔馬教會的歷史〉，《教會公報》第 522 卷，1928 年 9 月。

洪金捨，〈水裡坑教會〉，《教會公報》第 657 號，1939 年 12 月。

施振讓，〈楊氏格的小傳〉，《教會公報》，第 667 號，1940 年 10 月。

胡肇基，〈臺南教會的來歷〉，《教會公報》第 153 卷，1897 年 12 月。

張順恩，〈內埔教會〉，《教會公報》第 606 卷，1935 年 9 月。

涂為霖，〈後山的消息──石牌〉，《教會公報》第 105 卷，光緒 19 年
　　　　12 月。

涂為霖，〈北路教會的消息〉，《教會公報》第 98 卷，光緒 19 年 5 月。

梅監霧，〈祈禱水〉，《教會公報》第 283 卷，1908 年 10 月。

郭朝成，〈個人的履歷〉，《教會公報》第 475 號，1924 年 10 月。

郭朝成，〈信仰美談─赤馬叔〉，《教會公報》第 654－656 號，1939 年
　　　　9-11 月。

郭朝成，〈吳祿長老的小傳〉，《教會公報》第 569 卷，1932 年 8 月。

郭朝成，〈懷念吳長老娘〉，《教會公報》第 618 號，1936 年 9 月。

張明道，〈吳朝祥小傳〉，《教會公報》第 453 卷，1922 年 12 月。

陳本來，〈反邪歸正〉，《教會公報》，第 206 卷，1909 年 11 月。

陳秋亭，〈根姆小傳〉，《教會公報》第 367 卷，1915 年 10 月。

陳啟昌，〈懷念故陳壯長老信主的好模範〉，《教會公報》第 680 號，1941
　　年 11 月。

莊清華，〈東後寮教會〉，《教會公報》第 678 號，1941 年 9 月。

黃惠我，〈葉滄海行述〉，《教會公報》第 206 卷，1902 年 5 月。

黃受惠，〈黃誌誠牧師的小傳〉，《教會公報》第 503 卷，1927 年 2 月。

葉金木，〈失落生命〉，《教會公報》第 422 卷，1920 年 5 月，頁 7。

楊士養，〈沒人倫〉，《教會公報》第 290 期，1909 年 5 月。

趙時回，〈教會的來歷──鹹埔仔〉，《教會公報》第 176 期，1899 年 11 月。

廖得，〈李老旺小傳〉，《教會公報》第 370 卷，1916 年 1 月。

駱萬得，〈要紮深根〉，《教會公報》第 607 卷，1935 年 10 月。

潘道榮，〈陳鹿先生小傳〉，《教會公報》第 480 號，1925 年 3 月。

潘道榮，〈故周示先生〉，《教會公報》第 464 號，1939 年 1 月。

潘明珠加納埔來信，《教會公報》第 35 張，光緒 14 年 4 月。

歐陽修，〈蕭臨的小傳〉，《教會公報》第 510 卷，1927 年 9 月。

蔡雄，〈劉茂清長老〉，《教會公報》第 454 卷，1923 年 1 月。

蕭居源，〈教會消息──竹仔腳〉，《教會公報》第 412 卷，1919 年 7 月。

劉俊臣，〈陳啟清的小傳〉，《教會公報》第 386 卷，1917 年 5 月。

蘇育才，〈陳乞食長老小傳〉，《教會公報》第 569 卷，1932 年 8 月。

K. Y. C.記，〈南部教會年報〉，《教會公報》第 567 卷，1932 年 6 月。

Campbell N.Moody, The King's Guest, (London:1932).

George Leslie Mackay , "*From Far Formosa , The Island its People and
　　Missions*" , edited by the Rev. Macdonald.　Fleming H. Revell
　　Company 1896. Reprinted by Ch'eng Wen Publishing Company,
　　Taipei 1972.

From Dr. J. L. Maxwell, Takao, Formosa, 13TH　August, 1870.The
　　Messenger, 1870/11.　"*Handbook of the English Presbyterian
　　Mission in South Formosa.*"XI Church Statisics.

臺灣基督長老教會在臺傳教初期的一個文化面相——「靠番仔勢」[*]

摘要

　　長老教會傳入初期，由於文化與宗教觀念的差異與衝突，雖然教會採取「醫療傳教」的方式，力圖化解傳教的阻力。但教勢擴展速度仍然相當緩慢，「靠番仔勢」的批評，為其中重要因素之一。

　　「番仔勢」可靠的思維，與1868年安平砲擊事件，英國以船砲迫使清廷屈服有關。其形成一方面是臺灣民眾無法分辨外國商人與傳教士的差別；更重要的是有些傳教士，因具強烈「傳福音」的使命感，或借助英國的船砲為後盾，排除傳教障礙；或仗恃其國家力量，藐視清廷地方官府；遇到民教衝突之際，不問是非曲直，袒護教民。讓人產生入洋教就可「靠番仔勢」思維的漫延，形成寄望入洋教，得到「番仔勢」的保護，「靠番仔勢」入教的現象因而產生。

　　長老教會發展過程，確有為「靠番仔勢」而入教的信徒，結果加深了民教的衝突；為「靠番仔勢」進入教會的信徒，有的成為虔誠的基督徒。「靠番仔勢」入教的現象，對教會擴展的影響利弊互見。

關鍵字：基督長老教會、船砲勢力、「傳福音」、「靠番仔勢」、教勢發展

---

[*]　原刊於國立臺南師範學院《鄉土文化研究所學報》第一期（1999／12）。

一、前言

　　基督教是清末傳入臺灣的新宗教，由於傳教母會的不同，分成北部的加拿大長老會和南部的英國長老會。這種屬一神、具排他性的新宗教，與臺灣普遍存在的民間宗教差異甚大。雖然教會採取「醫療傳教」的方式，期化解疑慮吸收信徒，但仍時起衝突，傳教阻力甚大。對於入信者提供保護，負責傳教的西洋傳教士，或運用本國的政治與軍事力量為後盾，期突破傳教的困境。因此早期的傳教活動就產生所謂的「靠洋勢」（在臺灣習稱為「靠番仔勢」）的問題。

　　基督長老教會在檢討教會發展緩慢的原因時，往往會提到「臺灣人屬中國民族。幾千年以來存有拜祖先的風俗，因此受阻礙。」[1] 這是民間所謂的「無公媽」（無祖先）、「入教，死無人哭」的批評。此外，經常受人批評的就是「靠番仔勢」、「吃教」的問題。教會也常要求信徒自我省察，是否真的經常仗「番仔勢」來壓制人，如果有要覺得可恥、要自責。[2] 但是在臺傳教一甲子的巴克禮牧師（Rev. Thomas Barclay）在光緒 19 年就提到有人入教是為了求得世間的利益，如靠勢或貪財。[3] 日治初期本地牧師潘明珠認為過去來聽道理的人，有的是要靠勢，有的是要節省費用，這種毛病最近幾乎快沒有了。[4] 可見「靠番仔勢」是基督教傳教初期值得注意的問題。

　　呂實強認為 1860 年以前的基督教傳教士，大抵停留在中國語文的學習、風俗習慣的瞭解、傳教方式的試探，少與國人發生衝突；1860 年以後外國傳教士得到合法進入中國內地傳教的權利，憑藉治外法權的身份，並利用本國的外交與武力為後盾，教士與教民的態度由先前的謹

---

[1]　陳祿，〈佈道〉，《臺灣府城教會報》該報歷經多次更改刊名（請參閱拙著〈《臺灣府城教會報》及其史料價值〉收入拙著《臺灣基督長老教會研究》臺北：宇宙光出版社，2006 年，本文簡稱《教會公報》），第 427 卷，1920 年 10 月，頁 5。

[2]　林世傳，〈誹謗的利益〉，《教會公報》，第 167 卷，1899 年 2 月，頁 12-13。

[3]　巴克禮，〈去年的帳單〉，《教會公報》，第 97 卷，光緒 19 年 4 月，頁 41。

[4]　潘明珠，〈巡教會的情形〉，《教會公報》，第 163 卷，1898 年 10 月，頁 76。

慎收斂，轉為飛揚跋扈，教案隨之滋多。[5]

　　在臺灣的情形，蔡蔚群研究指出初時護教意識強烈的法國，在臺灣並無領事駐紮，英國領事也無意支持傳教活動，造成地方官忽視條約所允許的傳教權利，與紳民共同反對基督教。因此，造成傳教條款無法實踐，因而引發教案。直到 1868 年的商教糾紛與安平砲擊事件後，基督教的傳教才得到地方官的背書，傳教工作才有明顯的進展。他將教會初入臺灣的教案，視為臺灣的移墾性格，族群的衝突，地方官無法有效防制所引起。之後「駐打狗的英國領事，不但與地方官形成高度的共識，也限制傳教士過度的發展，對於教案的減少，提供了良好的條件。」他認為清季臺灣教案並不嚴重。[6]

　　近代英法等國為通商、傳教，以武力迫使滿清政府開放通商口岸；而臺灣的開放通商口岸，則因滿清政府戰敗被迫開港，提供洋教士在臺傳教的法律地位。對外國傳教士的反應，臺灣與中國各省應有所差別。1868年是臺灣地方官吏與人民直接面對英國砲艦壓力、屈服，地方官被迫正視外國教士的傳教權。這對臺灣社會產生相當的影響。清末「洋教勢」的形成，與1868年以後的衝突事件應有一定的關聯。

　　本文主要以臺灣基督長老教會所出版的《教會公報》，教會出版品為主要素材，並參閱總理衙門之《教務教案檔》。擬討論長老教會在臺灣傳教過程中，「番仔勢」如何形成？探討教會發展過程中「靠番仔勢」入教的實際情形，並說明這對臺灣基督長老教會傳教的影響。

二、基督長老教會的傳入與發展

　　十九世紀隨著西歐勢力的擴張，基督教也得到空前發展的機會，各教會紛差遣傳教士到中國傳教。1848年英國長老教會派遣賓威廉牧師

---

[5] 呂實強，《中國官紳反教的原因》（臺北：中央研究院近代史研究所，民國 55 年初版，74 年三版），頁 3。

[6] 蔡蔚群，〈清季臺灣教案研究（1859-1885）--以地方交涉為重心〉，1998 年臺灣師大歷史研究所碩士論文，頁 141-143。

（Rev.William C. Burns）到香港，初以廈門為傳教中心，1885年又建立汕頭傳教中心，展開傳教的活動。1860年臺灣開港，引起英國長老教會傳教士的興趣，該年九月駐廈門的傳教士杜嘉德牧師（Rev. Carstairs Douglas）和駐汕頭的傳教士金輔爾牧師（Rev. H. L. Mackenzie）二人曾到淡水、艋舺等地訪問。他們發現當地住民多來自廈門附近的泉州和漳州，通行的語言和廈門相通，且全臺如此。當地又有在廈門聽過福音的人，因此認為有在臺灣傳教的機會，因此積極建議英國母會海外宣道會將臺灣納入廈門教區，派員前往傳教。

馬雅各醫生（J. L. Maxwell）是臺灣基督長老教會首任的傳教士，他在1864年初到達廈門，開始學習語言。1864年十月他在杜嘉德牧師陪同下，帶領吳文水及兩名廈門的信徒，來臺灣考察。他們先後走訪打狗（今高雄市）、臺灣府城（今臺南市）及埤頭（今高雄市鳳山區）。馬雅各醫生決定以府城為傳教中心，1865年5月24日馬雅各醫生在廈門傳教士杜嘉德牧師及英國聖經公會偉亞烈牧師（Alexander Wylie）的陪同下，率領吳文水、黃嘉智、陳子路等共八名前來臺灣。[7]

馬雅各醫生決定以府城為其傳教中心，其主要的考慮在於府城人口眾多（約二萬人）；當時英領事則傾向在打狗設教，有外國人居住方便就近保護。但因當時打狗人口稀少，不適合做傳教中心，未為馬雅各醫生接受。[8]府城人口較多，易於吸收信徒，因此屬意在臺灣府城開拓教會。[9]但漢人社會建立較早，傳統文化也較根深蒂固，可能引發的衝突也較大。

馬雅各醫生先借住在英商天利洋行（Mac Phail & Co.），後得到打狗關馬威廉處長（William Maxwell）的協助，在看西街頂得房舍，藉免費施醫分藥展開醫療傳教的工作，期以醫療吸引民眾並化解民眾的恐

---

[7] 臺灣基督長老教會總會編，《臺灣基督長老教會百年史》（臺北：臺灣基督長老教會出版，1965年6月），頁6-8。

[8] Letter From Dr. Maxwell （Amoy, October 31, 1864）The English Presbyterian Messenger Feb.1865,P.52-54

[9] William Campbell, Handbook of the English Presbyterian Mission in South Formosa.(Hastings:F. J. Parsons 1910), XⅢ.

懼，俾便前來聽取傳教士講解教義。由於無需付費，且醫療效果顯著，故馬雅各醫生在看西街之初，每天約有五、六十人前來就診。[10]特別是馬雅各醫生用奎寧治療臺地盛行的瘧疾，切除白內障及膀胱結石，頗具成效。吸引臺南附近居民的注意。但是他的成效卻引起當地醫生的反感，開始傳說外國人是在殺害漢人，以取其腦漿和眼睛來製造鴉片。[11]本地醫生的排斥固然是重要原因，但宗教觀與文化衝突應該是不可輕視的因素。此外，地方官居於傳統觀念，並無意積極給予英國傳教士對等的機會。[12]馬雅各及其隨從，因而被迫離開府城，前往旗后（今高雄市）發展，距馬雅各在府城展開醫療傳教才 24 天。[13]

　　在馬雅各醫生的努力下，得到四名信徒進入教會，但基本上他在漢人社會的傳教工作進展相當遲緩。[14]1867年李庥牧師（Rev.Hugh Ritchie）奉派來到臺灣，使臺灣醫療傳教的組合完備（醫生與牧師），教會的擴展加速，但也引發1868年更激烈的衝突。在英國船炮政策的支持下，臺灣地方官被迫面對傳教的問題，教會得到傳教的保障，故1868年馬雅各醫生重返府城之後，教會得到較好的發展空間。

　　由於傳教大環境的改變，以及西方醫術療效的神奇，使馬雅各醫生在府城有了新的局面。李庥牧師著重南路（今高雄、屏東地區）漢人社群的傳教，陸續建立教會；而馬雅各醫生除了在傳教中心府城醫療傳教之外，平埔族群社區傳教的展開為其另一主要的工作。平埔族社群傳教工作的展開，主要是馬雅各醫生醫療傳教訊息傳播的結果。因南、北（今臺中地區被視為北路）二路人民常常聽聞馬雅各醫生的高明醫術，尤其

---

[10]　Edward Band , Working His Purpose Out : The History of the English Presbyterian Mission. 1847-1947. Published by the Publishing Office of the Presbyterian Church of England . London. p76.

[11]　必麒麟，《發現老臺灣》（臺北：臺原出版社，1994 年），頁 95.

[12]　蔡蔚群，〈臺灣教案研究（1859-1885）--以地方交涉為重心〉，頁 33。

[13]　高長，〈臺南教會的來歷〉，《教會公報》第 151 號，1897 年 10 月，頁 78-80。Edward Band ,Working His Purpose Out:The History of the English Presbyterian Mission, 1847-1947.p.76.

[14]　"Mr. Swanson's Visit To Formosa."The English Presbyterian Messenger. Dec.(1866),pp.363-365.Edward Band ,Working His Purpose Out:The History of the English Presbyterian Mission, 1847-1947. p.77.

是府城東邊的木柵、崗仔林、拔馬（左鎮）、柑仔林等西拉雅平埔族。[15]
臺中神岡大社、南投埔里地區烏牛蘭（愛蘭）、牛眠山、大湳等巴則海
平埔族，不斷有人前往就醫，也因而聽到長老教會的教義，日後成為教
會擴展的前鋒。

　　1870 年南部長老教會計有入會人數 244 人，守禮拜的有 530 人；
次年增加到會員人 548 人，守禮拜者 1,635 人。此時的教區南到東港、
琉球，東到木柵、崗仔林，北到大社、埔里社、烏牛欄、大湳與牛眠山
等地。[16]初期在平埔族族群的傳教成為主力，根據 1957 年臺南神學院出
版的《神學與教會》載錄 1876 年合併府城及旗後兩傳道養成所之前的
校友姓名資料，發現 28 位校友中，除 4 位未說明住處之外，其餘確定
屬平埔族教會的有 11 位，分別是木柵二位（姬旺來、穆金鈴）、左鎮二
位（卓基清、卓文杞）、大社內社二位（潘茅格、潘君乃）、番仔田、岩
前、埔里、岡林、吉貝耍等各一人。即使合併後的前十年，來自平埔地
區的學生所佔的比例仍然很高，34 名學生中，來自平埔族社群的有 13
人。[17]如果從教會人數加以觀察則更加明顯，以光緒 13 年的資料可知各
教會的信徒數以木柵 122 人最多，大社 116 人居次，烏牛蘭的 93 人排
名第三，傳教大本營府城僅 65 人，比牛眠山多 3 人。[18]前一年全教會的
奉獻金，雖以較富裕的府城教會 263 元居首，但大社、牛眠山、岩前、
烏牛蘭、木柵等地教會則分列二至六名。[19]在在可見長老教會傳教初期，
在平埔族社群有較大的成果。

　　1886年以後教會發展又擴張到彰化地區（今臺中市、彰化縣與南投
縣）與澎湖。彰化傳教的推動者是甘為霖牧師（Rev. William Campbell）
和大社的信徒。在甘為霖牧師的奔走下，得以在彰化城西門建立禮拜
堂，但彰化城傳教擴展的速度緩慢，三年間只有四名信徒。[20]1896年蘭

15　"Letter From Dr. Maxwell."The English Presbyterian Messenger. Aug.(1870),p.185.
16　楊士養，《南臺教會史》（白話字）（臺南：臺南教會公報社出版，1963 年），頁 15。
17　不著撰者，〈臺南神學校校友名錄〉《神學與教會》，（1957 年 3 月），頁 232-234。
18　不著撰者，〈人數單〉，《教會公報》第 31 張，光緒 13 年 12 月，頁 103。
19　不著撰者，〈教會消息〉，《教會公報》第 11 張，光緒 12 年 5 月，頁 75。
20　不著撰者，〈人數單〉，《教會公報》，第 56 張，光緒 16 年正月，頁 7。

大衛醫生（David Landsborough）和梅監霧牧師（Rev. Campbell N. Moody）長駐在彰化醫療、傳教，彰化地區的傳教工作順利展開，使彰化成為教會傳教的次中心（Sub-central），今彰化、臺中的教會大抵與彰化教會有直接或間接的關係。

　　除了原住民社會續有擴展之外，漢人部落的教區也不斷擴大，且其教勢逐漸超過原住民社會。從表1可發現直到清末長老教會仍以平埔族為主要的傳教對象且較具成效。以嘉義縣、臺灣縣而言，當時計12個教會，除府城、嘉義、斗六、牛挑灣外，主要都建在平埔族部落；彰化縣七個教會中，除了彰化、茄苳仔（今西螺）外，其餘五個教會也都在平埔族社群。[21]

　　但到了日治時期，長老教會的發展有了巨大的改變，尤其是臺灣中部地區的變化更大。由於梅監霧牧師與蘭大衛醫生在彰化地區的傳教極具成效，在 1896 年至 1906 年 10 年間總計開設 18 間教會，信徒由 1,300 人（含平埔族的大社、埔里社、牛眠山、烏牛欄、大湳等巴則海族群所建立的教會）增加至 4,200 人。[22]至 1923 年，原來平埔族教會仍續有發展，如左鎮教會（1,314 人）、烏牛欄教會（592 人）、木柵教會（885 人）；但漢人庄社教會的擴展更加快速，不但教會數量增加，信徒數也不斷的成長，如新設的臺中教會（800 人）、光緒年間只有 4 名信徒的彰化教會不但衍生了很多子教會，信徒人數也快速增加（514 人）；早期創立的府城教會（900 人）、屏東教會（721 人），信徒人數也都數倍於昔日。[23]

三、「靠番仔勢」觀念的形成

　　中國人華夏夷狄觀念濃厚，鴉片戰爭之後，中外之間國交雖已平等，但在文化觀念上，非一時可輕易改變，臺灣地區亦然。因此外國傳

---

[21]　不著撰者，〈教會的人數單〉，《教會公報》第 56 張，光緒 16 年正月，頁 7

[22]　王梓超，〈日據時代宣教師在彰化〉，《彰化基督長老教會百年史蹟》（彰化：彰化基督長老教會，1987 年），頁 202。

[23]　不著撰人，〈臺灣教會的統計〉《教會公報》，第 464 卷，1923 年 11 月，頁 3-5。

教士遠渡重洋到臺灣，臺灣居民一直以「番」稱之，天主教高恒德神父（Fr. Francisco Giner）的信中有非常信實的描述，他說：

歐洲傳教士無論如何努力贏得同情，還是一個「番仔」。即使像本地人一樣穿著，剃掉頭髮留著小辮子，但仍舊是「番」。起初，可能會有人出於好奇心，來看外國傳教士，聽他說話，但好奇心一滿足，就走開了，可能還會用嘲笑的口吻，叫嚷著「番仔」、「番仔」。[24]

這種「番仔」的稱謂，除了帶著奇異的眼光外，確實含有文化的鄙視與排斥的意思。[25]

而且臺灣民眾對外國宣教師來臺灣的動機，向來抱持懷疑的態度。即使早期藉醫療傳教的馬雅各醫生和馬偕牧師（Rev.G.L.Mackay）亦不例外，臺灣民眾很容易把宣教師和在臺洋商混為一談。某次，馬雅各醫生曾被一個患腿疾的漢人請到家裡去，他發現那人的腿已生疽萎縮，準備動手術加以切除。但是被病人的親友阻止，他們認為馬醫生想要用那條腿製造鴉片。[26]再者馬雅各醫生的醫療工作，也造成當地醫生的惶恐，因而散佈對馬醫生不利的謠言。說馬醫生以耶穌之名唸咒、挖病人的心肝、眼睛來做藥，來煽動百姓，與外人接觸不多的百姓往往信以為真。[27]英國商人也提到臺灣百姓說外國人殺害漢人，取出腦漿和眼睛來製造鴉片。[28]何況馬雅各醫生初至臺灣，曾借住洋行的房舍，「在同一條街上，有英國商人在賣鴉片，也有英國傳教士反對鴉片，這令中國人難以理解」。[29]外國人既賣鴉片又傳教，但畢竟當時賣鴉片者多，傳教者少，臺灣的民眾將反對販賣、吸食鴉片的傳教士視為販賣鴉片的商人，是可以

---

[24] Fr. Pablo Fernaden , One Hundred Years Of Dominican Apostolate in Formosa,1859-1958.（SMC Publishing inc Taipei,1993）No43,from 1887/7/31, Fr. Francisco Giner,p171

[25] 吳恩溥，《論洋教與祭祖》（臺北：聖文社出版，1994 年），頁 2。

[26] Fr. Pablo Fernaden , One Hundred Years Of Dominican Apostolate in Formosa,1859-1958. 1865/10/4 ,p.65.

[27] 楊士養，《南臺教會史》，頁 9。

[28] W. A. Pickering , "Pioneering in Formosa" , 陳逸君譯，《發現老臺灣》（臺北：臺原出版社，1994 年），頁 95。

[29] 中央研究院近代史研究所編，《教務教案檔》，第二輯（臺北：中央研究院近代史研究所，1974 年，1868／10／2），頁 1279.

理解的。外國商人來臺以謀利為目的，甚至販賣鴉片，實為當時的普遍現象。

再者就傳統華人社會，傳教者川流各地的目的，旨在使信徒對其信仰「信以為真，崇敬禮拜有加，甘心奉獻金錢，予以供養」，實即著眼於「求生活之貲及謀身家生活飲食之所促使」；信徒則在於期免今生之苦，或求來生之福。[30]因此信徒對傳教教主，往往有奉獻之事。

反觀清末，來臺之外國傳教士不但不需信徒奉獻供養，反而開設孤兒院免費收容孤兒（天主教），又開醫館免費施醫分藥（基督長老教會）；甚至有給予信徒金錢的現象。[31]與傳統社會傳教之人截然不同，到底其目的為何，引起民眾不安誠屬自然現象。官方對傳教士的動機也產生質疑，認為他們到臺灣來，是「為了榨取財物或侵略土地」，因此必須強迫他們離開。[32]而且民眾普遍相信傳教士來臺灣，絕對不是像他們所說的為了來傳福音，而是來「殺人並製造鴉片」。[33]因此各種傳說在地方流傳，說傳教士在井裡和食物下了毒。也有民眾作證聲稱親眼看到傳教士解剖屍體，挖出心臟，且以屍體流出的血水澆灌田中蔬菜和罌粟。造成當地百姓群情激憤，傳教人員雖然極力澄清，但並不為民眾所接受採信。[34]由於民眾普遍相信傳教師在井裡下毒，因此「有的人用籬笆把井圍起來，使我們進不去；有的人怕被下毒，不敢買來路不明的食品。」[35]

而傳教士歷來為其本國政治服務，亦是引起中國官民不滿的原因。

---

[30] 王爾敏，〈灤州石佛口王氏族系及其白蓮教信仰傳承〉，中研院近代史研究，《近代史研究所集刊》第十二期（72／6），頁 23-24、39。

[31] Fr. Pablo Fernaden , One Hundred Years Of Dominican Apostolate in Formosa,1859-1958.from 1865/10/4, Fr. Francisco Herce O.P. ,p.65.「由於中國人對宗教不關心，使得基督教牧師很灰心，但他們已採取一些特殊手段，來吸引民眾來聽他們講道，凡是星期天去教堂做禮拜的人，牧師都付錢給他們。」葉振輝，〈英國外交部有關臺灣文件簡介〉，《臺灣文獻》，第 36 卷 3-4 期（1995／12），頁 483。引英國外交檔載「馬雅各醫生在府城傳教的情形，贈送聖經，再送小錢。」

[32] Fr. Pablo Fernaden , One Hundred Years Of Dominican Apostolate in Formosa,1859-1958.No1,from 1862/5/9,p.42.

[33] Fr. Pablo Fernaden , One Hundred Years Of Dominican Apostolate in Formosa, 1859-1958. 1865/10/4, p.65.

[34] 道明會編著，蔣宜譯，《臺灣開埠初期的傳教士（1859-1869）》，頁 80。

[35] Fr. Pablo Fernaden , One Hundred Years Of Dominican Apostolate in Formosa, 1859-1958. 1868/4/18 , p.60.

傳教士來臺時間早，且由於傳教的需要對中國的語言相當熟悉，因此在西方國家與東方國家談判時，傳教者為其母國提供必要且有效的服務。此一現象自十七世紀末中國與俄羅斯條約簽訂時，天主教傳教士即參與談判並擔任顧問；1702 年天主教神父也參與馬卡爾尼（George Macartney）的使節團訪問北京；1816 年英國使節團的主要翻譯者馬禮遜(Morrison)，前後在廣東 25 年，擔任官方翻譯，是英政府及東印度公司所信任的顧問。[36]一般人民實在難以區分辨別帝國主義者與傳教士，傳教士依附政治力進入中國應屬歷史事實。[37]雖然傳教事業的侵略特質在臺灣不如中國具體明顯，但傳教士的態度與行為，實值得注意觀察。

　　呂實強認為傳統中國，知識份子與官紳是反教的主力，而他們反教的原因是基督教在華傳教事業，被摻入侵略的特質，以船砲為手段，造成傳教士的態度與言行逾越，引起國人的反感。他撰述《中國官紳反教的原因》一書時，立有「傳教事業的侵略特質」專章，分列查還舊堂的糾紛、教士的態度與行為、外人保護傳教的武力政策。[38]臺灣並無查還舊教堂的問題，以武力保護傳教的現象，在 1868 年以後應已不復發生。葉振輝從英國外交檔案觀察，發現英國領事處理商務糾紛的強硬態度與激烈反應，指出教案在領事心中一直是居於次要地位。[39]顯示傳教問題，不是英國領事關心最主要的問題。因此，關鍵在「傳教士的態度與行為」，以及 1868 年樟腦事件和教案混而為一，影響人民對傳教士的態度。

　　天主教神父傳教時，「民眾發覺傳教士權勢很大，連政府官吏都支持傳教士，……他們願意當基督徒，幫助傳教士」。曾發生非傳教區部落的頭人，派人來找神父請求派人去他們的村莊宣講福音事例。那些人為表示誠意，願意免費提供土地與房子，請求傳教士前去傳教。神父對其動機質疑，因此派傳教士前往瞭解、並調查設教的可行性。經這位傳教人員深入瞭解當地居民的想法發現，他們並不是真心想做基督徒，而

36　J. W. Foster , The Services of Missionaries To Diplomacy , The Presbyterian Messenger ,Jan. 1912. p.19.

37　呂實強，《中國官紳反教的原因》，頁 198。

38　呂實強，《中國官紳反教的原因》，頁 2-6。

39　葉振輝，〈英國外交部有關臺灣文件簡介〉，頁 437-502.

是希望得到傳教士特權的保護。[40]因為當時「民眾覺得傳教士很有權力，連政府都支持傳教士，只有傳教士能使他們免於客家人的壓迫，所以他們願意成為基督徒。」[41]可是當他們發現萬金教堂被非教徒毀壞，竟沒人受到處罰；神父被綁架，卻付給匪徒贖金時，信徒的反應是不再想做基督徒了。[42]可見番仔勢可靠在民間流傳的普遍，南部長老教會方面的史料，靠勢入教的例子甚多。

　　巴克禮牧師（Rev. Thomas Barclay）在 1904 年基督教傳入四十年回顧時，曾要信徒自我反省，他認為「如果這四十年內大家都依公道對待鄰居，不說謊欺騙，不靠教勢欺侮人，都行善讓人無從批評，今天教會一定會更興旺。」[43]劉俊臣牧師回憶甘為霖牧師在臺事蹟時曾記載「清國時代，人們要來聽道理，往往受鄰居或叔姪的困窘，以致拜上帝的人受到傷害。若遇到這種人，甘牧師體貼他們，甘牧師出頭，讓他們減輕痛苦。」[44]楊士養牧師在檢討長老教會傳入初期，教會信徒成長迅速的原因時，也提到「這可能有的是要靠西洋人的勢力，人數才增加那麼快」。[45]在教會所留存的資料中，也確有些慕道者是「期待他們能從官憲的控制中得到釋放，因此我們懷疑他們的誠心，雖然這些人宣稱是渴望得到靈魂的解放。」[46]巴克禮牧師與楊士養牧師，兩人前後相隔近六十年均提出靠勢入教的現象。

　　民間何以會盛傳教會有勢可靠，何以形成這種說法，是值得討論的問題。茲以莊清風案和彰化設教的經驗加以觀察。

---

[40]　Fr. Pablo Fernaden , One Hundred Years Of Dominican Apostolate in Formosa, 1859-1958. No12,From 1866/1/16,Fr.Fernando Sainz,O.P.,p.69；No33,From 1876/10/14,Fr. Jose Nebo,O.P.,p.146.

[41]　Fr. Pablo Fernaden , One Hundred Years Of Dominican Apostolate in Formosa, 1859-1958.No17,From 1867/10/15,p.92.

[42]　Fr. Pablo Fernaden , One Hundred Years Of Dominican Apostolate in Formosa, 1859-1958.No17,From 1867/10/15,p.92.

[43]　巴克禮，〈四十年來的狀況〉，《教會公報》第 243 卷，1905 年 6 月，頁 55-56。

[44]　劉俊臣，〈甘牧師〉，《教會公報》，第 441 卷，1921 年 12 月，頁 2。

[45]　楊士養，《南臺教會史》，頁 15。

[46]　Letter from the Rev Hugh Ritchie Takao 5th July 1871 ,The Presbyterian Messenger, （Official Journal of the Presbyterian church of England Oct.2.1871）p.232.

　　莊清風被殺案與舊城教會被焚搶案，是南部教會較大的教案。但民間與教會對莊清風案的認知差距甚大，在教會的認知中莊清風是「臺灣最初的殉教者」。他是淡水人，曾在廈門醫館聽到基督教的教理，返臺後就將毀棄家中的偶像，聽說旗後有人在傳教，就南下，住在禮拜堂，勤讀聖經，並為醫館病人講道。馬雅各醫生留他在醫館內協助傳教，後來受聘為傳道人，巡迴三塊厝、埤頭及附近村庄，對教會幫助甚大。根據教會的資料顯示，他入贅於左營某女子，因家內不睦，到處流浪，受洗後於 1868 年欲返家與妻和好。當時民間謠傳天主教教士到處捕捉小孩取心挖眼，民心動搖。莊清風返家見妻不在，探問始知外出拾柴，莊清風欲往尋找，半途遇妻歸，告知他已入教，希望破鏡重圓。未料其妻已另有丈夫，並聞他入教甚為憤怒，大聲喊罵。適有一老婦路過，驚懼，大喊「天主教的人在捕捉婦女」，村莊裡百姓敲鑼，攜鐵器蜂擁而至。莊清風見狀立刻跪下禱告，村民不敢近，以為在念咒，村民乃將廟中神明大小神轎皆抬出。莊清風無法抗拒，以致被殺並棄屍河中，適有一患氣喘者持尖刀取其心，以便入藥，情境至為殘酷。[47]

　　而舊城教會焚擾事件源於 1868 年南部瀰漫著對傳教士不利的言論，如傳教士「混用符咒毒，昏迷婦女入教」[48]，或謂傳教士殺死囝仔，埋骨於教堂內。[49]因而造成人民的不安，引爆埤頭教會焚擾事件。楊士養認為 1868 年長老教會受迫害的原因是因為臺灣人對西洋人的「壞感情」所引起的。因為當時外國人在臺灣做樟腦生意與官府、百姓發生衝突，受人怨恨，傳教士因而受影響。[50]

　　樟腦糾紛與莊清風事件，引起英國出兵干預，閩浙總督英桂派曾憲德前來，最後曾憲德與英國領事吉必動（John Gibson）與傳教士馬雅各等在鳳山事發地開庭審問，留有莊清風岳母許陳氏與妻許云娘供詞，略云：莊清風聘娶許陳氏之女許云娘為妻，謀議時未許其入教，1867 年

---

[47] 楊士養編著，林信堅修訂，《信仰偉人列傳》（臺南：人光出版社，1989 年），頁 27-28。林金柱，〈南部初代的殉教者〉，《教會公報》，第 607 卷，1935 年 10 月，頁 17-18。

[48] 中央研究院近代史研究所編，《教務教案檔》，第二輯，頁 1274。

[49] 楊士養，《南臺教會史》，頁 12。

[50] 楊士養，《南臺教會史》，頁 13。

十二月間過門後（時許云娘十四歲），許云娘不肯入教，屢次被莊清風毆打，後來鳳山縣城鄉傳言耶穌、天主兩教，用藥害人，適值三月十六日焚溝仔墘天主教堂，十九日又毀北門外耶穌教堂，洶湧不休，莊清風恐不安全，要許云娘同往北路避難，許云娘欲告知其母然後同行，莊清風不依，於四月初一日又將許云娘痛打一頓，是日禮拜，莊清風自赴教堂，許云娘即乘間逃至左營庄謝姓老嫗家中，次日為莊清風尋獲，民眾誤以教民強捉婦女，乃被鄉眾殺斃，棄屍於海。[51]

關於鳳山教堂被毀，同樣存在中外立場的分歧。清政府自鳳山知縣到閩浙總督的見解相當一致，鳳山縣令凌樹荃相信「有傳教奸民用藥，迷毒婦女」，他採信程賽的說詞，指控其妻林便涼，遇信教的打鳥陳（即最早受洗的陳齊），勸林便涼入教，林便涼不允，打鳥陳即喚高掌（即高長）在林便涼背上畫符念咒，茶中放入迷藥，勸令飲下，林便涼飲後回家，忽發狂病，堅持要入教。閩浙總督也相信「耶穌教堂教士馬雅各竟以毒藥迷惑婦女，已顯違為善之言，且傳教用藥，致婦女迷惑顛狂，設反而施諸該洋人，恐亦難以忍受。」他以馬雅各傳教行醫，經常與居民口角有嫌，彼此不洽，又用奸民高長任傳教師，混用符咒毒藥昏迷婦人入教，實屬傳教非人，藉名貽害，因而請總理衙門，詳請咨明英法二國公使，飭令將馬雅各醫生調回。[52]

英國領事則痛訴教堂被拆，官府縱容縣府衙役，搶劫禮拜堂內什物、書本、舖蓋、衣箱、藥料、醫病等器具等物品，毆打高長，並將之入獄。[53]馬雅各也強調持刀威脅的暴徒，是衙門的衙役，是官員自己的人。[54]

莊清風果真如教會資料所載是入贅人家，家內不睦而受迫流浪，其妻在有丈夫狀況下又另嫁他人，狀似惡婦。如此，莊清風在家中似乎毫無地位，信教後虔誠的要說服其離家的妻子和他回去破鏡重圓。但《教

---

[51]　中央研究院近代史研究所編，《教務教案檔》，第二輯，頁 1366-1370。

[52]　中央研究院近代史研究所編，《教務教案檔》，第二輯，頁 1272-1275。

[53]　中央研究院近代史研究所編，《教務教案檔》，第二輯，頁 1278-1281。

[54]　Letter From The Rev. J. L. Maxwell, Takao , Formosa ,The Messenger,August(1868),p.167-170.

務教案檔》所留莊清風妻在衙門的供詞則不然，莊妻以 14 歲之齡被莊「聘娶」入門，為逼妻入教，動輒給予痛毆，反應出莊是蠻橫無理，並非柔弱之人。其實是非曲直雙方各執一詞，今日實難判斷。加上馬雅各醫生和英國領事的介入，使全案混沌不明，而且馬雅各醫生和吉必勳領事的態度，使審問過程感受到所謂「洋勢」的運用。其中值得觀察注意的有四項。

　　一、縣令凌樹荃於十月二十九日親自將涉及莊清風命案及埤頭教堂焚毀案的人犯林海、王明、盧逢時、王角、黃喜等五名，押解到府城，曾憲德即通知英國領事吉必勳，準備在府城開堂訊問結案。但「吉必勳復稱，必欲在犯事地方訊懲，方為萬目共睹，俾知儆戒等語。」[55]再者年逾六十的縣衙胥吏盧逢時，被馬雅各控告「先後欺凌教徒」，由於馬雅各的堅持，領事吉必勳必欲殺之而甘心。由於查無犯案證據，曾憲德「堅持以殺則不能」，但吉必勳認為「留此在縣，終恐教堂不安」，最後盧逢時被判流放兩年，並革其衙役職務。[56]

　　吉必勳堅持在事件發生的地點審理此案，其動機甚明，無非在向當地人民立威，使當地人民不敢再反對馬雅各醫生的傳教。這對馴良的百姓固然有儆戒的效果，但對一般百姓，卻容易產生不良的效果，引來「入教華民均係無賴，在洋人傳教悉以勸人行善為詞，殊不知華民一入其教，藉教士為護符，無惡不作，就地居民罔不切齒」的批評。[57]洋教士運用船砲政策，雖然迫使中國官方退讓，也引來「靠番仔勢」之輩的入教。

　　二、談判過程英方一直以兵戎相威嚇，以達其目的。曾憲德應吉必勳之要求，前往事發地點審訊人犯，於十一月初四日率同委員同知鄭秉機在府城起程，五日到達旗後，當晚英國派三桅兩層砲位兵船一隻前來。曾憲德向郇和（Robert Swinhoe）詢明兵船來意，吉必勳表示係奉英國駐華公使阿禮國（Rutherford Alcock）之命前來，若吉必勳無法了結本案，即令攻打臺灣，且稱尚有兵船二隻，即日前來支援，郇和表示

55　中央研究院近代研究所編，《教務教案檔》，第二輯，頁 1366。
56　中央研究院近代研究所編，《教務教案檔》，第二輯，頁 1368。
57　中央研究院近代研究所編，《教務教案檔》，第二輯，頁 1491。

如能了結，兵船便當撤回。[58]英國用兵威脅迫以為談判的後盾，以兵威挾制的意圖至為明顯。

因此，事平之後，閩浙總督英桂等請總理各國事務衙門照會各國，嗣後不得再用兵船挾制。認為中外交涉事件，應按條約，由領事官照會地方官辦理，如果地方官置之不辦，或拖延無法結案，應向其長官陳明，以飭其遵照辦理。或由該地領事稟請該國公使照會轉行勒令限期妥善辦理結案。但是各口領事，不循此途辦理，「如臺灣樟腦、教堂等案云云，業奉遴委大員渡臺查辦，英國領事擅用兵船，多方要挾，及將各洋案議結後，復縱令洋將違約妄為。」因此照會各國公使，要求約束各口領事，遇事遵循條約辦理，「不得再用兵船挾制，違約妄為。」[59]

三、事件中教會被搶毀家俱及教堂工料，經馬雅各自己統計，原索賠洋銀七百六十二元，但後來在兵威脅迫下竟賠償一千一百六十圓。[60]這確實是在兵威之下的結果，兵船挾制成為其對臺交涉，迫使臺灣官吏與人民低頭的利器。對臺灣人民而言，他們眼中地位崇高的地方官，屈服在洋人的船砲之下，乃興起了番仔勢高於官威的想法，靠番仔勢的現象自然產生。當時與基督教處於對立的天主教，對這種現象的感受相當深刻。所以道明會的良方濟神父（Fr. Francisco Herce, O. P.）曾指出「許多為非作歹之徒，為尋找庇護，逃避官吏的處罰，加入基督教，基督教的傳教士都是英國人，而官吏最害怕的是英國人。」[61]「番仔勢」可靠由此可見。

四、莊清風動輒毆妻，並以暴力脅迫其妻入教，馬雅各醫生是否知情？如果知情，是否曾加以規勸？在莊清風被殺之後，當莊清風之岳母、少妻，在堂上所供出的證據，是非曲直已甚明白。莊清風被殺固屬可憫，但傳教士仍企圖利用此機會擴大在臺傳教的有利條件，因此他對母會報告也不曾敘明事實，進而檢討，以期化解未來可能的阻力。

---

[58] 中央研究院近代史研究所編，《教務教案檔》，第二輯，頁 1366-1367。

[59] 中央研究院近代史研究所編，《教務教案檔》，第二輯，頁 1398-1399。

[60] 中央研究院近代史研究所編，《教務教案檔》，第二輯，頁.1284．1309。

[61] Fr. Pablo Fernaden , One Hundred Years Of Dominican Apostolate in Formosa, 1859-1958. No.29,from 1871/12/4, ,p.138.

若他不接受莊妻的供詞，在訊問時何以未加駁斥，實值得注意。領事凡事隨傳教士起舞，亦值得觀察。無怪與英領事交涉的中國官吏不禁要說：「英國領事吉必勳狡譎異常，動用兵船恫嚇要挾，且復飭稟公使，以曲為直。」[62]而英領事則又受到必麒麟（William A. Pickering）及馬雅各醫生等兩位英國人的左右。必麒麟任職於怡記洋行（Elles & Co.），是引發樟腦事件的重要關係人，當時臺灣地方官對他極為痛惡，說他「生而狡猾，漢語閩音臺灣土話生番詞語，無一不曉。」官員眼中的馬雅各醫生則是「恃其兵船已到，一味幫聳，將教會各案格外刁難，究亦不過聽幾輩入教奸民所使，而臺地入教之人，或係內地犯事，立腳不住，往彼入教，或係本處遊手好閒，無家室生理，恃教為護符，一入彼門教士即為包庇，洋官便出頭要挾。……吉必勳……徒以教師馬雅各之請，而分毫不敢違其意。」[63]在中國官吏眼中，外國領事依靠船艦壓迫中國官吏，而使領事受傳教士與商人左右；傳教士則聽信「入教奸民」。

我們從教會內部的文獻記載，隱約也呼應洋教士藉洋勢的事實。1940 年彭士藏所撰的〈南部教會迫害史〉，即載錄「當時李馬兩位宣教師就稟告旗后的領事官，領事就派電報去香港，不久就派一艘戰艦，水兵二十名。福州的總督也派欽差，不到一週就到高雄。當時李牧師、馬醫生、旗后領事官、欽差和戰艦指揮官、水兵，一起到鳳山縣令的衙門，縣令凌樹荃嚇到魂不附體。責備民眾的無理，……最後建新拜堂賠償。至於高長被關縣牢之事，縣府用綁紅綢的轎子，將其迎回拜堂，才結束此事。」[64]臺俗以紅綢綁轎迎人回家，具有謝罪認錯的意思。縣府用綁紅綢的轎子將高長迎回禮拜堂的意義如何，當時百姓的感受應相當深刻，人民或更加怨恨教會、洋人；或對官府產生鄙視，而萌生依附的念頭。這應可理解。

其次是彰化設教所產生的問題。1886 年在大社信徒努力募款下，

62　中央研究院近代史研究所編，《教務教案檔》，第二輯，頁 1301．

63　中央研究院近代史研究所編，《教務教案檔》，第二輯，頁 1403-1404。

64　彭士藏，〈南部教會迫害史〉，《教會公報》，第 663 卷，1940 年 6 月，頁 9-10。

使得彰化城傳教的工作得以展開。甘為霖牧師與大社教會的長老、執事曾多次到彰化城，才找到一位手頭拮据，願將在西門兩家店面典讓的人，並付與五十元為訂金。甘為霖牧師在彰化租屋設教堂的事，遭居民反對，約定不得將屋租與外國人作為教堂。居民對甘為霖等前來傳基督教不滿，企圖將他們趕走，反對在彰化城設教。由於問題無法解決，甘為霖牧師決意投訴縣令，請求他居間協調，以便順利租屋傳教。根據甘為霖自己的記錄表示，「我首先送上我的中文名片，請求衙門的差役轉呈給縣太爺，但是他們說縣太爺很忙。後來再呈上名片時，衙役說他在睡覺。第三次呈上名片時，衙役拒收，於是我就大步的沿著街道走下去，穿過激動的人群，走進衙門的大門，越過裡面的第一進及第二進內院。然後站在縣太爺私宅的門前，我發現縣太爺衝入內室，匆忙地繫緊官袍。」當他出現時甘牧師大吃一驚，因為縣太爺是八年前他所幫助過的人。甘為霖牧師得到縣令的協助，不但典賣的問題立獲解決，且縣令「當著數百人面前，以最懇摯及最有禮的方式送我出門。」甘為霖牧師回憶說「毫無疑問的，縣太爺親切表現的消息立即傳遍全城，這必定改變許多人對我身份的看法。」[65]誠如甘為霖牧師所言，確實改變百姓對他身份的態度。《彰化教會一百週年紀念史蹟》一書對於甘牧師見彰化縣令的經過則稍加合理化解釋成「恰好衙役在午休，甘牧師就直趨內堂，當時縣主正好穿便服在院子裡乘涼。」[66]顯見撰文者已感受到甘為霖牧師私闖縣衙內堂的行徑似有不妥，因此轉詞「衙役在午休」，替甘為霖仗勢無禮行為合理化。但這種合理化的說詞，已是近年的事。

　　從甘為霖牧師自己的記錄，或彰化教會設教百年的資料，均可發現甘為霖牧師之所以能見到縣令，確屬強行闖入。若非縣令與甘為霖牧師本屬舊識，且縣令曾受其恩惠，恐又造成地方官不滿，進而引發衝突，更別期待縣令能解決其棘手的問題。無論是甘為霖牧師自己說的「穿過激動的人群，走進衙門的大門」，或彰化教會稍加修飾的說「恰好衙役

---

[65]　Rev. WM. Campbell, An Account of Missionary Success in the Island of Formosa. p.636-648.

[66]　彰化基督長老教會，《臺灣基督長老教會彰化教會一百週年紀念史蹟》（彰化：彰化基督長老教會發行，1987 年），頁 21。

在午休，甘牧師就直趨入內堂」，均有可議之處。前者的說法很明顯的是強闖縣衙門；後者實不可能，即使午休也不可能衙役盡撤。因此基本上而言，甘為霖牧師應是強闖。問題是傳統中國社會縣府衙門是何等威嚴，是統治權力的象徵，閒雜人等何敢、何能強闖。無論是在中國或英國，甘為霖牧師的行為，不但魯莽而且已屬違法。但甘為霖牧師何以敢強闖，不畏懼中國法律的制裁，實際上應屬仗勢的行為，而傳教士所仗的勢，實為其母國的領事與船砲。

甘為霖牧師公然挑戰傳統中國官府的權威，不但未受到處罰，反而因與縣令舊識，備受禮遇，縣令反而恭送他至大門。據甘牧師的回憶，縣令甚且向他周圍的人表示甘為霖牧師有恩於他，決不容許他被人欺侮。[67]這對平凡百姓而言，洋教士的權勢確實與人不同，對不肖之徒而言，產生不法念頭，期望加入教會以獲得保護或仗勢作歹，是可以預期與想像的。

1868年的反教主要來自文化差異與誤解，以致各種傳言瀰漫，人心浮動不安。最後卻因樟腦事件，引來英國武力干涉，迫使清廷屈服。在談判的過程中，英領事與傳教士的高壓使勢，無論是在事發地審案示威，或為來日傳教考量，逼迫與案情無關的老胥吏遭流放，或以兵威逼迫官吏屈服，或任意增加賠償金額等情。凡此，均使臺灣人民感受到洋教士確實有勢可靠，而萌生入教靠勢的念頭。因此，1868年確是臺灣社會「靠番仔勢」觀念形成的重要年代，1886年的彰化城租屋設教的案件，則強化此一概念。

四、靠勢入教

陳梅卿分析漢人入信長老教會的動機有四項。一、由於現實生活中條件惡劣，希冀宗教之庇護，又對原有神祇失望而改信基督教。二、由於醫療而獲得好感。三、家庭影響。四、友情或因接觸而引起。他認為

67　Rev. WM. Campbell, An Account of Missionary Success in the Island of Formosa..pp.636-648.

初代信徒不是為靈魂求救贖、永生等基督教的理想而入信。[68]所謂「希冀宗教之庇護」，實則希冀靠「番仔勢」。從實例中是否有人為「靠番仔勢」而入教，或真的仗「番仔勢」欺人，值得加以觀察。

　　本土傳教師彭士藏，在撰寫〈南部教會迫害史〉一文時，曾記錄「屏東教會新建拜堂受阻擋發生爭吵」的事件。屏東教會先是租屋禮拜，因此不斷遷移。1872 年 11 月教會在媽祖廟前買兩間舊店面，拆除新建教堂。[69]興建教堂時會友盡力當小工，土水師傅陳旺設計拜堂形式。教堂蓋到兩丈高時，廟內的住持（廟祝）出來阻止，因為拜堂建太高遮到廟，表示反對。當時任小工的會友竟將廟內的住持強拉到廁所，灌以水肥（人的排泄物），表示要替他洗腸。此事引起街眾不滿，四處敲鑼請街中士紳商量，說入教人拉媽祖廟的住持灌肥。最後由傳教士李庥牧師出面，面見縣令，教會同意將禮拜堂高度降低三尺，才得以和平解決。彭士藏批評「當時的人拜上帝，有的不認識道理，只想依靠外國人的勢力而已。」[70]卻將此事視為教會迫害史的一環。實際上肇事的教徒並未受到處罰，當時信徒靠勢欺人的行徑，由此可見，「番仔勢」可靠，並非無的的指責。

　　在興建屏東教堂的同時，發生李庥牧師向領事額勒格里（Gregory）陳情的案子，表示 12 月 3 日「教徒洪趨受託購買建築新堂的材料，不料李總爺卻派來士兵，在阿猴大街上公然毆打洪趨，搶走他身上的 78元，將他押解至埤頭縣衙門監禁。」李庥牧師認為洪趨並未犯法，要求領事照會鳳山知縣賠償懲凶。但根據知縣的查證洪趨並非安分守己之人，經常恃著傳教士的保護，收購偷竊來的牛隻，私自宰殺，違反禁止宰殺耕牛的規定。且自己供稱報稱被搶 78 元一事，只是希望洋教士替他出頭。[71]可見，當時確有不法之徒，企圖透過洋教士的干預，逃避中國法律的規範。洪趨並非洋人，其目的旨在期望洋教士干預，李庥牧師

68　陳梅卿，〈清末臺灣英國長老教會的漢人信徒〉，收入林治平主編《基督教與臺灣》（臺北：宇宙光出版社，1996 年），頁 79。
69　關於教會重建的時間根據彭士藏的記錄是在 1871 年，而其它的教會資料則未記載。根據「英國外交部檔案」改為 1872 年 11 月。蔡蔚群前引文，頁 87-88。
70　彭士藏，〈南部教會迫害史〉，《教會公報》第 663 卷，1940 年 6 月，頁 9-12。
71　蔡蔚群，〈清季臺灣教案研究（1859-1885）--以地方交涉為重心〉，頁 88-89。

果真出面陳情領事，要求干預此事，而且不探究信徒言行曲直，一味地替信徒說項，一如前述莊清風案，馬雅各醫生也未細究其言行。洋教士未充分瞭解教徒的曲直，為其傳教的考慮而干預詞訟。入教有「番仔勢」可靠的傳言並非空穴來風。

由於英國領事的支持，使得原來鳳山舊城地區的人民，本來多怨恨基督教，視為邪術，「路上撿到的東西不敢用，怕是入教的人放符籙，看到挑夏籃的，大家都很怕，說是入教的要來捉囝仔。到莊清風受害，福州總督嚴辦，本庄的惡漢頭人周忠受罪死刑才結案，此後庄內的人都說入耶穌教真有勢力。」[72]「靠番仔勢」入教的現象屢屢可見。教會發行的《教會公報》，保存幾件為「靠番仔勢」而入教資料。如舊城教會黃香的入教，即明白提到是為靠勢。茲引錄如下：

莊清風受害，福州總督的嚴辦，本庄的惡頭人周忠受罪死刑才結案。此後庄面的人都說入耶穌教真有勢頭。沒多久本會初代信徒黃香，因為要靠勢，就去旗后聽道理。1872 年帶李庥牧師前來設教，前後經過五年之久，聽道理的人不少，但多是為了要靠勢，沒有改去其壞品行，以致教會要關起來。[73]

傳教林金柱在〈黃香的眼淚〉文中，說明黃香靠勢入教的原因及經過。他說黃香是舊城教會最初的信徒，四十三歲時因為其弟偷牽別人的牛，雖然兄弟已分家，但被偷牛的人牽他的牛去抵帳，黃香因本身體型矮小，無法用武力對抗，就想辦法去旗后聽道理，靠西洋人的勢力，經過一年都平安。因此當時想靠勢力的人很多來聽道理。「番仔勢」不但在清代有效，到 1895 年日本領臺之際仍有影響力，在「帝國領台，凡領洗的信徒分一支鐵籤當憑證」，黃香為他的子孫不入教不能得到此福氣而流淚。[74]此外尚有多件希冀「靠番仔勢」而入教的實例，茲舉數例說明之。

屏東教會第一位傳教士彭根，在 1867 年「因細故發生糾紛，進而動武，鄰人表示要到官府控告。根受恐嚇甚憂慮，聽外傳『番仔勢好靠』，

---

[72] 林金柱，〈舊城教會〉，《教會公報》第 593 號，1934 年 8 月，頁 15。

[73] 林金柱，〈舊城教會〉，《教會公報》第 593 號，1934 年 8 月，頁 15。

[74] 林金柱，〈黃香的眼淚〉，《教會公報》第 609 號，1935 年 12 月，頁 14-15。

乃決心逢禮拜日天未亮便步行到埤頭（今鳳山）聽道理做禮拜。」「本來是求保護而出入教會，但信心由淺而深，遂由李麻牧師領洗，也參加報揚福音之列。」[75]

屏東建功教會的建立初也是有人想藉入教靠勢而發展出來的。打鐵庄公館有人平常聽到關於教會的傳言，說人如果入教就較不怕官府，官府較不敢辦他。當時打鐵庄有居留哥（音譯）等四人，經常好管閒事，聽說入教就有勢面，因而經常相邀到東港禮拜堂聽道理，順便買賣。有一次居留哥和人衝突，在往禮拜堂的路上被捉到官府，當時官府聽說他信教，就不敢將他加索鍊，且讓他坐著。待教友通知慶叔（傳道），慶叔立即去帶他出來，一點事也沒有，也沒花錢。[76]

1882 年 4 月間基督徒阿三哥（莊明三）遇逃犯斗六人黃厚生、茄苳腳周禹（又名周宇）二人，勸他們信耶穌，後來三人至斗六土地公廟前開設佈道所，而遷至茄苳仔周禹家聚會，並推阿三哥主理禮拜。[77]阿三哥身份無法進一步得知，黃厚生、周禹兩人則為逃犯。文中並未說明他們考慮入信的動機，但僅憑一面之緣，即接受勸告入教，其動機值得仔細思考。

太平境教會黃受惠執事的祖父黃賢，是埤頭鳥松腳人，務農兼為人巡水路，因爭水權與人打鬥，走避去禮拜堂，因而漸入信仰成為埤頭教會極早的信徒，約於 1869 年由麻牧師施洗。[78]東港教會的創會者之一何聘，初來聽道理也是為了「靠番仔勢」。何來發撰寫東港教會來歷，提到「1867 年東港人何聘與人合開當舖，拆夥時分不明白，他就去旗后

---

[75]　賴永祥，〈阿猴首任傳道彭根〉，收入氏著《教會史話》第二輯（臺南：人光出版社，1992年），頁 128。臺灣基督長老教會年鑑編輯小組所編的《臺灣基督長老教會設教 120 週年年鑑》介紹屏東教會時，關於彭根的入信也有相關的記錄，文中載稱因聽說「吃番仔教，外國人之勢好靠」，於是父子二人步行到鳳山聽道做禮拜。（臺北：臺灣基督長老教會總會，1985 年），頁 669。

[76]　彭士藏，〈教會的來歷--建功庄〉，《教會公報》第 162 卷，1898 年 9 月，頁 69。

[77]　臺灣基督長老教會年鑑編輯小組，《臺灣基督長老教會設教 120 週年年鑑》，頁 410。

[78]　黃茂卿，《臺灣基督長老教會太平境馬雅各紀念教會九十年史》（臺南：太平境馬雅各紀念教會印行，1988 年），頁 380。

聽道理。目的不是欣慕道理，而是想靠勢。」[79]

　　劉厝教會的設立也與靠勢有關，本來林后教會的禮拜堂設在劉厝庄，之後才遷到林后。1870年劉沃入信要走遠路到東港聽道理，由於路途遙遠且沒人同行，所以並不經常去。不久劉厝庄人打傷官兵，怕官府來辦，因而很多人去教會聽道理，為的是想靠勢⋯⋯未立下好基礎，大部分是想來靠教會的勢，因此一年多就散去。劉厝庄曾經家家戶戶去禮拜，鄰庄與林后也是如此。當時教會興旺的原因是很多人想「靠番仔勢」，有的是有樣看樣湊熱鬧。[80]

　　店仔口（今臺南市白河區）屬下茄苳堡，風俗不淳良，強欺弱大欺小，其中有人想逃避，就和聽道理的人交往來聽道理。在 1875 年鄰近庄社去禮拜的有四、五十人，之後有人入信，有人則否。[81]

　　楊士養牧師在《南臺教會史》書中對南部教會擴展迅速的原因，也提到「靠番仔勢」入教的問題，他說「李麻牧師、牧師娘努力工作，1870年福音就傳到東港，沒多久蓋拜堂。同年琉球也聚會做禮拜，鹹埔也另外聚會，1871 年竹仔腳也設教會。此外如南岸、建功庄、劉厝庄也有教會。這可能有人是為靠西洋人的勢力，人數才增加那麼快。」[82]可見「靠番仔勢」的希冀，確實吸引一些人來參加禮拜，使教會人數增長，教會數量增加。

　　一般而言，初代信徒中諸多素行不良，在地方風評不佳者，他們往往在入信後能痛改前非，成為虔誠的基督徒，所謂「彰顯上帝的神跡」，但由於他們先前的惡行，入教後的改變，固然會令人對教會贊許。但他們入教之初，對教會恐怕會產生負面的影響，反而讓循規蹈矩的百姓對教會產生排斥，影響一般人對教會的正確認識，以為「入教之人，或係內地犯事立腳不住，往彼入教；或係本處遊手好閒，無室家生理，恃教為護符」的現象，對教會的拓展產生不良的影響，對教產生誤解，認為：

[79]　何來發，〈教會的來歷--東港〉，《教會公報》第 165 卷，1898 年 12 月，頁 95。
[80]　劉碧玉、李結成，〈教會的來歷--林后〉，《教會公報》第 166 卷，1899 年 1 月，頁 7-8。
[81]　不著撰者，〈教會的來歷--店仔口〉，《教會公報》第 164 卷，1898 年 11 月，頁 84。
[82]　楊士養，《南臺教會史》（白話字），頁 14-15。

「英民在臺人數無幾，……入教華民均係無賴，在洋人傳教悉以勸人行善為詞，殊不知華民一入其教，藉教士為護符，無惡不作，就地居民罔不切齒。」[83]使一般人對教會產生誤解，不敢輕易入教會，影響教會的正常發展。

　　由於部分人為「靠番仔勢」而入教，不是為靈魂救贖或對教義的認識。因此當他們發現洋教勢不如他們所期待時，往往不再來守禮拜，終至退出教會，造成地方教會的中衰。考察地方教會史，有些教會一時興起，旋即衰退，甚至關閉禮拜堂的事情，如劉厝教會。光緒 17 年涂為廉牧師（Rev.William Thow）巡視教會時，指出一些教會人數不像昔日那麼多，教會較冷淡，因為有人來禮拜是為了依靠教會，因不能如願所以又離開。[84]因此有人以為如果要讓教會立下好基礎，就不要用力量來和對手計較。先前教會用力量與人計較，無論和百姓或官府計較，都得到勝利，卻無法使教會興旺。凡事靠勢頭，反而破壞教會的基礎。[85]

　　烏牛欄教會（今埔里愛蘭教會）初相當興旺，後來衰微，也與靠勢不成有關。其原因有二，一是信眾捐出的稻穀被人私占，信徒因而冷淡；再者清朝的官府進駐埔里社，有信教的人受委屈，來見牧師，牧師回答重要的工作是要傳教，不是要處理他們的雜事，有的因而心灰意冷，教會因而衰微。[86]

　　可見長老教會初傳入之際，有些信徒為靠勢而入教，也有仗勢欺人的事實；但也有人發現教會不如所傳的那麼有勢力，因此有些教會時興時衰。「靠番仔勢」入教的現象，使一般良善之人不願意入教會，對教會的發展確有不良的影響；但也有人為「靠番仔勢」進入教會，成為虔誠的基督徒。

---

[83]　中央研究院近代史研究所編，《教務教案檔》，第二輯，頁 1491．
[84]　涂牧師，〈勉勵教會〉，《教會公報》第 74 卷，光緒 17 年 6 月，頁 45。
[85]　不著撰者，〈消息〉，《教會公報》第 51 卷，光緒 15 年 8 月，頁 60。
[86]　潘開丹，〈教會的來歷--烏牛欄〉，《教會公報》第 195 卷，1901 年 6 月，頁 46-48。

五、結論

　　基督長老教會初傳入臺灣之際，英國傳教士或有利用英國的船砲勢力為後盾拓展教會，確實有部分人為「靠番仔勢」而入教。而其主要的關鍵在 1868 年，該年英國領事以船艦迫使臺灣地方官吏對傳教通商退讓，所謂「靠番仔勢」入教的情形，以 1868 年為分水，之前地方官吏對傳教工作採消極抗拒的態度，之後在壓力之下被迫面對傳教與通商的事實，而其壓力來自英國的船艦。

　　至於部分臺灣百姓為靠「番仔勢」而入教，「番仔勢」可靠的思維主要背景有三：一是民教衝突的過程中，英國宣教師為傳教的考量，或不問是非曲直，一味的袒護教民，壓迫百姓；一是英國傳教士仗勢，藐視官府；一是英國領事以兵威挾制，迫使官府退讓。凡此，均造成入教有「番仔勢」可靠的想法，靠勢入教的現象因之而生。

　　入教有「番仔勢」可靠的傳言漫延，有人因而入教會，或期望靠勢欺人、或入教避難，甚至不法之徒入教逃避官府的處罰。形成部分不法作姦犯科、不馴之徒寄望靠「番仔勢」而入教。使教會給人不良的印象，正直之人對教會更加反感、排斥，民教的矛盾益形嚴重，影響教會的正常發展。

　　期望靠「番仔勢」入教之人，一旦發現無勢可靠，逐漸對教會冷淡，終至離開教會。但仍有不少人入教之後受到宗教的感化，成為真正的基督徒，有的擔任教會的長老、執事，甚至成為本土的傳道人員，對教會擴展的利弊互見。

徵引書目

中央研究院近代史研究所編，《教務教案檔》，第二輯，臺北：中央研究院近代史研究所，1974 年。

不著撰者，〈臺南神學校校友名錄〉《神學與教會》，（1957／3）。

王爾敏，〈灤州石佛口王氏族系及其白蓮教信仰傳承〉，中研院近代史研究，《近代史研究所集刊》第十二期（72／6）。

W. A. Pickering 著，陳逸君譯，《發現老臺灣》，臺北：臺原出版社，1994 年。

呂實強，《中國官紳反教的原因》，臺北：中央研究院近代史研究所，近史所專刊，民國 55 年初版，74 年三版。

吳恩溥，《論洋教與祭祖》，臺北：聖文社出版，1994 年。

吳學明，《臺灣基督長老教會研究》，臺北：宇宙光出版社，2006 年。

道明會編著，蔣宜譯，《臺灣開埠初期的傳教士（1859-1869）》。

陳梅卿，〈清末臺灣英國長老教會的漢人信徒〉，林治平主編《基督教與臺灣》，臺北：宇宙光出版社，1996 年。

黃茂卿，《臺灣基督長老教會太平境馬雅各紀念教會九十年史》，臺南：太平境馬雅各紀念教會印行，1988 年。

楊士養，《南臺教會史》（白話字），臺南：臺南教會公報社出版，1963 年。

楊士養編著，林信堅修訂，《信仰偉人列傳》，臺南：人光出版社，1989 年。

葉振輝，〈英國外交部有關臺灣文件簡介〉，《臺灣文獻》，第 36 卷 3-4 期（1995／12）。

彰化基督長老教會，《臺灣基督長老教會彰化教會一百週年紀念史蹟》，彰化：彰化基督長老教會發行，1987 年。

蔡蔚群，〈清季臺灣教案研究（1859-1885）--以地方交涉為重心〉，1998 年臺灣師大歷史研究所碩士論文。

賴永祥，《教會史話》第二輯，臺南：人光出版社，1992 年。

臺灣基督長老教會總會編，《臺灣基督長老教會百年史》，臺北：臺灣基
　　　督長老教會出版，1965 年 6 月。

臺灣基督長老教會年鑑編輯小組，《臺灣基督長老教會設教 120 週年年
　　　鑑》，臺北：臺灣基督長老教會總會，1985 年。

不著撰者，〈消息〉，《教會公報》第 51 卷，光緒 15 年 8 月。

不著撰者，〈人數單〉，《教會公報》第 31 張，光緒 13 年 12 月。

不著撰者，〈教會消息〉，《教會公報》第 11 張，光緒 12 年 5 月。

不著撰者，〈人數單〉，《教會公報》，第 56 張，光緒 16 年正月。

不著撰者，〈教會的人數單〉，《教會公報》第 56 張，光緒 16 年正月。

不著撰者，〈教會的來歷--店仔口〉，《教會公報》第 164 卷，1898 年 11
　　　月。

不著撰人，〈臺灣教會的統計〉《教會公報》，第 464 卷，1923 年 11 月。

巴克禮，〈去年的帳單〉，《教會公報》第 97 卷，光緒 19 年 4 月。

巴克禮，〈四十年來的狀況〉，《教會公報》第 243 卷，1905 年 6 月。

何來發，〈教會的來歷--東港〉，《教會公報》第 165 卷，1898 年 12 月。

林世傳，〈誹謗的利益〉，《教會公報》第 167 卷，1899 年 2 月。

林金柱，〈南部初代的殉教者〉，《教會公報》，第 607 卷，1935 年 10 月。

林金柱，〈舊城教會〉，《教會公報》第 593 號，1934 年 8 月。

林金柱，〈黃香的眼淚〉，《教會公報》第 609 號，1935 年 12 月。

高長，〈臺南教會的來歷〉，《教會公報》第 151 號，1897 年 10 月。

涂牧師，〈勉勵教會〉，《教會公報》第 74 卷，光緒 17 年 6 月。

陳祿，〈佈道〉，《教會公報》第 427 卷，1920 年 10 月。

彭士藏，〈教會的來歷--建功庄〉，《教會公報》第 162 卷，1898 年 9 月。

彭士藏，〈南部教會迫害史〉，《教會公報》，第 663 卷，1940 年 6 月。

潘明珠，〈巡教會的情形〉，《教會公報》第 163 卷，1898 年 10 月。

潘開丹，〈教會的來歷--烏牛欄〉，《教會公報》第 195 卷，1901 年 6 月。

劉碧玉、李結成，〈教會的來歷--林后〉，《教會公報》第 166 卷，1899
　　　年 1 月。

劉俊臣，〈甘牧師〉，《教會公報》，第 441 卷，1921 年 12 月。

Letter from the Rev Hugh Ritchie Takao 5th July 1871 ,The Presbyterian Messenger, （Official Journal of the Presbyterian church of England Oct.2.1871）.

Fr. Pablo Fernaden , One Hundred Years Of Dominican Apostolate in Formosa,1859-1958.（SMC Publishing inc Taipei,1993）.

Edward Band , *Working His Purpose Out : The History of the English Presbyterian Mission. 1847-1947.* Published by the Publishing Office of the Presbyterian Church of England . London.

William Campbell, *Handbook of the English Presbyterian Mission in South Formosa.*(Hastings:F. J. Parsons 1910).

Rev. WM. Campbell, *An Account of Missionary Success in the Island of Formosa.* London: Trubner & Co.,1889; Reprinted by Ch'eng Wen Publishing Company, Taipei, 1972.

Letter From The Rev. J. L. Maxwell, Takao, Formosa ,The Messenger,August(1868).

"Mr. Swanson's Visit To Formosa."The English Presbyterian Messenger. Dec.(1866) .

"Letter From Dr. Maxwell."The English Presbyterian Messenger. Aug.(1870).

J. W. Foster , The Services of Missionaries To Diplomacy , The Presbyterian Messenger ,Jan. 1912.

"Letter From Dr. Maxwell" （Amoy , October 31, 1864）The English Presbyterian Messenger Feb.1865.

臺灣基督長老教會的三自運動
（1865-1945）[*]

摘要

三自運動（Three Self-Movement），為基督教「本色化」（Indigenization）之一環，目的在使本土教會自治、自養、自傳。由於洋教士對本地氣候、語言難以克服，且為節省傳教經費，因此僱用本地信徒參與傳教工作；也鼓勵信徒奉獻以期自養。在長老教會傳入臺灣三十年後，南部教會即已組織大會，並封立本土牧師。二十世紀二０年代，本土教會精英積極鼓舞本土教會自立自養，有相當的成績。

日治末期日本為加強國民精神教育，對宗教信仰加強管控。1937年以後日本與英、美關係惡化，洋教士與日本的關係也日益緊張，至1940年「教士會」陸續將其財產移交給本地教會撤離臺灣，本土教會被迫完全自立。二次大戰結束，洋教士陸續返臺，但教會權力結構已變，教士會無法再支配本土教會。

臺灣基督長老教會三自的發展，與民族主義的刺激無太大關連。由於教士會的倡導與協助，以及本土教會精英的自覺與努力，逐漸成為本土化的教會。

關鍵字：母會、臺灣教會、自傳、自養、自治、臺灣教會精英

[*] 原刊登於《臺北文獻》直字第 121 期（1997／9）；曾獲國科會（今科技部）研究成果獎助。

一、前言

　　基督長老教會為臺灣外來宗教之一，初代信徒多來自社會下階層。但由於他們與西方文化接觸較早，第二、三代信徒往往受良好之教育，因較具現代觀，且長老教會富組織，活動力強，對近代臺灣歷史的發展關係至巨；尤其是現代化觀念、醫療及教育的提倡、推廣，均有很大的貢獻。

　　三自運動（Three Self-Movement），為基督教「本色化」（Indigenization）之一環。在中國本色化教會之推動，是要中國信徒擔負責任，發揚東方固有的文明，消除基督教是洋教的醜名。在 1877 年全國教士會議上，寧波長老會的白達勒（John Butler）提出自主、自養、有本地牧師的教會，是使基督教植根在中國的最大保證，同時中國人對基督教是洋教的抨擊也會減少。[1]

　　討論西方宗教的三自運動，多將其焦點置於 1950 年中國共產黨建立政權後，吳耀宗起草「中國基督教在新中國建設中努力的途徑」的宣言，指出「中國教會必須徹底擁護共同綱領、支持政府各項政策，及盡快建設一個自治、自養、自傳的教會。」[2]

　　長老教會自 1865 年傳入臺灣，三十年後臺灣成為日本所統治，期間臺灣教會在自立的追求上，其表現如何？近年來多以「本土化」來討論臺灣之教會，或認為：本土化是自 1970 年以後，教會參與臺灣之本土民主運動之後，臺灣教會不再是以外國傳教士為主體的西化教會，而是一個與在地社會、文化環境緊密結合的教會。1970 年以後臺灣教會與母會的關係也發生變化，由「母會中心」改變為「臺灣基督長老教會中心」，自是臺灣教會完成其本土化。[3]在文中「本土化」用英文

---

[1] 楊富森，《中國基督教史》（臺北：臺灣商務印書館，1968 年 6 月初版，1991 年 11 月第五版），頁 293。

[2] 梁家麟，《福臨中華——中國近代教會史十講》（香港：天道書樓有限公司，1883 年 3 月初版），頁 183。

[3] 吳文雄，〈臺灣長老教會本土化之研究〉，《臺灣神學論刊》，第二十八期，頁 62-66。

「Indigenization」一詞，顯然論者著重教會自立自養的問題，但是 1970 年是否為臺灣本土化的轉變點，值得進一步的探討。

本文主要的資料為南北教會歷年各種會議之議事錄、《教會公報》[4]、外國傳教士的回憶錄及與臺灣傳教相關之出版品、各教會出版之年禧紀念冊、《臺南教士會議事錄》（即 Handbook of the English Presbyterian Mission in South Formosa）、The Presbyterian Messenger 及歷年教會的出版品等。這些資料中最珍貴的是各級議會各屆會議之議事錄及《教會公報》，歷來史學界較少運用，史料價值相當高。

二、臺灣基督長老教會的建立

十九世紀至二十世紀初的一百多年間，是基督教宣教史上空前發展的時期。此一時期基督教積極向非基督教世界傳教，中國為其重要的傳教地區。基督教在臺灣的傳教，為十九世紀基督教擴張的一環。

在日本領臺前，臺灣的基督教主要是舊教的西班牙多明尼加會（Dominican 又稱道明會）與新教的長老教會（Presbyterian）。臺灣的長老教會，由於傳教母會的差異，分為南部的英國基督長老教會（教區在大甲溪以南）及北部的加拿大基督長老教會（其教區在大甲溪以北）。

（一）、英國基督長老教會的傳入

1807 年英國長老教會倫敦宣教會（London Missionary Society，1795 年正立），曾差遣馬禮遜（Robert Morrison）來到中國，進行傳教的開拓工作。英國長老教會也從 1851 年起以廈門為中心，進行宣教活動；1858 年再建立汕頭傳教中心。1865 並將臺灣南部納入其傳教區域。

1860 年安平及滬尾（今新北市淡水）開港，後來打狗（今高雄）、

---

[4]　1885 年 7 月，臺南教士會發刊《臺灣府城教會報》（月刊），由巴克禮牧師主持，使用白話羅馬字印刷。《臺灣府城教會報》發刊後歷經多次更改刊名（請參閱拙著〈《臺灣府城教會報》及其史料價值〉，收入拙著《臺灣基督長老教會研究》，臺北：宇宙光出版社，2006 年）。本文為行文方便以《教會公報》稱之。

雞籠（今基隆）亦隨之開港。該年九月英國長老教會駐廈門傳教士杜嘉德（Rev. Carstairs Douglas）及駐汕頭的金輔爾牧師（Rev. H. L. Mackenzie）二人，到臺灣訪問滬尾（今淡水）及艋舺等地，並分發傳教宣傳品。由於臺灣與廈門住民的語言相近，而決定向臺灣傳教。

　　第一位到臺灣傳教的傳教士為馬雅各醫生（Dr. James L. Maxwell），他於 1864 年初到達廈門，同年秋天來臺灣訪問。1865 年 5 月 28 日，帶領三位華人助手陳子路、黃嘉智、吳水文等來臺，六月份正式在臺灣府開始工作。採取「遠心傳教法」，選擇一個或數個地點做為傳教中心，再向鄰近地區傳教。[5]並以醫療為手段，接近民眾。馬雅各選擇臺灣府城為傳教的中心，旋即引起地方居民不安，人心動搖，反對民眾企圖破壞教堂。馬雅各醫生被迫將傳教中心移至打狗旗後，1868 年 12 月下旬重返臺灣府城。後來李庥牧師（Rev. Hugh Ritchie）、德馬太醫生（Matthew Dickson）、甘為霖牧師（Rev. William Campbell）、巴克禮牧師（Rev.Thomas Barclay）、余饒理牧師（Rev. George Ede）、宋忠堅牧師（Rev. Duncan Ferguson）、梅監霧牧師（Rev Campbell N.Moody）、蘭大衛醫生（David Landsborough）、萬榮華牧師（Rev. Edward Band）等相繼來臺傳教，教勢日盛。

（二）、加拿大基督長老教會的傳入

　　加拿大的教會源於英國蘇格蘭長老教會，於 1861 年定名為「加拿大長老教會」；並於 1871 年派遣偕叡理牧師（Rev. G. L. Mackay，俗稱馬偕牧師），為首任海外傳教士。馬偕牧師奉多倫多總會的派遣到中國傳教，他經由美國、日本轉香港、廣東到汕頭。因總會與英國長老教會海外宣道會的連絡，所以至廈門後即與英國長老教會的傳傳士合作。

　　當時英國長老會在廈門、汕頭及臺灣南部開拓傳教，由於雙方合作的原則，馬偕牧師計劃在此三地中選擇其一為傳教地點。馬偕牧師先至

---

[5]　陳梅卿，〈清末臺灣におけるキリスト教の受容と展開〉，1990 年日本立教大學博士論文，頁 90。

臺南與英國長老會傳教士李庥牧師處同工，並學習臺灣話。由於臺灣北部有許多新興城市，人口增長甚速，馬偕牧師決定到臺灣北部傳教。他在 1872 年 3 月 7 日，與李庥牧師及德馬太醫生前往臺灣北部巡視。最後馬偕牧師選擇滬尾為傳教中心，開始在臺灣北部地區的傳教工作。

馬偕牧師不是醫生，但他仍採取醫療傳教方式傳教，先在北部沿淡水河、新店溪交通方便的市街，如滬尾、艋舺進行傳教，後來並深入噶瑪蘭（今宜蘭）、奇萊（今花蓮）等原住民地區傳教。

馬偕牧師於 1901 年去世，後來相繼有吳威廉牧師（Rev. William Gauld）、宋雅各醫生（Rev. J. Y. Ferguson）、劉忠堅牧師（Rev. Duncan MacLeod）、偕叡廉牧師（Rev. G. W. Mackay）、明有德牧師（Rev. Hugh MacMillan）、孫雅各牧師（Rev. J. I. Dickson）等傳教士，到臺灣北部展開傳教工作。

大抵而言，早期臺灣南部的傳教工作，是由幾位傳教人員共同合作開設、培養與發展；但北部教會開創的最初二十年，幾乎是馬偕牧師一人負責。至1934年臺灣長老會信徒計 43,858人，其中北部教會有10,414人、南部教會有信徒33,444人。[6]

三、臺灣基督長老教會的自治運動

被稱為「教會憲法」的「臺灣長老教會教會法規」第四條規定「臺灣基督長老教會設小會、中會及總會為代議機構，以執行教會事工」。第五、六、七條接著規定「小會由教會之牧師、長老組織之」、「中會由其區域內各堂會組織之」、「總會由各中會組織之，為臺灣基督長老教會最高行政機構」。在第十一條又規定「牧師為傳道訓誨之長老，執行聖禮典，與長老掌理教會事工」。[7]可見臺灣基督長老教會的組織是由下向

6　鄭連明等編，《臺灣基督長老教會百年史》（臺北：基督教在臺宣教百週年紀念叢書委員會出版，1965 年），頁 134。

7　臺灣長老教會法規委員會編輯，《臺灣長老教會教會法規》（臺南：人光出版社，1992 年），頁 7-14。

上發展,且具自治的形態。

　　上引教會法規,為今日教會共遵之最高規範,其形成有一定的歷史歷程。1896 年南部教會於府城新樓中學(今臺南市私立長榮中學)成立「南部大會」(名稱後來曾經數次變更)時,余饒理牧師提議「宜派人作本大會條規」,為大會所接受,會議決議派宋忠堅牧師、余饒理牧師、許廷芳及潘明珠等人負責籌備。[8]至同年十月秋會時宋忠堅牧師等向大會提出「大會綱例十七條」及「治事條規十六條」。大會以條規事涉教會發展,「欲將逐條細加酌議,逐託會眾僉議」,推梅監務牧師為主席,先聽取宋忠堅宣讀各款條文,並經與會者互相討論。經過一整天的討論,呈報大會並獲接納,且將條文附錄於大會議事錄之後。附錄中所載的〈臺南長老大會名目〉,對長老會的各級組織有明白的規範,茲引錄如次:

> 聖會廣眾而合為一體,第散處萬方弗能共聚一處,是以分設無數教堂,俾上帝子民得以聚集,斯稱曰「支會」;蓋奉事上帝,宜秩然不紊,據聖經所示,設有任職者,如牧師、長老、執事,以司傳道,行聖會禮儀,治理會事,以及勸捐周濟諸事,斯稱曰「堂會」;凡堂會中之長老、牧師共集議事,斯稱曰「長老會」;有數長老會定期聚集斯稱曰「長老大會」,此大會較長老會高出一等,可以管理各堂會,且有數大會定期集議,斯稱曰「總會」,此總會尤高於大會,可以統轄各屬大會。但諸會所操之權,惟遵循上帝真理指示,其所辦理者,具俾益神靈之事,於世上國政無與焉。[9]

　　可見 1896 年南部教會的組織架構,是「支會─堂會─大會─總會」的組織系統。1905 年南部教會出版的《治理教會》(TI-LI　KAU-HOE),將 1896 年臺南大會所載長老大會名目、綱例條規諸條文納入,做為治理教會之依據。[10]北部教會也在 1912 年完成「臺北長老教會憲法」,教

8　　1896 年 2 月臺灣長老大會議事錄,手稿本,無頁碼。

9　　1896 年 10 月臺南長老大會議事錄,附錄,手稿本,無頁碼。

10　《Ti-Li Kau-Hoe》(即治理教會)以下稱《治理教會》(臺南:聚珍堂印發即今新樓書房,1905年),頁 55-60。

會組織極為清楚。[11]

可知長老教會的會眾均有權參與會務的組織，其組織是以長老為基礎組成。此與天主教（舊教）權力的運作由上而下的方式不同，此為長老會的最大特色。所以長老會傳入臺灣之後，堂會、大會的組織，是各地教會努力的方向。從堂會、大會、總會的組織與運作，可觀察教會自治的程度。

本節以南北教會各級教會組織的經過加以觀察，最後並討論本土教會組成後與西洋傳教士之間的關係。

（一）、南部長老教會之組織

臺灣南部長老教會，自 1865 年由馬雅各醫師傳入之後，經過多位外國傳教士的努力，同時僱用多位本地傳教人員以各種方式進行「福音」的傳播。但傳教的主導權完全掌握在外國傳教士手中，到長老教會傳進臺灣南部三十年才有轉變。其中值得特別注意的是「大會」的召開。

1885 年《教會公報》發行第一號時，即載有「今年的大會」乙條消息，說明本來去年曾討論要召開大會，後來因法國的騷擾，所以沒開成。後來兩國議和，所以計劃在今年召開大會，要求各地的長老、執事在本年（光緒 11 年）9 月 7 日來府城，次日起三天召開大會，照去年議定的議題討論。並在大會之前，試驗傳道理的人。[12]

乍看下似乎臺南教會先前即有「大會」的召開，但資料顯示，此時所謂的大會，是由外國傳教士與本地長老、執事、傳道者共同召開的會議，與《治理教會》所載之「堂會——大會——總會」之組織型態，是教會自治的一環仍有所差異。

根據《教會公報》資料顯示，在 1874 年（同治 13 年）11 月全臺灣教會當職的人，曾於旗后召開第一次大會。大家覺得這是好方法，對教會有利，所以當年年底在府城召開第二次。第三次在頂淡水召開；後

---

[11] 1896 年 10 月臺南長老大會議事錄，手稿本，無頁碼。

[12] 不著撰人，〈今年的大會〉，《教會公報》第一張，光緒 11 年 6 月，頁 3。

來由於路途遙遠，無法年年聚會，因而停開。到光緒 8 年底，在府城召開第四次，光緒 11 年底、15 年初又分別召開第五、六次大會，並計劃於 17 年開第七次大會。[13]此處所謂的「大會」，與會者包括英國傳教士、本地傳教者、長老、執事等，開會目的在於考核本地傳教人員的教理教義，並討論與振興教會有關的議題。此與 1896 年所組之「大會」並不相同，非由長老、牧師所組成的「長老會議」。

　　「大會」的召開，被視為教會自立的重要指標，就像小孩發育成大人一般，要有本地的牧師參與處理教會的事務。南部教會「大會」設立的關鍵在 1895 年，該年 2 月 27 日的「臺南教士會」有三項對南部教會發展極為重要的決議，包括一、票選吳葛及潘明珠接受「本地牧師」的訓練；二、議定盡可能設立更多的長老，而傳教師及執事可以被選擔任此職；三、議定建議全體長老於明年創設大會。會中並任命巴克禮、宋忠堅準備安排，以達成目標。[14]

　　此時的南部教會，經英國傳教士三十年的經營，有成年信徒 1,445 位，兒童 1,297 人，合計 2,742 人。信徒分屬各教堂，並已由英國傳教士與本土之長老組成堂會。此一決定對本地教會組織上的成長產生相當的影響。[15]「大會」於 1896 年 2 月正式在新樓中學召開，計有外國傳教士巴克禮、宋忠堅、廉德烈、梅監霧、余饒理、蘭大闢等，及本地長老十九位參與。[16]之後南部教會自傳、自養、自治之自立堂會逐漸建立。

　　1896 年 5 月《教會公報》曾登載由臺灣大會會長巴克禮、記事許廷芳具名的「臺南長老大會公開信」，表示希望後來各地教會有本地的牧師、長老、執事，可以處理教會的事務，也有力量承擔自己的費用，並設法給全臺灣的百姓得到道理。讓人知道臺灣教會不是外國教會，都是臺灣人在管理會內的事務，如此，他們就比較不敢批評，不敢懷疑。這

---

[13]　不著撰人，〈大會〉，《教會公報》第 90 卷，光緒 18 年 9 月，頁 74。

[14]　Campbell, William, *"Handbook of the English Presbyterian Mission in South Formosa."*（F. J. Parsons. 1910 ）p.170.

[15]　Campbell, William, *"Handbook of the English Prebyterian Mission in South Formosa."*XI Church Statistics .

[16]　1896 年 2 月臺南長老大會議事錄，手稿本，無頁碼。

樣不是嫌棄外國傳教士不好，要脫離他們的管轄。而是實在應該如此，
也是外國傳教士的大希望，可以顯明他們的傳教已經有了好結果。[17]

　　教會自治的第一個步驟就是「自立堂會」的建立，「自立堂會」的
建立就是該教會除有長老、執事之外，也要財力自主，可以備足牧師薪
金及雜費的堂會。因此其關鍵在於人力及財力的自主，亦即本地人「自
傳」的教會，本地人「自養」的教會。「自立堂會」建立的程序極為繁
雜，首先要先準備足夠一年的牧師薪金及其他雜費所需的資金，提交中
會，來聘請牧師牧會。再者，中會有考選牧師的權力，通過考選之傳教
者，要有堂會聘任，經封立行按手禮，才可被聘牧會。茲以木柵（今高
雄市內門區木柵）等五堂會聘劉茂坤擔任牧師為例，加以說明。

　　欲成為牧師的傳教人員，需先「考取進名」。所謂「考取進名」即
傳道經大會考試通過，取得受聘為牧師的資格。在 1897 年的春季大會，
通過「考進名章程」，規定進名考試的科目。其中以聖經為主，此外尚
應以漢文、白話字（羅馬拼音字）作論，於大會前「授題上台講道」，
對於教會禮儀、治會規矩及牧師本分亦相當重視。[18]取為進名之後，「倘
於堂會未聘之先，得先得西國牧師訓之，以牧師職，分治會綱紀諸要道，
俾受選者無忝厥職，如是則大會庶可斯時選立。」[19]

　　1898 年之秋會又規定，欲「考取進名」之傳教者，「宜向一牧師一
長老敘明其志，牧師、長老視其人穩妥，方可將之薦舉於大會，聽大會
主裁」。[20]此乃基於對牧師人格修養上的考慮。

　　劉茂坤即劉俊臣，出生於今屏東縣里港鄉，為第二代信徒，是臺南
神學院畢業生，曾於澎湖、西螺等地傳教，又擔任長老教中學（今之長
榮中學）教員四年，於 1898 年 4 月 7 日受按立為郡城（今臺南市太平
境馬雅各紀念教會）、柑仔林（今高雄市內門區永興里永興教會）、岡仔
林（今臺南市左鎮區崗林里崗林教會）、拔馬（今臺南市左鎮區左鎮里

17 巴克禮、許廷芳，〈臺南長老大會公開信〉，《教會公報》第 134 卷，1896 年 5 月，頁 36-37。
18 1897 年 3 月臺南長老大會議事錄，手稿本，無頁碼。
19 1897 年 10 月臺南長老大會議事錄，手稿本，無頁碼。
20 1898 年 10 月臺南長老大會議事錄，手稿本，無頁碼。

左鎮教會）及木柵（今高雄市內門區木柵里木柵教會）等五教會的牧師，前後達十三年之久。[21]

木柵等五教會討論設堂會聘立牧師的經過，根據大會會議紀錄，1897 年 3 月春會之際，郡城、木柵、柑仔林、崗仔林、拔馬等五處教會，聯名具公稟，請求大會准許聘選牧師，並得到大會同意，曰：

> 木柵代議長老具稟呈獻紀事宣讀，據稟所云，木柵、郡城、柑仔林、崗仔林、拔馬等會，願合力同聘牧師以司教治。巴克禮舉議當准其所稟。又當稱謝上帝恩施寵渥，大會歡然喜納，會正（即會議主席）率眾祈禱祝謝，遂託巴克禮、黃西京、趙爵祥前往查覆，果能延請牧師與否，查實回報。[22]

經受命調查者回覆：「准木柵等會聘選牧師」，黃能傑建議派人重往木柵等會監選牧師。[23]次（1898）年春會，對木柵等會監選牧師一事提出報告，指出「會眾同擢劉茂坤以膺其任，且其代議長老已備束帖前來聘請」。[24]

木柵等會代議長老於 1898 年春會「呈獻束帖，恭聘劉茂坤為其五堂會牧師，會正遂將束帖請紀事宣讀畢，趙爵祥舉議該帖所約悉係穩妥，須當納之。黃鳥皮許諾，大會准。會正託高長率眾恭立祈禱，稱謝上帝鴻恩。然後會正將束帖遞交劉茂坤，而劉茂坤自陳其才疏學淺，恐難勝任，時甘為霖、巴克禮，相繼而起為鼓勵勸慰，嗣則許諾應聘。」[25]1898 年 4 月 7 日諸牧師、長老復集於郡城新樓中學，舉行劉茂坤之按立禮，先由會正廉德列牧師（Rev. A. B. Neilson）託「巴克禮講道，宣讀條款，既而請劉茂坤跪下台前，眾牧師同行按手禮，立劉茂坤任木柵等會牧師。」[26]

與木柵教會同時獻帖聘請牧師的是東港等五堂會（東港、林後、杜

---

[21] 楊士養編著，林信堅修訂，《信仰偉人列傳》（臺南：人光出版社，1989 年 6 月），頁 125。

[22] 1897 年 3 月臺南長老大會議事錄，手稿本，無頁碼。

[23] 1897 年 3 月臺長老大會議事錄，手稿本，無頁碼。

[24] 1898 年 3 月臺南長老大會議事錄，手稿本，無頁碼。

[25] 1898 年 3 月臺南長老大會議事錄，手稿本，無頁碼。

[26] 1898 年 4 月 7 日臺南長老大會特會議事錄，手稿本，無頁碼。

君英、阿猴、建功等），聯合聘請潘明珠為牧師，其按立的時間在同年
4 月 2 日，所以南部教會首位受按立的牧師是潘明珠牧師。[27]

　　自大會成立之後幾年間，有多間教會希望成為自立堂會，然因限於
財力，往往由數教堂共同聘請乙位牧師。只是想聯合聘請牧師之教會，
分佈空間太廣，加上財力的限制，聘立本地牧師之目的往往難以達成。
如「嘉屬堂會星散錯處，難以聯合，欲聘牧師，捐款殊難為力」；「彰雲
兩縣屬堂會謂，聘牧師經費除傳道脩金而外，有數處合捐銀壹佰柒拾玖
元有奇，冀其嗣後或克成此善舉。」[28]對此《治理教會》曾詳加規範，
即「若能一教會請一個牧師最好，若沒能力，則附近數教會合請，但不
能太多處」。

　　聘立本地牧師牧會所需費用如何？「牧師的束金，本地教會承擔，
束金自然要比一般傳道者多。在唐山，至少一年要 150 元，這裡應更多，
還要準備較大的牧師房間。」[29]以 1907 年臺中堂會捐銀二百餘元，即同
意其監選牧師而言。初時聘任一牧師，相關之經費年約需二百元，其中
包括牧師薪金、巡視會友旅費及其他開支。[30]

　　1915 年 5 月吳希榮受聘為阿緱（今屏東）教會牧師以後，大聲疾
呼提教會應該自治、自傳、自養。認為臺灣教會已五十年，豈可再受英
國教會補助，若再受母會補助，即如五十歲的老人尚在哺乳一樣。其倡
議得到東港（今屏東縣東港鎮）林燕臣牧師、萬丹（今屏東縣萬丹鄉）
高篤行牧師、里港（今屏東縣里港鄉）鄭溪泮牧師以及廖得牧師等人支
持。一時間，各處教會或開會討論，或到處宣傳，儘力鼓舞教會自治。
當時之標語為「自治」、「自養」、「自傳」，即所謂之「三自」。他們希望
在時機成熟之後，創立「高雄州教務局」，試行辦理，期望不久能創設
「中會」。[31]

---

[27]　1898 年 4 月 2 日臺南長老大會特會議事錄，手稿本，無頁碼。

[28]　1897 年 3 月臺南長老大會議事錄，手稿本，無頁碼。

[29]　不著撰人，《治理教會》，頁 76。

[30]　1907 年 6 月臺南長老大會議事錄第四條，手稿本，無頁碼。

[31]　鄭連明等編，《臺灣基督長老教會百年史》（臺北：基督教在臺宣教百週年紀念叢書委員
　　會出版，1965 年），頁 123。

　　觀察南部教會之歷史可知提倡教會應「自立」、「自養」的，並不始於 1915 年的吳希榮牧師。1903 年的秋會，劉茂坤提及「時有論及我臺灣建立聖教已三十餘載，傳道辛金一款，宜自當之」。[32]「自治」之要求隨著傳教事業的擴大，經費日益充裕，加上本地教師自覺，原先多堂共聘牧師的現象逐漸消除，自立堂會漸增。1918 年 3 月 12 日第 42 回中會紀錄，吳希榮稟請阿猴廳要分設堂會，高金聲視為重要議案，認為「分設中會之事，宜設和會而襄酌」，隨即改開和會，會中決議應讓阿猴廳立預備中會，其會員宜乃舊赴大會，至其中會成立之日止；會中同時決定一方面向臺灣大會稟告（案：1912 年在彰化召開），同時派人立分設中會例規。[33]

　　1919 年 3 月吳希榮等，在中會報告阿猴分設中會情形，並由高金聲、梅監霧、宋忠堅、楊世註、蘇育才、黃信期、彭清約、陳老英等組「分區域自治部會」來處理分設中會事宜。[34]

　　1920 年元月中會在林燕臣的建議下，將南部全教會分為四區，阿猴廳吳希榮，台南廳楊世註，嘉義廳劉俊臣，台中南投姬德潤，為各廳捐慈善會主理。[35]此一決議雖為教會募款而分設，但對爾後教會分治產生相當的影響。

　　分治案自 1918 年 3 月提出，經過三年間的討論，整案在 1921 年 3 月的春會有較具體的結果。會中由「分區域自治之部會」主席宋忠堅牧師提出八條建議並為中會所採納。其項目為：

一、全教會宜受本中會監督。

二、倘若分區域，在區域內宜設置教務局。

三、教務局之組織：設局長正副各壹、書記正副各壹、會計兩名、其他局員無限。以上人員乃由本區之牧師及代議長老選出，以上人員每年宜受中會任命。

[32] 1903 年 10 月臺南長老大會議事錄第廿一條，手稿本，無頁碼。

[33] 1918 年 6 月臺南長老大會議事錄第四十六條，手稿本，無頁碼。

[34] 1919 年 3 月臺南長老大會議事錄第七十條，手稿本，無頁碼。

[35] 1920 年 1 月臺南長老大會議事錄第八十七條，手稿本，無頁碼。

四、教務局雖受中會監督，但有權以統理本區之教務及傳道師臨時
　　異動之事，然異動後宜報告傳道局，夫戡定及分配人員即傳道
　　局之權。

五、本區之經費宜歸本教務局整理。

六、教務局辦理之事每年宜報告春季之中會。

七、公共事業如宣道會、中學校、神學校、傳道局等乃中會辦理，
　　抑命某教務局以自辦。

八、中會若有補助或公共債務宜相當分配於各區。[36]

分區域自治的理念已漸趨明朗。會中並決議派宋忠堅、劉俊臣、廖
得、蘇育才等組部會酙酌，討論分區自治的界限，最後以政府所定之州
為其範圍。[37]

分區自治定案後，由各中會議定稟式（分區自治申請書格式），供
各區申請。其自治申請書曰：

具稟牧師某某暨諸代議長老某某等，竊以某州所設教會歷有年所，
僕等睹此時勢頗有進行氣象，是以相與磋商，欲分區以自治，俾教會為
獨立基礎，彌久而彌鞏固，伏望我南部中會諸議員查察許諾所願也。[38]
足見分區自治為本地教會發展的自然結果，其目的在建立獨立之教會，
而其基礎在於本地牧師的聘任及長老的選任。

分區自治由阿猴教會牧師吳希榮倡導，當時鄭溪泮、林燕臣、高篤
行等牧師，都在今高雄一帶牧會。高雄州首先提出自治的請求（時阿猴
屬高雄州管轄），並得到中會的接納。[39]倡導自治的吳希榮雖已過世（1922
年），但自治已成為共識、目標。1926 年 7 月召開之傳教師總會部會會
議，認為自治之成績甚美，因此議定鼓舞教會分區自治。中會決定派人
宣傳自治，鼓舞信徒考教師、教會聘請牧師、人人盡力捐獻等。並派蘇
育才、黃俟命、王倚、林燕臣、卓偉臣、楊世註、劉文詩、鄭溪泮為部

---

[36] 1921 年 3 月臺南長老大會議事錄第二十九條，手稿本，無頁碼。
[37] 1921 年 3 月臺南長老大會議事錄第四十六條，手稿本，無頁碼。
[38] 1921 年 3 月臺南長老大會議事錄第五十一條，手稿本，無頁碼。
[39] 1921 年 3 月臺南長老大會議事錄第五十八條，手稿本，無頁碼。

會往考案，擬定進行自治之方法。會議次日蘇育才等更提出自治之方法
為：

壹、
一、宜派人宣傳自治之必要
二、宜創立一自治之區議會
三、此區議會可分為四，即高雄、臺南、嘉義、臺中
四、此區議會之行事與權限
甲、預算鼓舞教會一切之經濟。
乙、鼓舞教會達自治之目的，聘請牧師之手續。召集長老督會和
　　會抑總長執會。
貳、
一、宣傳委員歸區議會設法。
二、區議會役員：……
附記：若有關係四區之公事，臺南區之會長當唱首召集四區之役
　　員，於適當場所，並請宣教師參會。拜託廉德烈，由教士會言明，
　　母會所補助之金項須交區議會設法。[40]

　　然而區議會之設立只是過程，而非請求自立自治者之最終目的。此
由蘇育才在 1927 年 3 月第 58 回中會之報告可知，其報告中曰：

高雄區議會本欲請分中會，然因要視區議會之經過，故暫遷延，
但要請中會准各區議會有調查、監選、聘牧之權，中會僅往設立
之可也。各區域內若無牧師之處，當歸各區議會自行設法議長區
議會之組織，即牧師、教師、代議長老及自由請傳道師助理事務
辦事，當與中會聯絡，俾中會省工。[41]

　　此一建議為中會所接受，為達區議會具備自治的目標，中會乃派張
明道等八人（每區兩人），另組部會研議組織區議會之內容。經八人研
議結果，各區議會當組織五部：傳道部、教育部、庶務部、財務部、常
設部。各部四人，臺中區及高雄區另要設編輯部。人員由各區自選，但

---

[40] 1926 年 9 月臺南長老大會議事錄第四十五條，手稿本，無頁碼。
[41] 1927 年 3 月臺南長老大會議事錄第七十三條，手稿本，無頁碼。

需經中會任命。同時擬定區議會之權限，其權限為：

> 一、區議會之會員即現任之牧師、教師、代議長老及受托者為會員。
> 二、區議會當設法調查與監選牧師之手續。
> 三、區議會宜設法人，為無牧師之堂會之議長。
> 四、各區之集會每年二回，各回聚集當請宣教師參會。
> 五、每年春季中會，當帶紀事冊被中會檢閱。
> 六、各區每年當以事務報告春季中會。報告了中會接納並准施行。[42]

可見各區議會是一具有調查、監選及聘立牧師的自治單位，但在組織上乃受中會之領導與監督。

由於 1926 年 7 月之傳教師總會部會會議曾決定鼓吹教會分區自治，要求中會派人宣傳自治，所以教會自治的鼓吹相當積極，形成風氣。其間自治運動重要成員楊世註，曾在 1927 年 3 月起透過《教會公報》，連續發表〈自治的常識〉[43]、〈自治的規矩〉[44]、〈自治會團結〉[45]等三篇文章大肆倡導自治。

1930 年 3 月 26 日第十五次臺灣大會同意南部中會分設為高雄、臺南、嘉義、臺中四中會。次年 3 月 3 日通過在四中會上設「南部大會」。南部大會設置傳道局、傳道師總會、教育部、教師試驗部、建築部、補助會及澎湖宣道會等機構，以處理共同事務。[46]至此臺灣南部教會的自治組織成熟，教會的事務可經由會議的討論取得共識，據以執行。1940 年，日本與英、美關係緊張，英國在臺傳教人員撤離臺灣，本地教會完全擺脫英國母會的影響。

---

[42] 1927 年 3 月臺南長老大會議事錄第九十二條，手稿本，無頁碼。
[43] 楊世註，〈自治的常識〉，《教會公報》第 504 卷，1927 年 3 月，頁 11。
[44] 楊世註，〈自治的規矩〉，《教會公報》第 505 卷，1927 年 4 月，頁 12。
[45] 楊世註，〈自治會團結〉，《教會公報》第 506 卷，1927 年 5 月，頁 13-15。
[46] 鄭連明等編，《臺灣基督長老教會百年史》，頁 121。

（二）、北部長老教會的組織

在 1901 年 6 月馬偕牧師去世前，北部教會一直是由馬偕個人所領導。馬偕牧師逝世，使北部教會的領導，遭遇到相當的困難。馬偕牧師也關心本地教會的自給，但並不重視本地教會的組織，使本地教會走向自治。馬偕牧師訓練很多本地傳教人員，封立嚴清華、陳火（即陳榮輝）為牧師，林矮與劉牛為長老（封立年代不詳）。[47]但南部教會巴克禮牧師曾批評馬偕牧師封立陳火及嚴清華為牧師不合程序，蓋其未組成中會。[48]與教會自立、自治的目標尚遠。

馬偕牧師過世時北部教會有六十間教堂，信徒二千四百多名，每年奉獻金有二千多元，是教會進入建設和組織的新時代。[49]而且南部教會在 1896 年已組織中會。因此激勵北部會眾，希望組織中會，由本地牧師、長老共同參與教會政治，達到治理教會之目的。當時吳威廉牧師，就承擔起此一任務。

1904 年艋舺教會向差會申請聘任陳清義為牧師，吳廉威及華德羅牧師（Rev. Thurlow Fraser, M.A .M.D.），認為創設中會的時機已到。乃於 1904 年 5 月 9 日，由吳威廉牧師、華德羅牧師和本地牧師嚴清華等聯名，呈請加拿大長老教會同意北部教會設立中會。[50]北部教會獲得加拿大長老教會批准後，於 1904 年 10 月 4 日，在淡水牛津學堂，召開首屆的中會，名為「臺北長老中會」。規定「凡屬本中會務須幫助臺北教會西國牧師長老及本島牧師長老」，且「西國牧師吳威廉、本島牧師嚴清華以及各堂長老」，均有權參與中會。[51]

教會自治之前，依賴母會協助來佈教，本土教會無法健全的發展。

---

[47] 鄭連明等編，《臺灣基督長老教會百年史》，頁 100。

[48] Edward Band, "*Barclay of Formosa*", (Christian Literature Society　Ginza,Tokyok 1936),p.113.（Dr.Mackay in the North ,I belive , ordained his First Pastors himself but that was unpresbyterian. ）

[49] 鄭連德等編著，《臺灣基督長老教會北部教會九十週年簡史》（臺北：臺灣基督長老教會慶祝設教九十週年歷史組刊行，1962 年），頁 23。

[50] 鄭連德等編著，《臺灣基督長老教會北部教會九十週年簡史》，頁 6。

[51] 一九〇四年十月臺北長老中會紀略，未著出版者及出版時地，頁 1。

要建立中會必需訓練與組織，議定教會憲法與規則，期使教會獲得正常發展，增設新堂會。參與第一次中會的牧師及長老，將轄內五十七所教分屬十三堂會，為建立各項制度，由嚴清華牧師與李合成、黃青年等研議「中會公例」，另由王睨等擬定本島人任牧師之規則六條，茲開列如次：

一、選臺北中會進名傳道。

二、本島牧師束脩最小者，每月宜龍銀貳拾圓。

三、牧師束脩堂會掌理者，宜逐月給其清楚。

四、堂會宜負擔總費，即牧師束脩及修理拜堂、什費等，方堪選舉牧師。又牧師巡視拜堂旅費，亦在其內。

五、因逐月須以束脩供其牧師，堂會每端月，宜備出六個月之額，預交其掌賬者，以便供給上半年之束脩。至六月亦宜備出六個月之額，預交掌賬者，以便供給下半年之束脩也。

六、某會若將設立牧師，須以其束脩預交掌賬者。[52]

由上列辦法可知，一個本島牧師牧會堂會的成立，即等於一本地自傳、自養、自治教會的建立。自 1906 年在艋舺教會封立陳清義為牧師後，到 1945 年日本戰敗之間，計有四十八位本地傳教者被封立為牧師。

為便於管理沒有能力獨立聘請牧師之教會，1906 年第三回北部中會，決定派四人負責「傳道更任部」事務。「傳道更任部」的工作主要在任免、調派傳道分赴各地傳教，由吳廉威牧師負責。1907 年 2 月第四回會議時，吳威廉報告「傳道更任部」曾數度開會，決定政換了幾位傳道，並辭退張成、葉順及莊鼎洲等三位傳道。中會並舉嚴清華、陳清義及蕭居安等三人協助教士會辦理傳道更任及其餘事務。[53]

1907 年 9 月中會通過由吳威廉擬定的「傳道會章程」，章程規定：一、北部所屬諸傳道，分三處組成「傳道會」，即宜蘭傳道會、臺北傳道會、新竹傳道會，是由「諸牧師及傳道連合而成者也」；二、各傳道會每年開會兩次，各傳道會開會時間至少要間隔十天；三、傳道會開會

---

[52] 1904 年 10 月臺北長老中會紀略，未著出版者及出版時地，頁 7-8。

[53] 1907 年 2 月臺北長老中會紀略，未著出版者及出版時地，頁 6-7。

時，各會傳道，均須參加，研究或討論傳教上之實際工作。通過章程之後，三區傳道會在同年 12 月分別在打馬煙（今宜蘭縣頭城鄉）、新店及新竹等禮拜堂召開。[54]1931 年中會決議將臺北、宜蘭、新竹等三傳道會合併，創立「北部臺灣基督長老教會傳教師總會」。[55]

　　1912 年臺北中會通過「傳道局章程」，設置「傳道局」。由傳道局章程可知，傳道局負責辦理宣道設教、傳道束金、傳道更任及教會戶籍等業務，可見「傳道局」是由「傳道更任部」所衍生者。[56]其目的在籌募「傳道局贊助員」，並鼓勵捐助經費，以達成教會「自養」、「自傳」的目標。由於「傳道局」掌握人事及經濟大權，成為北部大會重要的權力機構。1916 年由陳清義擔任幹事，教會人事權轉移至本地傳教師手中，教會的自治向前邁進一大步。

　　北部教會自馬偕牧師開始，即採家長式領導，雖然馬偕注重教會的自傳與自養，但並未積極協助本土教會組織中會，使其成為「長老主義」的教會。因此，在馬偕牧師去逝前，北部教會號稱有 60 間教堂，卻未有中會之自治組織。馬偕牧師去世後，加拿大籍傳教士人數雖然增加，但後來受加拿大母會發生「聯合教會」與「長老教會」之爭議，臺灣北部教會被歸屬於「長老教會」。北部教會之洋教士，僅偕叡廉牧師反對聯合教會。因此 1926 年 9 月北部教會決定歸屬長老教會，造成贊成加入「聯合教會」的北部傳教師，紛紛轉至臺灣南部教會或日本教會服務。僅剩偕叡廉牧師、戴仁壽醫生(Gushue-Tayor, M.A.,B.S.)及明有德牧師繼續留在北部教會服務。[57]此後之臺北教會即由偕叡廉及陳清義（馬偕之女婿）兩牧師共同領導。

　　由於陳清義牧師辦理傳道局的嚴格作風，及偕叡廉牧師獨自控制教士會，造成投考傳教師之困難，引起留學日本之青年傳道師陳溪圳、郭和烈、吳清溢等之不滿。陳溪圳等人得到明有德、戴仁壽及本土長老的

54　1907 年 3 月臺北長老中會第五回聚集之會錄（秋會），未著出版者及出版時地，頁 32-33。
55　1931 年 3 月北部臺灣基督長老中會第三十五回會錄，未著出版者及出版時地，頁 26。
56　1912 年 2 月臺北長老中會第十四回聚集之會錄（春會），未著出版者及出版時地，頁 13。
57　鄭連德等編著，《臺灣基督長老教會北部教會九十週年簡史》，頁 12-13。

支持，形成一股力量，督促教會朝自治的方向調整。1932 年 7 月 7 日由鄭蒼國、余約束等在大稻埕禮拜堂召開「臺灣北部基督教會長老執事聯合會」，要求教會革新，提倡教會自立自治。[58]明有德支持自治，他「很愛護年青的傳教師，希望他們的進步。他希望每一個都會做獨立教會的牧師，所以努力於解放教師的自由考試，因為以前都是需要受推薦才能參加考試。所以當時的北部教會五十多位的傳教師中，只有七名牧師。明牧師在另一方面與孫雅各牧師合作，提倡組織長執聯合會，（1932 年 7 月）並指導教會長執自覺他們各自的任務，要鼓舞教會經濟的獨立，和聘牧以達到教會的自養、自傳和自治。」[59]

　　所謂「獨立教會」是指教會有足夠的財力自聘本地牧師，會內的長老與牧師，在中會規則之下自治；並參與中會組織之運作。因此「獨立教會」是追求教會獨立的必經過程。「長執會」的召開，除本地教師的自覺外，外國傳教士的介入，或可視為加拿大母會聯合的餘波。由於事件係起因於曾前往日本留學之青年傳道師，投考牧師被阻所引起，是否與日本欲控制本地教會，而幕後操控，則有待更進一步觀察。

　　1938 年 2 月 19 日第 42 回中會決議將原臺北中會分區為東部中會、臺北中會及新竹中會。[60]此一決議經送臺灣大會，同年 7 月 5 日獲得臺灣大會通過。臺北中會於同年 9 月 27 日，新竹中會於同年 10 月 12 日，東部中會於同年 10 月 25 日分別於艋舺、苗栗及花蓮港等地的禮拜堂成立。兩年後北部教會的三個中會於 1940 年 5 月 21 日在臺北神學院成立大會，名為「北部臺灣長老大會」。[61]前此在 1912 年 10 月 24 日「臺灣大會」已於彰化成立，下設北部及南部兩中會；1930 年南部中會分治之後，南部中會提昇為「南部臺灣基督長老教會大會」。1943 年 2 月 2 日南部長老大會與北部長老大會合併，組成「臺灣基督長老教會總會」，

[58] 鄭連德等編著，《臺灣基督長老教會北部教會九十週年簡史》，頁 16。

[59] 鄭連德等編著，《臺灣基督長老教會北部教會九十週年簡史》，頁 31-32。

[60] 1938 年 2 月北部臺灣基督長老中會第四十二回會錄第十八條，閱錄自黃六點主編，《臺灣基督長老教會北部教會大觀》（臺北：北部設教百週年籌備會，1972 年），頁 113。

[61] 1940 年臺灣基督長老教會北部大會議事錄宣言，閱錄自黃六點主編，《臺灣基督長老教會北部教會大觀》，頁 126。

並將全臺教會分為臺北（臺北州、花蓮廳）、中部（臺中州、新竹州）、臺南（臺南州）、高雄（高雄州、台東廳、澎湖廳）等四教區。[62]有關南北教會的「合一運動」，因限於篇幅，將另文討論。

（三）、教士會與本地長老會的關係

自馬雅各醫生來臺後，李庥、德馬太、甘為霖、巴克禮、蘭大衛等英國長老教會傳教士先後來臺，並經常同時在臺南工作。他們於1876年在臺灣府城設立傳教中心，洋教士集中在臺灣府城。由於經常同時有數位外國傳教士在臺灣府城工作，為使教會各方面的計劃及行政工作更有效率，他們在1877年成立「臺灣府教士會」，一般又簡稱為「教士會」或「臺南教士會」。

臺南教士會，由英國母會派駐在臺灣工作的傳教人員組成，其成員不一，開會日期不定，一般而言每月召開三次。由於洋教士的人事權及財政權均由母會掌握，因此教士會須對英國母會負責。他們一方面要定期向英國母會報告臺灣教勢的發展情況，重要傳教事工須先向母會報告，經費的運用須先徵得母會的同意，並受其監督；一方面臺灣的傳教工作由教士會規畫、推動與監督，從現存的《教士會議事錄》可發現，各地教會的教勢報告、本地傳教師的任免、本地傳道人員待遇及調任、教會內一般的行事、教會及各事業機構各種規則的訂定及其管理與業務；洋教士的職務分配也在會中討論。洋教士為完成其任務，對各項工作加以分工，如在1897年3月26日將傳教事務分為行政與傳道士薪資、財務、書房、教會公報，分別由廉得烈（Rev. A. B. Neilson）、安彼得（Peter Anderson）、甘為霖及巴克禮等負責。[63]

教士會為英國母會在臺的傳教組織；本地教會自中會組成後本土教會組織漸趨健全，兩者間的關係如何，有進一步討論的必要。1896年南部教會的「大會」是由各堂會的長老組成，故初稱為「長老大會」。

62　鄭連明等編，《臺灣基督長老教會百年史》，頁300。

63　Campbell, William, "*Handbook of the English Prebyterian Mission in South Formosa.*"p.196.

1912 年 10 月 24「臺灣大會」在彰化組成，南部的「大會」改稱為「中會」，並將以前各屆大會稱為中會。中會既然為本土教會，但例會時英國所派傳教士有權參與，查閱當時之紀錄可得其梗概，該記錄曰：

> 又念三十年來叼蒙西國列位教士盡力栽培，多方教育得有今日，不第欣然頌美吾主耶穌拯救之鴻恩，亦應稱謝列位教士甄陶之厚德也。時會眾起而拱立道謝，並邀請列位西牧師、長老全屬本大會與襄會政，以匡不逮，彼等俯如所請，於是同集一堂。在會西牧師巴多瑪（巴克禮）、宋忠堅、廉德烈、梅監霧，長老余饒理、蘭大闢。[64]

可見英國所派之洋牧師、長老，均得參與「臺灣大會」，而且初期的會議主席率由英國傳教士擔任。英國傳教士頗受會眾的尊敬，在會議中也享有較高的發言權。[65]

1897 年 3 月 15 日臺南教會長老高長，向臺南大會中建議，應於臺南府城創辦女醫院，得會眾的支持，大會經過討論後，委託主席（甘為霖）、紀錄（潘明珠）致書與教士會商酌，並函宋師母是否願任女醫職。[66]臺南長老會致函教士會，經過臺南教士會四次討論，才將臺南長老會之信函翻譯寄給海外宣道會（Foreign Missions Committee）及婦女宣道協會（Women's Missionary Association）。1897 年 3 月 26 日得到指示，表示「接臺灣南部長老大會信，要求在臺南建立女醫院，經討論後決定暫緩。」同月 31 日教士會對於「長老會在臺南建立女醫院的事，暫不向母會報告，應予再多機會觀察他們的觀點」。同年 4 月 21 日仍決定再度加以擱置。[67]

---

64 1896 年 2 月臺南長老大會議事錄，手稿本，無頁碼。
65 如南部長老大會 1896 年 2 月大會中舊任「長老任期」之討論可茲說明。該大會議事錄載曰：「趙爵祥舉議前己立之舊長老亦當由斯時一律四年滿任，林天然善之。余饒理改議，是舉雖善合應姑俟後會酌奪為妥，胡肇然之。時會正令會眾於斯二者擇其可從，以多寡人數為定準。從原舉者十人，從改議者九人。第念初時設立長老職係畢生垂為定例，又從改者只差一人，故原舉議者願讓改議者，以俟後會酌妥。」
66 1897 年 3 月臺南長老大會議事錄，手稿本，無頁碼。
67 Campbell, William, "*Handbook of the English Prebyterian Mission in South Formosa.*"p.194.

到 1897 年 10 月秋會召開時，「巴克禮等覆創女醫院事，謂教士會尚未接英國宣道會董事復函，我等不敢專政。」因而決定由大會直接致函與「宣道會董事」，請求准許在臺南設立女醫院。[68]至 1898 年春會仍未接獲同意之信件，惟甘為霖牧師於會中轉達，「雖未接回信，然見英國教會報，嘗云女醫院董事已准台南建設」。[69]至 1899 年 10 月 16 日秋會教士會於會中報告曰：「去年曾向祖家公會董事稟明，欲於臺南郡建設一女醫院，今已蒙許諾。」[70]前此，在同年 9 月 6 日教士會議事錄曾載，馬雅各來信傳達母會消息，意謂：當新醫院完成，在舊樓的舊醫院將交與宋忠堅夫人辦理女醫院。[71]

由前述可見教士會、臺灣南部長老大會與英國海外宣道會之間的關係。

一、在理論上，臺灣南部為英國基督長老教會的傳教區。英國母會透過臺灣府教士會達成在臺灣南部傳教的目的，教士會理應支助、指導新教區的信徒，在新教區人力、財力充裕，得以自立時，本土教會即應依長老宗之教義，組成各級教會以自立。斯時母會的工作即告結束。因此，初期本土教會處處仰賴教士會的指導與母會經濟與人力的支持，應視為過渡。

二、洋教士同時為教士會及臺灣長老大會之成員，他們若未得到教士會的授權，無權在臺灣大會上對討論事項代表教士會發表意見。臺灣長老大會對教士會有所請求時，亦應另行致函與教士會陳述。

三、洋教士為順利推展在臺灣之教務，乃組成「臺南府教士會」，分工負責處理教士會之各項工作。臺灣長老大會，則為本土教會居於長老宗之教義，教會屬所有信徒之理念，所組成之自治組織。教士會的成員亦為本土長老大會的議員，初期他們在大會中的地位極高，重要決議時他們多適時表達母會的立場，尤其是涉及人事及經費時，他們更是一言九鼎；主導大會的會正（主席）多由洋教士出任居多。就層屬關係而

68　1897 年 10 月臺南長老大會議事錄，手稿本，無頁碼。
69　1898 年 3 月臺南長老大會議事錄，手稿本，無頁碼。
70　1897 年 10 月臺南長老大會議事錄，第三十六條，手稿本，無頁碼。
71　Campbell, William, "*Handbook of the English Prebyterian Mission in South Formosa.*"pp.213-214.

言，教士會對本土長老大會居於指導的地位。

四、長老大會有重大決議或措施，須經由教士會向英國母會報告，徵求同意。但亦可直接向母會陳述意見及需要；但母會的決議往往經由教士會向臺灣大會說明，甚少直接與臺灣大會溝通，此或與母會欲塑造教士會在臺灣大會崇高地位有關。

北部教會則大部分時間只有馬偕牧師一位外籍傳教士，故會內大小事務均由馬偕牧師綜理，至馬偕去世，一直未有中會的組織出現。也因此受到「馬偕採獨裁主義」的批評。[72]北部教士會在吳威廉牧師時方加以策劃組成。

四、臺灣基督長老教會的自養運動

馬偕牧師對「自養」的解釋，曾說：「自養到底是什麼呢？我們所謂的自養的教區，即由教區的本地人負責一切的傳道工作及一切機構。北部教會等待本地人信徒自己負擔神學院、中學、醫院、禮拜堂及其他一切的機構與一切外國人或本地人的工作者之費用時，方是自給的教會。」[73]因此，簡單的說所謂的「自養」，即確立教會經濟的獨立，不再仰賴外國宣教會的支助。

（一）、母會與本地傳教經費

洋教士的傳教工作，主要有三種方式，分別為醫療傳教、教育傳教以及街頭傳教。

南部教會的馬雅各醫師，北部教會的馬偕牧師，他們均借著醫療與教育做為傳教的媒介。醫療傳教在醫學技術落後的地區對傳教工作，往往能產生巨大的效果，蓋醫療技術對化解臺民的疑慮有相當的效果。受醫者在外國傳教士的醫藥治療後，心存感激，有機會接觸督基教的教義

[72] 郭水龍，《北部教會史實》，手稿本，無頁碼，（存於臺灣神學院教會史料館）。

[73] G. L. Mackay，" From Far Formosa: The Island Its People and Missions "Edinburgh and London：1896；Reprinted by Ch'eng Wen Publishing Company，Taipei，1972，p.336.

而改信。從《信仰偉人列傳》一書所列本土人士的入教經過可印證此一事實。[74]

外國傳教士所創辦的教會學校，其目的初在培育本土傳教人才，後來非信徒就讀人數增加，提供了非信徒接觸基督教教義的機會。有關街頭傳教，早期外國傳教士相關的記載甚多。他們與本土信徒選擇人多的市街，沿街分發教義單張傳單，選擇人多的地點由外國傳教士高唱聖詩，以吸引群眾，然後講道或先實施醫療再進行講道。分發傳單多由所僱用的本土信徒或非信徒擔任。為後來來臺傳教的外國傳教士所襲用。

由外國宣教師的傳教方式可知西方宣道會之支出包括以下幾項：

一、洋教士本身的薪金、旅費及雜用

二、醫療傳教教所需的醫療用品費用

三、為洋教士僱用的本地人員的薪資。本地人員包括洋教士所僱用的雜役（有照顧生活起居之廚師及挑夫苦力）及傳道員。

四、教堂及學校建築所需的費用。

外國傳教士傳教所需的經常經費，來自母會會友的定期捐獻。特殊的開銷，往往經由特定的捐獻。如馬偕在董門頭的 Glengarry 教堂對其教友講道時曾引述「加拿大的 Glengarry 教堂的情形，以及該教堂的青年朋友如何熱心的捐款，以捐造臺灣的教堂的情形。」[75]為紀念 Glengarry 地區會友的捐獻，故將董門頭的教堂取名為「Glengarry 教堂」。

馬偕在臺灣建立的醫院稱為「偕醫館」（址在今淡水），其命名亦與其經費的來源有關。在 1880 年馬偕以三千圓的經費造了一座醫館，由於這筆款子是 Detroit 的 Mackay 太太為紀念他的丈夫 Captain Mrckay 而捐贈的。[76]北部第一個教授西學的牛津學堂（Oxford Colleage），其興建的經費亦為教徒特別捐獻。馬偕牧師第一次返加拿大休假時，故鄉 Ontario 的 Oxford 人士募集了 6,215 元美金給他，讓他在淡水建立訓練

---

[74] 楊士養編著，林信堅修訂，《信仰偉人列傳》（臺南：人光出版社，1989 年）。

[75] G. L. Mackay, "*From Far Formosa: The Island Its People and Missions*" p.236.

[76] G. L. Mackay, "*From Far Formosa: The Island Its People and Missions*" p.316.

本地傳教人才的校舍。[77]

（二）、「慈善會」與自養運動

外國傳教士到臺灣傳教後，因傳教人力不足，選擇早期入信者擔任傳教工作，分赴各地宣傳福音。有關早期傳教士的生活情形，李嘉嵩牧師在《一〇〇年來》書中有詳細的描述，多次介紹早期傳教生活的困苦。[78]1912年春季中會何希仁長老認為「傳道士日用不足，束脩宜增」，最後「大會議定每人宜暫贈其半月辛金，請宋忠堅籌設」。[79]造成傳道人員日用不足的主要原因是「米糧騰貴、兒子多數、婦女第加添兩餅，因此不敷」。[80]當時傳教人員的薪金（或稱束脩、束金、辛金等，同也）：「未娶者每月八元，已娶者十元，生一子加一元，增至五子止，住街衢者加乙元。」牧師之薪金「至少者每月金十六，處街市者加一元，生一子增一元，增至五兒而止。」[81]

歷來教會不斷反應傳教人員薪資低，難以照顧子女；當時一般人子女數眾多，每一家平均有五、六名子女，傳道吳意即有九子六女，[82]雖然規定只能領到五子為止，但僱用一名傳道一年仍需六、七十圓，對經濟狀況普遍不佳的信徒所組成的教會，仍屬可觀的負擔。因此有「佈教慈善會」之組成，「吳道源長老於 1908 年創立『佈教慈善會』，其目的是為鼓勵臺灣教會有無相通，期使教會財政獨立」。[83]對其組成之經過，則較少討論，以下即以臺南長老教會之中會記錄資料，詳加重建。

首先是茄苳仔（今西螺）教會的長老，阻捐傳道辛金，「緣無傳道士在其間」。但中會認為，「雖無傳道者，而束脩仍需捐。所以囑會正及

---

[77]　G. L. Mackay, " *From Far Formosa: The Island Its People and Missions* " pp.291-292.

[78]　李嘉嵩，《一〇〇年來》（臺南：人光出版社，1979 年），頁 10-12。

[79]　1912 年 10 月臺南長老大會議事錄，第三十九條，手稿本，無頁碼。

[80]　1912 年 10 月臺南長老大會議事錄，第十二條，手稿本，無頁碼。

[81]　1907 年 3 月臺南長老大會議事錄，第四十四條、第四十五條，手稿本，無頁碼。

[82]　楊士養編著，林信堅修訂，《信仰偉人列傳》，頁 224-225。

[83]　黃茂卿等編著，《臺灣基督長老教會太平境馬雅各紀念教會設教一百二十年史》（臺南：太平境馬雅各紀念教會出版，1985 年 5 月），頁 123。

紀事馳書勸之」。[84]問題一經提出，引起眾多堂會注意，由於受限於經費及傳教人力，不但本地牧師缺乏，即使一般的傳道人員亦感不足。所以能獨立聘請牧師之堂會甚少，須數處堂會合聘，木柵、阿猴等之聘牧皆然。傳道人員則由中會及教士會分別聘請，分駐各處開拓教務並服務鄰近之教友，由於有些堂會沒有傳教人員服務，仍需繳納傳道辛金，造成抗繳傳道辛金情事。

　　由於有數個堂會抗繳，[85]對教會的組織與運作產生衝擊，大會必須妥善處理，經大會連續討論兩日，各方立論及其結論由議事錄可知其梗概，茲引錄如次：

> 會正請會眾繼議仔肩傳道束金之事…夫論自任之責，教會邇來大有進益，至此大會議論務須籌策，使教會任臺南傳道之束金，特是教會或有能勝其任，亦有柔弱難堪，當思教會同一體，須相協力，俾通教會均與焉。論及收銀之法，亦聽各教會之見，或用均攤，或設立籤，抑或捐題數簿之方法，論另記賬抑相參於總賬，聽各教會之意，而會正眾計欲另記為妙論，欲另立一記事，現時免設。不過各教會之長執暨傳道歸之日，恒將此事勸之，若某教會某年無傳道者，每年有收者，概須寄至郡城交總掌賬之人，如教會有傳道者，其所收免寄到郡，只要泐單寄來，迨至歲聿其暮，計有羨餘，而即寄交總掌賬者；倘有教會任本堂傳道，全年之束金，斷不可自以為足，蓋尚有無力之教會，未堪勝任，故或有伸（案：剩也）銀至年終之候，須寄交總掌賬者。巴克禮舉議，須納其所論，亦須仗前所受託者，再為料理此事，徐經助舉，大會准。[86]

　　綜觀前引文可知，大會對此一現象只能期望各堂會之長老、執事，向會眾說明教會一體的觀念，經費充足的堂會當考慮經費不足的堂會，互通有無以使教會間產生互助之效果。

84　1901 年 3 月臺南長老大會議事錄，第十條，手稿本，無頁碼。
85　1901 年 3 月臺南長老大會議事錄，第十二條，手稿本，無頁碼。
86　1901 年 3 月臺南長老大會議事錄，第十五條，手稿本，無頁碼。

　　總之，大會面對地方教會的抗拒，大會雖對繳費方式略作調整，並由與會之長老、執事及傳道，在返回堂會之後極力相勸外並無他策。首善之區的臺南府城教會，對傳道辛金之負擔仍相當堅持，「第因有人論及欲設本地牧師，未能二者並進，所以無復籌及」。[87]此乃因當時臺南府城教會與木柵、柑仔林、崗仔林及拔馬等五教會合聘牧師，牧師薪金每年為二百圓，其中木柵等四教會每年各負擔三十圓，臺南堂會則負擔八十圓，但所聘之牧師卻駐堂在木柵教會。[88]在此狀況下臺南堂會仍須繳納傳道之薪金，引起不滿。大會難以處理。至 1902 年春會決議，「自任傳道辛金之事，大會暫作罷論，宜先鼓舞本地牧師為重。」[89]可見教會的立場較關心堂會聘立牧師，因此傳道的辛金依然照舊由教士會負擔。

　　1903 年秋會傳道辛金之事，本地牧師劉茂坤再度提出，「論及我臺灣建立聖教經已三十餘載，傳道辛金一款，宜自當之」，經過大會討論，達成以下共識：一、大會議定自任諸教會傳道辛金，免使外國公會籌款。二、有人提議以新法使教會自行負擔傳道辛金，未能做成決議，因此決定將辦法在《教會公報》刊登，至後會再議。三、大會諄諄勸勉諸教會盡力捐輸。[90]

　　可見由本地信徒與教士會共同負擔傳教辛金已成共識，每年需費五千多元，當時臺灣教會只能負擔一半，非一時能承擔，只能勸勉各教會盡力捐輸。林學恭建議「當派人往各處堂會相商有何良法可施」，廣泛蒐集意見後再行定案。吳道源則認為「此事業已詳論，當籌法以定之，不必延。」他主張：

　　　　一、各堂會當合彼支會微特所捐傳道辛金宜合為一，即傳道師亦宜通用。
　　　　二、如有願助他處堂會者亦可由此漸進。
　　　　三、當請教士會許大會與之同派傳道士，庶免為人區別重輕。[91]

---

[87]　1901 年 10 月臺南長老大會議事錄，第十一條，手稿本，無頁碼。

[88]　黃茂卿等編著，《臺灣基督長老教會太平境馬雅各紀念教會設教一百二十年史》，頁 109。

[89]　1902 年 3 月臺南長老大會議事錄，第十八條，手稿本，無頁碼。

[90]　1903 年 10 月臺南長老大會議事錄，第二十一條，手稿本，無頁碼。

[91]　1904 年 3 月臺南長老大會議事錄，第卅一、卅二、卅三條，手稿本，無頁碼。

　　值得觀察的是吳道源指出要臺灣大會負擔傳教薪金，就應有權力參與傳道的派任。1907 年吳道源主張另設一會，「望能獲利，以增補傳道束金」。得大會同意。並派劉俊臣、林燕臣、吳道源、林學恭、黃月德、洪老義、黃愛、羅文德、黃茂盛及吳春園等參議會商。並聘劉俊臣為「勸士」前往各處，鼓勵大會所屬教會踴躍獻金相助。此會即後來之「慈善會」。[92]

　　組慈善會的目的，在鼓舞臺灣教會財政之獨立，協助清苦傳道者及負擔傳道者薪金有困難的弱勢教會。籌組慈善會引起日本警察之疑慮，因此決定先向政府立案。由劉俊臣等擬定「布教慈善會條規」，經中會議決後，再由董事吳道源為總代表，向政府申請立案。[93]1908 年秋會時，已得臺灣總督府許可。[94]

　　1908 年秋會，布教慈善會有四百餘元，做為牧師預備費。[95]次年中會要求與會之代議長老，回到鼓勵教會自聘牧師，「若竭力勸捐尚有未足，一經大會查實，即將慈善會之金以補之。」[96]

　　慈善會對本土傳道師待遇的改善亦有相當的助益。1913 年之大會決定增加傳教人員薪金，教士會為鼓勵本地教會積極分擔，聲明「臺南教會加增若干，即母會亦將增之如數。」[97]

　　可見佈教慈善會的組成，對傳教師及牧師薪金，助益甚大。綜觀慈善會歷年之收入約二千餘元，教士會補助約為三千元。[98]可見佈教慈善會仍無法完全負擔本土傳道師之經費，但對本土教會朝向自立自養之目標，確有相當的貢獻。

　　此外，從高雄州教務局的經費狀況，可瞭解本土教會自養的成果。高雄州教務局於 1926 年組成，對其轄內之經費運用有自主權，中會僅

---

[92]　1907 年 3 月臺南長老大會議事錄，第四十條、四十四條，手稿本，無頁碼。

[93]　1907 年 10 月臺南長老大會議事錄，第卅五條、卅六條，手稿本，無頁碼。

[94]　1908 年 10 月臺南長老大會議事錄，第三條，手稿本，無頁碼。

[95]　1909 年 10 月臺南長老大會議事錄，第十五條，手稿本，無頁碼。

[96]　1910 年 10 月臺南長老大會議事錄，第四十條，手稿本，無頁碼。

[97]　1913 年 3 月臺南長老大會議事錄，第二十八條，手稿本，無頁碼。

[98]　根據臺南長老大會、中會資料統計得知。

居於輔導之地位。1925 年 3 月林謹慎報告高雄州教務局之獻金，為二萬元左右，同年臺南中會撥給高雄州教務局之補助款為 1,760 元，中會的補助不及教務局獻金的十分之一。1925 年高雄州教務局總收入 16,055 元，支出 15,414 元，結餘 641 元。[99]可見在 1925 年左右，本土教會離財政自立的目標已不遠。

（三）、自養運動的先驅──吳希榮

洋教士來臺傳教之初，即已注意到要建立健全的教會，而他們所謂的健全即是教會的獨立，也就是在財政上要獨立。李庥在 1870 年曾向英國母會報告說：

> 埤頭教會在年頭決定，要獻出傳教者的薪金，也要設立基金幫助生病的兄弟。打狗的信徒也願意獻出半年份的薪金，我想可勸阿里港教會如此做。我從頭就鼓勵他們能早日獨立，也說中國教會愈早能不依靠外國人，就愈能有助於建立健全的教會。[100]

就是這個意思。施大闢牧師於 1878 年在臺南教士會建議：

> 教會的奉獻除了每週的獻金外，應設有特別項目的獻金，並在適當時機將這對信徒們提起，喚起他們的關心及注意。[101]

馬偕牧師在其《臺灣遙寄》書中說：「我們不斷為自養的重大問題著想，我們教訓北部本地籍基督徒，為維持禮拜與擴張教會而獻金，這是我們的理想。」[102]可見無論南北教會，對本土教會自養的工作看法一致，這是長老教會的一大特色。他們不只追求自身所屬教會的獨立自養，對整個教會的獨立自養亦具共識。因此洋教士鼓勵自己的教會要經

---

[99]　1925 年 3 月臺南長老大會議事錄，第二十五；1913 年 3 月臺南長老大會議事錄第二十九四十四條，手稿本，無頁碼。自 1913 年 4 月起，牧師束金歸所聘之堂會負擔，故 1925 年所計之獻金應含牧師之薪金。

[100]　The Presbyterian Messenger,（Official Journal of the Presbyterian　Church of England ,June.1870），p.133.

[101]　Campbell, William, "*Handbook of the English Presbyterian Mission in South　Formosa.*" p.4.9.

[102]　G. L. Mackay, " *From Far Formosa: The Island Its People and Missions* ", p.332.

濟獨立，也要有能力協助其他教會。馬偕牧師提到：

> 在新店的美麗的教堂中聚會的信徒們，現在已經能自給自足，供
> 給傳教師的生活費，也負擔其他一切費用。他們雖然不富，卻能
> 捐助全台灣的一般佈道工作，救濟貧民，寄捐款給飢荒的地區。[103]

　　初到臺灣的外國傳教士，鼓勵臺灣教會要經濟獨立，建立自立自養
的健全的教會。馬偕牧師的第一個門徒嚴清華對本土教會自養有極深刻
的認識。1894 年本地信徒都認為洋教士，禮拜堂需要修理，會眾就向
傳教士要求補助。嚴清華就對本地信徒說：

> 禮拜堂是會眾的，不是宣教師的。禮拜堂修理的經費應由會友負
> 擔。加拿大所寄來的款項，就像砂及泥土，其中有來自貧人的捐
> 獻。[104]

　　李嘉嵩的外祖父吳意，是臺灣最初期的傳教者之一，他說：「初期
的臺灣傳道者，如屏東的吳葛、嘉義的周步霞、西螺加苳腳的鍾文振、
木柵的李豹，臺南的高長等諸人，都是外祖父的同事。」「我外祖父還
有一項事蹟流傳於教會裡，就是在屏東召開中會時，有兩次發言的記
錄。」其中一項是關於「教會的自立自養自傳的獨立目標──就是教會
應該鼓勵信徒奉獻，且其提議的奉獻方式與現今提倡逐月小額而普遍的
奉獻方式大致相同。」[105]

　　不只外國傳教士及本地傳教人員鼓吹教會自養，早期的教會領袖，
對教會自養的工作也相當支持。1885 年吳意建議在臺南府城教會設立
「公的小學」，當時擔任府城教會執事的陳確認為「捐獻，大家如一日
省五厘菜錢，一年就可出 1,825 錢（案：當時聖經一本 50 錢），各教會
如肯這樣，就不需要英國母會之協助。」[106]

　　教徒的奉獻為教會達到自立自養的惟一方法。初期參與基督教者，

---

[103] G. L. Mackay, " *From Far Formosa: The Island Its People and Missions* ", p.156.

[104] The Presbyterian Record（Official Journal of the Presbyterian Church of Canada,1894）,p.17.

[105] 李嘉嵩，《一○○年來》，頁 3、4、7。

[106] 黃茂卿等編著，《臺灣基督長老教會太平境馬雅各紀念教會設教一百二十年史》，頁 73。

多屬社會的中下階層，其經濟力原本就不甚富厚，甚至有的人入教就具有經濟上的動機。[107]

由於洋教士的提倡及本土教會領袖的支持，自養的觀念相當普遍。僅管早期初代信徒之社會地位不高，經濟亦不富厚，但積沙成塔仍有可觀的成績。馬偕牧師在其 *From Far Formosa* 書中關於本地教會自養的記載相當多，諸舉數例以說明之：

一、1890 年水返腳（今新北市汐止區）之「基督徒用了四百元墨西哥銀，建造了一座新教堂，地基和房屋的款子，都是臺灣的各教堂所捐的」。[108]

二、在南崁地方教堂的興建，是在族長入信之後，「領導朋友們建造了一座草頂的房屋作為禮拜堂。這座房屋被颱風吹毀之後，又建造了一座堅實寬敞的教堂，是用瓦建的的，用了一百五十六元墨西哥銀，其中一百二十六元是貧窮的農夫們所奉獻出來的。有兩個窮苦的老婦人，每到星期日走了四里路來做禮拜，每次帶兩隻雞來作為獻禮，以所售得的款項買五百片瓦，來蓋新教堂。」[109]

三、馬偕牧師在噶瑪蘭平原（今宜蘭縣）傳教，有一次他在海邊的漁村傳教，「第二天村民就決定要建一座房屋，來禮拜真神。他們坐船沿海岸下去，到生番區域中去採木料，雖然受襲擊並受傷，卻將木材運回來。於是他們用泥和稻殼混合，造成磚頭，放在太陽下晒乾，用來築牆，用草蓋屋頂，並用泥土造了講壇。」次日他們被迎入另一個村子，「我們征服了那個村子，村民決要蓋一座教堂，他們同心協力興工建築，不久就造成了。」後來「在噶瑪蘭平原中又造了第三、第四、第五以至於第十九座教堂。」[110]

南部的情形亦然，1870 至 1875 年之間，馬雅各醫生在平埔族的醫療傳教，信徒往往整族隨族長入信。「在一年中有六十八個家族拋棄了

---

[107] 陳梅卿，〈清未臺灣におけるキリスト教の受容と展開〉，頁 211。

[108] G. L. Mackay, "*From Far Formosa: The Island Its People and Missions*", p.162.

[109] G. L. Mackay, "*From Far Formosa: The Island Its People and Missions*", p.180.

[110] G. L. Mackay, "*From Far Formosa: The Island Its People and Missions*", p.220.

偶像，並且自己建造一個可容納三百人聽眾的教堂。」[111]早期教堂的建構較簡單，其建材多就地取材，本地信徒較易負擔，隨後建築費用提昇，其費用不是本地信徒能承受，尤其是規模龐大的教堂，本地教徒負擔能力隨之下降。1902 年建可容納五百人之「太平境教堂」（今臺南市太平境教會會堂），總經費計四千元，其經費由本地信徒與臺南教士會各負擔一半；1909 年建可容納八百人之彰化教堂時，計支出九千一百元，由於彰化地區之信徒，其財力遠不如當時首善的臺南府城地區，本地信徒只負擔了六百元，但已屬不易。[112]往後本土教徒自養的能力增強，以1917 年臺南新樓中學校舍的改建而言，本土教會所捐贈的款項已超過英國宣道會，詳如表 1。

表 1. 新樓中學校舍改建捐款一覽表

捐款者	捐獻金額	佔百分比	備註
英國宣教會	19,754.54	43.58	
英國神學校學生	2,962.07	6.53	
加拿大主日學校學生	39.65	0.08	
滿雄才牧師夫婦	95.00	0.20	
本島有志者	21,748.91	47.98	
雜收入	737.90	1.62	
合計	45,328.07	100.00	

資料來源：1917 年 3 月臺灣基督長老教會中會議事錄，手稿無頁碼。

　　早期傳教士及本地教會領袖，致力於本地教會自養，但本地傳教人員大規模推展教會自立自養，要等到二十世紀初期，其主要的推動者是吳希榮。

　　吳希榮 1881 年在臺南出生，長老教中學（今長榮中學）畢業，於1898 年進臺南神學校。其父親吳葛是一名傳教士，曾於長老教中學任教。神學校畢業後，受派至澎湖任傳教四年，後先在岩前、嘉義等地傳道。1915 年受封立為牧師，派往阿猴（今屏東），時年 32 歲，1922 年

[111] Edward Band, *"Barclay of Formosa"* pp.82-83.
[112] 黃茂卿等編著，《臺灣基督長老教會太平境馬雅各紀念教會設教一百二十年史》，頁 8。

12 月 15 日逝世，得年 41。[113]

　　吳希榮去世後，臺南基督長老教會為表彰其貢獻，於中會議事錄中記載其事蹟，稱許他為「自治之先鋒者也。」[114]他提倡教會自治，是臺灣教會鼓舞自治自立之功勞者。他在澎湖傳教四年之間，常說臺灣教會應該要自立。在嘉義任職時決意要休職，計畫經營事業幫助教會自立。他在兄弟援助下，回屏東經營農園，名為「泰平農園」。後來接受劉俊臣牧師的建議，認為要教會自治，要有更多人做牧師，因而回任屏東教會牧師。他任內新建禮拜堂，建築費用全部由屏東教會信徒奉獻，不向別教會募捐。

　　楊士養牧師回憶他當神學生時，吳希榮應聘到神學校講道；他極力提倡臺灣教會應該自立自治，感情興奮舉手頓足，大聲疾呼說：「臺灣教會創立至今已經五十年了，但是仍依賴母會的哺養。」[115]這是吳希榮推動教會自立的主要動力。

　　與吳希榮同時的牧師廖得，其回憶錄對吳希榮有深刻的描述，他說

> 這位英雄牧師當傳道的時候，深深感覺到教會財力的軟弱，不論要作什麼，就是缺少經費。與其向人募捐，不如自己去賺錢，他這麼想。於是他辭掉傳道的工作，去種水果、養家畜、植水稻；自己趕牛車，背負犁頭，挑肥擔水，夫婦兩人日夜拼命工作，省吃節用，醃菜、田螺熬了好幾缸，希望早日經營成功，賺錢辦學校、醫院、養老院、孤兒院。……以後他再度出來當牧師，一面經營事業一面傳道。他的教會設備周全，聘用的人手不少，牧師娘則領養了一些棄嬰，並幫助那些無依無靠的人。[116]

　　他不但身體力行，而且到處宣傳自立的理念，後來由於林燕臣、高篤行、廖得及鄭溪泮等牧師同心鼓勵，獲李仲英、劉文詩等長老的支持，

---

[113]　楊士養編著，林信堅修訂，《信仰偉人列傳》，頁 221。

[114]　1923 年 3 月臺南長老中會議事錄，附錄，手稿本，無頁碼。

[115]　楊士養編著，林信堅修訂，《信仰偉人列傳》，頁 228。

[116]　基督長老教會新興教會編，《廖得牧師紀念文集》（高雄市：基督長老教會新興教會出版，1973 年），頁 105-106。

創設高雄教務局，成為後來分設四個中會的基礎。[117]

（四）、自養運動的成效

教會要能自養，信徒人數多寡經濟能力強弱是關鍵，更重要的是信徒奉獻的意願。基督教在臺灣的傳播，若與中國比較，其速度可謂迅速。[118]但臺灣信徒入信的情形，平埔族群大規模入信（Mass Movement），對教義的瞭解與信仰堅定令人懷疑；漢人信徒，其入信的動機亦有可議。廖得牧師在其回憶錄中曾說「一般人信仰基督教，大多是因為事業失敗、染病、死喪，牧養這種教會，萬分艱苦。有些教友將他培養到識字、體健、能自立更生，他的信仰就開始冷淡、俗化、墮落。有的死一個失一家，教會替他辦好事，全家的信仰就跟著喪亡，埋了就完了。」再怎樣傳還是「人口的百分之一，其實是吃教的多。」[119]可見無論是在平埔族或漢人社會，如何維持信仰是一大問題。這樣的環境，要教會自養，實難以順利成長。但長老宗的「教會」是會友所共有，由長老、執事與牧師共同管理，由下而上的組織，信仰堅定者為教會奉獻的意願相當強烈。所以隨著教會人數的成長，及有志者的鼓吹，教會自養的情形確有可觀之處。

1、財政獨立教會的增加

財政獨立的教會能獨力聘請牧師牧會。1915 年吳希榮受封為牧師，更積極鼓吹教會自養、自立的理念。因此，本地牧師封立的數量快速成長，1915 年前南部教會本地牧師只有 9 人，往後的 26 年中受封的本地牧師計有 71 名；北部教會本地牧師的封立，則集中在 1931 年之後。在日治時期北部封立的 48 位牧師中，其中有 31 位是在 1933 年以後才封

---

[117] 馬禮遜牧師在華傳教二十五年間，華人受洗者只有五人。資料間引自李志剛，〈馬禮遜牧師在澳門之事業及其影響〉，收錄於氏著《基督教與近代中國文化論文集》（臺北：宇宙光傳播中心出版社，1992 年 3 月二版），頁 25。

[118] 臺灣基督長老教會新興教會編，《廖得牧師紀念文集》，頁 71、72。

[119] 臺灣基督長老教會臺北中會，一九三七年中會紀錄，該會出版，未著時間，頁 33。

立的。本地牧師封立的情形，北部教會雖遠遜於南部教會，但在 1937
年北部教會的 77 處會堂中，經濟獨立的計有 16 處，約有百分之二十的
堂會已經濟獨立，且有本地牧師牧會。[120]南部的獨立自養的情形應較北
部理想。終戰前臺灣南北教會牧師封立情形如表 2。

表 2.臺灣基督長老教會牧師封立人數統計表

年份	北部教會封立		南部教會封立		備註
	牧師數	累計	牧師數	累計	
1885	2	2	0	0	
1898	0	2	2	2	
1903	0	2	2	4	
1905	0	2	1	5	
1906	2	4	0	5	
1907	3	7	2	7	
1914	4	11	1	8	
1915	0	11	1	9	
1917	0	11	1	10	
1918	1	12	1	11	
1919	2	14	3	14	
1923	0	14	2	16	
1924	1	15	3	19	
1925	1	16	1	20	
1927	0	16	6	26	
1928	0	16	3	29	
1929	0	16	5	34	
1930	1	17	1	35	
1931	0	17	4	39	
1932	0	17	3	42	
1933	1	18	0	42	
1934	1	19	2	44	
1935	1	20	1	45	
1936	4	24	3	48	
1937	3	27	2	50	
1938	4	31	7	57	
1939	5	36	4	61	
1940	6	42	14	75	
1941	4	46	3	78	
1942	2	48	0	78	
1943	0	48	2	80	
合計	48	48	80	80	

資料來源：鄭連明編，《臺灣基督長老教會百年史》附錄 2.頁 467-483。

---

[120] 黃武東，《黃武東回憶錄》，（美國洛杉磯：臺灣出版社，1985 年 9 月初版；臺北市：前
衛出版社，1989 年 2 月臺灣第二版），頁 136-137。

2、信徒奉獻金成長

就南部教會而言，1914 年信徒奉獻金是 27,000 元，至 1934 年增加至 102,000 元，二十年之間增長了五倍；北部教會在 1907 年是 4,200 餘元，至 1937 年是 30,255 元，三十年間成長了約七倍。

隨著日本國內軍方勢力抬頭，民族精神被運作利用，基督宗教被視為與日本國教抵觸，其活動漸受限制，臺灣的情形亦然。後來英國、美國與日本關係日漸惡化，基督教成為被壓迫的對象。因為時局的緊張，日人排英、排美激烈，臺南教士會乃於 1935 年計劃將位於臺南的新樓醫館拍賣。當時黃俟命牧師建議南部大會應向四個中會借款購買，以促成臺灣人自覺的目標，黃俟命以身作則，賣四甲多的土地資助。各中會湊足四萬元買下新樓醫院，並聘請楊雲龍醫師為院長，負責經營。

1936 年政教關係更形惡化，教士會將四萬元交還給南部大會，並將彰化醫館無條件贈送給南部大會經營。[121]1940 年國際局勢更加緊張，英國宣道會將在臺南的宣教師館的地契移交南部大會管理。北部教士會也在 1940 年 10 月 19 日，將其所有土地、建物、備品及一切經營事業，以無償方式讓渡與北部教會。1940 年年底，兩國傳教士結束在臺灣的宣教事業。

由於外國宣教會撤離臺灣，迫使南北教會要自治、自養、自傳。往後四年間，臺灣教會並未因外國宣教會的撤離與支援經費中止而瓦解。這是本土教會長年來提倡自養的結果，否則洋教士的撤離與經濟資源的中斷，本土教會能否能獨撐大局，實難逆料。

五、臺灣基督長老教會的自傳運動

所謂「自傳」即是由本地傳教者擔負起傳教的工作。根據「使徒信經」及「尼該亞信經」，一般信徒即可傳播福音。所謂「傳道者」，是指

---

[121] 臺灣基督長老教會臺北大會，一九四〇年臨時大會紀錄，第四條，該會出版，未著時間，頁 33。

受僱於教會或教士會的專職傳教人員。在教會組織系統中，專職的傳教者可分為「傳道」與「牧師」兩種。「傳道」經考取進名，堂會聘任並經眾牧師行封立禮者為牧師。以下分外國傳教士何以鼓勵自傳、神學校的設立以及本地牧師的封立等三部分加以說明。

（一）、洋教士鼓勵自傳的原因

馬偕牧師在 From Far Formosa 中曾多次說明應由本地人自傳福音的理由，他說在離開加拿大前，就預定使本地人管理本地的教會，祈求上帝賜給他一個能擔任聖職的青年。[122]他到臺灣後更發現臺灣的氣候實在不適合外國人居住，他在日記中載道：

> 由於自己的經驗，我深知只有少數外國人能抵抗台灣氣候的危害，所以主張要用本地的工作人員去發展教會傳教事業。[123]

除了氣候的因素之外，他曾說明設立牛津大學堂（Oxford　College）培養本地傳教幹部的理由包括：一、「佈道團必須考慮語言、氣侯、人民的社會生活和本地人的佈道工作的能力。我從頭就深信不能希望外國工作者完全擔任臺灣的佈道工作，每年的經驗都證實我的見解之正確。靠主的幫助，我們已經在臺灣的本地人中培養了許多工作者。」二、經濟的理由，無論是人或金錢。「本地人能在各該地方的氣侯及環境中生活，而外國人則容易生病或死亡。本地傳教人員及其家屬所需的經費比外國牧師所需的少得多；所以用同樣的款子，如用本地傳道師，可以有更多的幹部。……一個本地人即使和西洋人一同生活，所需的錢，也不過是有西洋生活習慣的人所需的一部分而已。」[124]

他認為平地傳教要用本地的傳教人員，在山地部落要培養「番人」在該地傳教。他說「我們在『番人』中間的佈道工作，與散兵戰差不多，…西方的宣教師不能長住在山中，因為經常下雨，不利健康。言語的分岐也

122　G. L. Mackay, "*From Far Formosa: The Island Its People and Missions*", p.142.
123　G. L. Mackay, "*From Far Formosa: The Island Its People and Missions*", p.44.
124　G. L. Mackay, "*From Far Formosa: The Island Its People and Missions*", p.285.

是很大的障礙。最好是培養一個『番人』的傳道師在各該區中傳道。」[125]

　　南部教會的洋教士也有相同的看法，他們發現傳教的工作迅速進行及擴展，本地的傳教人才非常缺乏。他們需要很多虔敬有才幹的青年人獻身傳教，也要將他們訓練成良好的傳教人才。希望很快有能力訓練本地人擔任傳教工作。[126]由於傳教人力的不足，導致在臺灣的洋教士不願再新設教堂，余饒理牧師認為本土傳教人員中有些人，無論在人格與學識，都不能令人滿意。所以傳教人才的培養成為刻不容緩之勢。[127]

　　巴克禮牧師也發現新來教會的人，大都是因為本地信徒的引領而得到信仰。很少人從外國人得到。因為外國人沒幾個，要傳給全臺灣的人知道福音要相當久的時間；如果本地信教者都出力帶領人入教會，入教會的人再帶領別人入會，沒多久臺灣就能家家戶戶都可聽到道理。[128]

（二）、神學校的設立

　　由於南北教會均重視本地傳道人才的培養，因此設立專門培養傳教人才的學校，來訓練傳道人才。

1、大學（今臺南神學院）的設立

　　就南部教會而言，1927 年高金聲牧師曾撰文〈神學校來歷〉（Sîn Hák-hau Iai-kek），詳細介紹神學校設立的經過及師資、經費的來源等。該文將神學校分成四期。南部教會快速建立教堂，但是傳教人員很少；當時英國傳教士住在臺南及旗后，因此，分別在臺南和旗后找人讀書。旗后有四人，教師為李麻牧師和林兼金。臺南有九個學生，在甘為霖牧師的樓下上課。被視為今臺南神學校設置的第一期。

---

[125]　G. L. Mackay, "*From Far Formosa: The Island Its People and Missions*" p.265.

[126]　The Presbyterian Messenger,（Official Journal of the Presbyterian Church of England ,Novermber.1872.）,p.252.

[127]　The Presbyterian Messenger,（Official Journal of the Presbyterian Church of England ,August.1884.）,p.157.

[128]　巴克禮，〈請安教會〉，《教會公報》第 95 卷，光緒 19 年 2 月，頁 16。

1876 年傳教師認為分設兩處，浪費人力，且沒機會商量事情，因此旗后的傳教人員移住臺南。旗后的學生遷來臺南，在舊樓醫館研究聖書，學生總共十人。由甘為霖、巴克禮及施大弼（Rev. David Smith）等輪流教學，並請廈門羅榮廣來教漢文。是為第二期。

1878 年英國母會寄來 300 磅給神學校，因而在新樓內東北角建築一棟房子，學生從舊樓移來新樓上課，學生約有十餘人。正式開學時間在 1880 年 2 月 23 日，先後聘請王世杰、林雲祥及澎湖秀才許廷芳為漢文教師；外國教師有甘威廉、巴克禮、涂威廉等。是為第三期。

學生在新樓就讀一、二十年，有一位英國朋友，聽巴克禮牧師演講，受感動，就捐 1,000 磅（約一萬元），臺灣會友也出一些，在新樓對面買一塊地約 5,000 坪，來建一座大樓，樓上當宿舍，可容納 27 名學生及兩位老師。樓下有四間教室，食堂一間，前有花園，後有運動場。在 1903 年 2 月 18 日開學，巴克禮牧師擔任校長，漢文由林雲祥教授，舍監是高金聲，學生約 30 名。1925 年曾和北部神學校聯合，至 1927 年又分開，有 27 名學生，由滿雄才牧師為校長。

就學生而言 1927 年前可分成三代。第一代學生多不識字，有的以演戲為業、有的愛賭博；後來聽到道理，反悔才來讀書；有的在畫燈籠，就放棄世俗來入學；有的是做廚師，也放棄偶像來讀聖書。有的當強盜，聽到道理反悔來受教育。他們認識聖經幾個禮拜，就有膽識到處去傳教，來興起教會。

東港最早是傳道李豹來傳道，後來牧師回去旗后，每次禮拜六差一人到東港來講道理，並租一間房子做福音堂。到禮拜一，受派之人再回旗后去學習道理。[129]本地傳道者在教會初成立之時，對教義認識的程度由此可知。這種情形應屬普遍的現象，因此迫切需要訓練本地的傳教者。

設校十年後，學生較進步，讀較深的聖書和漢文，也學算術。當時的學生在禮拜二及禮拜天下午沒讀書，就去市街廟口傳道，每禮拜六要走很遠的路去鄉下教會主理禮拜。

---

[129] 趙時回，〈來發長老的小傳〉，《教會公報》第 268 卷，1907 年 7 月，頁 52。

　　最早學生就讀沒有年限，有的讀七、八年，後來定為四年畢業，前三年讀書，最後一年去教會、小學，再回來讀一年才畢業。後來分設四個年級，每天讀五小時，禮拜六休息，禮拜五下午輪流去鄉下及市街傳教，星期日要去禮拜堂教主日學和主理禮拜。

　　至 1927 年神學校總計 220 名學生畢業，其中 168 名擔任傳教人員，有 20 名擔任牧師。時南部教會有 76 名傳教者，其中有 71 名是神學校畢業生。初創時學生較少，除教師薪水外，每年學校開銷約五百元；後來學生增加，教師也多，物價又上揚，西洋先生的束脩不算，每年的經費也要八千多元。1927 年臺灣的教會和朋友的捐獻可達一千多元，其餘的費用均由英國母會所出。[130]

　　隨著神學校的設立，進而有設立教會中學的討論。1884 年 4 月 2 日初到任的余饒理牧師，向英國母會報告，提到設立中學的信念與日俱增。他說：「對我而言，致力於教育、陶冶年輕人，比設法使老一輩的人擺脫迷信更為重要。……至於設立中學而言，我們必需尋求自信徒學校開始而具連貫性的訓練途徑，以備學生將來能擔任鄉村教師，一方面也為想進入神學院學生而作準備。」[131]

　　可見中學校設立的動機，在於培養鄉村教師及神學校學生的來源為目標。1885 年 6 月首度發刊的《教會公報》刊載〈論設立中學〉一文，對設立中學校的理念、課程、費用及學生入學年齡有更具體的說明，茲將該文引錄如下：

　　　　設立中學的意思如何？是因為那些小學所讀的不深，只是讀字而已，沒學到別的，所以我們想應在府城設立一所中學，讓人得到各種教育，如：聖書的道理、讀漢字、寫字、地理、各國的記錄、算帳、天文等等。請一位英國的教師專程來負責這件事。人們若要差他的兒子來讀，他應寫信來給我們知道，或是通知傳道理的人，讓他們通知我們。先生的薪金我們全部出；但各人應負擔自

---

[130]　趙時回，〈來發長老的小傳〉，《教會公報》第 268 卷，1907 年 7 月，頁 52。
　　　高金聲，〈神學校來歷〉，《教會公報》第 509 卷，1927 年 7 月，頁 1-3。
[131]　The Messenger and missionary Record, Aug, 1884, pp.157-158.

　　己的伙食費用，一個月差不多一個銀錢。這個中學要於八月初開學；是時在大學讀書的學生要再來府城，那些中學生可以和他們一起來。要來的學生要滿十二歲才行。[132]

　　次月的《教會公報》通知學生開學時間在八月六日，學生應在四日到達府城，並通知「要來的學生不一定要識字，雖未讀過書的也可以來」、「入學時要帶三個銀錢，其他的可以慢慢的寄來」、「學生的衣服要自己帶，被服、用具，公會可替學生代辦」等項，並聲明「中學的場所暫時設在舊樓，盼望日後另外興建」。[133]

　　中學校於 1885 年 9 月 21 日正式開學，定名為「長老教會中學」，余饒理為第一任校長，吳葛任漢文教師。開學後余饒理曾向母會報告道：

> 來就學的學生有十名，另有更多到秋後才會來入……希望這一所中學能提供完整的一般科學教育，好讓學生在將來對教會有大的幫助，或對個人極有用的專業訓練。……學校每日作息包括早、晚的禮拜。課程有基督傳、新舊約歷史、約翰福音和使徒行傳、漢文及白話字，以及我從汕頭話所翻譯的信仰問答書、算術、漢文、中國史、地理及自然科學。……在臺灣南部的本地教會中，最重要的事就是人才培育。但願本中學將成為其途徑之一，同時能成為可滿足這種需求的有效機構。[134]

　　可見教會創設學校，係為培養傳道人才而設立。日治初期乃維持此一特色，但隨著學生升學的需要，到 1922 年課程已經調整，有國語（日語）、物理、化學、地理、本國歷史、西洋史、東洋史、算術、幾何、代數、三角、音樂、美術、體育及漢文。此外還有日本中學所沒有的聖經教學等宗教課程。[135]《黃武東先生回憶錄》中提及其學生生活中，有一段是長榮中學宗教生活的回顧。他說：

132　不著撰人，〈論設立中學〉，《教會公報》第一號，光緒 11 年 6 月，頁 3。

133　不著撰人，〈教會的消息〉，《教會公報》第二號，光緒 11 年 7 月，頁 8。

134　George Ede ,‘*Formosa –Opening of Middle School*', The Presbyterian Messenger, Jan. 29,1886 , pp.11-12.

135　長榮中學編，《臺灣基督長老教會長榮中學百年史》（臺南：該校出版，1985 年），頁 88。

在宗教生活方面，朝夕各有晨昏禮拜，早朝禮拜全體師生都要參
加；夕拜由舍監輪流主領，臺日語併用。禮拜日全校師生都赴東
門教會與女學校一起做禮拜。[136]

北部教會中學之設立亦然，1914 年淡水中學中正式成立，招收三
十名學生，為一所五年制的中學。提議創建淡水中學，最早始於 1904
年。同年 5 月 9 日吳威廉牧師等聯名向加拿大母會提請書，除「請母會
批准北部教會設中會，以資促進本地教會的自立自治」外，並「請母會
開設中學校，為神學校的預備校，以資提高神學校的水準。」[137]

中學校的設立或許解決了神學校學生來源的問題，但其問題只是往
下延伸而已。中學解決了神學校學生來源的問題，但中學學生來源又成
了問題。因此小學的設立成為大會討論的重要議題。第二期《教會公報》
預告大會將討論各教會是否應設小學。[138]會中決定要設立小學，但不能
聘請非基督徒擔任教師，重要的是要讀聖經，並用白話字來讀來寫。但
會中未決定如何設立。[139]「論設立小學」為大會五大議題中的第一項，
因此在會議中有很多討論。其中余饒理強調教育對傳教的重要，認為小
學一定要設。吳意指出小學一定要設，臺灣（府）已設好幾年，都沒成
功，只剩大社的小學；他認為在府城已有中學、女學、大學，應請母會
設一間小學，全臺南府屬的教會來捐獻，做教師的薪金及費用，各教會
能自己設小學更好。[140]但未見積極籌設小學，可見英國母會對小學的設
立，不如設大學、中學積極。

---

[136]　黃武東，《黃武東回憶錄》，頁 52。

[137]　鄭連德等編著，《臺灣基督長老教會北部教會九十週年簡史》，頁 44。

[138]　不著撰人，〈今年的大會〉，《教會公報》第二張，光緒 11 年 7 月，頁 5。

[139]　不著撰人，〈論大會〉，《教會公報》第四張，光緒 11 年 9 月，頁 20。

[140]　不著撰人，〈大會的紀略〉，《教會公報》第六張，光緒 11 年 11 月，頁 34-36。

2、臺灣神學院的設立

鄭連明將臺灣神學院的發展，分成五個階段。[141]筆者以制度的建立為考量，將臺灣神學院的發展史，分成四期，即：開拓時期（1872-1881）、初創時期（1882-1908）、過渡時期（1909-1945）、茁壯時期（1945-現今）。茲分期說明如次：

（1）開拓時代（1872-1881）：馬偕牧師既然決定要用本地傳教幹部，且從最早的改信者之中選擇適當而且熱心的人加以訓練。但限於條件，並無固定的校園、時間和課程。而是運用各種各種機會與場合來訓練其追隨者，使學生具備基本的神學知識與傳道方法。馬偕牧師在其 From Far Formosa 書中曾自述他訓練學生的場合與方法有四：

    A 在榕樹或竹林下終日誦讀、研究或查考聖經。晚間則給學生解釋經文。在旅行時，天黑之後跟學生講授教義。

    B 往基隆途中的巖石上，在淺水中沿海岸航行。有些學生到水中，拿起貝類、活珊瑚、海膽，以資研究及檢查。有時也釣魚，以求得食品及研究的標本。

    C 停留在各教堂時，每天研究到下午四時為止。所有的人都要學習唱歌、講話和辯論。

    D 在同道旅行時在路上，討論福音、民眾、傳教的方法、上帝等。在路上每人每天都要採集植物、花、種子、昆蟲、泥、粘土等各種標本，並在下一個停歇處加以研究。[142]

因為沒有固定的學習場所，所以又被稱為「巡迴學院」。根據統計，北部教會在開創九年間（1872-1981），約有21名學生，他們被差遣到各地去傳教。初期的學生有嚴清華、吳寬裕、林孽、王水長、陳榮輝、陳雲騰、陳能、蔡生、蕭大醇、蕭田、連和、陳存心、陳萍、洪胡、李嗣、

---

[141] 鄭連德等編著，《臺灣基督長老教會北部教會九十週年簡史》，頁33-41。該文將之分為開拓時代（1872- 1881）、理學大書院時代（1882- 1906）、過渡時代（1907- 1927）、神學校時代（1927- 1945）、神學院時代（1945-　）。

[142] G. L. Mackay, " *From Far Formosa: The Island Its People and Missions* ", pp.287-288.

姚陽、陳九、李炎、李恭、劉和、劉求等。[143]

此期的傳道者訓練，完全由馬偕牧師負責，其目的旨在傳教，並藉以增進其追隨者的知識與對宗教的認識。其課程未經系統的設計、規劃，亦無固定的教學場所與制度，嚴格說並不能稱之為學校。其型態有如耶穌與其門徒之間的關係，結果亦相同。這些追隨者，對教會產生相當大的影響。

（2）理學堂大書院時代（1882-1908）：1880年馬偕牧師例假返加拿大，他在臺灣傳教的經驗及成就，引起各地信徒的關注。發起在淡水建設神學院的募款運動，得到各地教會的熱烈響應。1881年11月，馬偕牧師返臺前，在其故鄉 Woodstock 教堂舉行的歡送會中，將所募得的6,215元美金，贈與馬偕牧師作為建築神學院之基金。馬偕牧師乃在淡水砲台埔興建學校，於1882年6月19日舉行奉獻及開學典禮。為感念其故鄉教友的捐助，乃以 Oxford 鎮之名作為學校之名稱，故定名為 Oxford College，即所謂「牛津學堂」或「理學堂大書院」。[144]

初期之師資除馬偕牧師之外，尚有馬偕牧師娘（陳聰明）、嚴清華、連和、陳榮輝、蔡生等五人。嚴清華等均為教會開拓時期，所培養的本地學生，他們一起承擔初期傳教人員訓練的工作，但主要的教學工作乃由馬偕牧師負責。

本期雖已有校舍，但仍不具備學校應有的制度。第一期招收 18 名學生，當時無入學年齡限制，也無入學考試，由傳教人員就報名者中甄選產生。入學後既不是採學分制，也非學年制，更沒有學成後之畢業典禮。學生入學後，經過一段時間訓練，若有教會需要，就派出去擔任傳教工作，一段時間後有機會再返校進修。

課程除了神學與聖經之外，還有漢文、白話字、地理、地質、動植物、礦物、生理衛生、醫學、解剖、化學、物理、算術、初等幾何及音樂、體育等。上午由馬偕帶領學生上課；下午前往淡水街上「偕醫館」

---

[143] 嚴彰，〈追憶牛津學堂與恩師〉，收錄於齋藤勇編之《マッカイ博士の業績》（臺北：淡水學園刊，1939 年），頁 139。

[144] G. L. Mackay，" *From Far Formosa: The Island Its People and Missions* ", pp .291-29.

幫忙，參與實際之醫療工作；晚上則進行傳教練習，並互相批評討論。[145]

本期的教師雖仍然未經嚴格的專業訓練，但在人數上已大為增加，授課內容亦略具規模，且有固定的教學場所，已具學校的型態。但學校之基本制度則尚未建立，若與開拓時期合併為一期，稱之為「草創時期」，亦無不可。

（3）過渡時期（1909-1945）：本期值得注意的問題是：學校制度的建立、遷校以及南北神學校合一等。就學校制度的建立而言，主要是學制的確立。1909 年開始凡要入學者，一律要國民學校畢業方可報考，入學後要學習九年才可畢業。1919 年又修改中學畢業才可入本科，本科學生修業四年畢業。1941 年學制再增加一年，中學畢業，考試入學後修習五年畢業。[146]

校園的遷移。1914年4月4日由淡水的牛津學堂遷至臺北，今馬偕紀念醫院對面，牛津學堂舊址另創淡水中學。在普世教會的概念下，南北教會努力推動教會合一的工作，決定先執行統一神學教育。1925年臺灣大會決議將南北神學校合併，因此先將北部神學校的學生，率往臺南神學校就讀。1927年神學校合一計劃破裂，臺北神學校重新在淡水舊偕醫館開辦。1931年在孫雅各牧師的主導下，校址再遷回淡水牛津學堂。1937年再從淡水遷到臺北市雙連（原為因應南北神學院合併之需所新建之神學院校舍）。

南北教會合一的問題當另文討論，於此僅簡述南北神學校合一的大略。南北教會受普世教會思想的影響，1912年南北教會分別於四月、二月批准或接納「南北教會聯合章程」，並於1912年10月24日在彰化西門街禮拜堂成立「臺灣大會」。[147]為促成全臺教會達成真正的合一，決定南北教會先將培養傳道工作的神學校合併。次年第二屆大會高金聲提議「大會宜請南北教士會協商南北聖道書院合一問題」，決議派高金聲等

[145] G. L. Mackay, " *From Far Formosa: The Island Its People and Missions* ", pp.294-295.

[146] 鄭連德等編著，《臺灣基督長老教會北部教會九十週年簡史》，頁33-41。

[147] 臺灣基督長老會北部中會，1912年第十四屆會議紀錄；臺灣基督長老會南部大會，1912年大會會議紀錄。

六名代表與南北教士會商議，並於後會陳報結果。[148]

　　1915年第四屆大會決議將臺北為聯合神學校的所在地，並委託南北之教士會合建校舍。次年大會議定學生入學資格、修業年限、修習科目。[149]1917年夏神學校於臺北雙連舉行奠基典禮，預計次年春建成啟用。但後來南北教會對聯合神學校之校址，意見不同，迄1942年尚未得具體結果。[150]

　　本期內之課程、師資、學制已陸續完備，但受南北神學校合一等因素的影響，校址不斷的遷移，故以過渡時期視之。

　　（4）茁壯時期（1945 以來）：1945 年 9 月 7 日復學，改名為臺灣神學院，1955 年將校址遷至今址（士林區嶺頭）。本期最大的特色是學校各項制度漸趨於健全。

　　為因應傳道訓練的實際需要，分設預科與本科，1952 年 9 月又提升入學限制，提高為六年制。凡高中畢業者，可入預科，修習二年；大專畢業者可入本科，修習四年。為能專精的研究與傳道實際需要，於1957 年除原有的神學系外，增設基督教育學系及教會音樂學系。後來又增設社會工作學系，而且續有神學研究所碩士班及博士班之設立。[151]

　　課程與師資方面以 1952 年為例，當時已將教授科目分成舊約學、新約學、歷史神學、系統神學、宗教學、實踐神學、文學及其他等學科，每一學科均設主任一人。每一學科之下又分成不同科目，如「舊約學」分成舊約緒論、舊約歷史、舊約釋義、希伯來語、舊約神學等五科目。總計七個學科共細分成 34 個科目，分別由學有專精之教師授課。教授陣容也大為增強，當年除孫雅各院長外尚有教授三名、講師 14 名，合計 18 名。不但人數明顯增加，在素質上也不斷提升。

　　二次大戰結束後，基督宗教在臺灣的發展相當迅速。當時臺灣社會的氛圍，非常適合基督教的推廣，許多人感覺到精神的空虛，又有大量

---

[148] 臺灣基督長老會南部中會，1913 年議事錄，第二十八條，手稿無頁碼。

[149] 臺灣基督長老教會北部大會，1915 年議事錄，第二十二條、一九一六年議事錄第十四條。

[150] 臺灣基督長老教會北部大會，1926 年議事錄，第十八、十九、二十一條；1942 年議事錄第三十六條。

[151] 黃六點主編，《臺灣基督長老教會北部教會大觀（1972 年）》，頁 745-747。

原來在中國傳教的外國傳教士轉到臺灣來工作。[152]長老會在這種環境下，教會成長極為快速，1955 至 1965 年間的倍加運動，使臺灣基督長老教會，在短短十年之間成長一倍。這種局勢自然有利於神學院的健全發展。

教會初建立時，傳教人力不足，信徒中較可取，能唸聖詩的人，雖然沒讀很多聖經，沒進神學校，就派去擔任傳教的工作。[153]可見教會初設時傳教人才的缺乏。本地傳教人才的培養就顯得格外的重要，因此必需設立神學校。

要培養教會人才必需從速建立小學、中學至大學，使各級學校的學生來源不成問題。設學校的目的在於培育傳教人才，設立的順序是先設有「大學」，培養傳教人才；因大學學生來源不足，因而設立中學；初期中學所招到的學生，只招到十多名學生，為此又迫切要設立小學，甚至想彷效中學的模式，由公會在府城設置，以解決各教會普設小學，造成學生人數不足，難以維持。

南北教會各級學校的設立，其動機均源於解決神學校學生的來源問題，以培養優秀的傳教人才，達到教會「自傳」的目的。

（三）、本地牧師的「封立」

外國傳教士在臺拓展教務，陸續建立禮拜堂，馬偕牧師在二十餘年間就開拓六十間教堂；南部的梅監霧牧師在臺傳教十年便設立了十間教會。[154]教會創立之後，洋教士要奔波於醫療、傳道，自然無法親自照顧，教堂的管理與教務工作則有賴於本地的傳教人員，洋教士只能於適當的時間巡視教區，或由巡迴牧師看管教會。在教會初拓時，本地的傳道工作人員極為難求，因此「李豹在領洗十二天後，就被派到木柵做傳道者」，「起初聖詩五十九首不能盡識，馬太福音只讀一章到十三章的程

---

152 董顯光，《基督教在臺灣的發展》（臺北：作者自印，1961 年），頁 66、104。

153 姬礬法，〈大學要論〉，《教會公報》第 90 卷，光緒 18 年 9 月，頁 76。

154 黃茂卿等編著，《臺灣基督長老教會太平境馬雅各紀念教會設教一百二十年史》，頁 8。

度，就被派到山地教會的據點木柵做傳道師。」[155]

1896年南部教會成立中會，聘立本地牧師組成獨立堂會，為當時各堂會長老努力的目標。因此在往後幾次會議中，關於如何封立本地牧師的討論甚多，以下即以獨立堂會的組成，以實例說明牧師封立的經過。

1896年春秋二會中相關者有：一、「欲立本地牧師，宜如何設法」，通過「設立本地牧師條款」；二、討論「宜立考取進名傳道士之章程，以為將來選舉本地牧師之準則」；三、「派人查堂會能堪請本地牧師有幾處」，以為考取進名牧師之參考。[156]

1897年春會，前會受命調查聘請本地牧師案回報表示：鳳山縣屬的東港、林後、杜君英、阿猴、建功等庄五處願聯絡為一，延聘牧師；安平縣的郡城、木柵、柑仔林、崗仔林、拔馬等教會要合聘牧師。嘉義縣屬則因「堂會星散錯處，難以聯合，欲聘牧師，捐款殊難為力」；彰化雲林兩縣所屬堂會謂「聘牧師經費除傳道俗金而外，有數處合捐銀壹百柒拾玖元有奇，冀其嗣後或克成此善舉」。

鳳山、安平兩縣堂會建請聘任牧師案，獲大會同意。因此派員至該區監選牧師，或獲中會接納派員前往調查是否可聘牧師，「所派稽查諸會使，如視所查係屬妥適，宜准其並鑑選牧師之事」。茲將木柵五堂會聘牧經過引錄如次：

> 木柵代議長老具稟呈獻紀事宣讀，據稟所云，木柵、郡城、柑仔林、崗仔林、拔馬等會願合力同聘牧師以司治教。巴克禮舉議當准其所稟，又當頌謝上帝恩施寵渥。大會懽然喜納，會正率眾祈禱祝謝。遂託巴克禮、黃西京、趙爵祥前往查覈，果能延請牧師與否，查實回報。
> 黃烏皮舉議當納所覆准木柵等會聘選牧師，大會准。
> 黃能傑舉議當派人重往木柵等會鑑選牧師，大會准。遂派廉德烈、黃西京等前往。[157]

---

[155] 黃茂卿等編著，《臺灣基督長老教會太平境馬雅各紀念教會設教一百二十年史》，頁28。
[156] 1896 年 2 月臺南長老大會議事錄，手稿本，無頁碼。
[157] 1897 年 3 月臺南長老大會議事錄，手稿本，無頁碼。

為因應堂會聘請本地牧師，需先訂立牧師考選的辦法，因而在中會通過「考進名章程」十條，詳細明定考取進名之科目。[158]

1897 年秋會又討論「大會所選拔者，倘於堂會未聘之先，得西國牧師訓之以牧師職分、治會綱紀諸要道，俾受選者無忝厥職，如是則大會庶可斯時立選，……是時西牧師皆允諾訓誨，大會議准，於是會正率眾懇切祈禱後令會眾行選，並請同在長老與選。所選者即黃茂盛、劉茂坤是也。[159]

1898 年春會在本地牧師的選立上已有具體的結果：

一、回報監選牧師結果，木柵、東港等分別由會眾選出劉茂坤、潘明珠為牧師。

二、木柵、東港等會代議長呈獻請帖，欲聘劉茂坤、潘明珠為其堂會牧師。

茲將其經過引錄如下：

> 木柵等會代議長呈獻柬帖，恭聘劉茂坤為其五堂會牧師。會正遂將柬帖請紀事宣讀，讀畢。趙爵祥舉議該帖所約悉係穩妥，須當納之。黃烏皮許諾，大會准。會正託高長率眾恭立祈禱稱謝上帝鴻恩。然後會正將柬帖遞交劉茂坤，而劉茂坤自陳其才疏學淺，恐難勝任，時甘為霖、巴克禮相繼而起為之鼓勵勸慰，則許諾應聘。[160]

三、決議授任牧師禮的時間。1898 年 4 月 2 日在林後禮拜堂「請潘明珠跪下，諸牧師同行按手之禮，立潘明珠為東港等會牧師」，為南部教會首位之本地牧師。[161]同年 4 月 7 日在郡城新樓中學，按立劉茂坤為木柵等會牧師。[162]

由上述可知本地牧師的封立，首先要該堂會有足夠的財力，可以支

[158] 1897 年 3 月臺南長老大會議事錄，附錄，手稿本，無頁碼。
[159] 1897 年 10 月臺南長老大會議事錄，手稿本，無頁碼。
[160] 1898 年 2 月臺南長老大會議事錄，手稿本，無頁碼。
[161] 1898 年 4 月 2 日臺南長老大會特會議事錄，手稿本，無頁碼。
[162] 1898 年 4 月 7 日臺南長老大會特會議事錄，手稿本，無頁碼。

應一年度牧師之薪金，再向大會報告。大會派人調查屬實之後，由督會（即小會）選任牧師人選，惟其過程須有大會派人鑑選，才能得大會之承認。牧師人選選出後，由代議長老具稟，經大會同意後聘任。所欲聘任之人，應已受大會牧長封立者。若所聘任者未經封立牧師，須為「考取進名者」。

潘明珠和劉茂坤的聘任，是南部長老教會設教三十多年來的首創，其態度慎重、莊嚴，其過程反應出教會人士的喜悅。茲以劉茂坤受封立的經過加以說明。

劉茂坤在新樓中學的廣場受封立，與會者約三、四百人，由巴克禮牧師與潘明珠牧師等四人按手封立，下午三時即由劉牧師主持聖餐式，晚上舉行茶會，請來臺灣傳統喜慶必備之「八音鼓吹陣」以資熱鬧。

翌日，劉茂坤牧師要前往木柵教會駐會，其送行隊伍由神學院學生（時教會中人稱之為大學生）十二人騎馬陣領路，隨後四十名中學生（時教會中人逕稱教會新樓中學為中學）列隊持彩旗，三大隊八音鼓吹陣與八頂大轎，最後是陣容龐大的郡城教會之信徒。這種盛大的遊街場面今日實難以想像，時人有稱之為「蕃仔秀才進中」。隊伍由北門出城往大目降（今臺南市新化區），大目降的信徒亦內排出熱鬧的陣容，由內山出來迎接。到了拔馬，拔馬教會宰豬殺羊設宴歡迎。第二天經過岡仔林吃中餐，晚上到木柵，約有千名信徒聚集歡迎。[163]其盛況不亞於當時臺灣民間信仰的迎神賽會。

臺灣教會首度聘任本地牧師，由於本地牧師的缺乏，加上教會財力不足，故採數個教堂合聘一牧師的方式，以巡迴巡視的方式照顧教會。但合聘各堂會所處的位置相距甚遠，劉茂坤牧師牧會的郡城（今臺南市東門路之太平境教會）、木柵（今高雄市內門區木柵里的木柵教會）、柑仔林（今高雄市內門區永興里的永興教會）、崗仔林（今臺南市左鎮區岡林里的岡林教會）、拔馬（今臺南市左鎮區左鎮里的左鎮教會），其範圍相當廣大。

163　黃茂卿等編著，《臺灣基督長老教會太平境馬雅各紀念教會設教一百二十年史》，頁109-110。

　　木柵教會是西拉雅族為主體的教會，初期採取集體改信的方式，信徒對教義認識往往不足，較無堅定的信仰。劉茂坤以木柵教會為駐會教堂，同時方便在山間鄰近的三堂會牧會，並照顧崗仔林新分設的新和支會（今臺南市新化區頂山腳里）。此外，他尚須巡視郡城教會所分設之麻豆、大灣（今臺南市永康區）、埔姜頭（今臺南市永康區）、灣裡街（今臺南市善化區）、及新市等佈道所。[164]《教會公報》留有劉牧師巡視教會的消息。[165]初代本地牧師轄區廣大，工作負擔相當大，其中郡城教會在 1945 年前隨著信徒的增多，財力增強，牧會人才經臺南神學院不斷培養新人投入，因此分設了 23 所教堂。[166]

　　總計南部英國長老教會，在終戰之前，總共按立了 80 位本土牧師；北部加拿大長老會按立了 48 位牧師。

　　在 1940 年兩國洋教士全面撤離時，南部教會的傳教士有萬榮華牧師、滿雄才牧師、戴仁壽醫生、希禮智牧師、杜雪雲姑娘、連雅麗姑娘、林安姑娘、列以利姑娘等八人，如連同 1939 年返國之彰化基督教醫院蘭大衛醫生、李約翰醫生等計算在內十人。北部教會的傳教士有劉忠堅牧師、偕叡廉牧師、明有德牧師、孫雅各牧師、妙道拿醫生、吳阿玉護士、閔瑪琍姑娘、唐蘭花姑娘、杜道理姑娘、蘭馬烈姑娘、朱姑娘、德明利姑娘、和為貴護士及衛姑娘等十四人。[167]可見在日治末期，本地牧師的人數已遠超過洋傳教士。

六、結論

　　臺灣基督長老教會的三自運動，起源甚早。由於洋教士對本地氣候、語言難以克服，且為節省傳教經費，因此很早就僱用本地信徒參與傳教工作；為扶植本土教會的健全發展，鼓勵本土信徒奉獻以期自立。

---

[164]　劉茂坤，〈劉牧師巡教會的消息〉，《教會公報》第 159 卷，1898 年 6 月，頁 44-45。

[165]　不著撰人，〈大會的消息〉，《教會公報》第 156 卷，1898 年 3 月，頁 19-20。

[166]　黃茂卿等編著，《臺灣基督長老教會太平境馬雅各紀念教會設教一百二十年史》，頁 175。

[167]　鄭連明等編，《臺灣基督長老教會百年史》，附錄一〈來臺工作宣教師一覽表（光復前來臺者）〉，及附錄二〈本地受按牧師一覽表（光復前為止）〉，頁 469-483。

在長老教會傳入臺灣三十年後，南部教會即已組織大會，並開始封立本土牧師，確立教會自傳自治的目標。到二十世紀二〇年代，為數眾多的本土年輕傳道、牧師，積極鼓舞本土教會自立自養，普受教會人士的重視，無論在「自治」、「自養」「自傳」等方面均有相當的成就。

但距離本土教會完全自立，尚有很長的路。由於日本國內軍國主義的抬頭，為加強國民精神教育，無論日本國內或海外殖民地（臺灣、朝鮮），對宗教信仰均加強管理，並企圖加以控制。1937 年以後日本與英國、美國關係逐漸惡化，洋教士與日本的關係也日益緊張，至 1940 年紛紛將所有財產移交本地教會，並全面的撤離臺灣。洋教士的撤離，使本土教會被迫完全自立。期間本土教會的人力和財力均相當困難，但終能順利運作，這必需歸功於本土教會精英的大力倡導。二次大戰結束，洋教士陸續返台，整個教會結構已截然不同，宣教會不但無法再支配本土教會，反而成為本土教會的附屬團體。

或謂中國基督教會本色化的討論，始於二十世紀的二十年代。[168]查時傑將中國基督教會本色化的發展分為四期：

一、以西教士為主的栽種時期：將基督教的信仰移植到中國來，此期除了信徒為中國人之外，全都是西式的。

二、中西合作的過渡時期：華人信徒與西教士之間由主僕關係，轉變為同工關係。本土傳道士在人數及素質提昇。西教士為主，本地教士為輔，雙方謀求融合。

三、以中國人為主的自立式教會時期：受民族主義的刺激，中國傳教者認為應將教會帶上自立、自養、自傳的途徑。

四、以中國人為主的本色化教會時期：差會在傳教中承擔大部分責任的時期正在結束。外國人的教會組織，從中國基督教事業中消失。即教士會必須成為中國教會的一個有機組成部分。[169]

---

[168] 山本澄子著，〈二十年代中國基督教會的自立運動〉，收錄於《中國風土與基督教信仰》，（高雄：天啟出版社，1984 年），頁 306-312。

[169] 查時傑，〈中共「三自」教會與基督教會本色化運動關係初探〉，收錄於林治平主編《基督教與中國本色化》（臺北市：宇宙光出版社，1990 年），頁 709-714。

　　這種分期似符合臺灣基督長老教會的發展歷程。但創立自立式教會之動力為何？查時傑認為是「受民族主義的刺激」。這種看法似乎是來自 1920 年代反宗教運動的刻板印象，又與 1950 年以後中國高唱民族主義下「三自運動」的認知有關。但詳細觀察洋教在中國傳教的歷史而言，此種論點似乎仍有討論的空間。如 John L.Nevius 牧師 1873 年至 1877 年間在山東省南部的傳教相當成功，研究者認為是其傳教策略的正確，即自養、自傳、自治的「三自」觀念。[170]

　　唐遠華也指出「民國時代的教會，不願意受西方主義的束縛，也不願依賴西方差會的支持，更重要者在不願意放棄自己的民族意識。」[171] 在臺灣教會的「本色化」，是來自洋教士適應臺灣傳教需要的回應，也是擴展教會的策略。臺灣的基督長老教會，不分南北，在初期均由洋教士出錢出力建立的。但臺灣的教會，在差會的倡導與協助下，加上本土教會精英的努力下，逐漸走向自治、自養及自傳的本色化教會。當中國民族主義蓬勃發展之際，臺灣正受日本殖民統治，政治環境不同。臺灣沒有具民族主義背景的反宗教活動，所以「民族主義的刺激」，應無法解釋臺灣教會的自立運動。

　　本地教會人士的自立要求，其動機為何？實值得深思。個人認為長老教會為一深具自省能力之教派，他們對於荷蘭在臺 36 年傳教歷史，隨著統治的結束而消失，印象深刻。他們認為荷蘭傳教失敗是因為：外國傳教士的角色不清、政教不分的宣教事工、沒有落根在臺灣。所謂沒有落根在臺灣，即「在荷蘭時期宣教 36 年間並未培養出本地人接續宣教使命，也沒有把過去建立的宣教據點組織起來。」因此外國傳教士撤離，傳教事工即中斷。[172]由於荷蘭傳教的失敗，使十九世紀中期以後來

---

[170] Samuel H. Chao（趙天恩），〈John Nevius (1829-1893) And The Three Self Movement: Modernization of Mission Methods in China〉，1994 年 3 月 3 日至 5 日於臺北召開之《基督教與中國現代化國際學術研討會》論文，頁 2-9。

[171] 唐遠華，〈基督教教會及其傳教方法在近代中國本土化之發展〉，1981 年國立臺灣師範大學歷史研究所碩士論文，頁 239。

[172] 臺灣基督長老教會總會編，《認識臺灣基督長老教會》(臺南：人光出版社，1986 年)，頁 7。

臺的馬雅各醫生、馬偕牧師等,引為借鑑。此外,長老宗的教義也值得
注意,長老教會是由長老與牧者共同治理的教會,是長老會的傳統,本
地教會精英對此精神應有相當的體認。

徵引書目

山本澄子著，〈二十年代中國基督教會的自立運動〉，收錄於《中國風土與基督教信仰》，高雄：天啟出版社，1984 年。

王爾敏，〈清廷《聖諭廣》訓之頒行及民間之宣講拾遺〉，《中央研究院近史所集刊》第二十二期，下冊（1993 年 6 月）。

不著撰人，《一九○四年十月臺北長老中會紀略》，未著出版者及出版時地。

不著撰人，《Ti-Li Kau-Hoe》（即《治理教會》），臺南：聚珍堂印發即今新樓書房，1905 年。

吳文雄，〈臺灣長老教會本土化之研究〉，《臺灣神學論刊》，第二十八期。

吳學明，〈《臺灣府城教會報》及其史料價值〉，《臺灣基督長老教會研究》，臺北：宇宙光出版社，2006 年。

李志剛，〈馬禮遜牧師在澳門之事業及其影響〉，氏著《基督教與近代中國文化論文集》（臺北：宇宙光傳播中心出版社，1992 年 3 月二版。

李嘉嵩，《一○○年來》，臺南：人光出版社，1979 年元月出版。

長榮中學編，《臺灣基督長老教會長榮中學百年史》，臺南：該校出版，1985 年。

查時傑，〈中共「三自」教會與基督教會本色化運動關係初探〉，林治平主編《基督教與中國本色化》，臺北市：宇宙光出版社，民國七十九年三月。

唐遠華，〈基督教教會及其傳教方法在近代中國本土化之發展〉，1981 年國立臺灣師範大學歷史研究所碩士論文。

郭水龍，《北部教會史實》，手稿本，無頁碼（臺灣神學院教會史料館典藏）。

陳梅卿，〈清末臺灣におけるキリスト教の受容と展開〉，1990 年日本立教大學博士論文。

梁家麟，《福臨中華——中國近代教會史十講》，香港：天道書樓有限公司，1883 年 3 月初版。

楊士養編，林信堅修訂，《信仰偉人列傳》，臺南：人光出版社，1989 年 6 月。

楊富森，《中國基督教史》，臺北：臺灣商務印書館，1968 年 6 月初版，1991 年 11 月第五版。

黃六點主編，《臺灣基督長老教會北部教會大觀》，臺北：北部設教百週年籌備會，1972 年。

黃茂卿等編，《臺灣基督長老教會太平境馬雅各紀念教會設教一百二十年史》，臺南：太平境馬雅各紀念教會出版，1985 年 5 月。

黃武東，《黃武東回憶錄》，美國洛杉磯：臺灣出版社，1985 年 9 月初版；臺北市：前衛出版社，1989 年 2 月臺灣第二版。

董顯光，《基督教在臺灣的發展》，臺北：作者自印，1961 年。

鄭連德等編，《臺灣基督長老教會北部教會九十週年簡史》，臺北：慶祝設教九十週年歷史組刊行，1962 年。

鄭連明等編，《臺灣基督長老教會百年史》，臺北：基督教在臺宣教百週年紀念叢書委員會出版，1965 年。

臺灣基督長老教會新興教會編，《廖得牧師紀念文集》，高雄市：基督長老教會新興教會出版，1973 年。

臺灣長老教會法規委員會編輯，《臺灣長老教會教會法規》，臺南：人光出版社，1992 年。

臺灣基督長老教會總會編，《認識臺灣基督長老教會》，臺南：人光出版社，1986 年。

嚴彰，〈追憶牛津學堂與恩師〉，收錄於齊藤勇編之《マッカイ博士の業績》，臺北：淡水學園刊，1939 年。

《教會公報》資料

不著撰人，〈論設立中學〉，《教會公報》第一號，光緒 11 年 6 月。

不著撰人，〈今年的大會〉，《教會公報》第一張，光緒 11 年 6 月。

不著撰人，〈教會的消息〉，《教會公報》第二號，光緒 11 年 7 月。

不著撰人，〈今年的大會〉，《教會公報》第二張，光緒 11 年 7 月。

不著撰人，〈論大會〉，《教會公報》第四張，光緒 11 年 9 月 。

不著撰人，〈大會的紀略〉，《教會公報》第六張，光緒 11 年 11 月。

不著撰人，〈大會〉，《教會公報》第 90 卷，光緒 18 年 9 月。

不著撰人，〈大會的消息〉，《教會公報》第 156 卷，1898 年 3 月。

巴克禮，〈請安教會〉，《教會公報》第 95 卷，光緒 19 年 2 月。

巴克禮、許廷芳，〈臺南長老大會公開信〉，《教會公報》第 134 卷，1896
　　　　年 5 月。

高金聲，〈神學校來歷〉，《教會公報》第 509 卷，1927 年 7 月。

姬磯法，〈大學要論〉，《教會公報》第 90 卷，光緒十八年九月。

趙時回，〈來發長老的小傳〉，《教會公報》第 268 卷，1907 年 7 月。

楊世註，〈自治的常識〉，《教會公報》第 504 卷，1927 年 3 月。

楊世註，〈自治的規矩〉，《教會公報》第 505 卷，1927 年 4 月。

楊世註，〈自治會團結〉，《教會公報》第 506 卷，1927 年 5 月。

耕穀，〈純潔的敬虔〉，《教會公報》第 508 卷，1927 年 3 月。

劉茂坤，〈劉牧師巡教會的消息〉，《教會公報》第 159 卷，1898 年 6 月。

南北教會會議記錄

1896 年 2 月臺南長老大會議事錄，手稿本，無頁碼。

1896 年 10 月臺南長老大會議事錄（含附錄），手稿本，無頁碼。

1897 年 3 月臺南長老大會議事錄，手稿本，無頁碼。

1897 年 10 月臺南長老大會議事錄，手稿本，無頁碼。

1898 年 2 月臺南長老大會議事錄，手稿本，無頁碼。

1898 年 4 月 2 日臺南長老大會特會議事錄，手稿本，無頁碼。

1898 年 4 月 7 日臺南長老大會特會議事錄，手稿本，無頁碼。

1898 年 10 月臺南長老大會議事錄，手稿本，無頁碼。

1901 年 3 月臺南長老大會議事錄，手稿本，無頁碼。

1901 年 10 月臺南長老大會議事錄，手稿本，無頁碼。

1902 年 3 月臺南長老大會議事錄，手稿本，無頁碼。

1903 年 10 月臺南長老大會議事錄，手稿本，無頁碼。

1904 年 3 月臺南長老大會議事錄，手稿本，無頁碼。

1907 年 6 月臺南長老大會議事錄，手稿本，無頁碼。

1908 年 10 月臺南長老大會議事錄，手稿本，無頁碼。

1909 年 10 月臺南長老大會議事錄，手稿本，無頁碼。

1912 年 10 月臺南長老大會議事錄，手稿本，無頁碼。

1913 年 3 月臺南長老大會議事錄，手稿本，無頁碼。

1917 年 3 月臺南長老教會中會議事錄，手稿無頁碼。

1918 年 6 月臺南長老大會議事錄，手稿本，無頁碼。

1919 年 3 月臺南長老大會議事錄，手稿本，無頁碼。

1920 年 1 月臺南長老大會議事錄，手稿本，無頁碼。

1921 年 3 月臺南長老大會議事錄，手稿本，無頁碼。

1923 年 3 月臺南長老中會議事錄（附錄），手稿本，無頁碼。

1925 年 3 月臺南長老大會議事錄，手稿本，無頁碼。

1926 年 9 月臺南長老大會議事錄，手稿本，無頁碼。

1927 年 3 月臺南長老大會議事錄，手稿本，無頁碼。

臺灣基督長老會北部中會，一九一二年第十四屆會議紀錄

1907 年 9 月臺北長老中會第五回聚集之會錄（秋會），未著出版者及出
　　　版時地。

1915 年臺灣基督長老教會北部大會議事錄。

1916 年臺灣基督長老教會北部大會議事錄。

1926 年臺灣基督長老教會北部大會議事錄。

1931 年 3 月北部臺灣基督長老中會第三十五回會錄，未著出版者及出
　　　版時地。

1940 年臺灣基督長老教會臺北大會臨時大會紀錄，該會出版，未著時間。

1942 年臺灣基督長老教會北部大會議事錄。

1952 年臺灣基督長老教會北部大會第六屆北部大會議事錄別冊。

英文參考書目

Campbell, William, "*Handbook of the English Presbyterian Mission in South Formosa.*"（F. J. Parsons. 1910 ）.

Edward Band, "*Barclay of Formosa*",（ Christian Literature Society Ginza,Tokyok 1936）,p.113.（Dr.Mackay in the North ,I belive , ordained his First Pastors himself but that was unpresbyterian.）

Mackay G. L. " *From Far Formosa: The Island Its People and Missions* "Edinburgh and London：1896；Reprinted by Ch'eng Wen Publishing Company , Taipei ,1972.

The Presbyterian Messenger,（ Official Journal of the Presbyterian Church of England ,June.1870）.

The Presbyterian Record（ Official Journal of the Presbyterian Church of Canada,1894）.

The Presbyterian Messenger,（ Official Journal of the Presbyterian Church of England ,Novermber.1872.）.

The Presbyterian Messenger,（ Official Journal of the Presbyterian Church of England ,August.1884.）.

George Ede , 'Formosa –Opening of Middle School', The Presbyterian Messenger, Jan. 29,1886.

Samuel H. Chao（趙天恩）,〈John Nevius (1829-1893) And The Three Self Movement: Modernization of Mission Methods in China〉,1994 年 3 月 3 日至 5 日於臺北召開之《基督教與中國現代化國際學術研討會》論文。

終戰前在臺基督教派關係之研究[*]

摘要

　　清末臺灣開港後，天主教的道明會(Dominican)和基督新教的長老會（Presbyterian）傳入。日治時期其他基督教派陸續來臺設教，與臺灣民眾關係較密切的則為真耶穌教會和聖教會。

　　清末以來道明會與長老會，常為「牽羊」競爭信徒而互相批評。日治後傳入的真耶穌教會，對長老教會產生巨大的挑戰。真耶穌教會循長老教會的系統發展，使得原本屬長老教會的信徒與禮拜堂轉向真耶穌教會，引發長老教會的惶恐。臺灣聖教會與長老會關係較為密切，但也吸納很多長老會的信徒。

　　基督宗教各教派在臺灣傳教，出現互相「牽羊」的現象，根本的原因在於早期信徒對教義認識有限，難以分辨各教派間教義的異同；加上羊群有限，從其他教派的信徒中找羊群，是建立教會的捷徑。「牽羊」造成各教派之間關係緊張，相互批評，甚至引發激烈的衝突。

關鍵字：基督宗教、道明會、長老會、真耶穌教會、「牽羊」、衝突

---

[*] 原刊於《臺灣文獻》第 63 卷第 4 期（2012／12）。

一、前言

　　基督宗教指的是以崇拜耶穌基督或上帝為主宰神的宗教。目前在臺灣基督宗教有眾多宗派，主要分成舊教與新教兩大系統，舊教即所謂的天主教；新教則為宗教改革之後新創之各種教會，其派別眾多。

　　對臺灣社會而言，基督宗教為新的外來宗教，其宗教特質是一神信仰。在 17 世紀初隨著荷蘭與西班牙的統治而進入臺灣，但也隨著其統治的結束而日漸消失。今日臺灣的基督宗教是 19 世紀中葉以後才傳入的，分別是 1859 年自菲律賓馬尼拉傳入的天主教道明會(Dominican)，其傳教母國為西班牙，全臺均為其教區；另一系統則為新教的長老會（Presbyterian），南部臺灣是 1865 年由英國傳入，北部臺灣長老教會則是 1872 年由加拿大傳教士傳入。一直到 1895 年臺灣割讓與日本統治之前，道明會與長老會為臺灣地區兩大基督宗教系統。

　　日本領臺後，日本本土各種教派陸續派人來臺傳教，基督宗教亦不例外，如日本基督教會、日本組合教會、日本聖公會、救世軍……等。此外，也有來自中國的教派，如真耶穌教會。在皇民化運動之前，日本採取宗教自由政策，因此基督宗教在臺灣相當活躍。其中，對臺灣社會影響較大者為道明會、長老會、真耶穌會和聖教會。這些同屬基督宗教的各教派，彼此關係為何，對教會的發展產生一定程度的影響。本文旨在釐清二次大戰結束前基督宗教各教派之間的關係。

二、終戰前基督宗教的發展

（一）、清代道明會與長老會的傳入

1、道明教會的傳入

　　1858 年菲律賓道明會決定派遣郭德剛神父(Rev. Fernando Sainz)及洪若瑟神父（Rev. Jose Dutoras）兩位來臺灣傳教。他們於 1859 年 1 月，

由馬尼拉起程先往廈門。由於若瑟神父不諳閩南語，停留廈門學習閩南語，由洪保祿神父（Rev. Angel Bofurull）陪同前來臺灣。郭神父和洪保祿神父率領四名傳教員和一名信徒李步壘家人在 1859 年 5 月到達打狗（今高雄市）。

他們在戲獅甲（今高雄市前鎮區西甲）租屋居住，遭附近居民反對，乃前往埤頭（今高雄市左營）向鳳山縣知縣請求調解，得到洋商的協助，才得以平息。不久洪神父因染病離開臺灣往廈門調養，成為郭德剛一人獨撐大局的局面。當郭神父在前金（今高雄市前金區）找到棲身處之後，就計劃往府城（今臺南市）方面傳教，但發現難有機會而離開府城。並於 1859 年在前金購地興建草堂為臨時聖堂，1862 年興建磚造之聖堂，次年完成，即後來之「玫瑰聖母堂」。同時派傳教員到原住民部落萬金傳教，得到相當的成績，1869 年 12 月動工興建萬金天主堂。[1]

道明會對人口眾多的府城臺南，期待很高，因此郭德剛神父來臺不久就前來府城考察，尋找傳教的機會。1866 年郭神父開始在府城辦理孤兒救濟事業，收容被父母遺棄的孩子，並開始在府城展開傳教工作。[2]1868 年於小東門外的郊區購地建屋，但遭居民反對，僅搭建草茅竹屋做為臨時聖堂，這是臺南第一座天主教的聖堂。但「講究禮節的城市人，只在乎做生意、賺錢，對於靈魂根本不以為意」，因此傳教工作並不順利，遭遇到很多困境。[3]其原因甚多，有民俗宗教文化的問題，有華夷觀念的問題，也有長老教會競爭的問題。在道明會宣教師的眼中，府城的人只在乎生意、賺錢，對於靈魂不以為意，只有金錢和災難會吸引他們的目光。因此傳教的過程相當艱辛。

終滿清統治之世，從今高雄市到嘉義大林之間，只有府城附近地區的「聖多瑪斯堂」，但這教堂「房子雖高，但信友極少」[4]。臺南地區僅

---

[1]　大國督，《臺灣カトリック小史》（臺北：杉田書店，昭和十六年），頁 109-201，247-248。
　　江傳德，《天主教在臺灣》（高雄：聖導週刊社，1992），頁 38-138。
[2]　李嘉祿，《道明會宣教史》，陳方中教授提供之譯本，頁 24。
[3]　李嘉祿，《道明會宣教史》，頁 24。
[4]　李嘉祿，《道明會宣教史》，頁 5-6。

在今臺南市永康區和新化區設有「大灣傳道所」和「大目降傳道所」。[5]
郭德剛神父將傳教主力放在臺灣南部，但他認為有必要往北部傳教，因
此在 1868 年 10 月派良方濟神父到基隆傳教，雖然曾有不錯的成績，但
因水土不服而結束基隆的傳教工作。[6]道明會的傳教在 1868 年樟腦事件
後，在臺灣中部的傳教才有突破，在今雲林、彰化等地傳教，先後在斗
南、斗六、西螺、員林、埔心等地設立佈道所，並建立羅厝天主堂（今
彰化縣埔心鄉羅厝村），成為中部傳教的中心。1872 年以後，隨著馬偕
牧師（Rev.G.L. Mackay）在滬尾（今新北市淡水區）、和尚洲（今新北
市蘆州區）、大稻埕等地展開傳教。道明會克服困難，也在北臺灣展開
傳教，與長老教會發生激烈的衝突，並在上述地點建立佈道所。[7]

2、長老教會的傳入

鴉片戰爭以後英國基督長老會開始關心對中國的傳教，於是派遣賓
威廉牧師（Willian C. Burns）到中國傳教，他於 1848 年到達香港，先
後在廈門、汕頭建立傳教中心，從事宣教活動。臺灣的宣教源於 1860
年臺灣開港，該年 9 月英國長老教會駐廈門的宣教師杜嘉德牧師(Rev.
Carstairs Douglas)和駐汕頭宣教師金輔爾牧師（Rev. H. L. Mackenzie）
二人曾訪問淡水和艋舺等地。[8]認為有在臺灣傳教的機會，因此極力建
議本國海外宣道會將臺灣納入新教區。

馬雅各醫生（J. L. Maxwell）是臺灣基督長老教會首任的宣教師，
他在駐廈門宣教師杜嘉德牧師及英國聖經公會牧師偉亞烈(Alexander
Wylie)陪同下，於 5 月 28 日，到達打狗港，從旗後登陸。[9]隨即前往臺

---

5 大國督，《臺灣カトリック小史》，頁 109-201，246-247。

6 江傳德，《天主教在臺灣》，頁 111-113。

7 江傳德，《天主教在臺灣》，頁 139-146。

8 Hugh Macmillan , Then till now in Formosa （English and Canadian Presbyterian Mission in
   Formosa，1953）.pp.19-20.鄭連明主編，《臺灣基督長老教會百年史》，以下簡稱《長老教
   會百年史》（臺南：臺灣基督長老教會總會，1965 年 6 月初版，1995 年 3 月三版），頁 6-7。

9 黃嘉智，〈教會的來歷—埠頭〉，《教會公報》，第 167 卷，1899 年 2 月，頁 13-15。黃茂
   卿，《臺灣基督長老教會太平境馬雅各紀念教會九十年史(1865-1955)》(以下簡稱太平境教
   會九十年史)(臺南：共同文化事業有限公司，1988 年)，頁 21-23。

灣府城，並於府城外的「看西街」，展開醫療傳教工作。[10]但隨即被迫離開臺灣府城，前往旗後。[11]

1868 年英國與清朝因為樟腦與傳教問題，引發衝突。同年 12 月 1 日雙方達成協議，保障傳教的權利。馬醫生迫切想重返人口眾多的府城傳教，因此將旗後及埤頭兩宣教據點交給李庥牧師(Rev.Hugh Ritchie.)。他於 1868 年 12 月 25 日重返府城傳教。

1869 年元月中旬馬醫生在府城重新開設教會，做為英國長老教會在臺的宣教中心。[12]由於傳教大環境的改變，以及醫術療效的神奇，使傳教工作有了新的局面。[13]但是向漢人社群傳教的工作仍然困難重重，因此馬醫生向平埔族原住民社群的傳教。在外國宣教師的眼中，這些平埔族的穿著、語言，和漢人並無不同，但他們屬心胸開放與單純的民族，不像漢人熱衷於偶像(基督徒習稱臺灣民間信仰的神明為偶像)祭拜。[14]因此一直到日治初期，南部長老教會在漢人社會的傳教並不如預期順利，但在平埔族社會則有較好的成績。[15]

1872 年加拿大籍長老教會馬偕牧師奉派到北臺灣傳教，他以滬尾為傳教中心，先後在滬尾設立神學校、婦學、中學與女學，並開設偕醫館，以醫療傳教的方式擴展教會，在今宜蘭噶瑪蘭族的傳教也有相當的成績。

---

[10]　高長，〈臺南教會的來歷〉，《教會公報》，第 151 卷，1897 年 10 月，頁 78-80。

[11]　高長，〈臺南教會的來歷〉，《教會公報》，第 151 卷，1897 年 10 月，頁 78-80。Edward Band , Working His Purpose Out :The History of the English Presbyterian Mission. 1847-1947.（London：Office of the Presbyterian Church of　England）P.76。（以下簡稱 Working His Purpose Out）

[12]　Rev. W.M. Campbell　An Account of Missionary Success in the Island of Formosa.　（London: in London in 1650 And now Reprinted with copious Appendices of Recent work in the Island , 1889, London, Trubner　& CO,57 Ludgate Hill,1889 . Reprinted by Ch'eng Wen Publishing Company ,Taipei, 1972) ,P215.(以下簡稱 Missionary Success)

[13]　顏振聲，〈南部教會醫療傳道史〉，《教會公報》，第 664 號，1940 年 7 月，頁 5。

[14]　Rev. W.M. Campbell, Missionary Success.　p p226-227.

[15]　拙著，《從依賴到自立──終戰前臺灣南部長老教會研究》(臺南：人光出版社，2003 年)，頁 44-48。

（二）、日治時期長老會與道明會的成長

　　就資料顯示，日治時期臺灣基督長老教會發展的速度相當迅速。以南部教會而言，1895 年到 1904 年 10 年間，總計有 21 間教會建立，佔總教會數的 17.36%，是南部教會建立的高峰期；1904 到 1914 年十年間，長老教會發展的速度也相當快。在日本領臺初 20 年間教會擴展極為迅速，其因素甚多。最重要的當與日本政府的宗教政策有關。1868 年民教衝突，外國宣教師明顯地得到勝利，因而教會被視為外國人的機構，攻擊教會會遭致處罰。因此，在之後幾年間試圖以武力取得「天國」，教會人數雖然快速成長，但加入教會者，多不是基於崇敬的動機。[16]雖然長老教會藉政治上炮艦的力量，迫使臺灣地方官屈服，但他們在心態上對長老教會的傳教大體上抱持反對的態度，此對於長老教會的傳教自有其不利的影響。[17]但日本領臺後，整個形勢上有相當的改變。從〈〈教會公報〉〉的資料顯示，南部教會對日本的領臺心存期待，相信日本的領臺能帶來有利的傳教條件。因此在戰事尚在進行中，即派遣林學恭利用前往澎湖傳教的機會，私帶信函向日本駐澎湖的將領請安。[18]

　　再者，日本治臺期間，地方治安的維護有利於傳教的推展，長老教會得到法律的保護，可以在安全、不受反對者干擾的環境下傳教。而且日本在臺灣交通建設的完成，各地交通往來方便，對於傳教人員的活動提供了有利的條件，日本當局對於長老教會的傳教人員，甚且提供搭乘

---

[16]　Band,Edward　Working His Purpose Out :The Hictory of the English Presbyterian Mission. 1847-1947 .5vols　(London: Publishing Office of the Presbyterian Church of England.),p.81.

[17]　拙著，〈臺灣基督長老教會入臺初期的一個文化面相——「靠番仔勢」〉，《臺南師範學院鄉土文化研究所學報》，第一期，1999 年 12 月，頁 121。

[18]　關於日本的介紹甚多，如提到「日本的大官有的真好，因為曾到外國讀書，有的會好幾國的語言，那些人較多是信教者。」（《教會公報》第 128 卷，頁 109）也載錄「日本要整頓臺灣，要修理街道，造鐵路，開港口魚滬，也要設醫館及各種學校。」（《教會公報》，第 129 卷，頁 114）而教會所期待的是「有較好的機會可以傳教，教會可以更擴張。」（《教會公報》，第 122 卷，頁 37）〈澎湖的消息——林學恭在東石來信〉，《教會公報》，第 124 卷，1895 年 6 月，頁 58。林學恭在函中提到「在東石寮要搭船到澎湖，遇到統領總爺和當地頭人，出面要阻擋我下船。搜查我的行李，要查看是否有帶什麼書信，我的信沒有被搜查到。」

火車減價的優待。更何況日軍領臺時有很多人藉入教避難,一時間教會人數大增,甚至原有禮拜堂無法容納的現象。[19]雖然一部分避難入教的人,並不認識教會教義,因此在亂事平靜之後不再參與教會事務,但也有人因而成為虔誠的信徒,這也是日本領臺初期教會擴張的重要原因之一。

然而 1935 年到 1944 年,十年間全南部長老教會只建立四間教會,為各階段中最少的。此又與日本推展皇民化運動,其他宗教受到排擠有關。

日治時期道明會與長老會相同,得到較自由的傳教空間,神父與傳道師們也熱心傳教,但教會擴展的速度相當緩慢。到 1940 年日本統治末期,計有本堂 14 處,分堂 15 處,傳教所 22 所,教友人數 9,737 人。[20]

長老教會的擴張與本地傳教人材的培育有相當密切的關係,在 1945 年之前南北長老教會受按立本地信徒為牧師的計有 133 名。[21]相對地道明會雖然間歇性的成立傳道員養成所,但因受限於人力與經濟條件,缺乏完善的修院,在終戰前只培養出涂敏正、李天一、李維添等三位神父。[22]

(三)、新教派的傳入

日本統治臺灣之後日本本土的各種教會紛紛被引進臺灣,如日本基督教會、聖公會、日本組合教會、美以美教會、日本聖教會、救世軍、希臘正教會等。中國的真耶穌教會,也經由長老教會信徒的系統進入臺灣。在眾多教派中,以真耶穌教會和聖教會對臺灣影響較深,其餘日本教派,大多隨日本統治的結束,而消聲匿跡。以下說明真耶教會和聖教會傳教的經過。

[19] Rev. William Campbell, Handbook of the English Presbyterian Mission in South Formosa.（Hastings:F J.Parsons, LTD. 1910）XI Church Statisics.
[20] 大國督,《臺灣カトリック小史》,頁 437-444。
[21] 拙著,《從依賴到自立——終戰前臺灣南部長老教會研究》,頁 325-326。
[22] 江傳德,《天主教在臺灣》,頁 257-264。

1、真耶穌教會的傳入

　　真耶穌教會是由中國人自行創設的本土教會,該會的傳入臺灣與張巴拿巴有直接的關係。張巴拿巴原名張殿舉,山東省濰縣人,原本從事農業兼販古董,1912年真耶穌教會張靈生到山東傳教,受洗並接受張靈生培靈四年,於1919年受按立為長老,受差到各地從事傳道工作。1925年張巴拿巴到福建廈門、漳州等地傳教。

　　當時廈門、漳州有來自臺灣的長老教會信徒,如在漳州的黃呈聰、黃呈超、張錦章、黃慶隆、黃醒民等;在廈門有吳道源,他們與真耶穌教會接觸後,不久陸續歸入真耶穌教會。1925年秋天,黃呈聰之父黃秀兩回臺灣線西(今彰化縣線西鄉)老家,向其親戚傳道,被很多長老會的信徒接受。次年3月吳道源等帶領張巴拿巴等人由廈門搭船抵臺,在線西展開佈教工作,不久開設線西教會;3月13日隨即轉往南部,分別在臺南與牛挑灣展開傳教工作,3月18日設立牛挑灣教會。牛挑灣教會的設立引起長老教會的惶恐,因為受洗的大多是長老教會的信徒,所以長老教會派宋忠堅牧師(Rev. Duncan Ferguson)率傳道數人前來,冀望約束其信徒,並對真耶穌教提出辯駁,以免信徒繼續流失。

　　根據真耶穌教會臺灣第一代信徒黃呈聰的回憶,臺南、牛挑灣的傳教主要是吳道源帶領。[23]吳道源本來是南部長老教會重要人物之一,他是牛挑灣人,曾入長老教會「大學」(今臺南神學院),也是舊樓醫館安彼得醫生(Peter Anderson)所培養出來的見習醫生。他曾獻地興建太平境教會禮拜堂,1903年3月出任長老,一直到1911年轉往廈門鼓浪嶼行醫止。[24]由於吳道源是長老教會中極為活躍的人物,不但財力雄厚,且熱心教會奉獻。因此,他帶領真耶穌教的人士前來臺南與牛挑灣傳教,引起長老教會的惶恐,對真耶穌教會全力反駁,並阻止真耶穌教會

---

[23]　真耶穌教會編審委員會,《臺灣傳教卅週年紀念刊》(臺中:真耶穌教會臺灣總會發行,1956年12月),頁31。

[24]　黃茂卿等編,《臺灣基督長老教太平境馬雅各紀念教會設教壹佰貳拾年史》(臺南:太平境馬雅各紀念教會出版,1985年5月),頁122。不著撰人,〈臺南神學校校友名錄〉,《教會與神學》1957年3月號,頁234,吳道源與林學恭均在1888年入學,非1889年。

利用長老教會的系統，擴展真耶穌教會的勢力。

　　不僅長老教會信徒轉向真耶穌教會，成為真耶穌教會初建立時的基礎，甚至連原來長老教會的禮拜堂也轉變成真耶穌教會的禮拜堂，如牛挑灣長老教會所分設的五處教會，即下半天、朴子、鹽水、東後寮、第五處分設的禮拜堂，也被真耶穌教會奪去。[25]和美長老教會也因為真耶穌教會的傳入，造成三分之二的信徒轉信真耶穌教會，禮拜堂也被買去，以致長老教會沒有禮拜堂，也沒有會友。[26]

2、聖教會[27]的傳入

　　在十九世紀基督教世界興起宣教運動之後，「聖潔運動」亦隨之在亞洲推展開。1901 年 12 月美國高滿牧師（Charles Cowmam）和日本中田重治牧師合作展開所謂「四重福音」[28]的主張，並於 1905 年正式組織「遠東宣教會」，以東京為據點，向亞洲地區展開聖潔運動。1917 年 10 月 31 日「日本聖潔教會」教團正式成立，教勢擴展速度相當迅速，陸續展開海外傳教。1921 年初日本聖潔教會組織「帳幕傳道隊」並派四位宣教師到臺灣展開為期三個月的佈教活動，引起日本聖潔對臺灣傳教的興趣。1923 年再度派員前來，在關仔嶺（今臺南市白河區）、鹽水等地傳福音。1925 年遠東宣教會吉寶崙牧師（Ernest A. Kilborne）和車田秋次牧師，聯袂來臺視察，返日後強調臺灣宣教的重要，促使日本聖潔教會教團，決定派遣傳道者到臺灣開拓教會。[29]

　　1926 年元月十八日中田重治和安部藤夫到達基隆港，他們在臺灣西部展開巡迴佈道後，返回臺北，並於 1 月 30 日在臺北設立臺灣第一間聖潔教會的禮拜堂。安部藤夫受派為第一任駐堂牧師，臺灣聖潔教會於是建立。但最初，此一教會其傳教的主要對象為僑居在臺灣之日本

25　黃世，〈嘉義通訊——牛挑灣教會〉，《教會公報》，第 611 卷，1936 年 2 月，頁 19。
26　郭朝成，〈中中通訊〉，《教會公報》，第 646 卷，1939 年 1 月，頁 19。
27　「聖教會」原稱「聖潔教會」，自日本傳入，1933 年日本之聖潔教會分裂，臺灣之教會屬聖教會系統，故 1933 年以後以「聖教會」為名。
28　所謂「四重福音」指的是重生、成聖、神醫與再臨。
29　陳主培主編，《臺灣聖教會會史》（高雄：民眾日報社，1989 年）頁 39-49。

人，偶而有臺灣人參加聚會，但因使用的語言為日語，其傳道人員也全由日本派遣，主要屬日本人之教會。

為臺灣人開設的第一間聖潔教會，為首創於 1928 年的西港教會（今臺南市西港區）。[30]到 1943 年聖教會遭解散之際，總計在臺灣建立了大稻埕、新竹、佳里、西港、臺南和南埔等六處教會。[31]其分佈主要在臺南地區。

三、各教派間的合作與競爭

（一）、基督長老教會與道明會的關係

由於天主教與基督教均為崇奉上帝、耶穌基督的宗教，因此當時一般臺灣人民對這兩個西方宗教教派，並無深刻的認識，時常將之視為相同的宗教；兩教會互相競爭，爭奪信徒，天主教與長老教會之間存在諸多競爭與緊張的現象。這種競爭緊張關係自兩教派傳入，一直到日治時期，仍然處於互相攻擊的狀態。

長老教會尤其是南部教會，在英國較優勢財力與人力的支持下，對天主教產生巨大的壓力。1871 年 12 月 4 日良方濟神父(V. Rev. Francisco Herce, O.P.)向馬尼剌報告的書信中即表示他們的傳教工作面臨危機，他在信中提到：「我們的工作正面臨一個危機……近來，基督教徒展開日益蠻橫的活動，鼓吹民眾捏造謠言，毀謗攻擊我們；他們做得如此狠毒，以致目前本地人最熱門的話題，就是基督教徒和天主教徒的衝突。」在他的報告中提到基督教對天主教的攻訐，包括「天主教徒拜偶像，因為我們恭敬聖母和聖人」。「神父守貞獨身，拒絕結婚是不對的，如果大家都照這樣做，那世界就完了」；他們更批評說「我們拒絕去菜市場宣講福音，是懦弱的表現。」[32]

30　陳主培主編，《臺灣聖教會會史》，頁 57、93。
31　謝喻華，〈臺灣聖教會之成立與發展〉，國立成功大學歷史研究所碩士論文，2000 年，頁62。
32　Fr. Pablo Fernaden ,"*One Hundred Years Of Dominican Apostlate in Formosa,*

　　天主教批評「基督教宣道士談到上帝、耶穌基督——我們的救主時，好像在呼求異教徒的偶像似的，毫無敬意。完全忽視了信仰是神聖奧秘的」。他們「忽略了最基本的真理，即獲得永恆的救恩。」「相信依賴耶穌基督的功勞，就能得救，所以他們肆無忌憚的做事。」「更有不少為非作歹的人，加入基督教，只是要尋找庇護，以逃避官吏的懲罰。因為此地的基督教傳教士都是英國人，而官員最怕的是英國人。」[33]

　　他們認為「基督教似乎關心肉身的舒適甚於靈魂的得救」，由於中國人對於宗教的不關心，所以他們想出一種獨特的手段來吸引民眾去聽他們傳教，「凡是星期天去禮拜堂做禮拜的人，都得付錢給他們」[34]。天主教的神父認為「只重視肉身的快樂，皈依的工作就容易多了」，他們強調「我們必須考慮到最重要的是，靈魂的永生與幸福。」表示此地基督教的作風，很令人痛心。因為他們的傳教工作並不實在，不是真實引領民眾追求靈魂的永生與幸福，只在誇大傳教的成果，郭德剛神父即批評道：

> 基督教傳教士的工作，僅限於散發聖經給村民，然後就坐下來休息，誇大的宣稱在這個村莊有上百的信徒，那個村莊有兩百、四百，甚至八百或成千個信徒。他們不知道，散發聖經過後幾個星期，聖經的封面都被切下來做鞋底了。這樣的「信徒」和異教徒又有什麼分別呢？什麼都沒有，只有當我們看見他們的鞋子時，便知道鞋匠如何善用了聖經。那些所謂的「信徒」仍和異教徒一樣家裡到處是偶像，他們的「神」是金錢且沈湎於情慾中。[35]

　　神父們認為天主教的傳教工作就辛苦多了，因為他們關心肉體也關心靈魂，在認定某位本地人真要皈依前，神父們必須出汗流淚，辛勤工作。

　　天主教之所以對長老教會如此激烈的批評，從神父的報告中可以很

　　1859-1958."(Taipei：SMC Publishing inc, 1993)(以下簡稱《Dominican》)，1871/12/4,pp.137-139.

[33]　《Dominican》1871/12/4，pp.137-139.

[34]　《Dominican》No.10,1865/10/4，p65.

[35]　《Dominican》No7,1865/3/30,p56.

明白的發現出其原由。良方濟神父在 1865 年 4 月 18 日的信中提到有北方部落首領來訪請求他到他們的部落，向村民宣講福音，他保證村民一定會歡迎。[36]為了表示誠意，他們願意免費提供土地和房子，來展開傳教工作。但是神父們無法前往，因為工作太忙，經費也不足，路途又太遙遠，兩地聯繫受限制。但是他們也不願完全放棄此一機會，所以派一傳教師前往瞭解，並調查各項條件，以便評估設立本堂的可行性。[37]這位傳教師深入瞭解當地居民的想法。回來後指出邀請傳教士去的目的不是真想做基督徒，只是希望傳教士利用特權保護他們。因此就把這個計劃擱置，等待別的機會。

到 1875 年 10 月當神父們獲知長老教會已搶先在這一帶傳教，而且相當成功。向北方發展，成為天主教迫切的問題，因而派了兩位神父北上，並指示要建立兩處堂區。受派之一的王靈牧神父（ Rev. Jose Nebot, O. P.）一到沙崙（今嘉義縣大林鎮沙崙里）之後，立刻派傳道去附近村莊，探詢本地人是否接受天主教；如果居民表示友善，願意聽取教理，就可以設法找小屋，開始傳教工作。可是傳道的報告認為並不樂觀，王靈牧神父親自去瞭解，也認為確實如此。當地居民討厭歐洲的任何事物，他們不但租不到房子，且受當地人誣指神父在井中下毒藥。[38]當初暫緩前往傳教的原因並未消失，在傳教人員不足的情況下，[39]仍然抽派兩位神父北上，且計劃設立兩處堂區。這政策的轉變，其關鍵即在於長老教會傳教競爭的結果。

1886 年良方濟神父的教務報告中，當時天主教在臺灣只有前金（今高雄市前金區五福三路）、萬金（今屏東縣萬巒鄉萬金村）、臺南（今臺南市中山路）、沙崙及北部的羅厝莊（今彰化縣埔心鄉羅厝村）等五處本堂。其教傳教活動主要偏向南部，雖然已在向北發展，但只達到臺灣中部，北部尚未有任何傳教活動。神父們認為應該向北部傳教，因為「基

---

[36] 《Dominican》No9,1865/4/18,p60.

[37] 《Dominican》No12,1866/1/16,p69-71.

[38] 《Dominican》No33,1876/10/14,P146.

[39] 《Dominican》No30,1872/4/13,P142.

督教已在那裡順利展開工作了」。為此，乃於 1885 年 6 月派何安慈神父（Rev. Celedonio Arranz, O. P.）親自北上，以瞭解當地實際狀況，受到民眾歡迎。因此計劃趕快擴展傳教工作，並在滬尾（今新北市淡水區）設立一兩處本堂。「因為北部居民似乎真誠願意接受天主教的道理。而且基督長老教會已有相當的發展，我們的傳教工作，多少能平衡一下現況。」[40]如此「基督教將不再是一枝獨秀，民眾也能夠聽到天主教的教理了。」[41]凡此，可明顯地發現，天主教與基督長老教會在地盤的競爭、信眾爭奪的激烈。

　　《天主教在臺傳教百年史》曾載稱 1890 年 3 月 12 日雷賽逸神父要往興化店（今新北市淡水區）就任，在淡水街上，路過長老教徒的走廊時，遭潑撒尿水，不但當眾受到污辱，且影響神父的健康。同年在小基隆傳教，由於求道者與日俱增，引起長老教牧師的不快，因而「買集無賴之徒百五十名，自為領隊而堂堂襲擊我傳道所，有者投石破壞房屋，有者闖入屋內撕破聖像，破壞桌椅等種種不端行為，我教友及多數求道者獲悉此情，則忍無可忍，奮起抗鬥，立即將無賴等擊退。」[42]兩教之間競爭衝突的嚴重由此可見。

　　道明會神父回憶傳教困難時，曾表示「用在克服障礙的時間，遠比傳佈福音的時間多。」「他們必須和基督教牧師，狡猾的日本人和迷信的本地人周旋」。所謂的基督教牧師，所指的乃長老教會牧師。可見來自長老教會的阻礙，與本地人的抗拒等量齊觀。這些衝突在《Dominican》書中經常可見，以致於 1991 年黃德寬將《Dominican》翻譯成中文時，光啟社的編輯在「出版者的話」說明在編譯的過程中，「對於文中一些過於突顯與基督教弟兄相較勁的語氣，均稍加刪改。」[43]雖然經過「稍加刪改」，但其中仍可清楚的看出道明會與長老會衝突競爭相當激烈。

　　長老教會史料中對於天主教競爭所引起的不滿，亦隨處可見。在《馬

[40] 《Dominican》No38,1886/6/20,P159.

[41] 《Dominican》No39,1886/7/30,P163.

[42] 高道隆，《天主教在臺傳教百年史》（高雄：道明教會，1959 年），頁 64。

[43] 黃德寬譯，《天主教在臺開教記——道明會士的百年耕耘》（臺北：光啟出版社，1991 年），頁 6。

偕日記》中也有相關的記載，馬偕在 1889 年 7-8 月曾記錄與道明會神父在洲裡（今新北市蘆洲區）的衝突，且指責神父利用金錢向官員行賄，使信徒免於受懲罰，但最後失敗。其間雙方互相批評，馬偕指控西班牙神父說他是「一個魔鬼，不像其他的宣教師」。1891 年 6 月 16 日則批評西班牙神父用金錢去吸引民眾，因此信徒關心的是金錢而非信仰。[44]

此外，長老教會的傳教者常自述，他們不但要傳教帶領新教徒入教會，也要訪視原來在長老教會，後來轉入天主教的信徒。這種情形不只清末如此，到 20 世紀 20 年代，仍然不斷發生。[45]1929 年王占魁曾表示嘉義地區傳教困難，不但沒有人可以傳教，「而且四處有天主教在引誘」。[46]30 年代臺南永康教會，會友間發生衝突，有的會友就去入天主教。[47]甚至擔任長老教會的傳道，轉入道明會的現象，1934 年嘉義中會通訊曾載一則消息提醒信徒，文中提到「有一位背叛者張榮茂，在很多地方迷惑人進入天主教。他表示以前是因為不懂，才受騙，目前已明白，所以轉天主教。」嘉義中會則提醒信徒，表示張榮茂「不是因為長老教是假的才離開，是因為他人格破裂，道德墜落，才被傳道局免職的。」[48]長老教會與天主教之間互相攻訐，競爭信徒的現象相當嚴重，彼此間的關係相當緊張。

（二）、長老教會與真耶穌會的合作與競爭

根據真耶穌教會臺灣第一代信徒黃呈聰（以利沙）的回憶，臺南、牛挑灣的傳教主要是吳道源帶領。[49]吳道源本來是長老教會臺南教會的

---

[44] 偕叡理原著，王榮昌等譯，《馬偕日記》（臺北市：玉山社出版事業有限公司，2012 年），頁 330；336；478-479。

[45] 洪朝抽，〈教會消息——大庄〉，《教會公報》，第 454 卷，1923 年 1 月，頁 3。文中載曰：「本人今年受傳道局派來住在這。我再去找先前被天主教扇動去的會友，有兩戶又回來。」

[46] 王占魁，〈嘉義區的消息〉，《教會公報》，第 526 卷，1929 年 1 月，頁 9。

[47] 林燕臣，〈教會消息——永康教會〉，《教會公報》，第 569 卷，1932 年 8 月，頁 10-11。

[48] 編輯部，〈嘉中通訊〉，《教會公報》第 587 卷，1934 年 2 月，頁 18。

[49] 真耶穌教會編審委員會，《臺灣傳教卅週年紀念刊》（臺中：真耶穌教會臺灣總會發行，1956 年 12 月），頁 31。

重要人物之一。吳道源原本被認為是「咱教會史數一數二的功勞者」，他「1889 年與林學恭等同時入『大學』（今臺南神學院），他是舊樓醫館安彼得醫生所培養出來的見習醫生。」「1895 年 11 月當選執事，是本堂大發展期傑出重要之推動者」，曾奉獻二分多土地興建新拜堂（今太平境教會所在），1903 年 3 月出任太平境教會第九任長老，一直到 1911 年轉往廈門鼓浪嶼行醫止。其間「吳道源長老成立宣道會，……用以聘請陳啟清宣道師協助本會探訪會友宣揚福音。」1904 年他與太平境教會的信徒發起創辦英和書院（Anglo-Japanese College），後因日俄戰爭激烈和宣教師態度消極而作罷。1908 年又創立「佈教慈善會」，鼓勵教會財政獨立。[50]

　　可見吳道源是長老教會中極為活躍的人物，不但財力雄厚，且熱心教會奉獻。因此吳道源的出走，帶領真耶穌教的人士到臺南與牛挑灣傳教，引起長老教會的緊張。不僅吳道源背叛長老教會，也有其他長老也脫離長老教會，加入真耶穌教會。太平境教會長老劉錫五也離開太平境教會，並在安平開設真耶穌教會。太平境教會是南部長老教會重要的堂會之一，發生多名長老轉投入真耶穌教會，可見其事態嚴重。

　　真耶穌會的挑戰，引起長老教會相當的惶恐，教會上下對真耶穌教會全力的反駁。高金聲牧師曾撰〈談論真耶穌〉的文章給信徒，力圖鞏固長老會的信徒。[51]在真耶穌會傳教的會場上，也經常有臺南神學校的學生前來辯駁；但真耶穌會則認為這些神學校學生前來聽講後，反而對真耶穌會產生好感。黃以利沙提到有一班長老會的神學生來問道說：

　　　我們現在是要考察道理的，恰巧學校放假有了功夫，還有四、五人再等三、四天將畢業，到任地去做傳道；所以要聽你們真耶穌

---

[50] 黃茂卿等編，《臺灣基督長老教太平境馬雅各紀念教會設教壹佰貳拾年史》（臺南：太平境馬雅各紀念教會出版，1985 年 5 月），頁 122。不著撰人，〈臺南神學校校友名錄〉，《教會與神學》1957 年 3 月號，頁 234，吳道源與林學恭均在 1888 年入學，非 1889 年。

[51] 黃以利沙撰，〈臺灣傳道記〉，收入真耶穌教會編審委員會，《臺灣傳教卅週年紀念刊》，真耶穌教會臺灣總會發行，1956 年 12 月，頁 32。提到「晚上有一班老會的人來聽道，拿一張羅馬字的白話傳單給我；是長老會高金聲牧師印發的〈談論真耶穌〉的論文，都是捏造出來要誹謗的話，沒有和他議論的價值。」可惜今已無法找到此一傳單。

教有系統的道理，也要連續來聽，不是要辯駁的。

由於真耶穌教對長老教會的批評並傳播與長老教會不盡相同的道理，引起長老教會信徒對真耶穌教的批判。黃以利沙曾引述一位長老會信徒的批評說：

> 我看傳道牧師都是為著他們生活上的麵包的關係，不是實在為著道理的。他們無論如何，都是要討英國牧師的歡喜，妄從英國人所命令的；全然不服聖經裡頭耶穌的教訓，並且看重教會內有錢的或有勢力的，款待會友沒有公平。可見耶穌的道理不在他們的心裡，動不動便要用牧師的職權，或是大會中會的決議來嚇驚信徒，拘束我們的自由。[52]

從黃以利沙的回憶也可以得知真耶穌教會是以長老教會的信眾為傳教的主要對象。他說「3 月 22 日午後一時半起，在文化講座講道，聽眾頗多；晚上七時起再開會，聽的人大多是老會的人。」隨即記道 4 月 3、4 日「這兩天皆在蔡介和君宅講道。來聽的人都是老會的信徒，還有一位英籍的女傳道。」[53]因此很多真耶穌教會的建立是爭取原來長老教會的信徒而成立的，如臺中、二林等教會均是。臺中教會的建立是 1926 年秋，漳州黃呈超，聞知臺灣傳教迅速的消息，提前趕回鄉里，專事傳道工作，即速報佳音給他的岳父郭歪（臺中長老會熱心的長老）聽，旋即接受洗禮，歸入真耶穌教會，成為真耶穌教的基礎。[54]1928 年彰化縣線西鄉塭仔村真耶穌教會的長老黃福音、黃強等到崙尾佈教，見證真耶穌會的真理，於是有六原屬長老會家庭的信徒接受真耶穌教。二林教會的建立也是如此，初黃呈聰長老向莊等作見證，旋即全家十三名先後由「長老會」轉入「真耶穌教會」。[55]由於長老會認為真耶穌教會發

---

[52] 黃以利沙撰〈臺灣傳道記〉，收入真耶穌教會編審委員會，《臺灣傳教卅週年紀念刊》（臺中：真耶穌教會臺灣總會發行，1956 年 12 月），頁 33。

[53] 黃以利沙撰〈臺灣傳道記〉，收入真耶穌教會編審委員會，《臺灣傳教卅週年紀念刊》，頁 36。

[54] 真耶穌教會臺灣總會編，《真耶穌教會臺灣傳教五十週年紀念刊物》（臺中：晹光出版社，民國 65 年 12 月初版），頁 65。

[55] 真耶穌教會臺灣總會編，《真耶穌教會臺灣傳教五十週年紀念刊物》，頁 68、70。

展的方針是向長老會的信徒傳教，「打亂人的信仰」，且「對已受洗者又予與施洗。」[56]因而大加批評，兩教派之間缺乏合作的空間。

不僅長老教會信徒轉向真耶穌教會，成為真耶穌教會初建立時的基礎。甚至連原來長老教會的禮拜堂也轉變成真耶穌教會的禮拜堂，如牛挑灣長老教會分設的五處教會，即下半天、朴子、鹽水、東後寮、第五處分設的禮拜堂，也被真耶穌教會奪去。[57]和美長老教會也因為真耶穌教會的傳入，造成三分之二的信徒轉信真耶穌教會，禮拜堂也被買去，以致長老教會沒有禮拜堂，也沒有會友。[58]黃武東的回憶錄也提到，真耶穌教會先在臺南，嗣後在牛挑灣、臺中、清水、和美、大林等地，轟動一時，初期其參與者，幾乎全部都是長老會的信徒。[59]

真耶穌教會的擴張造成長老教會的緊張，1926 年 3 月 9 日南部中會於臺南召開中會時議長高金聲報告「有人由支那而來，自稱真耶穌教，各處誘惑會友，擾亂教會，本會議定拜堂不可許借其演講，以防會友受迷。」廖得提議託書記修書通知眾教會，請注意絕不可以將拜堂借與真耶穌教會，廖得的提議得林學恭附議，並獲得中會的同意。[60]是故在 3 月 13 日以中會議長名義通令教會，禁止各堂會將教堂借與真耶穌教辦演講傳教，其大意曰：

> 近日支那有十三人來到臺灣，稱他們是真耶穌教會，各處擾亂我們的聖會，破壞會友的信仰。會中議定，一定不可將拜堂借給他們演講，如能使們他不到會友家裡是好的。[61]

同月 23 日長老教會為封立楊世註為彰化堂會牧師，於彰化禮拜堂

---

[56]　賴仁聲，〈不要互相排斥--要引以為戒〉，《教會公報》，第 596 卷，1934 年 11 月，頁 5-6。

[57]　黃世，〈嘉義通訊--牛挑灣教會〉，《教會公報》，第 611 卷，1936 年 2 月，頁 19。

[58]　郭朝成，〈中中通訊〉，《教會公報》，第 646 卷，1939 年 1 月，頁 19。

[59]　黃武東，《黃武東回憶錄——臺灣長老教會發展史》（臺北：前衛出版社，1988 年），頁 178。

[60]　1926 年 3 月 9 日「南部臺灣基督長老教會中會議事錄」（第 56 回），第 63 條，手稿本，無頁碼。

[61]　黃以利沙撰，〈臺灣傳道記〉，收入真耶穌教會編審委員會，《臺灣傳教卅週年紀念刊》，臺中：真耶穌教會臺灣總會發行，1956 年 12 月，頁 32。

召開的臨時中會時，破例的討論與封立無關的案件，決議「因有支那人往清水攪擾教會之事，故託汪培英及教士會西教士一名以鎮靜之。」[62]可見真耶穌教會對長老教會的影響甚大。

在此期間，長老教會與真耶穌教會之間有許多對話，除了前述長老教會神學生與真耶穌教會的對話外，1926 年 3 月 20 日黃以利沙聽說英國劉忠堅牧師要批評真耶穌教會的事，他就和真耶穌會的人士二三人前往長老會的禮拜堂聽道。黃以利沙認為長老教會的傳教人士未曾聽過他們講道，怎麼能夠批評，所以認定長老教會的批評是捏造的，意在使其信徒不敢來聽真耶穌教的道理。黃以利沙在其回憶中對劉忠堅牧師的批評曾加以記錄，黃認為劉所做的批評是沒價值的，都是捏造出來誹謗人的，應該將他們所講的道理研究後才能夠批評其是非。對於黃以利沙的批評，劉忠堅牧師立即和十多名長老會信徒，前往黃以利沙等人住的旅館與黃以利沙和張巴拿巴等人對話。但是雙方的對話，似乎並未化解彼此的歧見。長老教會繼續派傳道、牧師前往真耶穌教會活動頻繁的地區管顧他們的信徒，以免其信徒去信真耶穌教。

除了劉忠堅親自會見真耶穌教會的人士外，尚派一位英國女傳道士前往真耶穌教會活躍的清水，來看顧會友，阻止他們去聽真耶穌教講道。但根據真耶穌教會的資料表示，阻止的效果有限，「因此來聽的，都是老會的信徒」，「有一班低級的信徒就順命不敢來聽，但是智慧稍高有判斷的人，都不聽她的話，特地來聽的也是不少。」從中國大陸來臺的真耶穌教傳教人士於 4 月 12 日離開臺灣，但兩教會的對話一直未中斷。總計，張巴拿巴在臺灣傳道，前後四十天，順利設立線西、牛挑灣、及清水等三處教會，百餘人受洗。[63]

長老教會對真耶穌教會的批評，並未隨著中國大陸傳教人員的離開而結束，仍透過《教會公報》，對真耶穌教會展開批評，到 1938 年底，

62　1926 年 3 月 23 日「南部臺灣基督長老教會中會議事錄」（第五十六回第一次特會），第九條，手稿本，無頁碼。

63　黃以利沙撰，〈臺灣傳道記〉，收入真耶穌教會編審委員會，《臺灣傳教卅週年紀念刊》，真耶穌教會臺灣總會發行，1956 年 12 月，頁 34-37。

且有激化的現象。可見真耶穌教會對長老教會的衝擊，並未隨著中國傳教人員的離臺而稍減，真耶穌教會對長老教會的發展確實造成巨大的衝擊。長老教會批評真耶穌教會的傳教方針，不是要去救未信者，而是要推翻已入信者，引誘已入信者加入真耶穌教會，造成兩教會競爭信徒的現象，雙方不但無法合作且互相排斥。[64]因此真耶穌教會傳道人員所到之處，均以長老會信徒為傳教對象，造成長老教會要派員鞏固信徒的措施。

　　至於長老教會在《教會公報》對真耶穌教會的批評，茲舉其大者加以說明，藉以明白長老教會的動機，進而觀察真耶穌教會與長老教會的衝突情形。首度見諸《教會公報》的批評，是在 1926 年的 6 月，由劉琪水（案劉琪水，1920 年入神學校，1924 年畢業，1941 年封牧）署名的〈真耶穌教之我見〉，分別從聖經的解釋與傳道的動機加以批評。認為真耶穌教以獨斷法、抽象法解釋聖經，缺乏理智；而且其傳教是基於怨嫉而非出於善意，往往為自己而誇大愛說謊，藉以提拔自己的地位。[65]除了從聖經解釋批評外，丘義對張巴拿巴創教後即返中國的作法也加以批判，認為他開教之後，不照顧教會，被迷走的人相當危險，就像母貓生下小貓後不給小貓奶吃。並強調長老教會一定不會如此，否則長老教會無法長年順利的成長。[66]甚且唯有半信者、不研究聖經者、自大驕傲者、重虛名虛利者、喜自由亂為者等人才容易受迷惑。[67]

　　前述的批評或有無的之處，但次年的批評則開始針對張巴拿巴。1927 年 12 月的《教會公報》同時刊載〈張巴拿巴迷惑人〉、〈張巴拿巴的手段〉兩篇文章，直接攻擊張巴拿巴本人。〈張巴拿巴迷惑人〉一文是真耶穌教會初傳入時，臺南堂會執事嚴慶鏞針對真耶穌教如何引誘人、如何騙人的方法，用漢文寫成的文章，初在《教會公報》刊載，後來陳士藏將之翻譯成白話字，於《教會公報》發表。該文對張巴拿巴宣稱只有他得上帝特殊的權能，具醫病、趕鬼，行神跡提出批評；並指出

[64]　賴仁聲，〈不要互相排斥〉，《教會公報》，第 592 卷，1934 年 7 月，頁 3-4。

[65]　劉琪水，〈真耶穌教之我見〉，《教會公報》，第 494 卷，1926 年 5 月，頁 9-10。

[66]　丘義，〈什麼是真的牧者〉，《教會公報》，第 497 卷，1926 年 8，頁 16。

[67]　說方閱覽，〈閒話亂教〉，《教會公報》，第 497 卷，1926 年 8 月，頁 14-15。

牛挑灣教會有人受洗、守晚餐後反而發瘋，因而認定他是假先知，要求弟兄姊妹勤研究聖經，注意祈禱，才不會受迷惑。[68]同期《教會公報》也刊登嚴慶鏞駁斥張巴拿巴的文章，文中表示仔細讀張巴拿巴的《真道明徑》、《聖靈要道》等書，得知其引誘人的手段，因而撰寫〈張巴拿巴的手段〉一文，供人參考。[69]

1929 年 1 月《教會公報》刊登一篇未署名作者的文章，引中國教會的資料直接批評張巴拿巴，說他用五種巫術來害人。並將張巴拿巴與張靈生之間因金錢而衝突，到最後無處立足的情形加以詳細報導，藉以挑戰張巴拿巴的正當性，只是為騙人錢財，迷惑眾人，不是為了救人。[70]不但南部教會全力批張巴拿巴，北部教會的孫雅各牧師（Rev. James I.Dickson）也在《芥菜子》連載三期，詳細說明張巴拿巴派的幾項錯誤。[71]

張巴拿巴來臺傳真耶穌教留下的陰影，一直到 1935 年宋尚節博士前來臺灣舉辦奮興會時，仍有長老會的長老、執事心存恐懼，擔心真耶穌教會的事例重演，讓教會衰微。因此對宋尚節的來臺態度多所保留，甚且有所疑慮。[72]

可見同屬信奉上帝的西方教派，無論是舊教的天主教或屬新教的真耶穌教會、聖潔教會，並沒有因教義相近而互為傳教的奧援；反而因為彼此教義相近，在傳教不易的背景下，相互競爭原本有限的信徒。尤其是真耶穌教會，是由長老教會的信徒帶領傳入，循長老教會舊有的禮拜堂發展，向已入信受洗的長老會信徒傳教，造成嚴重競爭信徒的現象。為競爭信徒，不惜相互批評。不但抵銷了傳教的力量，且令非信徒失去好感，而不願參加其宗教。因此天主教、真耶穌教會、聖潔會等在臺的傳教工作，對長老教會產生相當不利的影響。

---

[68] 陳士藏，〈張巴拿巴迷惑人〉，《教會公報》，第 513 卷，1927 年 12 月，頁 12-13。

[69] 嚴慶鏞，〈張巴拿巴的手段〉，《教會公報》，第 513 卷，1927 年 12 月，頁 14。

[70] 不著撰人，〈王見現〉，《教會公報》，第 526 卷，1929 年 1 月，頁 4。

[71] 孫雅各，〈巴拿巴派幾項錯誤〉，《芥菜子》，第 53.54.55 號，1930 年 7.8.9.月，頁 15-17，12-15，12-14。

[72] 黃俟命，〈宋博士要來了〉，《教會公報》，第 608 卷，1935 年 11 月，頁 7-8。

（三）、長老教會與聖教會之合作與衝突

　　除了真耶穌教會外，日治時期自日本傳入的「聖潔會」，對長老教會的發展多少也有競爭的現象存在。1926年中田重治和安部藤夫到達基隆港時，當時在岸上迎接的除井上伊之助、龜山之外，尚有長老教會的陳芳本牧師和陳溪圳牧師。中田等人隨即展開全島巡迴佈道，也大都在長老教會的禮拜堂舉行。在屏東的佈道工作在屏東長老教會舉行，由賴仁聲擔任翻譯。元月21日在楠梓也是在基督長老教會舉行，並由高長的三個兒子高再祝、高再得、高再福等三位醫生接待。次日在岡山領會，由高再祝擔任翻譯。22、23晚間在臺南太平境教會舉行領會，每晚有五百人左右參加，盛況非常。白天中田重治在長老教中學向學生證道，當時學生中有王錦源、陳明清等深受感動，以致日後在聖教會發生重大的影響。此外，在彰化、苑裡、新竹、淡水等之領會，均與長老教會有密切關係。[73]

　　長老教會與聖教會的關係，從臺南西港聖教會的建立可見其一斑。聖教會的引進臺南，與王錦源有相當密切的關係。王錦源1909年出生於今臺南市西港區，是第二代的長老教會信徒。1926年中田重治來臺推展聖教會時，曾於長榮中學證道，王錦源是當時聆聽中田佈道的學生。王錦源在長老教中學（今私立長榮中學）畢業後，到日本東京日本大學攻讀法律，期間參加聖教會的夏令會，受感動而放棄日本大學的學業，進東京聖書學院，成為第一代聖教會信徒與傳教人員。1928年因妻子生病而返臺，返臺後在其故鄉（今臺南市西港區後營里）設立佈道所，開始向臺灣人傳教，同年6月17日正式建立西港教會，是聖教會第一間臺灣人的教會。[74]

　　聖潔會傳入時，由於與長老教會有諸多相似之處，因此有傳道人員與信徒離開長老會加入聖潔會；相對的也有聖潔會的傳道離開聖潔會加

---

[73]　陳主培主編，《臺灣聖教會會史》，頁 57。

[74]　謝喻華，〈臺灣聖教會之成立與發展〉，頁 35、38-39、65。

入長老會，引起聖潔會的傳道具名批評。[75]在長老教會而言，聖潔會的教義與長老教會較接近，部分長老教會的信徒在日本進聖教會的神學校，彼此關係較為密切。

1941 年 6 月日本政府為因應戰時體制，強迫日本各教會團體，成立「日本基督教團」，加強對教會的控制，日本聖教會被編入第六部。1942 年 6 月 26 日，以違反「治安維持法」為由，逮捕監禁日本聖教會三十多名傳教人員。復以日本聖教會（一）反對戰爭，指責日本未經宣戰，對珍珠港發動偷襲。（二）唆使信徒拒拜神社。（三）否定日本天皇之神格化，天皇亦人，暨為人，應有原罪，如不悔改必須受上帝之審判與刑罰。（四）基督要再臨建立千禧王國，治理全世界，日本也要接受其治理審判。（五）信徒有從事通敵間諜之嫌疑。（六）信徒過份關心猶太人，別有企圖等理由，於 1943 年月 8 日下令關閉教會停止一切傳教活動。[76]臺灣的聖教會同受波及，處境比長老教會更加嚴峻，臺灣的聖教會全面被關閉，聖教會的信徒轉而到鄰近的長老教會禮拜。二次大戰結束後聖教會的佈道所陸續恢復，戰時移轉到長老教會的信徒，又陸續返反聖教會的佈道所聚會，筆者在田野訪查時，曾在麻豆聖教會找到一份聖教會麻豆佈道所給麻豆長老教會的公函，「為請求信徒名籍由」，說明「貴會信徒王日昇等二十名願意在敝會參加聚會，經自願同意遷籍」。希望長老教會能「惠賜信徒名籍為盼」。[77]

四、影響各教派合作與競爭的因素

（一）、教義間的異同

無論是舊教的天主教或屬新教的長老教會、真耶穌教會、聖教會，並沒有因同屬奉耶和華為神的西方教派，而互為傳教的奧援；反而因為

75　賴仁聲，〈不要互相排斥——要引以為戒〉，《教會公報》，第 593 卷，1934 年 8 月，頁 2-3。賴仁聲曾離開長老會加入聖（潔）教會，之後又重返長老教會並擔任傳教的工作。

76　陳主培主編，《臺灣聖教會會史》，頁 96、97。

77　民國四十七年六月聖教會麻豆佈道所致麻豆長老教會函。（原件存麻豆聖教會）

彼此教義相近，在傳教不易的大環境下，相互競爭原本有限的信徒。尤其是真耶穌教會的來台，是由長老教會的信徒帶領傳入，循長老教會舊有的禮拜堂發展，向已入信受洗的長老會信徒傳教，造成嚴重競爭信徒的現象。尤其是信徒對教義認識有限，無法分辨西方教派間教義的異同。

　　無論是新教或舊教，雖然均崇敬上帝耶穌為主要信仰對象，但其教義仍有差異。各教派均相信上帝是天地萬物的創造者、上帝是歷史的主宰、上帝要審判世人。但宗教改革後，新舊教派對教義的見解紛岐，尤其是新教各派，對聖經的解釋更是各有異說。

　　天主教：信仰萬有真原、創造宇宙的真神，相信「因聖神降孕，生於瑪利亞之童身」。其經典除了新舊約之外乃有其他典籍，如歷屆大公會議的憲章、歷代教會權威當局的文獻、教父文集和歷代聖賢、大師、神學家、倫理學家、靈修學家的名著等。[78]

　　長老會：強調「上帝的主權」，拯救的整個過程都是出於上帝的主權；「聖經為信仰的最高權威」，主張聖經是上帝的話，以聖經作為信仰及生活的最後權威；「萬民皆祭司」，強調信徒就是祭司，每位信徒可以直接靠上帝的恩典來親近上帝，在教會內沒有聖俗尊卑之分；「基督是唯一的元首」，政治不可影響、管制或干預教會的內政。[79]

　　真耶穌會：真耶教會對信仰的說明，提出以下五項，包括：

　　1.重視「浸禮」，「乃因主曾命令門徒施行，而且應許要藉著浸禮賜與極大的恩典」，因此浸禮不是「形式」，也不僅是一種悔改、入信的「表明」。

　　2.為受洗者行「洗腳禮」，真耶穌教會「對受過浸的信者，聖職人員要奉主耶穌的名，為他們行一次洗腳禮。」

　　3.經常為受浸歸主的信徒行「聖餐禮」，認為「舉辦聖餐是為紀念主死，恆守主流血之約，領受主的生命，在主內聯合為一體，盼望於末

---

[78] 龔士榮，《天主教簡介》（臺北：天主教牧靈研習中心——見證月刊社，1982 年初版，2000 年 4 月修訂九版），頁 11-13。廖瑞銘，《大不列顛百科全書》第七冊（臺北市：丹青圖書有限公司），頁 156。

[79] 臺灣基督長老教會總會，《認識臺灣基督長老教會》（臺南：人光出版社，1986 年），頁 36-38。

日得復活之大恩」。

4.信徒應「切求聖靈的浸」，真耶穌教會相信「受聖靈的浸，並不是一信耶穌就有了。也不是受了水浸，就有聖靈。如果聖靈臨到人的身上，那個人在祈禱時必會受感說出方言，身體也會震動起來，因此第三者看得見。」「方言於平時是沒有人聽得出來的，但於造就自己的信德卻有莫大的作用。」

5.「謹守安息聖日」雖然與一般教派相同，但真耶穌教會相信「安息聖日是真神於萬物成之時設立的，其日子是現在的星期六」，與一般教會以星期日（七日的第一日）為安息日不同。[80]

聖教會：聖教會信仰的特色可分成兩項，一是聖經的信仰，舊約與新約聖經全部是神的話語之信仰。聖經是因為述說了神的真理而可信。二是聖經所教導的四重福音，亦即重生、成聖、神醫與再臨。所謂「重生」指的是透過十字架藉著聖靈所賜與的新生；「成聖」是相信聖經所教導的真正的成為敬畏神且屬於神的人而過聖潔的生活；「神醫」就是相信神既然創造了人的肉體，也必賜健康給人；所謂「再臨」，就是復活的耶穌基督，祂為贖罪之功而再來，人必須考慮到死後的世界問題。[81]

以上所述，即使今日教育普及，對前列四教派的基本教義，及各教派間的差異，不僅一般民眾無法理解，即使身處教會內的人士，也不見得能分辨出其間的差異，今日如此，日治前可能更加嚴重。何況初代入教的信徒普遍家境貧窮，而且對教理並無太深刻的認識，部份信徒心存「一半趁道理，一半趁世俗」的現象；以崇祀臺灣民間宗教的方式與心態來敬拜上帝者亦不少。[82]在這種情況下，入教者對教義的認識不深，往往只知敬拜上帝，信耶穌，守禮拜日，不能拜祖先與鬼神。如果信徒沒有能力分辨各教派之間的區別，一旦教會因人力不足，乏力照顧羊群，或教會內部發生一些人事上的糾紛，就容易脫離原有的教派，如果

---

[80] 真耶穌教會臺灣總會，《真耶穌教會臺灣傳教五十週年紀念刊》（臺中：真耶穌教會臺灣書報社，1976 年），頁 281-285。

[81] 基督教臺灣聖教會，《臺灣聖教會會史》，頁 55-56。

[82] 拙著，〈臺灣基督長老教會的傳教與三自運動──以南部教會為中心〉，國立臺灣師範大學歷史學系博士論文，2001 年 5 月，頁 98。

再遇到教義相近教派的「牽羊」，羊群流失的現象就變成相當嚴重。

（二）、信徒對教義認識有限

　　根據本人研究發現，初代基督徒入信的原因大約可分成以下數端，或遭遇現世種種困頓者、或因醫療受照顧感念者、或為靠洋勢入教者、或恐懼先前犯過，怕遭神處罰者、或受宣教師雇用而入教者。這些初代信徒入信前有幾個共同現象，不外乎家境普遍貧窮、入信前即注重祭拜虔誠敬神，凡事求神問卜以化解現實生活困頓者、原先祭祀之神明無法解決其現世困境，更有相當多的信徒在入信前，其品行違反當時一般社會價值等。[83]因此有相當多的信徒，入教並非基於對長老教會教義的深刻認識而信教；尤其是初期傳教以平埔族原住民為傳教對象，不論是北部的噶瑪蘭族、中部的巴則海族，或南部的西拉雅族，大規模入信的情形非常普遍。部落頭人入信，就帶領全族入教，因此入教之後諸多重返民間宗教信仰，或行為違反十誡的戒律。

　　教會內不乏因違反十誡而受處罰的案例，以 1891 年涂為霖牧師巡視南部教會的報告或可知其一二。「3 月底涂為霖牧師出外巡視教會一個月，他巡視了岡仔林、加蚋埔、岩前、關仔嶺、頭社和拔馬等處。總共有 21 人要求入教，只接納 6 人，其中兩人自幼領洗。也遇到憂悶的事，有七人被禁晚餐，其中一位老人因為又服侍偶像，都不聽勸告。」[84]雖然受洗入教要經過牧師「問道理」，被接納後才可施洗成為信徒，參加「晚餐」，但有些慕道者為加入教會，強記教條，未能真正明白其意義，因此即使通過考核受洗進入教會，但在其現實社會，原來的需求不再存在時，或教會無法替他解決困窘時，又會重返民間宗教。因此涂牧師這次在南部教會巡視中，接納 6 人進入教會，卻有 7 人被禁晚餐，其情形之嚴重由此可見。茲以清末和日治初期臺南縣各教會受禁晚餐的情形，來說明受洗入教者違背十誡的現象。

---

[83]　拙著，〈臺灣基督長老教會的傳教與三自運動——以南部教會為中心〉頁 68-82。
[84]　不著撰人，〈消息〉，《教會公報》，第 74 張，光緒 17 年 6 月，頁 41。

表 1　1891 年臺南縣所屬教會信徒受禁晚餐人數概況表

教會名稱	年初受晚餐人數	年尾受晚餐人數	年尾受禁晚餐人數	傳道者	備註
岩前教會	54	53	5	林赤馬	
崗仔林教會	37	32	7	李？為	
麻豆教會	10	12	3	-	
拔馬教會	62	60	2	黃白	
頭社教會	14	15	7	潘阿為	
番仔田教會	9	8	6	─	
合　計	186	180	30		

資料來源：不著撰人，〈人數單－1891〉，《教會公報》第 81 卷，光緒 18 年 1 月，頁 4。

表 2　1895 年臺南縣所屬教會信徒受禁晚餐人數概況表

教會名稱	年初受晚餐人數	年尾受晚餐人數	年尾受禁晚餐人數	傳道者	備註
岩前教會	55	53	6	趙爵祥	
吉貝要教會	14	17	1	潘阿為	
崗仔林教會	35	38	3	李文生	
麻豆教會	10	12	3	-	*
拔馬教會	54	57	3	許朝陽	
頭社教會	13	13	6	李豹	
合　計	181	190	22		

資料來源：不著撰人，〈人數單－1895〉，《教會公報》，第 131 卷，1896 年 2 月，頁 15。

*說明：是年麻豆教會因日軍領台，發生麻豆事件，多名信徒被殺，故該年人 數增減情形為：新接納 7 人，死亡 5 人。死亡之人數應為麻豆事件中 遇難的人數。

表 3　臺南縣各教會日治初期信徒受禁晚餐人數一覽表

教會名稱	1897 年受晚餐	1898 年受晚餐	1898 年禁晚餐	備備
岩前教會	63	59	4	
吉貝耍教會	15	14	1	
柑仔林教會	40	44	2	
崗仔林教會	75	107	0	新領洗 32 人
麻豆教會	12	12	3	
拔馬教會	78	88	4	新領洗 12 人
頭社教會	12	12	6	
合　　計	295	336	20	

資料來源：不著撰人，〈人數單──1898〉，《教會公報》，第 166 卷，1899 年 1 月，頁 5。

　　從以上三表可知，1891 年臺南縣年守晚餐人數有 180 人，該年受

禁晚餐人數就高達 30 人，受禁比例相當高。到 1895 年守晚餐者 190 人，受禁晚餐者 22 人，比例已降低。到日本統治之後，1898 年守晚餐者 336 人，同年受禁晚餐者只剩 20 人。可見初期受禁晚餐人數比例甚高，這種現象雖然在逐年緩和中，但仍可看出當時信徒對教義遵行與認識的程度。

（三）、「羊群」有限

基督宗教發展的過程中，「牽羊」的現象，不只發生在臺灣，而臺灣的情形略顯嚴重。其間重要的因素，與可供顧牧的羊群有限應有相當密切的關連。造成羊群有限的原因，主要有以下幾項原因，1.對臺灣住民而言，基督宗教是新傳入的教派，諸多觀念與禮儀和傳統民間信仰與活動格格不入。尤其不能祭拜祖先，不能供奉祖先神牌位，引起民眾對信教者強烈不滿，提出批評，往往說「落教，死無人哭」。2.傳教者對本土宗教的鄙視，批評民間宗教信仰行為浪費大量金錢去服事無用的「柴頭尪仔」，甚至經常以「魔鬼」來指稱民間信仰的神明，引起反感。3.新宗教傳入時間短，一般民眾對新宗教的教義不甚明白，對新宗教存在諸多的疑慮。4.信徒存在靠番仔勢的企圖，以及部分信徒入信前品行不佳。在這種情況下，願意放棄原先宗教信仰，進加新宗教者，往往遭到社會上嚴厲的批評，在既有的社會關係網絡中，往往受到排擠。[85]因此願意嚐試信奉新宗教的意願相當低落，社會上潛在的可能信徒非常有限。

（四）、其他

由太平境教會劉錫五長老，脫離長老會加入真耶穌教會的個案，所呈現的是一個對長老教會虔誠信仰，熱心奉獻的長老，何以終至背叛長老教會，加入真耶穌教會與長老教會相對抗，其原因值得觀察。劉錫五

---

[85] 拙著，《從依賴到自立——終戰前臺灣南部基督長老教會研究》，頁 90-108。

長老的說法值得注意，他說「你們知道我原來是太平境教會的長老，後來為著小會書記陳某牧師在小會記錄我不利的言辭，我已經離開太平境教會，自己在安平開設真耶穌教會（當時有真耶穌教會的創辦人，山東的張在己先生來臺創設真耶穌教會，於是與長老教會衝突的牧長信徒，大多數去參加真耶穌教會）」。[86]劉錫五是臺南早期基督徒劉光求之四子，1913 年 3 月 30 日由高金聲牧師領洗[87]。1914 年 9 月 20 日任太平境教會執事，次年 8 月 29 日晉升長老。[88]可見劉錫五並不是因為教義、信仰上認知的因素而離開長老會，是教會內部衝突的結果。筆者在訪談中有不願具名之長老會牧師表示：長老會各堂會之長老、執事之推選或牧師之選聘，雖然合於民主機制，但如果會內信徒對人選有不同的看法。往往在推選的過程，形成對立。選舉結束如果新任者不能有效化解，甚至激化對立，嚴重者造成集體出走，或到鄰近長老教會的禮拜堂參加禮拜，有的甚至脫離長老會加入其他教派。可見，真耶穌教會在臺灣捲起旋風，對長老教會造成極大的衝擊，與長老教會內部長老、執事牧師之間的人事問題，有一定的關係。

　　不同教派間的批評，或許不一定符合事實，但有其意義存在。真耶穌教會的黃以利沙，曾引述一位長老會信徒的批評說：「我看傳道牧師都是為著他們生活上的麵包的關係，不是實在為著道理的。他們無論如何，都是要討英國牧師的歡喜，妄從英國人所命令的；全然不服聖經裡頭耶穌的教訓，並且看重教會內有錢的或有勢力的，款待會友沒有公平。可見耶穌的道理不在他們的心裡，動不動便要用牧師的職權，或是大會中會的決議來嚇驚信徒，拘束我們的自由。」[89]長老會是否如同上述的批評，有待進一步的探討。但本地信徒與外國宣教師之間的關係是

---

[86]　許水露，〈1924－1928 年的臺南神學院〉，收錄於《臺南神學院九十年史特刊》（臺南：臺南神學院出版，1967 年），頁 120。

[87]　賴永祥，〈劉光求族系〉，收入氏編《教會史話》（第二輯）（臺南：人光出版社，1992 年 9 月），頁 93-94。

[88]　黃茂卿等編，《臺灣基督長老教太平境馬雅各紀念教會設教壹佰貳拾年史》，頁 256－257。

[89]　黃以利沙撰，〈臺灣傳道記〉，收入真耶穌教會編審委員會，《臺灣傳教卅週年紀念刊》，頁 33。

否曾出現緊張的關係，是另一有趣的問題。如北部馬偕牧師，曾被郭水龍牧師批評，指稱他採「獨裁主義」[90]。

五、結　論

　　基督宗教對臺灣民眾而言，是一新傳入的外來宗教，其教義與民間的宗教信仰有相當的岐異。臺灣開港後再度傳入臺灣，初是屬天主教道明會與基督新教長老會，但在清末兩教派在臺灣漢人社會的傳教並不順利，在平埔族原住民社會，獲得較好的成績。日治初期總督府的宗教政策採開放的政策，長老會得到較好的發展，但道明會所建立的堂會仍相當有限。新傳入的教派，對基督宗教帶來新的衝擊，尤其是來自中國的真耶穌教和日本的聖教會。

　　清末道明會與長老會，即發生競爭信徒互相批評的現象。日治後新教派的傳入，其中以臺灣人為傳教對象的真耶穌教會，對既存的教派產生巨大的衝擊。真耶穌教會循長老教會的系統發展，原本屬長老教會的信徒與禮拜堂轉向真耶穌教會，引發長老教會的惶恐。臺灣聖教會與長老會關係較為密切，但以今臺南市為發展重心，也吸引了相當多的信徒加入聖教會。

　　基督宗教各教派在臺灣傳教，往往出現互相「牽羊」的現象。互相「牽羊」的原因在於無論新舊教派，均以三位一體的神為信奉對象，其教義縱有差異，但早期信徒對教義認識有限，難以分辨各教派間的異同；加上羊群有限，在潛在可能信徒有限的情況下，各教派要建立教會，從其他派的信徒中去吸收，是其途徑之一。由於基督宗教間因教義類同，非有識者實難以辨識，能擺脫傳統宗教與祖先崇拜的習慣者相當有限，因此能脫離傳統民間信仰的人，就成為各教派爭奪的對象，有些信徒游離於各教派之間。也有人因教會內部衝突，對教會失望就離開，到其他教派或重返民間宗教。因此，往往出現神職人員休假結束後，發現已有羊群被牽走的現象。

90　郭水龍，《北部教會史實》，手稿本，無頁碼，存於臺灣神學院教會史料館。

徵引書目

一、史料

不著撰人,〈臺南神學校校友名錄〉,《教會與神學》1957 年 3 月號。

臺灣基督長老教會,《教會公報》(臺灣教會公報創刊於 1885 年,歷來名稱曾多次變更,請參閱拙著《臺灣基督長老教會研究》。臺北:宇宙光出版社,2006 年。本文為行文方便概以《教會公報》稱之,不依不同時期名稱。) 1885 年-1945 年。

臺灣南部基督長老教會,「南部臺灣基督長老教會中會議事錄」,手稿本,1896-1913。

民國四十七年六月聖教會麻豆佈道所致麻豆長老教會函(原件,原件存麻豆聖教會)。

郭水龍,《北部教會史實》,手稿原本,存於臺灣神學院教會史料館。

偕叡理原著,王榮昌等譯,《馬偕日記》。臺北市:玉山社出版事業有限公司,2012 年。

二、專書、論文

大國督,《臺灣カトリック小史》。臺北:杉田書店,昭和十六年。

臺南神學院,《臺南神學院九十年史特刊》,臺南:臺南神學院出版,1967年。

臺灣基督長老教會總會,《認識臺灣基督長老教會》。臺南:人光出版社,1986 年。

江傳德,《天主教在臺灣》。高雄:聖導週刊社,1992 年。

吳學明,〈臺灣基督長老教會入臺初期的一個文化面相——「靠番仔勢」〉,《臺南師範學院鄉土文化研究所學報》,第一期,1999年 12 月。

吳學明,〈臺灣基督長老教會的傳教與三自運動——以南部教會為中

心〉。國立臺灣師範大學歷史學系博士論文，2001 年 5 月。

吳學明，《從依賴到自立——終戰前臺灣南部長老教會研究》。臺南：人
　　　光出版社，2003 年。

李嘉祿，《道明會宣教史》，陳方中教授提供之譯本。

高道隆，《天主教在臺傳教百年史》。高雄：道明教會，1959 年。

真耶穌教會編審委員會，《臺灣傳教卅週年紀念刊》。臺中：真耶穌教會
　　　臺灣總會發行，1956 年 12 月。

真耶穌教會臺灣總會編，《真耶穌教會臺灣傳教五十週年紀念刊物》。臺
　　　中：曄光出版社，民國 65 年 12 月初版。

陳主培主編，《臺灣聖教會會史》。高雄：民眾日報社，1989 年。

黃茂卿等編，《臺灣基督長老教太平境馬雅各紀念教會設教壹佰貳拾年
　　　史》。臺南：太平境馬雅各紀念教會出版，1985 年 5 月。

黃茂卿，《臺灣基督長老教會太平境馬雅各紀念教會九十年史
　　　(1865-1955)》。臺南：共同文化事業有限公司，1988 年。

黃武東，《黃武東回憶錄——臺灣長老教會發展史》。臺北：前衛出版社，
　　　1988 年。

黃德寬譯，《天主教在臺開教記——道明會士的百年耕耘》。臺北：光啟
　　　出版社，1991 年。

廖瑞銘，《大不列顛百科全書》第七冊。臺北市：丹青圖書有限公司，
　　　1987 年。

賴永祥，《教會史話》（第二輯）。臺南：人光出版社，1992 年 9 月。

謝喻華，〈臺灣聖教會之成立與發展〉。國立成功大學歷史研究所碩士論
　　　文，2000 年。

鄭連明主編，《臺灣基督長老教會百年史》。臺南：臺灣基督長老教會
　　　總會，1965 年 6 月初版，1995 年 3 月三版。

龔士榮，《天主教簡介》。臺北：天主教牧靈研習中心——見證月刊社，
　　　1982 年初版，2000 年 4 月修訂九版。

Band ,Edward, Working His Purpose Out :The History of the English
　　　Presbyterian Mission. 1847-1947. London ： Office of the

Presbyterian Church of　England.

Campbell ,W.M. An Account of Missionary Success in the Island of Formosa. London: in London in 1650 And now Reprinted with copious Appendices of Recent work in the Island , 1889, London, Trubner ＆CO,57 Ludgate Hill,1889 . Reprinted by Ch'eng Wen Publishing Company ,Taipei, 1972.

Campbell, William , Handbook of the English Presbyterian Mission in South Formosa. Hastings:F J.Parsons, LTD. 1910.

Fernaden , Pablo Fernaden ,One Hundred Years Of Dominican Apostlate in Formosa, 1859-1958. Taipei：SMC Publishing inc, 1993.

Macmillan, Hugh , Then till now in Formosa, English and Canadian Presbyterian Mission in Formosa Press, 1953.

國家圖書館出版品預行編目資料

吳學明臺灣史研究名家論集（二編）/吳學明 著者. -- 初版. –
臺北市 ：蘭臺, 2018.06
面 ； 公分. -- (臺灣史研究名家論集 ; 2)
ISBN 978-986-5633-70-7 （全套：精裝）

1.臺灣研究 2.臺灣史 3.文集
733.09 　　　　　　　　　　　　　　107002074

臺灣史研究名家論集 2

吳學明臺灣史研究名家論集（二編）

著　　　者：吳學明
主　　　編：卓克華
編　　　輯：高雅婷、沈彥伶、塗語嫻
封面設計：塗宇樵
出 版 者：蘭臺出版社
發　　　行：蘭臺出版社
地　　　址：台北市中正區重慶南路 1 段 121 號 8 樓之 14
電　　　話：(02)2331-1675 或(02)2331-1691
傳　　　真：(02)2382-6225
E—MAIL：books5w@gmail.com 或 books5w@yahoo.com.tw
網路書店：http://bookstv.com.tw/、http://store.pchome.com.tw/yesbooks/、
　　　　　　博客來網路書店、博客思網路書店、三民書局
總 經 銷：聯合發行股份有限公司
電　　　話：(02) 2917-8022 　　　 傳　真：(02) 2915-7212
劃撥戶名：蘭臺出版社　帳號：18995335
香港代理：香港聯合零售有限公司
地　　　址：香港新界大蒲汀麗路 36 號中華商務印刷大樓
　　　　　　C&C Building, 36,Ting, Lai, Road, Tai,Po, New,Territories
電　　　話：(852) 2150-2100 　　　 傳真：(852) 2356-0735
經　　　銷：廈門外圖集團有限公司
地　　　址：廈門市湖里區悅華路 8 號 4 樓
電　　　話：86-592-2230177 　　　 傳　真：86-592-5365089
出版日期：2018 年 6 月初版
定　　　價：新臺幣 30000 元整（套書，不零售）
ISBN：978-986-5633-70-7

《臺灣史研究名家論集》

（共十四冊）卓克華總編，汪毅夫等人著作

王志宇、汪毅夫、卓克華、周宗賢、林仁川、林國平、韋煙灶、
徐亞湘、陳支平、陳哲三、陳進傳、鄭喜夫、鄧孔昭、戴文鋒

ISBN：978-986-5633-47-9

套叢書是兩岸研究台灣史的必備文獻，解決兩岸問題也可以從中找到契機！

這套叢書是十四位兩岸台灣史的權威歷史名家的著述精華，精采可期，將是臺史研究的一座豐功碑及里程碑，可以藏諸名山，垂範後世，開啓門徑，臺灣史的來新方向即孕育在這套叢書中。展視書稿，披卷流連，略綴數語以說明叢刊的成經過，及對臺灣史的一些想法，期待與焦慮。

臺灣史料研究叢書(套書)定價：28000元

《臺灣史研究名家論集》共十四冊

陳支平──總序

　　臺灣史研究的興盛，主要是從二十世紀八十年代開始的。臺灣史研究的興起與興盛，一開始便與政治有著密切的聯繫。從大陸方面講，「文化大革命」的結束與「改革開放」政策的實行，使得大陸各界，當然包括政界和學界，把較多的注意力放置在臺灣問題之上。而從臺灣方面講，隨著「本土意識」的增強，以及之後的「臺獨」運動的推進，學界也把較多的精力轉移到對於臺灣歷史文化及其現狀的研究之上。經過二三十年的摸索與磨練，臺灣歷史文化的學術研究，逐漸蔚為大觀，成果喜人。以大陸的習慣性語言來定位，臺灣史研究，可以稱之為「臺灣史研究學科」了。未完待續……

汪毅夫──簡介

1950年3月生，臺灣省臺南市人。曾任福建社會科學院研究員，現任中華全國臺灣同胞聯誼會會長，福建師範大學社會歷史學院兼職教授、博士生導師，享受國務院特殊津貼專家。撰有學術著作《中國文化與閩臺社會》、《閩臺區域社會研究》、《閩臺緣與閩南風》、《閩臺地方史研究》、《閩臺地方史論稿》、《閩臺婦女史研究》等15種，200餘萬字。曾獲福建省社會科學優秀成果獎7項。

汪毅夫名家論集─目次

100 台北市中正區重慶南路1段121號8樓之14
TEL：（8862）2331 1675 FAX：（8862）2382 6225
E-mail：books5w@gmail.c
網址：http://bookstv.com.